U0068932

日治時代後期
台灣政治思想之研究
——台灣抗日運動者
政治思想的分析

伊藤幹彥 博士 著

鴻儒堂出版社

謹以此書

感謝

我最敬愛的恩師　曹永和教授

黃昭堂教授

邱榮舉教授

林獻堂

蔡 培 火

蔣渭水

謝 南 光

謝雪紅

王　敏　川

連溫卿

蔡孝乾

臺灣議會設置請願運動

臺灣文化協會

臺灣文化協會

臺灣民眾黨

臺灣民眾黨

治警事件

臺灣民報

臺灣地方自治聯盟

林 呈 祿

蔣渭水

蔣渭水

臺灣民眾黨

曹　序

　　本書是作者伊藤幹彥氏於 2005 年 1 月 3 日，在臺灣大學國家發展研究所所發表的博士論文，經由作者本人翻譯而成的中文版。作者於 2001 年入學臺灣大學國家發展研究所，我和同研究所的邱容舉教授為其指導教授。我在臺灣大學歷史學研究所開設了「東亞海域與臺灣」之特設課程，我受過日治時代的教育，伊藤氏雖也參與了我的特設課程，但我自身主要是以研究近世大航海時代臺灣的對外關係史為主，故實質上的指導多由邱榮舉教授擔當。來參與我的特設課程的研究生們，選擇的研究題目範圍廣闊，從古代橫跨到第二次世界大戰之後，其中研究日治時代下的臺灣的學生也相當地多，也有學生特別選擇以抗日運動為題，但是到目前為止還沒有任何一位學生研究的不是抗日運動，而是研究其政治思想。因此，伊藤氏的這本書，可以說是非常獨特的博士論文。

　　伊藤氏原就讀於早稻田大學歷史系，寫了以「臺灣民主國」為題的畢業論文，之後於早稻田大學念研究所時，轉到政治學研究所就讀，碩士論文為「林獻堂的政治思想」。就讀於研究所其間，透過與臺灣留學生的交往，變得對臺灣研究更加地感興趣，因而決定來臺灣留學。以日本人的身份專心地研究日治時期的臺灣，並且發表了許多的論文，本書可以說是一個總整理。但政治運動家內心世界的思想形成及其構造是相當複雜的。本書的出版，不僅對作者而言是今後更加努力去研究的一個好的

(2)

起步，同時也會成為在日本從事臺灣研究的學者們的一本好的
參考書！

中央研究院院士
臺灣大學歷史系教授

曹永和

2005 年 1 月 23 日

黃　序

　　這本書形式上是博士論文，實際上可以說是研究日治時代臺灣獨立思想的經典之作。我除了向著者伊藤君道喜以外，也必須向指導教授曹永和教授及邱榮舉教授致敬。我相信假使他能夠在歸國後賡續研究，必定會成為一位傑出的學者。

　　著者收集的資料非常廣泛，他在此方面下了不少功夫，很多資料是他用他的努力找出來的。雖然彙集資料是寫論文的第一步，他在這方面的努力值得評價的。我真佩服著者的眼光，他對資料，不但會加以判斷而且判斷得相當正確。這是難能可貴的。著者還有一個特色——整理能力。有些複雜的問題，比如臺灣獨立思想與中國統一思想，他整理得使讀者容易了解。

　　我要告訴著者，對研究的對象而言，臺灣獨立思想依然是一塊處女地，極需研究者去開拓。現在包含本書雖然已經有幾個成果問世，但是尚需更多人去研究。

　　我畢生的事業是臺灣的獨立建國。我是一個臺灣那想那利斯徒，我寫的文章 80%以上不離與臺灣獨立建國有關的事項。臺灣的獨立建國是所有臺灣人的義務與權利。這是不分黨派，所有臺灣人的義務與權利。我與伊藤幹彥君特別希望國民黨人

(4)

士早日積極參與臺灣的獨立建國運動，以便早日完成臺灣的獨立建國。

總統府國策顧問
昭和大學政治學名譽教授

黃昭堂

2005 年 1 月 25 日

邱　序

　　伊藤幹彦博士係來自日本的留學生中極優秀的年輕學者，早年畢業於日本頂頂有名的早稻田大學歷史學系和政治學研究所，並任教於昭和大學，專攻政治學和歷史學，且對臺灣政治特別感興趣，曾在日本發表過許多有關臺灣政治的相關論文，頗受學界重視。

　　2000 年伊藤先生曾來臺灣大學旁聽本人所開授的三門課程：「廿世紀中國政治專題研究」、「臺灣政治史專題研究」及「學術論文寫作專題研究」，相當努力認真。2001 年他分別考上臺大政治學研究所博士班和臺大國家發展研究所博士班，進而因擬專研臺灣政治思想而選擇唸臺大國家發展研究所博士班。

　　2005 年 1 月，伊藤先生歷經三年半的日夜苦讀與認真學習，成績優異，終於通過博士論文的口試，順利獲得國立臺灣大學法學博士的博士學位，這在臺灣大學或臺灣各大學中是相當難得的優良表現，令人刮目相看，讚賞不已。

　　本書是伊藤先生的臺大博士論文，是臺灣政治研究中的佳作，伊藤博士長久以來有志於探討臺灣政治思想，此書為其現階段的代表作。中央研究院院士、臺灣史學界的泰斗曹永和教授，與本人皆為伊藤博士的博士論文指導教授，對於伊藤先生的認真學習態度，極為肯定，且此書內容相當獨特，頗值得供

(6)

各界參考，故本人樂於予以特別推薦，是為序。

臺灣大學國家發展研究所教授
臺灣大學政治學博士

邱榮舉

2005 年 1 月 20 日

自　序

　　我是伊藤幹彥，於 1959 年 12 月 1 日出生在日本山梨縣。個人身心都很健康，既不抽煙也不喝酒，對人親切誠懇，個性活潑開朗，在讀書方面也非常積極。

　　我家有五個人。父母都是日本人。家父以前擔任過日本山梨縣警察局局長，現在從事有關代書及電腦的工作。家母是位家庭主婦。我有兩位姐姐，大姐住在大阪，從事小學老師的工作；而二姐住在東京，是一位上班族。兩位姐姐都已經結婚。家父向來勉勵我「要好好認真工作」；家母則教育我「要誠懇、親切對待他人」；而姐姐們則期勉我「要好好對待朋友」。我長年住在日本，但在日本家庭教育裏，學習了很多存在於臺灣的傳統儒家思想。所以我和具有儒家思想的臺灣朋友個性相投，思想相近。

　　我從小認真讀書，也經常和朋友交遊學習。在學生時代，早已學到有關「社會化」的東西。比如說「要如何才不會和朋友吵架」，或者是「如果和朋友吵了架後，要如何才能和好」之類的事。人們具有兩種知性（感情的知性和頭腦的知性），而我認為如何去提高這兩種知性是一件非常重要的事。哈佛大學的 Goleman 教授是第一位發掘這兩種知性概念的人。我在學生時代，已明瞭並努力提高自己頭腦的知性，也提高自己感情的知性。

　　進入早稻田大學歷史學系之後，參加國際交流的社團，結識了很多外國朋友。在那時候我覺得臺灣人非常有人情味。所以從那時候開始，我喜歡臺灣人勝過於日本人。臺灣人大部分的生活、習慣和思想，我都很喜歡。在大學的時候，我讀過很多思想方面的書籍，而對我影響最大的是「新思想哲學」（只要肯努力，任何事情都可以實現）。這和美國夢的思想蠻相近的。大學的畢業論文是「有關臺灣民主國的種種問題」。在大學，因為是歷史系，所以我寫了有關政治史的論文。在大學及研究所裏，我學習了 20 年中文，也學過兩年的空手道，並且擔任過兼職的家庭教師。

　　此外，大學畢業，我曾經在東京大學當過兩年旁聽生，選讀「國際關係論」專門的課程，而指導教授是渡辺明夫教授（國立澳洲大學博士，日本政治外交史專攻）。我也曾受教於若林正丈教授（東京大學博士，臺灣治史專攻）及平野健一郎教授（哈佛大學博士，中日政治史專攻）。

　　之後，我進了早稻田大學政治學研究所專攻政治學，指導教授是兼近輝雄教授（早稻田大學碩士，日本政治史專攻）。並且我也接受宇野重昭教授（東京大學博士，中國政治史專攻）和大畑篤四郎教授（早稻田大學碩士，日本政治外交史專攻）指導。我的興趣是讀書及聊天，而從這兩樣興趣中我得到了許多知識。後來我在碩士論文裏寫了有關「林獻堂的政治思想」方面的研究，並以此論文取得碩士學位。

　　碩士畢業之後，我在昭和大學擔任政治學的兼任講師，同時也在昭和醫療短期大學擔任國際關係論的兼任講師。我在日

本臺灣學會、亞洲政經學會、國際亞洲文化學會、日本國際政治學會、中國社會文化學會等學術機構進行過 22 次研究報告，也在學術雜誌上發表了 20 篇論文。在以上的學會及研討裏，我認識了向山寬夫教授（九州大博士，臺灣政治史專攻），戶張嘉勝教授（東北大學碩士，教育學專攻），衛藤瀋吉教授（東京大學名譽教授，中國政治史專攻），鍾清漢教授（東京大學博士，臺灣教育史專攻）和宇野精一教授（東京大學名譽教授，中國哲學專攻）等，諸位教授們也給我許多期勉。我研究臺灣政治思想 20 年。

於後，我進入了臺灣大學國家發展研究所博士班，並以該博士論文在臺灣大學取得了法學博士學位。

本論文的完成，特別要感謝我的臺灣大學歷史學系的指導教授曹永和教授（中央研究院院士，臺灣史專攻）及臺灣大學國家發展研究所的邱榮舉教授（臺灣大學博士，臺灣政治思想專攻），他們對於本論文寫作方向的指引，讓我能將中國的政治思想與臺灣的政治思想應用到所學習的層面，他們對於論文內容細心地指正與要求，讓我能以更謹慎的態度寫作。

特別要感謝邱榮舉教授對於個人準備論文的 3 年半期間，百忙之中撥空與我會面了 100 次，一次 5 個小時，一共花了 500 小時，並更正了 100 次博士論文。同時要感謝臺灣大學政治學系的盧瑞鍾教授（臺灣大學博士，中國政治思想專攻）和陳思賢教授（約翰霍浦金斯大學博士，西洋政治思想專攻）、中山大學的葉振輝教授（臺灣大學博士，臺灣政治史專攻）、臺灣大學國家發展研究所的陳春生名譽教授（臺灣大學碩士，臺灣政治

史專攻）。特別要感謝昭和大學的黃昭堂名譽教授（東京大學博士，臺灣政治史專攻）。

感謝本書的出版社鴻儒堂之董事長黃成業先生、提供本人寶貴意見的蔣渭水先生之子蔣松輝先生、臺灣研究者史明先生以及提供珍貴相片予本人的黃天橫先生。

在此還要感謝我的家人、親友給予我的支持。我有 300 位臺灣朋友。之中包括：黃頌顯、鄭景文、黃景裕、林家田、林棍田、李建橋、林怡佩、溫志豪、王啟名、張芳碩、簡正宇、陳孝銘、潘柏均、蘇逸修、林家慶、蔡明蓉、張桀瑋、李威意、林若薏、劉怡臻、陳品或、坂田桃子；感謝這些好朋友們，他們一直在我的身邊和我一起挑燈夜戰。

謝謝。

伊藤　幹彥

2005 年 1 月 15 日

摘　要

　　本論文為日治時代後期臺灣政治思想之研究，特別欲針對臺灣抗日運動者的政治思想進行深入探討。政治思想的範圍大於抗日思想，當時臺灣的政治思想實包括了資本主義思想、地方自治思想、臺灣獨立思想、中國統一思想、社會民主思想、勞動工會思想、臺灣議會思想、民族主義思想、自由主義思想、共產主義思想、山川主義思想等，其中除了資本主義思想與地方自治思想外，其餘的思想皆與抗日思想產生關聯。而抗日思想則包含了臺灣獨立思想與中國統一思想，意即這兩者可說同時為抗日思想與政治思想的一環。當時臺灣抗日運動者的抗日思想，可大致分為臺灣獨立思想與中國統一思想。本論文設定探討之問題有：（1）日治時代後期臺灣抗日運動者的政治思想之主要成分為抗日思想，其抗日思想的主要內容為何（what）？（2）其抗日思想是如何形成的（how）？（3）為何會產生主張臺灣獨立或中國統一的抗日思想（why）？本論文將針對這些問題進行研究。

　　發起臺灣抗日運動的份子中，右派林獻堂、蔡培火、蔣渭水等抱持自由主義思想及臺灣獨立思想，謝南光抱持自由主義思想及中國統一思想，左派謝雪紅及王敏川抱持共產主義思想及臺灣獨立思想，連溫卿抱持社會主義思想及臺灣獨立思想，蔡孝乾抱持共產主義思想及中國統一思想。這些人的政治思想對戰後臺灣政治思想造成了影響，並為後來的臺灣民族主義、

臺灣獨立思想、中國統一思想、自由主義思想、民主主義思想
等奠定了基礎。

　　藉由本論文，可以得知以下的結論——日治時代的臺灣政
治思想受以下四點影響：第一次世界大戰後民族自決主義、日
本內地自由主義與民主主義、辛亥革命與五四運動、馬克思主
義。具體來說，威爾遜的民族自決思想、日本內地的大正民主
主義思想、辛亥革命與五四運動對林獻堂、蔡培火、蔣渭水、
謝南光等人造成影響。此外，馬克思主義思想則對謝雪紅、王
敏川、連溫卿、蔡孝乾等人造成影響。

　　臺灣抗日運動者之政治思想可分為兩種，分別為臺灣獨立
思想與中國統一思想。抱有臺灣獨立思想的臺灣抗日運動者有
林獻堂、蔡培火、蔣渭水、謝雪紅、連溫卿、王敏川等；而抱
有中國統一思想的臺灣抗日運動者則有謝南光與蔡孝乾。他們
的臺灣民族思想、臺灣獨立思想、中國統一思想、自由主義思
想、民主主義思想等政治思想，對戰後的臺灣政治思想造成影
響。臺灣抗日運動份子受林獻堂之呼籲，組織了臺灣文化協會，
展開臺灣議會設置請願運動。但在 1920 年代後半，馬克思主義
思想傳入臺灣，臺灣文化協會分裂為左派與右派。右派的林獻
堂、蔡培火、蔣渭水、謝南光組成了臺灣民眾黨，但左派的王
敏川與連溫卿則將臺灣文化協會改變為左派團體。此外，謝雪
紅亦組織了臺灣共產黨。

　　許多臺灣抗日運動者因抱有臺灣獨立思想或中國統一思
想，以致戰後的臺灣政治思想家也因此產生具有臺灣獨立思想
或中國統一思想的傾向。

目　次

曹序

黃序

邱序

自序

摘要

緒論

　　壹、研究動機、目的及問題陳述 1

　　貳、文獻評論 15

　　參、研究途徑、架構及方法 25

　　肆、論文結構重點說明 33

第一章　日治時代後期臺灣政治思想產生之原因

　　第一節　歐戰後民族自決主義的影響 37

　　第二節　日本內地民主主義、自由主義的影響 56

　　第三節　辛亥革命與五四運動的影響 72

　　第四節　馬克思主義的影響 87

第二章　臺灣右派抗日運動者的政治思想

　　第一節　臺灣獨立論者林獻堂的政治思想 122

　　第二節　臺灣獨立論者蔡培火的政治思想 145

　　第三節　臺灣獨立論者蔣渭水的政治思想 158

　　第四節　中國統一論者謝南光的政治思想 174

第三章　臺灣左派抗日運動者的政治思想

　　第一節　臺灣獨立論者謝雪紅的政治思想 195

　　第二節　臺灣獨立論者王敏川的政治思想 210

　　第三節　臺灣獨立論者連溫卿的政治思想 224

　　第四節　中國統一論者蔡孝乾的政治思想 239

第四章　臺灣抗日團體的政治思想

　　第一節　臺灣文化協會的政治思想 257

　　第二節　臺灣民眾黨的政治思想 274

　　第三節　臺灣地方自治聯盟的政治思想 287

　　第四節　臺灣共產黨的政治思想 300

第五章　臺灣抗日思想與抗日運動之關聯

　　第一節　臺灣抗日思想與六三法撤廢運動 319

　　第二節　臺灣抗日思想與臺灣議會設置請願運動 340

第六章　日治時代後期臺灣政治思想中產生抗日思想之原因

　　第一節　產生臺灣獨立思想之原因 359

　　第二節　產生中國統一思想之原因 385

結論

壹、研究過程與結果 412

貳、主要研究發現 420

參、研究檢討與限制 427

表目次

表 1 29

表 2 121

圖目次

圖 1 13

圖 2 31

參考文獻 431

(16)

緒　　論

壹、研究動機、目的及問題陳述

　　本論文為日治時代後期臺灣政治思想之研究，特別欲針對臺灣抗日運動者的政治思想進行深入探討。政治思想的範圍大於抗日思想，當時臺灣的政治思想實包括了資本主義思想、地方自治思想、臺灣獨立思想、中國統一思想、社會主義思想、社會民主思想、勞動工會思想、臺灣議會思想、民族主義思想、自由主義思想、民主主義思想、共產主義思想、山川主義思想等，其中除了資本主義思想與地方自治思想外，其餘的思想皆與抗日思想產生關聯。而抗日思想則包含了臺灣獨立思想與中國統一思想，意即這兩者可說同時為抗日思想與政治思想的一環。當時臺灣抗日運動者的抗日思想，可大致分為臺灣獨立思想與中國統一思想。本論文設定探討之問題有：（1）日治時代後期臺灣抗日運動者的政治思想之主要成分為抗日思想，其抗日思想的主要內容為何（what）？（2）其抗日思想是如何形成的（how）？（3）為何會產生主張臺灣獨立或中國統一的抗日思想（why）？本論文將針對這些問題進行研究。

　　發起臺灣抗日運動的份子中，右派林獻堂、蔡培火、蔣渭

水等抱持自由主義思想及臺灣獨立思想，謝南光抱持自由主義
思想及中國統一思想，左派謝雪紅及王敏川抱持共產主義思想
及臺灣獨立思想，連溫卿抱持社會主義思想及臺灣獨立思想，
蔡孝乾抱持共產主義思想及中國統一思想。這些人的政治思想
對戰後臺灣政治思想造成了影響，並為後來的臺灣民族主義、
臺灣獨立思想、中國統一思想、自由主義思想、民主主義思想
等奠定了基礎。

一、研究動機

　　筆者的第一個研究動機在於對臺灣政治思想史的興趣。其
中特別想研究日治時代的臺灣近代史，所以試圖從歷史學和政
治學兩方面來研究日治時代的臺灣政治思想史。筆者認為在日
治時代的臺灣政治史中，政治思想史比政治運動史更能反映出
臺灣歷史真實的面貌。因為臺灣當時乃受日本帝國的殖民統
治，臺灣人屬於被統治階級，沒有政治權利，因此希望透過政
治運動來改革政治現狀，爭取政治權利，達到「臺灣是臺灣人
的臺灣」的政治思想。筆者站在臺灣人的立場，欲研究日治時
代的臺灣政治思想。筆者身為日本人，但是認同臺灣，所以想
研究臺灣政治思想，並且闡明日治時代的臺灣政治思想史之意
義。

　　如果我們了解過去，就能掌握現在；如果了解現在，就可
以理解過去。所以我們需要同時了解現在和過去。因此，對於
日治時代臺灣的史料考察將更形重要。大學求學期間，由於結
識許多臺灣留學生，促使筆者對日治時代的臺灣歷史有更強烈
的求知渴望。基於上述的因緣，筆者撰寫「1895 年臺灣民主國の

意義」的學士論文。更因為臺灣留學生的鼓勵，使筆者除了修習
大學時代專攻的歷史學，亦修習了政治學，筆者的碩士論文題
目即為「林獻堂の政治思想」。由於筆者對於歷史學和政治學都有
濃厚的興趣，因此嘗試用「科際整合（interdisciplinary）」的方
式，撰寫「歷史政治學」的相關題目。「歷史政治學」就是用政
治理論來分析歷史事件。筆者的這篇論文想從事的是「科際研
究」（interdisciplinary research），而臺灣大學國家發展研究所可
說是「科際整合」的領航者，提供筆者一個歷史和政治理論整
合的良好環境，也是筆者將論文題目訂為〈日治時代後期臺灣
政治思想之研究——析論臺灣抗日運動者的政治思想〉的第二
個研究動機。

　　筆者身為日本人，但對臺灣有一股難以言喻的感情，促使
筆者有進一步了解「臺灣」、「臺灣人」、「臺灣史」、「臺灣政治
思想」的衝動。臺灣史尤以近代史最為重要，因為近代史與當
代情勢頗有關係，許多當代事件之演變，在近代史中多有淵源
可循。近代的臺灣處於日本帝國殖民統治之下而有了近代化的
發展，但卻成為其壓榨剝削的對象。這段歷史目前雖然已經開
展了一些新的研究成果，但對於政治思想史的研究卻依然極度
缺乏。日治時代的臺灣政治思想史的影響，可能要比清朝時代
和荷蘭時代的臺灣政治思想史，對當代政治思想的影響更大。
臺灣政治思想史是臺灣政治人物對於臺灣進行政治思考的歷
史。最近對於日治時代的臺灣政治運動史有一些論文發表，但
關於日治時代的臺灣政治思想史，除了若林正丈的「黃呈聰にお
ける待機の意味」與吳叡人的〈臺灣非是臺灣人的臺灣不可〉以
外，幾乎沒有關於日治時代的臺灣政治思想史之論文發表。所

以，筆者想對臺灣思想史未被言及的政治思想史部分，做一些
著墨與詮釋，其中特別想闡明日治時代後期臺灣抗日運動者的
政治思想。以上為筆者的第三個研究動機。

　　如果我們想研究臺灣史的話，就要對於日本史與中國史有
一番了解。到目前為止，日本近代史與中國近代史的研究論文
多如汗牛充棟，但是關於臺灣近代史則少之又少。而且以日本
人為中心的日本統治者史觀，和以中國人為中心的國民黨統治
者史觀的論文占了大多數。近來，以臺灣人為中心的臺灣史觀
也漸漸受到重視。筆者雖身為日本人，但是由於對臺灣頗感認
同，所以決定以臺灣人為中心的臺灣人史觀發表論文。

二、問題界定

　　本論文打算深入探討日治時代後期臺灣抗日運動者的政治
思想。臺灣抗日運動者的政治思想之主要成分為抗日思想，而
當時的臺灣抗日運動者之抗日思想，可大致分為臺灣獨立思想
與中國統一思想。因此本論文所要研究的問題如下：

　　(1) 臺灣抗日運動者的政治思想之主要成分為抗日思想，其
抗日思想之主要內容為何（what）？

　　(2) 如何形成的（how）？

　　(3) 為何會產生主張臺灣獨立思想與中國統一的抗日思想
（why）？

　　本論文之研究對象是以漢民族為中心，因原住民無文字，
故幾乎沒有留下任何日治時代的史料。於臺灣抗日運動中，的
確發生了諸多事件如霧社事件等，然而有關霧社事件之相關史
料卻幾乎都是日本方面的史料，原住民本身則幾乎沒有留下任

何相關之史料。確實在近年來，有對霧社事件之相關者進行的口述調查，但因霧社事件之參與者幾乎皆已過世，故無法了解霧社事件全部的細節。基於此原因，本論文的論述，乃是以漢民族臺灣抗日運動者之政治思想為中心。

　　本論文所要研究的問題界定如下：本論文所研究的時期，是日治時代後期之臺灣。日治時代後期，是指從 1915 年到 1945 年間；而日治時代前期，是指從 1895 年到 1915 年間。日治時代前期屬於武裝抗日時期，日治時代後期屬於合法抗日時期。以 1915 年的西來庵事件為分界，武裝抗日即告一段落，取而代之的乃是以遊行、罷工、集會、結社、雜誌發行等方式的合法抗日運動。這樣的時代區分，是從臺灣人的角度所看的時代區分，本論文因以臺灣抗日運動者的政治思想為研究對象，故採用以上的時代區分法。另一方面，站在日本的角度所看的時代區分，可以分為三個時期——日治時代 50 年間，共經歷 19 任臺灣總督。從 1895 年到 1919 年，屬於前期武官總督時期，由身為軍人的總督來統治臺灣；從 1919 年到 1936 年，屬於文官總督時期，由文人來統治臺灣；從 1936 年到 1945 年，屬於後期武官總督時期，再次由軍人來統治臺灣。像這樣的時代區分法，乃是日本方面統治者之史觀。在本論文中，不採用日本方面統治者之史觀，而是採取站在臺灣人的角度所看的臺灣人史觀。

三、名詞解釋

1. 民主主義思想 (The thought of democracy)

　　由所有社會成員共同行使統治權（直接民主），或由人民推
選若干代表來制定政策（如間接民主）。民主政治包括若干施行
要件，如公民平等參與權、一人一票、一票一值、每個合法公
民均有投票權等。代議民主產生一些值得探討的問題，如選舉
區的大小、選舉制度的類型、選舉過程的規定。多數決原則必
須維持（有時需要特殊的多數決，如美國憲法之修改，須經四
分之三州議會的同意），保障少數人權益、公民權的維護、法治
原則，也都是民主政治的基本觀念。由於政黨、利益團體與其
他次級團體的成立，使得若干政治體系，未能與民主原則完全
符合。社會成員根深蒂固的民主信念，似乎比民主政治的形式
更為重要，否則不少國家可說均有民主形式。共產國家時常宣
稱「人民民主」，認為唯有在經濟關係獲得改善之後，才有可能
達到人民平等參與。[1]

2. 共產主義思想 (The thought of communism)

　　一種主張所有財產共同享有，與無階層政治結構的意識形
態。共產主義的結果，社會結構將是無階級的，貨幣制度行將
終止，人民的工作將依據全體社會的需要與指導而運作，以達
成各盡所能、各取所需的境界。共產主義強調，社會與經濟的
變遷是政治變遷的先決條件，而不是政治變遷的結果。現代共
產意識形態的起源，係 1848 年馬克思與恩格斯共同發表的《共
產主義宣言》。1917 年蘇俄共產政權建立之後，根據馬克思的思

---

[1]　林嘉誠、朱浤源編，《政治學辭典》，臺北：五南圖書出版，1990 年，頁
　　86～87。

想，列寧強調，蘇俄仍為社會主義的社會，正過渡到共產社會，經由技術與社會基礎的建立，國家將因而消失，達成歷史發展必然的階段——共產社會。蘇俄官方所頒訂的共產主義並不被視為正統的共產意識形態，毛澤東、卡斯楚等人也個別詮釋共產意識形態，其實這些爭執均由於對達成共產主義社會的方法，以及為達成共產主義社會的政策與社會組織等（如與農業的關係、國外貿易、產業結構、政黨組織、公民權）的看法不同。任何欲統一陣營之內理論觀點的作法，只是引起更多的爭執。唯有根據個別國家的經驗，加以界說。[2]

3. 資本主義思想 (The thought of capitalism)

在所謂的資本的本源性積蓄中，以資本主義的生產關係為基礎，確立了個體私有資本主義所有制度。這樣的結果則造成了生產手段被較為少數的資本家所占有及支配，而大多的直接生產的勞動者則在生產手段中被分離或淘汰。將自己的勞動作為商品，必須在規定的工作時間裡，將其賣給資本家。由於所有的生活物料皆將商品視為主體來製造和販賣，所以勞動者需以貨幣收入來維持生活。以勞動商品為抵押的租金係勞動力為必要的生活物料再度進行生產的價值（勞動價值），由於勞動力在生產過程中，所產生的價值比起勞動力自身的價值更大，但是資本家卻只依照勞動力本身的價值來購買這樣的勞動力，接著再結合自己的生產模式，從中獲得更勝於勞動力價值的東西，這種差額即謂「剩餘價值」。資本家當然以利益的極大化為

---

[2]　同上、頁 53。

目標來進行生產。[3]

4. 自由主義思想 (The thought of liberalism)

在文明社會裡，某種限制條件之下，個人應儘量自由，它同時展開若干政治、宗教、經濟與社會解放運動，下列若干原則為多數自由主義者所服膺，包括：根基於超越人治與不偏不倚的法治；以理性原則制定修改法律；國家權力以維持社會秩序、國家安全與達成社會目標為限，不宜過分擴張；經由適當程序與普遍選舉自由選擇政府；以自由選擇自由交易做為經濟制度的基礎（雖然若干自由主義者主張政府應以不同方式介入市場，如防止壟斷）；不宜干擾貨品的國際交易；明文敘述公民權利，並有限保障；廢止社會、政治與經濟特權；經由自由創造與團體運作樹立多元社會秩序。自由主義並不一定等於平等主義，雖然為了達成自由目標，自由主義者強調機會平等。[4]

5. 社會主義思想 (The thought of socialism)

生產事業的宗旨應該放在滿足社群的而不是個人的需要上面，社會主義則強調要透過民主式政權來達成目標，而且大部分社會主義者把政治上的民主延伸到經濟的領域上，視之為控制的形式。社會主義的流派很多，其中最重要的是烏托邦社會主義、法國社會主義、馬克思社會主義、修正主義、費邊社、工團主義、基爾特社會主義以及社會民主主義。主張「社會主義國際」的人曾企圖創造一個社會主義者的世界性組織，他們

---

[3] 原田鋼、『現代政治学辞典』、東京・ブレーン出版、1991年、413頁。

[4] 前揭，《政治學辭典》，頁 196～197。

對民族主義的看法不表信賴，因此想聯合個別的社會主義團
體，指導其行動，而為一世界性社會主義組織。「第一國際」因
社會主義者與無政府主義者內鬨而解散；「第二國際」到了第二
次世界大戰之後，變成目前的「社會主義國際」；「第三國際」（俗
稱 Comintern）成為被俄國共產黨所領導的一個團體。[5]

6. 社會民主主義思想 (The thought of social democracy)

　　一種由民主國家所建立的經濟制度，其中人民透過工業團
體或政府，接管基本產業的所有權與指導權，包括銀行、運輸、
通信與其他主要經濟部門。在民主社會主義中，政府在經濟中
所擔任的職務，是由自由選舉所決定，而非基於意識形態之教
條。儘管經濟制度中繼續存在私有部門，但政府或工業團體也
致力限制私人部門，並有計畫地予以指導，以提供人民需要的
各種福利措施。[6]

7. 民族主義思想 (The thought of nationalism)

　　一種意識形態，主張國家應該建立在民族性的基礎之上。
從歷史上看，現代民族主義受到法國大革命、拿破崙的四處征
伐以及 19 世紀前半民族主義運動的影響。第一次世界大戰結束
之後（1918 年～1919 年）的方案中強調「民族自決」，和第二
次世界大戰結束之後的反殖民主義，對刺激民族主義運動，皆
有重要影響。民族主義會與其他種類的學說或意識形態結合，

---

[5]　同上、頁 344。
[6]　同上、頁 88。

例如與共產主義（越南）、種族隔離政策（南非、羅德西亞）、民主政治（19世紀的法國）、軍國主義（普魯士）和宗教信仰（巴基斯坦、伊朗）。民族主義不適於用精確、客觀且易於認定的因素來加以定義。它所依賴的不單是客觀上民族的存在與否，而更在主觀信仰上屬於一個共同的「民族」。[7]

8. 臺灣獨立思想 (Taiwan independence thought)

臺灣獨立思想的中心概念為臺灣民族形成論。臺灣的原住民是馬來・波里尼西亞系的高砂族。明清兩代，臺灣海峽的航行甚是危險，由中國大陸移民至臺灣的漢藏系的漢族，其中大部分為男性。這些漢族的男性與高砂族、平埔族的女性通婚，所形成的便是臺灣民族——即與中國民族相異，有著馬來・波里尼西亞系的高砂族血統的臺灣民族於焉誕生。與中國民族相異的臺灣民族漸漸形成，此稱之為臺灣民族論。1895年臺灣民主國建立，之後則接連發生了1907年的北埔事件、1912年的土庫事件、1915年的西來庵事件，這些事件的本質為臺灣抗日運動，亦為臺灣獨立運動。其後續行動為相異於中國民族的臺灣民族之臺灣獨立運動，可視為往後自中華民國與日本獨立出來的臺灣共和國之思想開端。所謂臺灣獨立思想，為臺灣民主國的成立與其後的抗日運動，由相異於中國民族的臺灣民族所推動的臺灣獨立運動則為其後續行動。[8]

9. 中國統一思想 (China unification thought)

---

[7] 同上、頁232。
[8] 筆者自筆。

　　從歷史上來看，明清兩代以來臺灣一直被視為中國的一部分，認為臺灣在領土上是與中國密不可分的，亦認為臺灣民族是不存在的，臺灣人是中國民族，且是漢族的一部分。這是一種不認同臺灣，卻認為應該認同中國大陸的意識形態，臺灣人不應該自行建國，而應該與中國人統一建國，且認為臺灣應該是中國人的臺灣。而就文化上來看，臺灣人與中國人血統一致，臺灣文化亦為中國文化的一部分，故兩者理應團結合作。將臺灣視為中國的一部分加以統一，乃是中國統一思想。[9]

10. 臺灣議會思想 (The thought of a Formosan Parliament)

　　臺灣議會為林獻堂等人要求設置，由臺灣民眾選出的議員所構成，並擁有法律制定權與預算議決權。臺灣總督握有立法、行政、司法三權，卻只給予臺灣議會其中的立法權，因此臺灣議會要求擁有由法律制定權與預算議決權構成的立法權。[10]

11. 勞動工會思想 (The thought of labour union)

　　勞動工會思想可分為謝雪紅的勞動工會思想與連溫卿的勞動工會思想。

　　謝雪紅的勞動工會思想：日本共產黨採行了由第三國際指導的普羅芬德倫（赤色勞動工會國際）所屬的個別勞動工會，即組織對立於右翼工會的左翼工會之雙重工會主義（「結合前的

9　同上。
10　伊藤幹彥、「台湾議会設置請願運動の意義」、『昭和大学教養部紀要』第29卷、1988年、17頁。

分離」之說亦被帶入工會運動中)。日共說法為,要在所有機會中激發出勞動爭議,其每個爭議都必須從為了單純改善勞動條件的鬥爭,轉化為革命性的政治鬥爭(奪取國家權力的鬥爭)。

連溫卿的勞動工會思想:勞農派排擠雙重工會主義,主張勞動工會運動的統一戰線,揭示出「全國統一的工會運動」之口號。勞農派的說法為,所謂由工會主義的意識,發展至馬克思主義的政治意識,並非將各個勞動爭議轉化為革命性的政治鬥爭,而是藉由勞工階級的意識與運動發展為馬克思主義的政治鬥爭,並非使得勞動工會的經濟鬥爭變得無用,或使其意義變小。[11]

12. 山川主義思想 (Yamakawaism)

山川主義意指勞農派的政治思想,而勞農派的政治思想如下:日本不必模仿擁有俄國特色的列寧主義(布爾什維克主義),應回歸馬克思主義,且應組織集結對立於資產階級的社會群眾做為反資產階級戰線之大眾合法政黨。因此勞農派自無產政黨成立運動之後,即主張實現擁有共同戰線性質的單一無產政黨。[12]

---

[11] 伊藤幹彥、「台湾社会主義思想史」、『南島史学』、2002 年、85 頁。
[12] 同上、88 頁。

關於日治時代後期臺灣抗日思想與政治思想的關聯

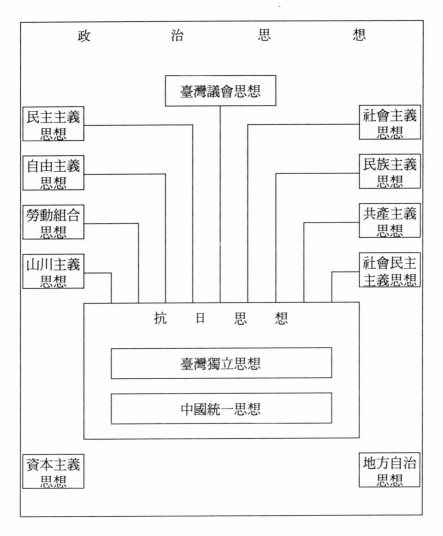

圖 1　關於日治時代後期臺灣抗日思想與政治思想的關聯之示意圖

本圖表為簡略的政治思想關係圖，用以說明各個政治思想的關聯性。本論文所提到的政治思想包含臺灣議會思想、資本主義思想、自由主義思想、勞動工會思想、山川主義思想、民主主義思想、地方自治思想、民族主義思想、共產主義思想、社會主義思想、社會民主主義思想、臺灣獨立思想、中國統一思想等，其中臺灣獨立思想與中國統一思想屬於抗日思想。各自以實線表示其關聯性，無實線相連者則表無相關聯。

四、研究目的、重要性及價值

筆者第一個研究目的在於，闡明日治時代後期臺灣的政治思想，特別是臺灣抗日運動者政治思想的意義。日治時代後期臺灣抗日運動者的政治思想主要是臺灣獨立思想及中國統一思想兩者，而這也對戰後的臺灣政治思想造成了影響。由於筆者認為日治時代後期的臺灣政治思想和戰後的臺灣政治思想是相關連結的，因而想要對臺灣抗日運動者的政治思想進行深入的探討。

筆者第二個研究目的在於，欲提供一事例研究來做為近代社會科學理論通則的前提。日治時代的政治思想理論之建立，仰賴於大量抗日運動者的政治思想之個案研究為前提，不能只憑空想，恣意猜測。而這些歷史研究個案則必須是基於客觀存在之史實調查的研究，這樣的理論才能具有人文社會科學上的解釋力與說服力，而筆者拙作也是參考眾多先行研究者的心血而成，想為臺灣政治思想史學術上的進步做一點貢獻。

筆者第三個研究目的在於，將筆者對日治時代後期臺灣抗日運動者的政治思想所做的研究，提供當代政治思想家參考，

更進一步從臺灣政治思想史當中，累積更多的經驗與智慧。因為歷史的經驗是建立在前人累積的基礎之上，而產生今日的結果，此亦是筆者在臺灣政治思想史上的研究目的。

　　另外，除了若林正丈的「黃呈聰における待機の意味」與吳叡人的〈臺灣非是臺灣人的臺灣不可〉以外，尚無其他人對日治時代後期臺灣抗日運動者的政治思想有著述。且若林正丈的論文中僅單就黃呈聰一人來做論述，並未論及其他許多抗日運動者的政治思想，而吳叡人的論文則對於與中國統一思想幾乎沒有提及，而且對於史料的批判不足。筆者的論文主張發起臺灣抗日運動者的政治思想對戰後臺灣政治思想造成了影響，並造就了臺灣民族主義、臺灣獨立思想、中國統一思想、自由主義思想與民主主義思想。筆者的論文設定探討之部分：分析做為日治時代後期臺灣抗日運動者的政治思想之主要成分的抗日思想、日治時代後期臺灣抗日運動者的抗日思想之形成原因、產生主張臺灣獨立或中國統一的抗日思想之緣由，筆者的論文將針對這些部分進行研究。因此筆者的論文可說是首次鎖定日治時代後期臺灣抗日運動者的政治思想，特別是針對臺灣獨立思想與中國統一思想而寫的論文，故可說深具重要性與參考價值。

貳、文獻評論

　　針對日治時代後期臺灣政治思想，特別是臺灣抗日運動者之政治思想的文獻資料做以下論述。首先對文獻資料做分類，並統整摘要，再加以批判，最後以自己的意見為建議來論述。

若針對日治時代後期臺灣抗日思想的內容做分類,則有臺灣獨
立思想與中國統一思想兩種。

一、政治思想

　　政治思想的領域,牽涉到思想家們基於其興趣、影響力、
相關主題等與政治實務和政治研究的關係,所主張之觀念與哲
學體系。雖然這些主題通常是從歷史的角度來研究,但當代的
思想毋寧是這個主題的主要支幹。研究政治思想,通常遵循兩
大途徑:一個是研究重要的思想家,如亞里斯多德、霍布斯、
盧梭、馬克思;另一個則研究重要概念,如自然法、民主、民
族主義、社會主義、主權等的演變。政治思想時常被當做相等
於政治哲學,但若究其實,二者仍有分別,因為政治思想省略
了對哲學難題的探討,而把焦點集中在思想家與其觀念上面。
政治思想有時也被視為與政治理論相等,但事實上,政治思想
很少有興趣注意經驗性或分析性理論的發展情形。關於研究臺
灣獨立思想的學者,有許世楷、黃昭堂、吳密察、簡炯仁、陳
芳明、吳文星等人;關於研究中國統一思想的學者,有黃秀政、
王曉波等人。他們是國內研究臺灣獨立思想及中國統一思想的
專家,然而其研究多半集中於臺灣政治運動史,而較少論及臺
灣政治思想史的範疇。在國外則有若林正丈、Douglas Mendel、
Ramon Myers、Patricia Tsurumi 等研究者。

二、臺灣獨立思想之相關研究

　　許世楷、『日本統治下の台湾』、東京・東京大学出版会、1972
年。

內容：本書是描述臺灣抗日運動及抗日團體的著作。由「台灣統治確立過程における抗日運動（1895 年~1902 年）」和之後其所撰的論文「統治確立之後の政治運動（1913 年~1937 年）」兩部分組成。

研究途徑：採歷史的研究途徑。

研究方法：採文件分析法。

優點：它是第一本依據『臺灣總督府警察沿革誌』，並站在臺灣抗日運動者的立場所敘述的論文集，使用未發表的文章與截至目前為止國內外學者未曾提過的資料，並率先研究之前未能闡明的領域，且首次提供 1895 年至 1945 年日本統治臺灣殖民史，是一部具有通史性展望的作品。

缺點：本書幾乎未提到羅福星事件與西來庵事件，對於事件與運動表面上的敘述亦過多，且分析不足，幾乎沒有任何的史料批判。另外雖從「內側」觀點論述臺灣抗日運動，卻缺乏以廣泛的國際政治視野的「外側」考量。

黃昭堂、「台湾の民族と国家」、『国際政治』第 84 号、1987年。

內容：本論文是描述臺灣抗日思想的論文。主要是敘述在荷蘭時代、鄭成功時代、清朝時代、日治時代之變遷中，臺灣人意識形成的過程。

研究途徑：採歷史的研究途徑。

研究方法：採文件分析法。

優點：作者批判其他人所說的清朝時代發生的 65 件叛亂事件所代表的清朝時代臺灣人意識，認為在清朝時代並沒有統稱

臺灣住民的詞彙，因此未曾出現臺灣人意識。並提到在日治時代，邱逢甲使用了「臺人」這個詞彙，徐驤使用了「臺民」這個詞彙，西來庵事件中提倡「全臺灣人的崛起」，臺灣共產黨主張「臺灣民族的獨立」和「臺灣共和國的建設」，因此在日治時代就已經形成了臺灣人意識。本論文亦是第一本研究有關臺灣人意識的論文，其史料批判也很妥當。

缺點：並沒有定義臺灣人意識，存在了不明確的缺點。

吳密察，《臺灣近代史研究》，臺北：稻鄉出版社，1990 年。

內容：本書的內容是臺灣抗日運動與近代日臺關係。論述1895 年臺灣民主國成立的紀錄，也介紹了臺灣領有論和琉球、福澤諭吉的臺灣論、明治 35 年的日本中央政界的臺灣問題、臺北帝國大學的成立、征臺之役等事件。

研究途徑：採歷史的研究途徑。

研究方法：採文件分析法。

優點：作者整理了到目前為止的相關研究，也對臺灣近代史中的諸多問題有新的詮釋，亦將許多從未解答過的問題做了闡釋，並有十分緻密的史料批判分析。除此之外，這本書也記錄了當時日本的政治、文化狀況與其在亞洲的國際關係，並提供了前所未見的觀點，當然也包括了屬於臺灣的研究部分，這些特點都值得我們給予極高的評價。

缺點：本書由許多短篇論文集結而成，缺少前後一貫的寫作觀點。除此之外，這本書於下定論時操之過急，論斷也過於主觀，使得這本書的價值打了不少折扣。

　　簡炯仁，《臺灣民眾黨》，臺北：稻鄉出版社，1991 年。

　　內容：本書的內容是關於臺灣抗日運動及抗日團體的研究，主要是敘述臺灣抗日團體的著作，為臺灣大學的碩士論文。記錄的不是以中國國民黨與中國人為中心的史學觀點，而是以臺灣人民為中心的記錄觀點。

　　研究途徑：採歷史的研究途徑。

　　研究方法：採文件分析法。

　　優點：記錄了臺灣民眾黨的設立與臺灣抗日運動，並描寫了當時蔣渭水的行動理念。為了解決一些問題，作者努力發掘並找尋相關的資料，許多未曾被引用的資料都被引用出來。作者對於文中題材的詳細研究與考證的確實及其構思，都使他在學術界享有很高的評價。

　　缺點：引用過多的史料，並且敘述冗長，史料批判亦相當少見。另外，本書對於蔣渭水與和他相關的臺灣人意識、臺灣民族主義、中國人意識、中國民族主義以及漢民族的定義都沒有提及。

　　陳芳明，《謝雪紅評傳》，臺北：前衛出版社，1991 年。

　　內容：本書主要是敘述臺灣抗日思想與抗日運動，是描寫謝雪紅的思想與行動及探究臺灣民族論的著作。此書並非以中國人為中心的史觀，而是以臺灣人為中心的史觀，並使用許多未出版的文獻與史料來敘述。

　　研究途徑：採歷史的研究途徑。

　　研究方法：採個案法與文件分析法。

　　優點：將研究水準提升至今日水準，不僅以自己的方式進

行文獻考證，在閱讀原典方面，也進入謝雪紅的內心世界，闡明她的理念和思想，作者充分達成其目的。此外，關於努力論述謝雪紅思想形成所影響的面向，及廣闊探尋的努力，也賦予此論文豐富性及說服力。而且作者在閱讀原典、掌握原典的思想過程中的獨創性，也擴展了新的視野。

缺點：雖列舉許多事件，但史料的分析與批判卻是不足的。

吳文星，《日據時期臺灣社會領導階層之研究》，臺北：正中書局，1992 年。

內容：本書主要是敘述臺灣抗日團體與抗日運動，為臺灣師範大學的博士論文。此書分為日本統治時代初期社會菁英階層的反應與變化、殖民地政府與新社會菁英階層的形成、社會菁英階層與殖民地統治、社會菁英階層與社會文化的變化、社會菁英階層與同化政策等六個主題。此書為首篇以菁英理論對臺灣抗日運動做分析的論文。接續此書之後的研究，有陳明通〈權威政體下臺灣地方政治菁英的流動——1945 年～1986 年〉。陳明通的論文應用並詮釋了吳文星的論文，是吳文星論文的戰後版。

研究途徑：採歷史的研究途徑。

研究方法：採個案法與文件分析法。

優點：從菁英理論的立場，來研究分析臺灣抗日運動者中的菁英階層。

缺點：在推動臺灣抗日運動的菁英階層之定義上並不清楚。

三、中國統一思想之相關研究

黃秀政，《臺灣民報與近代臺灣民族運動史》，彰化：現代潮出版社，1987 年。

內容：本書是描述臺灣抗日運動及抗日團體的著作。本書敘述關於 1920 年至 1932 年的雜誌，如《臺灣青年》、《臺灣》、《臺灣民報》與臺灣民族運動。本書分為緒論、發行的沿革、臺灣人的言論先驅、民眾的啟蒙與東西文明的傳播、臺灣總督府政治的批判與地方自治的呼籲、祖國概況與文化的介紹和各民族運動的結集等六個部分。

研究途徑：採歷史的研究途徑。

研究方法：採文件分析法。

優點：作者提出了《臺灣民報》提高了臺灣人的地位，戰後臺灣回歸祖國中華民國的結論，且本書為第一本研究論述有關《臺灣民報》與臺灣民族運動關係的書，值得一讀。

缺點：僅羅列了各種史料，缺乏對史料的批判。另外，本書從中國人中心史觀論述，欠缺客觀性，其結論亦有許多問題。

若林正丈、『台湾抗日運動史研究』、東京・研文出版、1988年。

內容：本書主要是研究臺灣抗日思想與抗日運動的著作，為東京大學博士論文。是把數篇雜誌論文集合成一冊，其中亦收錄「黄呈聡における待機の意味」這篇論文。此書的第一篇是以政治史的研究途徑來敘述大正民主主義及臺灣議會設置請願運動，第二篇是以政治思想史的研究途徑來論述中國革命份子

及臺灣知識份子。

　　研究途徑：採歷史的研究途徑。

　　研究方法：採文件分析法。

　　優點：臺灣史研究者吳密察的評價是「到目前為止最重要的研究成果」，可見其出色之處。

　　缺點：關於臺灣土著地主資產階級的定義並不清楚，且對於臺灣抗日運動家的運動資金也未提及。另外臺灣人意識和中國人意識出現混淆的部分、關於日本政治史論述有不足的方面、臺灣解放思想的類推法也有不足的部分，不甚詳細。此外，雖然論述黃呈聰的思想，卻未明確地陳述林獻堂及蔡培火的思想，且請願運動、臺灣共產黨、臺灣文化協會、臺灣民眾黨及臺灣地方自治聯盟等，也未詳細論及。

　　王曉波，《臺灣抗日五十年》，臺北：正中書局，1997 年。

　　內容：本書主要是敘述臺灣抗日思想與抗日運動的著作。首先整理了臺灣民族運動的過程，其次也以研究的史料為基礎，做了相關問題的解釋。這本書也將許多抗日運動人物之抗日過程及思想加以記錄與說明，諸如林少貓、羅福星、蔣渭水、陳逢源、蔡培火、賴和、吳新榮、楊逵、李友邦等人。

　　研究途徑：採歷史的研究途徑。

　　研究方法：採文件分析法。

　　優點：記錄了臺灣抗日運動 50 年的經過，也算是對過去長久以來相關史料的檢討，相關的資料包括了當時日本政府的警政資料、抗日人物所出版的刊物、當時相關人士的回憶錄等。

　　缺點：作者也從中國史觀點去對這段抗日運動做出解釋，

可惜的是，這篇文章的觀點與評論和之前的相關研究相較了無新意，也使得文章說服力大打折扣。

　　至今雖有許多關於日治時代後期臺灣政治運動史所發表的論文，然關於臺灣政治思想史的學術論文，除若林正丈的「黃呈聰における待機の意味」與吳叡人的〈臺灣非是臺灣人的臺灣不可〉以外，尚無其他人對此有著述。但若林正丈的論文中僅單就黃呈聰一人來做論述，並未論及其他許多抗日運動者的政治思想。因此本論文將對於主要的臺灣抗日運動者林獻堂、蔡培火、蔣渭水、蔡孝乾、謝南光、連溫卿、王敏川、謝雪紅等人進行論述。吳叡人的〈臺灣非是臺灣人的臺灣不可〉是對於臺灣獨立思想傳承經過的詳細描述，然而缺點為對於與臺灣獨立有關聯的中國統一思想幾乎沒有提及，而且對於史料的批判不足，分析亦不夠周全。對於其他的政治思想如民主主義思想、社會主義思想、共產主義思想等，也未有敘述。加上太過於擁護臺灣抗日運動者的立場，以致於欠缺客觀性。筆者的論文主張發起臺灣抗日運動的份子中，林獻堂、蔡培火、蔣渭水等抱持自由主義思想及臺灣獨立思想，謝南光抱持自由主義思想及中國統一思想，謝雪紅及王敏川抱持共產主義思想及臺灣獨立思想，連溫卿抱持社會主義思想及臺灣獨立思想，蔡孝乾抱持共產主義思想及中國統一思想。他們的政治思想對戰後臺灣政治思想造成了影響，並造就了臺灣民族主義、臺灣獨立思想、中國統一思想、自由主義思想與民主主義思想。筆者的論文將對此部分詳加研究。

　　吳密察曾經說過：「很期待若林正丈的『黃呈聰における待機の意味』以後之政治思想的論文」，然而之後若林正丈卻並未

再寫到關於日治時代後期臺灣政治思想的論文，而其他的研究
者也幾乎未寫出有關臺灣政治思想的論文。的確，吳叡人的〈臺
灣非是臺灣人的臺灣不可〉是關於臺灣獨立思想的論文，然而
對於中國統一思想卻未加敘述。筆者的論文為日治時代後期臺
灣政治思想之研究，特別是欲針對臺灣抗日運動者的政治思想
進行深入探討。政治思想的範圍大於抗日思想，當時臺灣的政
治思想實包括了資本主義思想、地方自治思想、臺灣獨立思想、
中國統一思想、社會主義思想、社會民主思想、勞動工會思想、
臺灣議會思想、民族主義思想、自由主義思想、民主主義思想、
共產主義思想、山川主義思想等，其中除了資本主義思想與地
方自治思想外，其餘的思想皆與抗日思想產生關聯。而抗日思
想則包含了臺灣獨立思想與中國統一思想，意即這兩者可說同
時為抗日思想與政治思想的一環。當時臺灣抗日運動者的抗日
思想，可大致分為臺灣獨立思想與中國統一思想。筆者的論文
設定探討之部分有，分析做為日治時代後期臺灣抗日運動者的
政治思想之主要成分的抗日思想、日治時代後期臺灣抗日運動
者的抗日思想之形成原因、產生主張臺灣獨立或中國統一的抗
日思想之緣由，筆者的論文將針對這些部分進行研究。因此筆
者的論文可說確實是對日治時代後期臺灣抗日運動者的政治思
想，特別是針對臺灣獨立思想與中國統一思想而寫的。筆者的
論文並非針對臺灣政治運動史，而是針對臺灣政治思想，特別
是在臺灣抗日思想的解析上提出獨創性的看法。

參、研究途徑、架構及方法

一、研究途徑

　　關於政治思想史的研究，方法多端，一隅不足以窮之，但就大方向言之，本文主要是參考黃俊傑等人的觀點，將它歸納為兩種主要研究途徑 (approach)：（一）外在研究途徑 (external approach) 與（二）內在研究途徑 (internal approach)。所謂「外在研究途徑」，特重思想家與歷史情境的互動，強調在政治思想史與社會經濟史的交光互影之處解讀政治思想的內涵。所謂「內在研究途徑」，特重政治思想體系中，「單位觀念」(unit-idea) 之解析，著重分析「單位觀念」之內在聯繫性以及政治理論的周延性或有效性。這兩種研究途徑的區分只是為了本文在論述上的方便，在實際研究過程中兩者常交互為用、互相發明，而並非涇渭分明、互為敵體。[13]

　　關於「外在研究途徑」，指出以下幾點：（一）「外在研究途徑」的運用以「脈絡化」（contextualization）——將思想人物及其思想放在歷史脈絡中考察——為其特徵。（二）這種研究途徑的理論基礎在於假定人是「歷史人」（Homo historiae），存在於具體而特殊的現實情境之中。（三）這種理論固有其持之有故、言之成理之理據，但是如果持之太過，則或不能免於「化約論」

---

[13]　黃俊傑、蔡明田，〈中國政治思想史研究方法試論〉，國立中央大學文學院《人文學報》第 16 期，1986 年 12 月，頁 6。

（reductionism）之危機。接著闡釋以上這三項論點。[14]

（一）「脈絡化」是「外在研究途徑」最核心的研究途徑。這種研究途徑是將人放入歷史情境的脈絡之中加以觀察、分析。換言之，在「脈絡化」研究途徑的操作之下，中國政治思想人物都是活生生地參與歷史並介入日常生活的人，他們的政治思想必須在歷史脈絡之中才能被正確地解讀。在「脈絡化」研究途徑之下，研究者常問的問題如下：(a) 政治思想家處於何種歷史環境或脈絡之中，而提出政治理論或對策？(b) 政治思想家所提出的政治理論或對策，與當代或後代之歷史情境有何互動關係？(c) 在何種具體而特殊的歷史脈絡之下，政治思想傳統中的某些問題被思想家加以顯題化而成為時代之重大議題？(d) 在何種語言情境（所謂 linguisticality）之中，政治思想家提出他們的政治論述？以上是在「脈絡化」研究方法之下，可以提出的諸多研究課題中的 4 個問題而已，諸如此類的問題還可以繼續列舉下去。[15]

（二）這種研究途徑的理論基礎，在於認為人是「歷史人」，人的思想與行動，是深深地受到具體的歷史條件制約的。這種人性論主張，在於掌握了人的存在之具體性，尤其人是存在於複雜的社會經濟與政治關係網絡中這項事實。由於掌握人存在的具體性事實，所以「外在研究途徑」對於政治思想之緣起，以及政治思想與現實世界之互動關係，較能提出圓融之解釋。[16]

---

[14] 同上，頁 6。
[15] 同上，頁 7。
[16] 同上，頁 8。

　　（三）但是，「外在研究途徑」的理論基礎如果推到極致，
就會將思想人物完全視為歷史環境的產物，而使人的自主性為
之淪喪，不免流為某種形式的「化約論」──認為人只不過是
歷史環境制約下，不具自主性的產物而已。「外在研究途徑」中
所潛藏的這項可能的限制，使研究者在分析政治思想的發展
時，常拙於回答下列問題：(a) 何以生在同一時代的思想人物，
會提出南轅北轍形同水火的政治思想？(b) 在歷史變遷的關鍵
時刻中，何以同屬於某一政治團體的思想人物，會有不同的政
治見解？為了深入掌握上述問題，從而提出相應的解答，研究
者就必須注意不同的思想人物都是具有自主性思考能力的人這
項事實。思想人物固然生於歷史情境之中而被歷史情境所塑
造，但是，他們具有獨立思考的能力，不是「客觀」歷史的奴
隸。西諺所謂「人是會思考的蘆葦」一語，很能道出人的自主
性與尊嚴。[17]

　　所謂「內在研究途徑」，（一）特別重視解析政治思想體系
中在理論上之周延性，以及體系中諸多「單位觀念」及其相互
間之複雜關係；（二）這種研究途徑的理論基礎在於假定思想
或概念有其自主性，較少受到歷史環境變遷之支配。這種研究
途徑的優點在於對政治思想的「內部結構」能做較充分之解析，
但是對於思想「發生脈絡或歷程」的掌握常顯得無力。筆者闡
釋以上這兩個主要論點。[18]

　　（一）首先，「內在研究途徑」特別扣緊某一位政論家、某

---

[17]　同上，頁 9～10。
[18]　同上，頁 22。

一個學派政治思想或某一個時代政治思潮的「內部結構」進行分析，常問的問題如下：(a) 某一個政治思想系統或學派或思潮，包括那些不可再加以細分的「單位觀念」？這些「單位觀念之結構性或階層性的關係如何」？(b) 某一個政治思想系統中，潛藏何種「未經明言」(tacit) 的「文法」或「深層結構」？(c) 某一個政治思想系統的理論周延性如何？[19]

（二）「內在研究途徑」在理論上假定一個政治理想或思想，一旦被提出來以後，就獲得某種自主性的生命，而成為公共領域中可以自由發展的一種論述，可以不受社會政治環境變遷的支配。[20]

筆者使用政治思想史研究途徑，分析臺灣政治思想史。臺灣政治思想史的研究途徑分為兩種：外在研究途徑和內在研究途徑。筆者亦使用外在研究途徑和內在研究途徑，分析臺灣抗日運動者的政治思想。

筆者使用外在研究途徑，分析臺灣抗日運動者的政治思想如下——林獻堂、蔡培火、蔣渭水、謝南光與 History background (日本統治) 的互動為：林獻堂、蔡培火、蔣渭水、謝南光的臺灣政治思想與資本主義、自由主義制度的關係是政治思想與社會經濟制度的關係。謝雪紅、連溫卿、王敏川、蔡孝乾的政治思想與共產主義社會主義制度的關係是政治思想與社會經濟制度的關係。馬克思看到歐洲工人被壓榨，所以提出共產主義社會主義制度，而謝雪紅、連溫卿、王敏川、蔡孝乾也有類似情

---

[19] 同上，頁 22。
[20] 同上，頁 10。

況。林獻堂、蔡培火、蔣渭水、謝南光則支持資本主義與自由
主義制度。

筆者使用內在研究途徑，分析臺灣抗日運動者的政治思想
如下——

(1) 林獻 堂的 單位 觀念	臺灣獨立思想(抗日思想)
	臺灣議會思想(抗日思想關聯)
	自由主義思想(抗日思想關聯)
	資本主義思想
	地方自治思想

(2) 蔡培 火的 單位 觀念	臺灣獨立思想(抗日思想)
	臺灣議會思想(抗日思想關聯)
	自由主義思想(抗日思想關聯)
	資本主義思想
	地方自治思想

(3) 蔣渭 水的 單位 觀念	臺灣獨立思想(抗日思想)
	臺灣議會思想(抗日思想關聯)
	自由主義思想(抗日思想關聯)
	資本主義思想
	一

(4) 謝南 光的 單位 觀念	中國統一思想(抗日思想)
	臺灣議會思想(抗日思想關聯)
	民主主義思想(抗日思想關聯)
	民族主義思想(抗日思想關聯)
	地方自治思想

(5) 謝雪 紅的 單位 觀念	臺灣獨立思想(抗日思想)
	民族主義思想(抗日思想關聯)
	共產主義思想(抗日思想關聯)
	勞動工會思想(抗日思想關聯)
	一

(6) 王敏 川的 單位 觀念	臺灣獨立思想(抗日思想)
	民族主義思想(抗日思想關聯)
	共產主義思想(抗日思想關聯)
	勞動工會思想(抗日思想關聯)
	一

(7) 連溫 卿的 單位 觀念	臺灣獨立思想(抗日思想)
	民族主義思想(抗日思想關聯)
	山川主義思想(抗日思想關聯)
	勞動工會思想(抗日思想關聯)
	社會民主思想(抗日思想關聯)

(8) 蔡孝 乾的 單位 觀念	中國統一思想(抗日思想)
	民族主義思想(抗日思想關聯)
	共產主義思想(抗日思想關聯)
	毛澤東思想(抗日思想關聯)
	一

二、研究架構

　　日治時代臺灣政治思想之要因為：第一次世界大戰後民族
自決主義的影響、日本內地自由主義與民主主義的影響、辛亥
革命與五四運動的影響以及馬克思主義的影響。林獻堂、蔡培
火、蔣渭水因此有了自由主義與臺灣獨立思想，謝南光因此有
了自由主義與中國統一思想。馬克思主義則影響了連溫卿，使
其有了社會主義與臺灣獨立思想；也影響了謝雪紅及王敏川，
使其有了共產主義與臺灣獨立思想；還影響了蔡孝乾，使其有
了共產主義與中國統一思想思想。他們當初團結一致，創立了
臺灣文化協會，並發起臺灣議會設置請願運動。

　　到了 1920 年代當馬克思主義傳入臺灣時，有許多臺灣人開
始信奉馬克思主義。臺灣文化協會中馬克思主義份子於是增
加，對此感到不滿的林獻堂、蔡培火、蔣渭水因而退出，另外
成立了臺灣民眾黨。然而隨著蔣渭水的左傾，感到不滿的林獻
堂與蔡培火又另組了臺灣地方自治聯盟。他們脫離之後的臺灣
文化協會，遂成為臺灣抗日運動左派的團體。

　　而後成為左翼團體的文化協會內，社會民主派的連溫卿與
急進派的王敏川產生對立，之後王敏川便把連溫卿逐出此協
會。謝雪紅在離開臺灣文化協會後，則創立了臺灣共產黨。然
這些抗日團體在 1930 年代後半期，則全部遭受日本政府打壓消
滅，或是自行解散。但這些臺灣抗日運動者的臺灣政治思想，
給予戰後的臺灣政治諸多影響，成為臺灣民族主義、臺灣獨立
思想、中國統一思想、自由主義思想以及民主主義思想的遠因。

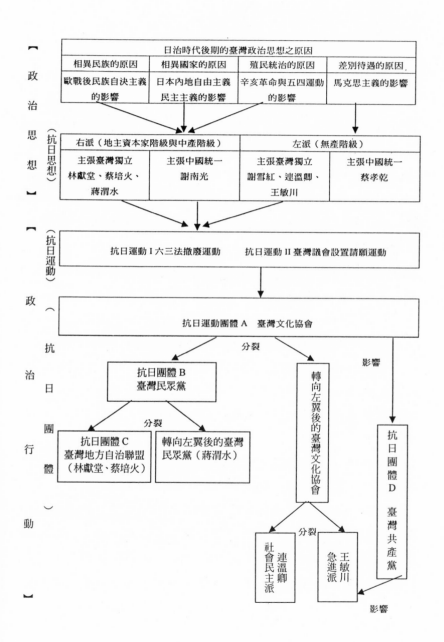

政治思想

（抗日思想）

【　　　　　　　　　　　　　　　　】

日治時代後期的臺灣政治思想之原因			
相異民族的原因	相異國家的原因	殖民統治的原因	差別待遇的原因
歐戰後民族自決主義的影響	日本內地自由主義民主主義的影響	辛亥革命與五四運動的影響	馬克思主義的影響

右派（地主資本家階級與中產階級）		左派（無產階級）	
主張臺灣獨立　林獻堂、蔡培火、蔣渭水	主張中國統一　謝南光	主張臺灣獨立　謝雪紅、連溫卿、王敏川	主張中國統一　蔡孝乾

（抗日運動）

抗日運動 I 六三法撤廢運動　　抗日運動 II 臺灣議會設置請願運動

政治行動

（抗日團體）

【　　　　　　　　　　　　　　　　　　　　　　　　　　　】

抗日運動團體 A　臺灣文化協會

分裂

影響

抗日團體 B　臺灣民眾黨

轉向左翼後的臺灣文化協會

抗日團體 D　臺灣共產黨

分裂

抗日團體 C　臺灣地方自治聯盟（林獻堂、蔡培火）

轉向左翼後的臺灣民眾黨（蔣渭水）

分裂

連溫卿社會民主派

王敏川急進派

影響

三、研究方法

　　研究方法一般係指用來蒐集與處理資料的手段，以及其進行的程序。例如，社會科學的研究方法，若依其研究設計的性質及資料蒐集的程序，從實驗與否來看，可分為「非實驗性的方法」(non-experimental method)、「準實驗性的方法」(quasi-experimental method)、「實驗性的方法」(experimental method) 三種主要類別。本論文採用文件分析法 (document analysis) 與深度訪談法（depth interview）來進行研究。主要是運用非實驗性的研究方法，其主要方法有兩種：個案法 (case method) 與文件分析法。文件分析法主要是尋找及探討主題相關之史料檔案、檔案、文獻、紀錄、傳記、自傳等，以其做為研究主題資料的主要來源。本論文是以日治時代後期的資料為主，並輔以其他文獻，分析研究日治時代後期的臺灣政治思想。

　　為了獲得有關態度、意見與信仰等資料，所做的訪問，以若干問卷組成，問卷內容除了一些依據態度量表所製成的特定問題之外，還包括開放性問題，使受訪者自由回答。通常深度訪問問卷內容係針對特定問題作精細的設計，期能鉅細靡遺地測出被訪者的真正態度與信仰等。深度訪問以有關心理層面的問題為主，如政治態度與政治行為，施測所使用的定義，務必界定清晰，不可有定義欠明或模稜兩可。將所調查的資料加以整理，以做為分析之用。所有深度調查過程應考慮：問卷的內容與質量、訪問員的技術、記載與敘述、所需經費時間不宜高於其他一般性問卷調查太多。抽樣、訓練、複查也是訪問過程

必須考慮的事項。[21]

　　在現階段深度訪談法發展上有以下五個問題。首先是語言的問題，臺灣由於經過不同政權的統治，且不同的族群使用不同的方言，如何將這些用方言訪談的資料用中文彙整出來，這方面的挑戰相當大。其次，1988 年解嚴以前的訪談，若事涉敏感，受訪者常要求死後才能公開或出版，不僅未能充分發揮此一資料的功能，且因解嚴後出版業興盛，敏感的話題不再是禁忌，導致其價值相對地降低。第三，從事深度訪談法的個人或團體，迄今為止，對於收藏有聲資料，尚無規範，對母帶（錄音帶、錄影帶）也沒有刻意維護，反將重要的工作放在從錄音謄整的抄本，再經作者刪削後出版，這點觀念上的偏差必須修正。第四，訪談者較樂於找大人物訪談，對中下階層人士較少關注，以致無法重構地方史或弱勢階層、族群的歷史。第五，訪談者本身並未具備訪談的能力即率然進行。某些訪談者則只負責發問，並沒有製作抄本的意願，然而不經製作抄本則難以檢討自己發問時是否遺漏掉一些可以進一步深入追究的線索。[22]

肆、論文結構重點說明

　　本論文之整體架構可分為緒論、本論及結論。

　　緒論分為研究動機、目的及問題陳述、文獻評論、研究途

---

[21]　前揭，《政治學辭典》，頁 90～91。

[22]　Donald A. Ritchie, Doing Oral History, 中譯本，王芝芝譯，《大家來做口述歷史》，臺北：遠流出版事業公司，1997 年，頁 10～11。

徑、架構及方法、論文結構重點說明。

　　本論又再細分為六章,第一章是日治時代後期臺灣政治思想產生之原因,分別說明當時受到歐戰後民族自決主義、日本內地民主主義與自由主義、辛亥革命與五四運動以及馬克思主義的影響;第二章為臺灣右派抗日運動者的政治思想,分別敘述臺灣獨立論者林獻堂、蔡培火、蔣渭水與中國統一論者謝南光的政治思想;第三章為臺灣左派抗日運動者的政治思想,分別敘述臺灣獨立論者謝雪紅、王敏川、連溫卿與中國統一論者蔡孝乾的政治思想;第四章為臺灣抗日團體的政治思想,分別敘述臺灣文化協會、臺灣民眾黨、臺灣地方自治聯盟與臺灣共產黨的政治思想;第五章為臺灣抗日思想與抗日運動之關聯,分別敘述臺灣抗日思想的六三法撤廢運動與臺灣議會設置請願運動;第六章為日治時代後期臺灣政治思想中產生抗日思想之原因,分別探討產生臺灣獨立思想之原因與產生中國統一思想之原因。

　　結論分為主要研究發現、創見及貢獻、研究檢討與限制、建議。

　　關於日治時代臺灣政治思想的資料,大部分是論述威爾遜的民族自決主義思想、日本內地的大正民主主義思想、中國革命的三民主義思想以及馬克思主義思想對臺灣民族運動的主要影響,並無闡述這些思想所影響的人物與其程度。筆者認為威爾遜的民族自決主義思想或是日本內地的大正民主主義思想影響了林獻堂、蔡培火、蔣渭水、謝南光。此外,中國革命的三民主義思想影響了蔣渭水。更進一步可以得知馬克思主義思想影響了謝雪紅、王敏川、連溫卿、蔡孝乾的思想。因此,先論

述上述的政治思想。

　　從社會階級的角度來分析，林獻堂屬於地主資本家階級；而蔡培火、蔣渭水、謝南光等則是屬於中產階級；謝雪紅、王敏川、連溫卿、蔡孝乾則屬於無產階級。因此，臺灣抗日運動者從階級的角度可分為地主資本家階級、中產階級、無產階級 3 類。

　　臺灣抗日運動者在林獻堂的號召下，組成臺灣文化協會，展開臺灣議會設置請願運動。然而，在 1920 年代後半，隨著馬克思主義思想傳入臺灣，臺灣文化協會分裂為左派與右派。右派的林獻堂、蔡培火、蔣渭水、謝南光組成臺灣民眾黨，而左派的王敏川、連溫卿等則將臺灣文化協會本身轉向左派的路線，臺灣文化協會遂轉變成左翼團體，而謝雪紅則另外組成臺灣共產黨。因此，再進一步論述關於臺灣文化協會、臺灣議會設置請願運動與臺灣民眾黨的思想。

第　一　章

日治時代後期臺灣政治思想產生之原因

　　日治時代後期臺灣政治思想產生之原因為第一次世界大戰後民族自決主義義、日本內地民主主義與自由主義、愛爾蘭獨立運動、韓國三一運動、中國五四運動與馬克思主義（中國共產黨與日本共產黨）等的影響。這些運動的影響使臺灣抗日運動者產生臺灣獨立思想、臺灣議會思想、自由主義思想、民族主義思想、共產主義思想及勞動工會思想。

第一節　歐戰後民族自決主義的影響

　　第一次世界大戰之後，美國總統威爾遜公布 14 條原則。此 14 條原則包含民族自決思想，因此促成歐洲許多民族國家的獨立。在日本統治下的臺灣抗日運動者，亦期望民族自決思想的實現。明治大學教授泉哲也主張臺灣的民族自決，其民族自決思想影響臺灣抗日運動者，因此臺灣抗日運動者也有民族自決思想。

一、威爾遜的 14 條原則

　　第一次世界大戰（1914 年～1918 年）的發生原因，在於三

國協商與三國同盟的對立，以及巴爾幹（Balkan）半島的民族問題等，而從結果來看，導致了國際聯盟的創設，也因此產生了委任統治制度這種新殖民地制度。對於此新制度的設立功勞頗大的是美國總統伍得洛‧威爾遜（Woodrow Wilson）。他的政治思想之特徵在於，將美國革命與法國大革命的根本精神之人民主權概念與民族自決權思想相結合（自決，以一般用語而言，可定義為民族構成獨立國家，並自行決定自己的政府之權利[1]）。而他認為民族自決及國家主權的規則才是國際和平的基礎。然而他的自決思想有兩個缺陷。第一、被認為是自決權的主體之對象專指歐洲民族，第三世界的民族被除外。[2] 他所宣言之 14條原則（Fourteen Points），成為巴黎和會（1919 年～1920 年）的指導原則，在凡爾賽條約（Treaty of Versailles）（1919 年）中，有某程度的實現。而 14 條原則之中與民族自決思想有關的，有第 5 條殖民地問題的適當處理，第 6 條蘇聯自決權的尊重，第 7條比利時之原狀恢復，第 8 條法國對於阿爾薩斯洛林（Alsace-Lorraine）（位處法德之交界處）的恢復，第 9 條基於民族分布之義大利國境的調整，第 10 條給予奧地利匈牙利帝國內之諸民族自治發展的機會，第 11 條巴爾幹諸國之原狀恢復，第 12 條土耳其帝國（Turk）之土耳其人地域的保全及給予其他民族自治發展的機會，第 13 條波蘭之獨立，第 14 條新國際秩

---

[1] Alfred Cobban, The Nation State and National Self-Determination, London, William Collins Sons and co. P. 104.

[2] 曾我英雄、『自決権の理論と現実』、東京‧敬文堂、1987 年、30 頁。

序的構想等。[3] 然而第三世界之民族卻未因此獲得獨立權，實際上得以行使自決權的僅止於歐洲諸民族。第二個缺陷則為自決概念的模糊不清，即他並未定義「民族」的內涵，不過只是將「自治」及「民主主義」這樣的概念單純地與自決原則相連結罷了。

二、威爾遜的民族自決思想

　　威爾遜的自決思想雖無法將以歐洲為中心的偏狹主義之殘渣拂拭乾淨，然其影響仍舊及於委任統治制度。至於委任統治，所規定的聯盟規約第 22 條提到，針對脫卻統治的殖民地，代替國際聯盟做為受託國，將全權委任先進國家來看管。上述情況在軍事占領德領殖民地，並期盼合併的英、法、日等國，與延後加入第一次世界大戰戰局，並反對合併，並要求在這些領土上機會均等的美國之間的利害調整上既已成立。此種情況在僅適用於戰敗國之舊德領與舊土耳其領之殖民地這樣的事實上也顯示出來，這個制度也與民族自決思想無關。威爾遜在凡爾賽會議中提出的初期規約草案內認同自決權，本制度之目的在於其保護下之人民其獨立的達成，這樣的規定雖存在，但在討論的過程中卻遭削除。A 式委任統治地域（舊土耳其領之中近東諸國）其獨立的可能性被認可，而 B 式（舊德領之非洲）與 C式（舊德領之太平洋諸島）卻招致與合併無異的結果。[4] 然若要

---

[3]　外務省編、『日本外交文書』大正 7 年第 3 冊、東京・外務省、477~478 頁。

[4]　岡倉古志郎、長谷川正安『民族の基本的権利』京都・法律文化社、1973年、171~172 頁。

在歷史的洪流中掌握委任統治制度，對自決權於法律上之確立
而言不能說完全沒有意義，反而如下述般認同其積極面的意義
或許是可能的。即形成委任統治制度基礎之凡爾賽體制，使歐
洲少數民族的自決實現，同時也扮演了促成第三世界國家要求
自決運動加速進行的角色。埃及（Egypt）、巴勒斯坦（Polestine）
等阿拉伯（Arab）世界及印度等國，為了獲得自決權因而產生
了激昂的暴力式民族主義運動，另外尚有菲律賓、中美洲也開
啟了脫離美國支配的鬥爭。在此，以自決為目的的改革運動以
前所未有的大規模強行展開。[5] 威爾遜的民族自決思想給予臺灣
的抗日運動志士重大影響，促成了啟發會、新民會、東京臺灣
青年會的成立，亦成為促使臺灣議會設置請願運動開始的重要
原因之一。

三、民族自決主義與民主主義

　　威爾遜的民族自決思想，是以對抗馬克思—列寧主義的民
主主義意識型態的形式做為號召，因此是以少數民族的自決為
考量所被提案的。他當初便決意要打出民主主義的號召，但到
了戰後為了進入市場，才首次考慮放進自決。[6] 他在最初的國際
聯盟規約草案第 3 條中，使用到「自決」這個用語。原文即「締
約國遵照自決的原則，現今的社會條件及希求，或現在的社會
政治關係，因變動時而可見，於將來領土可能有必要重新調整，

---

[5]　前揭、『自決権の理論と現実』、31 頁。

[6]　Dov Ronene, The Quest for Self-Determination, Yale University Press, 1988,
　　P.31.

故為了保持領土的再次調整而採行統一的行動。」[7]他的自決概
念中較引人注目的，是因為提到「那些民族及領土的命運，必
須想辦法重新加以解決。因為那些並未藉由戰爭而獲致解決」[8]
的地方。這些想法強調出他自決概念的主要特徵。其自決也就
是，適逢戰爭結束，一種解決有限範圍的問題之有選擇餘地的
手段。這些問題包含歐洲將來的國境劃分、德國的未來、布爾
什維克（Bol'sheviki）影響威脅下的歐洲、維持各國間和平等等。
他是為了做為解決這些問題的手段才提出自決的方式，並非做
為能普遍套用的基本意識型態而提出此方式。此並不意味著他
的自決概念不是起源於信條或意識型態。如同阿爾弗雷德‧柯
班（Alfred Cobban）所指出的，「要理解他的自決概念，關鍵在
於對他而言，其完全為民主主義理論的一部分這樣的事實。他
政治面的思考，處於美國民主主義傳統之中，而起源於法國大
革命及美國革命的民主主義的、民族的理想。」[9]他所謂的自決，
其基本便是民主主義。他想要在自決的框架中拓展這個理想。
民主主義之概念本身，在歷史的脈絡中並非擁有十分的力量或
魅力。人民擁有選擇自己命運的權利，這樣的自決概念被提倡，
民主主義的觀念因而被埋沒，這對東歐的菁英來說，則視為求
之不得的事。藉此不僅喚起了個人的自由這樣的民主主義原
理，並且將 1848 年的記憶，以及民族的自由也一併拖曳出來。[10]

---

[7]　A, Rigo Sureda, The Evolution of the Right to Self-Determination, Leiden, A. W. Sijthoff, 1973, P. 28.

[8]　Ibid, P. 95.

[9]　Alfred Coban, op. cit. P.63.

[10]　Dov, Ronen, op. cit. P.32.

威爾遜的民族自決，初期的構想與「自治」同義。而認為它意味著，依據擁有自決能力的民族同意而成立之民主主義的政治型態之波美蘭斯（Michla Pomerance）的見解[11] 是妥當的。當與「自治」互為同義語的時候，他獨特的「自治」＝「民族自決」之構想，藉由具體例證（菲律賓）而被顯示出來。在美西戰爭結束取得菲律賓之後，他如此說道：「我們作戰並給予了古巴自治，菲律賓也是。當我們任務結束而他們也準備接受時，不久便可享受到自治。」[12] 他便打算這樣指導殖民地的居民，直到其達到先進國家的文明基準為止。此時點下於他的民族自決構想中，已經考慮到分為民族自決權的即時適用地域（歐洲）及需要一定的指導期間之地域（非歐洲）兩種。然後就如同菲律賓的獨立構想般，不久他便考慮在美國的指導或影響下，給予所有的殖民地居民自治權（與民族自決權同義），而將其導向獨立（之後也給予其加入國際聯盟之資格）之路。[13]

四、明治大學教授泉哲

1920 年代的大正民主主義時代時，眾議院議員中野正剛、議員植原悅二郎、議員田川大吉郎、議員神田正雄、議員清瀨一郎、議員土井權大、議員清水留三郎、貴族院議員江原素六、議員山脇玄、議員渡邊暢、記者石橋湛山、明治大學教授泉哲、

---

[11] Michla Pomerance, "The United States and Self-Determination" American Journal of International Law, Vol. 70, 1976, P. 19.

[12] A. S. Link ed, The Papers of Woodrow Wilson, Vol. 12. P.217.

[13] 草間秀三郎、『ウィルソンの国際社会政策構想』、名古屋・名古屋大学出版会、1990 年、69~71 頁。

東京帝國大學教授吉野作造、京都帝國大學教授山本美越乃、
教授末廣重雄等，協助了臺灣的抗日運動。其中，對於臺灣人
之抗日運動中提供最大協助的日本人，是身為明治大學教授的
泉哲。泉主修國際法，在明治大學裡教授殖民政策學，而其中
有許多臺灣人留學生。當時臺灣人抗日運動的中心為臺灣議會
設置請願運動和《臺灣青年》雜誌，泉和這兩者有著很深的關
係。舉辦抗日運動的林呈祿亦曾就讀明治大學，做為該運動的
理論家而草擬了向帝國議會提出之請願書，對於該雜誌的編集
發行相當盡力。推行該運動的蔡式毅和鄭松筠，也曾就讀明治
大學。

　　泉哲有著怎樣的政治思想呢？這正是本節所要追究的課
題。關於泉的研究雖少，但到目前為止有兩種論說：第一個論
說是若林正丈『臺灣抗日運動史研究』所敘述的「泉是要求臺
灣自治的臺灣自治主義者」，[14] 第二個論說是淺田喬二『日本殖
民地研究史論』所敘述的「泉並非臺灣自治・獨立運動的認同
者」。[15] 但第一說與第二說筆者認為均不正確，在此主張第三個
論說為「泉表面上看起來是臺灣自治主義者，實則為臺灣獨立
主義者」。在本節將先敘述泉的生涯，再闡明泉的政治思想研究
史，接著論述泉的民族自決思想，最後再加以敘述結論。

---

[14]　若林正丈、『台湾抗日運動史研究』、東京・研文出版、1983 年、88 頁。
[15]　淺田喬二、『日本植民地研究史論』、東京・未来社、1990 年、209 頁。

五、泉哲的生平

　　泉哲（1873 年~1943 年）出生於北海道，札幌農學校中輟後前往美國，曾就讀於洛杉磯大學、史丹佛大學、哥倫比亞大學等。在美國苦讀 16 年後，最後於哥倫比亞大學所學的國際法成了泉的主修。[16] 1913 年，泉回國後當上東京外國語學校（東京外國語大學之前身）教授。1914 年到 1919 年間，擔任明治大學政治經濟系的講師，教授殖民政策學。1920 年到 1924 年間，成為該大學法學部的教授，講授殖民政策學與國際法。1925 年，伴隨該大學政治經濟學部的創設，成為該學部之教授，講授國際法。[17] 在這段期間中的 1922 年，以名為「國際警察權的設定」之論文，由東京帝國大學授予法學博士學位。1927 年，辭去明治大學，成為京城帝國大學法文學部教授，教授國際公法。1935 年，到達退休年齡而退休，成為南滿洲鐵道股份有限公司（滿鐵）調查部的顧問，於 1943 年病死。[18] 泉終其一生，是位虔誠的基督教徒。泉的著作有『殖民地統治論』（1921 年）、『增訂殖民地統治論』（1924 年）等。泉的論文中，針對國際法之論文很多，從 1916 年到 1935 年之間，在雜誌「外交時報」中發表了 70 篇以上的論文。另外，也在明治大學的「國家及國家學」中發表了許多論文。並且，泉也在臺灣人抗日運動家們的雜誌《臺灣青年》、《臺灣》、《臺灣民報》中投稿了許多的論文。

---

[16]　泉貴美子、『泉靖一とともに』、東京・芙蓉書房、1972 年、40 頁。

[17]　明治大学政治経済学部編、『学部創立 70 年史』、1978 年、47~49 頁。

[18]　前揭、『泉靖一とともに』、323 頁。

　　泉哲之所以會與臺灣議會設置請願運動者有關係，乃是因為泉以前在有許多臺灣人留學生的明治大學裡教授殖民政策學。身為臺灣議會設置請願運動的理論家，並草擬了向帝國議會提出的請願書的林呈祿於 1914 年明治大學法學部畢業後，進入了該大學的高等研究所，就讀至 1917 年為止，研究殖民政策。[19]該運動的指導人物當中，蔡式毅、鄭松筠在明治大學法學部就讀。泉的家在每星期一對外開放，來者大部分為明治大學的學生。林呈祿也透過這樣的機會，加深了和泉的關係。林呈祿是當時在東京的臺灣人學生中之積極份子，透過他和其他的人，泉與在東京的臺灣人青年之交流密切。在林呈祿與蔡培火一起致力於發行而編輯的《臺灣青年》與《臺灣》中，泉是最頻繁投稿的日本人。另外，當泉在東京帝國大學被授予博士學位時，由林呈祿擔任編集人、鄭松筠擔任發行人的臺灣雜誌社所主辦的慶祝會上，聚集了在東京之臺灣青年四十數名。報導這件事的《臺灣》中的報導裡，稱泉為「多年來本社有力的指導者」，稱自己為「平常直接間接地受泉博士教導之在東京的臺灣青年」。[20]泉在臺灣議會設置的請願運動開始後，也經常受到邀請，出席訴求其宗旨的記者會。

六、關於泉哲之研究史

　　若林正丈『台灣抗日運動史研究』以泉「批判日本之殖民

---

[19]　臺灣総督府警務局編、『臺灣総督府警察沿革誌』第二編中卷、社会運動史、臺北、1939 年。

[20]　「雜録」、『臺灣』第 3 年第 2 号、（1922 年 5 月 2 日）、70 頁。

46

政策、除闡明根據自治主義方針的政策之實行外，亦同時對鼓吹對自治之自覺與自助努力的臺灣居民進行發言」[21] 為由，認定泉為自治主義容忍者，用來做為其證據。若林引用泉在「告知臺灣島民」之中的「必須意識到臺灣非總督府的臺灣，是臺灣島民的臺灣。以臺灣島民進入自行管理臺灣之領域，為島民諸君之目的」。若林雖將泉的「臺灣非總督府的臺灣，是臺灣島民的臺灣」這句話解釋為泉哲自治主義的表現，但是筆者卻不認為如此。泉的「非總督府的臺灣」[22] 這句話，可以解釋成日本的主權不包括「臺灣非總督府的臺灣，是臺灣島民的臺灣」解釋為自治主義的表現，但筆者認為應解讀為臺灣獨立思想（也就是將臺灣從日本獨立）。因此，泉的話並非意味著臺灣自治主義，而是意味著臺灣獨立主義。如果泉的話有著自治主義之含意，那應該就會變得如同蔡培火在《我們的島與我們》中所說的「臺灣是帝國的臺灣，同時是我等臺灣人的臺灣」。如是蔡說的「臺灣是日本的臺灣，同時是臺灣人的臺灣」的話，就表示日本的主權遍及臺灣。因此蔡之言論代表臺灣自治主義，泉的言論則代表臺灣獨立主義。

泉主張漸進式的臺灣獨立論，敘說如下：「對臺灣不得不至少以將其變為自治殖民地為目的。如同臺灣實行地方自治那樣，雖不能獲得太多，但筆者相信其本意在使臺灣人先習慣地方自治。其次設置成為選舉制之市、街、庄諮詢機關，大轉變

---

[21] 前揭、『台湾抗日運動史研究』、99頁。
[22] 泉哲、「臺灣島民に告ぐ」、『臺灣青年』第1卷第1号、(1920年7月16日)、7頁。

使成為地方之立法機關，不僅做到市、街、庄長選舉，除了總督外之公職皆由臺灣人去充當。因此今日的法律制度當然也應幫助達成此目的。」就像這樣，泉在第 1 階段發布地方自治制，在第 2 階段設立市、街、庄之諮詢機關，使成為地方的立法機關，在第 3 階段考量臺灣獨立。在第 3 階段，泉構思臺灣獨立一事，可用泉以下的言論為証：「若國際道德與正義觀念發達，人類的移住是自然的權利，任何人任何國家皆無法禁止及抑制的話，將實現人類之和平，相信在全世界都能達到人口分配的平均。這樣的時期來臨時，領有殖民地之必要也變得不存在。領有殖民地這件事，意味著對於某個地區的利益獨占，便可以說只因局部人民的幸福，而犧牲多數人幸福之慮。吾輩都在盼望不必要領有殖民地之時代能早日到來。」[23] 泉既然主張殖民地廢除論，可以說泉構思著日本殖民地之放棄——將臺灣從日本獨立。因此泉並非臺灣自治主義者，而是臺灣獨立主義者。

淺田喬二『日本殖民地研究史論』提到「民族自決權是指從壓迫民族政治性地分離的自由——以建立獨自民族國家為目的的政治的、民主主義的權利」，[24] 從列寧的著作中引用以下的定義，敘述如下：「民族自決是指將在政治意義上的獨立權，從壓迫民族自由地、政治性地分離的權利。具體而言，意味著依民族的人民投票，而決定分離問題。」[25] 又淺田引用泉哲論文中的一句話「民族自決是指達到高度開發的民族在內政上不應

---

[23] 泉哲、『植民地統治論』、東京・有斐閣、1921 年、376 頁~378 頁。

[24] 前揭、『日本植民地研究史論』、208 頁。

[25] レーニン、『レーニン全集』第 22 卷、1916 年、168 頁。

受他人干涉、擁有自行統治權利,意味著一個民族對其他民族拒絕統治,民族自決與殖民地獨立運動無關聯」,[26] 敘說如下:「從以上可知,泉似乎並不認為民族自決權是殖民地民族從殖民國政治性地分離的權力或是自由地樹立獨立的民族國家之權力,而是認為殖民地民族獲得內政權、政治上的自治權之權利。如此一來,他就不是正確意思上的民族自決權原理的認同者,也非民族獨立運動的擁護者。」[27]

如此若根據淺田之說法,泉既不是民族自決權原理的認同者,也非民族獨立運動的擁護者,但筆者認為並非如此。筆者認為泉既是民族自決權原理的認同者,也是民族獨立運動的擁護者。其根據為泉在「少數民族的保護與民族自決」中說「芬蘭、波蘭、愛沙尼亞、拉脫維亞、南斯拉夫、捷克、匈牙利、奧地利等皆是以民族本位為基礎建設出來的國家。美國總統威爾遜之民族自決主義的具體實現,乃是這些國家的誕生。」[28] 泉既然像這樣將東歐 8 國從殖民國獨立分離之例子做為民族主義的具體實現,那麼泉便是把民族自決權理解為殖民地民族從殖民國那裡於政治上獨立分離的權利。

再者,根據淺田說法,「民族自決非與殖民地獨立運動有關聯,故泉也不是民族解放運動之擁護者。」[29] 但筆者認為不是那樣,筆者認為泉是民族解放運動之擁護者,其依據為泉敘說:

26 泉哲、「少数民族の保護と民族自決」、『臺灣』第 3 年第 9 号、(1922 年 12 月 1 日)、3 頁。

27 前揭、『日本植民地研究史論』、209 頁。

28 前揭、「少数民族の保護と民族自決」、3 頁。

29 前揭、『日本植民地研究史論』、209 頁。

「所謂的殖民地統治，是在國際政治發達的現階段中不得已的
現象，若國際道德與正義觀念發達，而在全世界的人口分配適
宜的情況下，其必要應該會消失。因此在現階段，去除本國本
位而採殖民地本位政策、謀求殖民地人民之幸福、指導殖民地
的文化發展，乃是身為統治者之文明國的使命。換言之，在今
日以謀求殖民地之文化普及並訓練其自治獨立為殖民國之任
務。其任務如能徹底達成，殖民地之文化提高並要求獨立的話，
那承認其獨立也沒關係。」[30] 由此可知泉是民族獨立運動之擁
護者。

七、泉哲的民族自決思想

　　泉哲在「自治權之獲得」中敘述如下：「過去獨立國家對於
殖民地，有必要承認與獨立國民相同的權利。臺灣議會設置運
動是臺灣人的自治權要求。臺灣人於文化、教育、財力幾點，
有被授予參政權的資格。總督府協議會在選舉議員組織決議機
關的數年後，可改變為責任政府之制度。責任政府之允許，亦
即完全的自治，是使殖民地進步所應達到的目標。殖民地若不
被認可自治權的話，遲早會轉為強求獨立之態度。現在並非阻
止臺灣議會設置運動的時代，寧可援助、助長其運動，早日達
到臺灣人之希望，期許造就與日本之關係不易變動之基礎。」[31]

---

[30]　泉哲、「植民地の将来（2）」、『南洋協會雜誌』第 5 卷第 3 号、(1919 年 3
月 31 日)、18 頁。

[31]　泉哲、「自治權の獲得」、『臺灣民報』第 192 号、(1928 年 1 月 21 日)、
20 頁。

　　在其中，泉所說的「獨立國家」，可以解釋成臺灣民主國或清朝。但是歷史的事實是從 1895 年 5 月到同年 10 月間，臺灣民主國已從清朝獨立而存在。既然如此，「獨立國家」便是意味著臺灣民主國。又「獨立國民」這個字眼，也可以做為指臺灣人從日本統治下脫離而成為獨立國民來獨立生存。另外，「責任政府之允許，亦即完全的自治，是使殖民地進步所應達到的目標」是指使臺灣建立責任政府。這跟在大英帝國統治下加拿大、澳大利亞、愛爾蘭等能夠建立責任政府相同，在日本帝國統治下的臺灣也能夠建立責任政府。又對於臺灣「若不許可自治之權利的話，將強求獨立」這樣的說法，是泉對於日本政府的脅迫。亦即威脅著若不給予臺灣自治權的話，臺灣將會獨立。雖說如此，歷史上所有曾是殖民地的國家最後皆走向獨立。既然那樣，若臺灣達成自治的話，臺灣就會要求獨立。因此雖說是自治，但卻使自治這個字眼裡含有獨立的意味。

　　泉哲在「關於殖民地的立法機關」中敘述如下：「臺灣議會設置之請願，是要求給予臺灣自治之呼籲。這是在全世界，進步的殖民地之要求。正如同長大的兒女離開父母的家庭而獨立那樣，發達的殖民地在內政上變得不受母國之干涉，是自然的結果。臺灣在財政上達到一分錢都不必仰賴母國之援助，而經濟上的獨立會伴隨著政治上之獨立。殖民地之自治應以殖民地議會之設置為開始，最後將會使行政部對立法部負有責任。加拿大、澳洲等皆採用責任內閣制，臺灣今日的要求是擁有決議權的立法部之創設，行政部完全委託給總督也無礙。總督對於立法之權應僅限於召集、停會、暫時停止發布法律。因將今日

莫大之立法權交予總督很危險，故應將之移轉至立法部。」[32]

　　泉哲在上述所說的「正如同長大的兒女離開父母的家庭而獨立那樣，發達的殖民地在內政上變得不受母國之干涉，是自然的結果」意味著，如同小孩長大後離開雙親身旁而獨立那樣，臺灣也會脫離日本而獨立，可以解釋成臺灣應脫離日本而獨立。雖說如此，或許也可以解釋為非臺灣獨立，而是臺灣自治。然因敘說著「殖民地在內政上變得不受母國之干涉」，所以雖可解釋做臺灣獨立，但無法解釋為臺灣自治。又「臺灣今日的要求是擁有決議權的立法部之創設，行政部完全委託給總督也無礙」有以下的意思：依據法三號，日本人的臺灣總督握有立法權、行政權、司法權、軍事權，這是不公平的，故希望能將其中的立法權交由臺灣居民所構成的臺灣議會。但在立法權、行政權、司法權、軍事權中，立法權可說是最強大的權力。因為立法權乃是制定、廢止法律之權力。例如若臺灣議會設立後賦予其立法權，亦即法律制定權的話，有可能會廢除法三號，並將日本人臺灣總督所擁有的行政權、司法權、軍事權三權交與臺灣議會。臺灣議會也會有宣示臺灣獨立之危險。從這些方面來看，臺灣議會請願運動表面上雖是僅要求立法權的自治要求運動，但實際上也追求行政權、司法權、軍事權並試圖達成臺灣獨立之臺灣獨立要求運動。

　　泉哲在「民族自決之真意」中，敘述如下：「民族自決是在大戰講和會議中，由威爾遜所主張。而此主義並非是用來套用

---

[32]　泉哲、「植民地の立法機関に就て」、『臺灣』第 4 年第 4 号、（1923 年 4 月 10 日）、4~5 頁。

於全世界的各個殖民地,而是對於德國的某些地方,依居民的自由意思來決定其歸屬。例如薩爾的居民以一般投票的方式,來決定是歸還德國或歸屬法國。這決定權是全部民所有,其權利施行的結果稱為民族自決。照這樣來看,民族自決與革命的自由或是殖民地獨立運動並沒有關係。一個民族征服其他民族並對之採行隸屬的對待是不能原諒的事。因此民族自決並沒有對於將某地方做為隸屬地之國家,持武器去反抗的意思。應視為僅是以對於舊敵國領土的一部分來決定其歸屬為目的,是相當穩當之處置。」[33]

泉哲在其中說的「民族自決是依某些地方的居民來投票以決定其歸屬,例如薩爾的居民以一般投票的方式,來決定是歸還德國或歸屬法國」之理論,不正也試圖適用在臺灣上嗎?因泉以「一個民族征服其他民族並對之採行隸屬的對待是不能原諒的事」之言語,暗示著日本民族征服臺灣(1895 年的臺灣攻防戰)並開始統治臺灣是不該原諒的。且臺灣若舉行做為民族自決之居民投票,來決定臺灣要歸屬中國、歸屬臺灣或歸屬日本的話,考量 1920 年代的臺灣的狀況,比起中國人意識或日本人意識,因持有臺灣人意識的臺灣人很多,故臺灣應會獨立。原本依據民族自決來投票這件事,因為會將決定權從日本人手中移交到臺灣人手裡,故臺灣人的民族自決便意味著臺灣獨立。

泉哲在「少數民族的保護與民族自決」中,敘述如下:「第一次世界大戰後的兩大政治思潮為國際主義與民族主義。國際

---

[33]　泉哲、「民族自決の真意」、『臺灣』第 3 年第 9 号、(1922 年 12 月 1 日)、2~3 頁。

聯盟之成立為國際主義之實現，多數獨立國家的組織為民族主義的表現。芬蘭、波蘭、愛沙尼亞、拉脫維亞、南斯拉夫、捷克、匈牙利、奧地利是建立在民族本位的國家。威爾遜之民族自決主義的具體實現，乃是這些小國家的誕生。民族自決是指達到高度發展的民族，在內政上不受其他人干涉，擁有自行統治的權利，意味著一個民族拒絕其他民族的統治。」[34] 泉哲在之中敘述的「民族自決是指達到高度發展的民族，在內政上不受其他人干涉，擁有自行統治的權利，意味著一個民族拒絕其他民族的統治」，並不意味著自治，而是意味著獨立。

　　泉哲在『殖民地統治論』中，敘述如下：「對臺灣至少應先將其變為自治殖民地為目的。如同臺灣施行地方自治制那樣，雖不能獲得太多，但其本意在使臺灣人先習慣地方自治。其次設置成為選舉制之市、街、庄諮詢機關，大轉變使成為地方之立法機關，不僅達到市、街、庄長選舉，除了總督外之公職皆應由臺灣人去充當。領有殖民地這件事，意味著對於某個地區的利益獨占，可以說只因局部人民的幸福，而犧牲多數人幸福之慮。吾輩都在盼望不必要領有殖民地之時代能早日到來。」[35]

　　泉哲在這裡所說的「將臺灣至少變為自治殖民地」中的「至少」，有著可以的話想讓臺灣獨立的意味。又泉在這裡面所說的「除了總督外之公職皆應由臺灣人去擔任」的言論，也意味著臺灣獨立的前階段，至少意味著臺灣自治。再者，泉這裡面所主張的「吾輩都在盼望不必要領有殖民地之時代能早日到來」

---

[34]　同上、2~3 頁。

[35]　前揭、『植民地統治論』、376~378 頁。

之言語,意味著日本沒必要將臺灣當做殖民地來領有,換言之,即想讓臺灣獨立。又泉在「告知臺灣島民」之中所敘說的「必須意識到臺灣非總督府的臺灣,而是臺灣島民的臺灣」,[36] 便意味著臺灣獨立。因為若是意味著臺灣自治的話,便會使用「臺灣既是總督府的臺灣,亦是臺灣島民的臺灣」的表達方式。

　　以政府委員之身分,出席第 44 帝國議會之貴族院請願委員會審議的臺灣總督田健治郎批評泉「(開始臺灣議會設置請願運動的)那些學生們所進入的私立大學中,教師竟然不僅在授課時說到臺灣是臺灣人的臺灣,非那樣不可,更用筆來將其公開」。[37] 又在第 2 次請願前,於臺灣總督府裡作成的『臺灣人的臺灣議會設置運動及其思想』中說到「泉博士滔滔不絕的民族自決論是非常痛切地告知本島人的幼稚腦袋之昏沈,其文意雖並非包含危險和煽動的含意,論說民族自決即是煽動,會使一知半解的青年對其有誤解。」[38] 從這些事來看,泉有著臺灣自決思想以及臺灣獨立思想。

八、小結

　　威爾遜的政治思想之特徵在於,將美國革命與法國大革命的根本精神之人民主權概念與民族自決權思想相結合(自決,以一般用語而言,可定義為民族構成獨立國家,並自行決定自

---

[36] 前揭「臺灣島民に告ぐ」、7頁。

[37] 「第 44 帝國議會貴族院請願委員會第 3 分科會速記錄 第 4 回 1921 年 2 月 28 日」、8頁。

[38] 『臺灣人ノ臺灣議会設置請願運動卜其思想、後編』、4頁。

己的政府之權利）。泉哲在『殖民地統治論』中，敘述如下：「對
臺灣至少應先將其變為自治殖民地為目的。如同臺灣施行地方
自治那樣，雖不能獲得太多，但其本意在使臺灣人先習慣地方
自治。其次設置成為選舉制之市、街、庄諮詢機關，大轉變使
成為地方之立法機關，不僅達到市、街、庄長選舉，除了總督
外之公職皆應由臺灣人去充當。領有殖民地這件事，意味著對
於某個地區的利益獨占，可以說只因局部人民的幸福，而犧牲
多數人幸福之慮。

　　吾輩無時無刻都在盼望不必要領有殖民地之時代能早日到
來。」泉哲在『植民地統治論』所說的「將臺灣至少變為自治
殖民地」中的「至少」，有著可以的話想讓臺灣獨立的意味。又
泉在這裡面所說的「除了總督外之公職皆應由臺灣人去擔任」
的言論，也意味著臺灣獨立的前階段，至少意味著臺灣自治。
再者，泉這裡面所主張的「吾輩無時無刻都在盼望不必要領有
殖民地之時代能早日到來」之言語，意味著日本沒必要將臺灣
當做殖民地來領有，換言之，即想讓臺灣獨立。又泉在「告知
臺灣島民」之中所敘說的「必須意識到臺灣非總督府的臺灣，
而是臺灣島民的臺灣」，便意味著臺灣獨立。因為若是意味著臺
灣自治的話，便會使用「臺灣既是總督府的臺灣，亦是臺灣島
民的臺灣」的表達方式。以政府委員之身分，出席第 44 帝國議
會之貴族院請願委員會審議的臺灣總督田健治郎批評泉「（開始
臺灣議會設置請願運動的）那些學生們所進入的私立大學中，
教師竟然不僅在授課時說到臺灣是臺灣人的臺灣，非那樣不
可，更用筆來將其公開」。又在第 2 次請願前，於臺灣總督府裡
作成的「臺灣人的臺灣議會設置運動及其思想」中說到「泉博

士滔滔不絕的民族自決論是非常痛切地告知本島人的幼稚腦袋之昏沈，其文意雖並非包含危險和煽動的含意，論說民族自決即是煽動，會使一知半解的青年對其有誤解。」從這些事來看，泉有著臺灣自決思想以及臺灣獨立思想。

第二節　日本內地民主主義、自由主義的影響

　　大正民主主義是指在大正時期中高漲的自由主義與民主主義趨勢。東京大學教授吉野作造主張民本主義（國家的主權，在法律上屬於人民）。因此吉野作造的政治思想影響到臺灣抗日運動者的政治思想。吉野作造的自由主義思想與民主主義思想影響到臺灣獨立思想、臺灣議會思想、自由主義思想與民主主義思想。

一、大正民主主義

　　「大正民主主義」，是反映出第一次世界大戰與俄國革命後的世界性潮流，意指在大正時期中高漲的自由主義與民主主義趨勢。此風潮雖然是透過各種革命運動產生，但主要是經歷兩次的憲政擁護運動。第 1 次護憲運動，從 1912 年至 1913 年，在「擁護憲政」「打倒閥族」的口號下展開，使第 3 次桂太郎內閣總辭（大正政變）。接著，在 1924 年以打倒清浦奎吾特權內閣為首務的第 2 次護憲運動中，形成護憲三派內閣（第 1 次加藤高明內閣），正式邁入政黨內閣時代。由政治史的觀點看來，大正民主主義被定義為徹底瓦解明治時期藩閥專制，以及成立政黨政治的一連串過程，然而，促使政治體制重組的，卻是人

民對政治意識的覺醒，並活躍於政治舞台。1918 年的「米騷動」
事件，正顯示出藩閥政治在統御國民方面的無能，同時該事件
中，亦推翻寺內正毅的非立憲內閣，成立原敬所領導的政友會
內閣，開啟通往政黨政治的道路。米騷動過後，受到俄國革命
與國際聯盟成立等國際上民主主義、和平主義高漲的刺激，為
獲得政治自由與實現社會平等，日本國內也開始展開一連串的
社會運動，諸如護憲運動、普選運動、勞工運動、農民運動、
社會主義運動、部落解放運動、女權解放運動、學生運動等。
構築上述運動之理論基礎的，正是吉野作造的「民本主義」、美
濃部達吉的「天皇機關說」，以及大山郁夫、新渡戶稻造、福田
德三等人的理論。此外，在文化層面，也醞釀出以白樺派、自
然主義、人格主義為主流的大正文化。儘管，大正民主主義實
現了政黨政治及男子普選制，唯普選法與治安維持法同時併
立，阻礙民主主義的推展，這正是受限於天皇制的框架內所展
現出的，不問主權歸屬的民主主義論（民本主義）運動。另一
方面，成為新體制要角的政黨，也一邊和藩閥勢力妥協，一邊
鎮壓民眾運動，致力於新體制的安定，而忽略民主主義的確立，
因此民主主義難以伸張，到了 1930 年代，日本便完全被軍國主
義及法西斯主義所支配。

　　首先必須要闡明的，是做為大正民主主義運動指導方針的
大正民主主義思想。大正民主主義運動，正是以解放帝國主義
下被壓迫階層，以及達到各民族政治、經濟、社會等方面解放
為目標的社會運動。其中所謂「被壓迫階層」，乃工、農、市民
等一般民眾階層，及殖民地或半殖民地的人民。大正民主主義
運動，是由具自由主義思想的知識份子或資產階級領導，以資

產階級的民主主義運動為出發點，然後再將其主導權移轉至無
產政黨下的民主主義運動。但是大正民主主義派系的運動，在
那之後並沒有消失。儘管大正民主主義派系在之後產生分裂，
然而他們所領導的運動並沒有停止，即便在昭和前期法西斯主
義盛行的年代，仍有零星的運動展開。大正民主主義運動由各
無產政黨領導，從事反體制運動，自 1925 年至 1926 年間，大
正民主主義運動從主要推動反體制運動的角色，隱退成暗中推
動反體制運動的推手，而該運動一直維持至日俄戰爭後的大正
末年。[39]

　　與其將大正民主主義狹義解釋為人民對國內政治民主主義
層面的改革運動，不如將其廣義解釋成政治、經濟、社會等跨
領域的改革運動更有說服力。確實，大正民主主義運動的主要
目標之一，即是以全民政治的解放達到國內政治民主化的願
景，而屬於政治層面的民主主義、護憲運動及普選運動在日本
全國的沸騰，便是其具體的展現。但是，從帝國主義時期被壓
抑的各民族階層之自我解放，所展開的民主主義運動，並非侷
限於追求國內政治的民主化，包括中小工商業者、學生、知識
份子為主的中產階級，以及農民、工人、女性或被壓迫的部落
民族，皆展開全國性的運動，他們的訴求除了國內政治民主化，
更包含經濟、社會、文化等領域的民主解放。[40]

　　大正民主主義運動大致分為 3 個發展階段，分別是第 1 階

---

[39]　栄沢幸二、『大正デモクラシー期の政治思想』、東京・研文出版、1981
　　　年、3~4頁。

[40]　同上、4頁。

段（1905 年~1913 年）、第 2 階段（1914 年~1918 年）及第 3 階
段（1919 年~1925 年）。若欲將對帝國主義反動的大正民主主義
思想做全盤把握，便不得不個別闡明日本帝國主義思想與大正
民主主義思想。所謂日本帝國主義思想，意味的是天皇制思想，
特別是以家族國家觀為其核心思想所傳承下來的部分，而日本
帝國主義，便是結合立憲主義與國家主義的帝國主義。大正民
主主義時期的天皇制思想，為綜合國家主義、家族國家觀與立
憲主義的思想。另外，在帝國主義時代產生的民主主義思想，
便必須解讀為：受壓迫的各民族階層，對抗將壓抑國內反動運
動，或壓抑其他民族視為正當化的帝國主義，所衍生出的一種
解放思想。[41]

　　大正民主主義運動各階段的指導理念，分別是第 1 階段
（1905 年~1913 年）的立憲主義、第 2 階段（1914 年~1918 年）
的民本主義及第 3 階段（1919 年~1925 年）的社會民主主義，
此三者的思想性格，屬於資產階級民主主義。其中，第 1 階段
的立憲主義，擁有露骨的帝國主義思想；第 2 階段的民本主義，
其非帝國主義思想的性格逐漸強烈；而第 3 階段的社會民主主
義，則擁有非帝國主義思想的特性。第 1 階段的主要思想家，
包括浮田和民、高田早苗、島田三郎、尾崎行雄、舊改進黨系
政治家、知識份子與記者；第 2 階段的理論指導者，為吉野作
造、大山郁夫、長谷川如是閑等小資產階級民主主義者；第 3
階段的理論代言人，為室伏高信、大山郁夫等人，尤其大山與
新人會、建設社同盟的學生等小資產階級激進主義者，更是將

---

[41]　同上、5~8 頁。

大正民主主義運動轉換至社會主義運動的先驅。在第 1 階段，由浮田和民代表的立憲主義，一方面追求近代民主主義的政治理念，另一方面也贊同日本帝國主義發展的國家目標，也因此他們主張民主主義與帝國主義的結合。然而，從事第 1 階段大正民主主義運動的民眾們，儘管對於日本帝國主義對外軍事擴張政策之成功感到高興，卻不滿軍擴造成的財政負擔，而強烈批判藩閥軍僚政府，也正因為立憲主義者代替人民抒發對政府的不滿，故成為第 1 階段的思想家。第 2 階段的民本主義者，是在大正民主主義運動指導層由非特權資本階層轉移至都市中產階級，且農工階級也開始成為民主主義運動之推手時，才紛紛登場。該時期的民本主義者，即使尚未從帝國主義的觀念解放，卻忠實反應出民主主義世界潮流下，都市中產階級與農工階層的訴求，他們的目標，就是國內政治的民主化。吉野作造身為該期代表的思想家，他順應民主運動的發展，慢慢修正民本主義路線，終於開始批判帝國主義。第 3 階段的社會民主主義，具有非帝國主義意識形態的性格，而且在第一次世界大戰後，社會改造論盛行的情況下，也具有與社會主義者的改造論，以及急進法西斯相抗衡的大正民主改良主義式改造論性格。在第 3 階段，大正民主主義者一分為三，分別是大山郁夫、河上肇等的社會主義化路線，室伏高信、中野正剛等的法西斯化路線，以及吉野作造、尾崎行雄、浮田和民等的大正民主主義化路線。無論是第 1 階段的立憲主義者或第 2 階段的民本主義者，至第 3 階段，就與社會主義層面的民本主義論相同，分裂為 3

個方向。[42]

二、立憲主義

　　大正民主主義思想，為民主主義與帝國主義的綜合思想。
日本帝國主義，是國家主義層面的帝國主義與立憲主義層面的
帝國主義之兩大思想潮流，由對立到互補所產生的。做為大正
民主主義運動第 1 階段指導理論的立憲主義，其思想特質是屬
於立憲主義層面的帝國主義思想。[43] 高田早苗的「對外展現帝
國主義，對內實施立憲主義[44]」主張，表現出帝國主義意識形態
的立憲主義思想。立憲主義與帝國主義相結合的理論，與浮田
和民、尾崎行雄、島田三郎等人的思想相同。高田早苗等的立
憲主義者，為求日俄戰後日本的發展，提倡了帝國主義層面的
民族主義論。為求日本帝國主義的發展，日本必須仿傚英國，
成為近代帝國主義國家。因此，必須建立起與歐美先進帝國主
義國家並駕齊驅的資本主義（獨立資本主義），以其做為上層結
構的政治體制。依此，必須將過去以軍事侵略為核心的日本帝
國主義對外膨脹政策（憑藉武力的帝國主義），轉變為以移民、
貿易為中心的，和平、經濟性對外膨脹政策（實業上的帝國主
義）。[45]

　　因此這幾位所極力勸說完成的立憲政治，被主張為日本帝

---

[42]　同上、9~10 頁。

[43]　同上、12 頁。

[44]　高田早苗、「帝國主義を採用するの得失如何」、『太陽』第 8 卷第 7 号、
　　　（1902 年 6 月 5 日）、20~21 頁。

[45]　前揭、『大正デモクラシー期の政治思想』、13 頁。

62

國主義之國內體制的一環。這表示,國民在日本帝國主義對外侵略下,為求能夠自發性參加,所形成的政治體制。所謂內政為立憲主義、外交為帝國主義的齊頭並進主張,是此考量方式的集約式表現。這表示,雖然這幾位的思想,內部存在立憲主義與帝國主義間的矛盾,但其重點是帝國主義。總之,與其說被壓抑的各階層或各民族,為求獲得自我解放的意識形態,還不如說是下層解放運動的力量,轉換為帝國主義體制確立的能量,具有帝國主義意識形態的性格。此立憲主義思想,雖然與內田良平與上杉慎吉等人國家主義層面的帝國主義持續對立,但也存在部分的一致性。原因是,立憲主義者與國家主義者,同樣關心著日本帝國主義發展的國家課題,但在方法上與國家主義者相對立。換句話說,前者為求帝國主義的發展,主張內政以立憲主義與產業發展政策(工商立國主義),且外交以貿易、移民為中心,推動實業上的帝國主義政策。反之,國家主義者,主張內政為象徵天皇親政論的專制政治體制與軍國主義化,及外交以推動象徵軍事侵略的帝國主義政策,因此兩者帝國主義發展的主要目的是一致的。立憲主義者,與國家主義者相同,從維護天皇制度的觀點,提倡立憲主義層面天皇制度思想。高田早苗、尾崎行雄、浮田和民等人,認同立憲政治為君民一致的國體,極力主張確保皇室的尊榮與人民的幸福,對於國家主義的專制天皇親政論,及家族國家觀念的天皇制思想,在自由民權右派的立憲君主制論源流下,展開立憲主義層面的天皇制思想。[46]

---

[46] 同上、13~14頁。

對於將英國式的立憲君主制，視為最理想政治體制的立憲
主義而言，所謂立憲主義，浮田和民主張「1.限制政府的權利。
2.保障個人自由，賦予人民參政權，就是立憲政治。」[47] 尾崎
行雄主張「立憲政治的本質，承認人民是生命財產的所有者，
應賦予參與法律制定的權利。」[48] 立憲政體，如同表達守護人
民的生命財產，保障個人於公私領域公平自由競爭的觀念一
樣，國家權力予以法律限制，或由權力得到自由，依權力限制
的原理，並非只是自由主義層面的立憲主義原理，而是透過參
政權的擴大或普通選舉制的確立，以實現英國型的議院內閣制
為目標，內含以權力或自由參加政治為中心的代議制民主主義
原理。

在此同時，這幾位在明治憲法體制內，從自主獨立精神及
人格的尊重、人民的權利、自由的擁護、趨向大眾民主主義參
政權的擴大，或者透過普選企圖實現政黨內閣制的改良主義立
場，反對超然內閣，批判貴族院、樞密院、軍部，主張促進皇
室尊榮與人民福利以及帝國主義發展的國內體制。為了確保日
本的發展，主張內政立憲主義與外交實業上的帝國主義應圖謀
合一促進的立憲主義者，扮演了在第 1 次護憲運動中象徵大正
民主主義運動的第一階段論指導者的角色，其根據之一，就如
同尾崎行雄、犬養毅被稱為「憲政之神」一樣，就在其立憲主
義論。尾崎行雄在第 1 次護憲運動中，於全國各地倡導打倒藩

---

[47]　浮田和民、「立憲政治の根本義」、『太陽』第 19 卷第 5 号、（1913 年 4 月
　　1 日）、5 頁。
[48]　尾崎行雄、『尾崎咢堂全集　第 7 卷』、20 頁。

閥專制、完成立憲政治等便是例證。這幾位的立憲主義，具有天皇制思想及帝國主義思想的性格。[49]

三、民本主義

　　吉野作造在「憲政の本義を說いてその有終の美をなすの途を論ず（論述憲政之本意，實現其最終完美之路）」的論文中，論述了「民本主義」。吉野有以下的敘述：「民本主義有兩個含意，分別是『國家的主權，在法理上屬於人民（民主主義）』與『國家主權運作的基本目標，在政治上應為人民（民本主義）』。民本主義在法理上，不論主權為何人，都是主權者應重視人民福祉的主義。主權在法律上歸屬於君主，與君主行使主權重視人民福祉，可以並存。民主主義與民本主義，要明確區別，在民本主義真實的意義上，實現憲政最終之完美是相當重要的。[50]並在表示「民本主義是以人民福祉為政治目的，並非求取貴族、富豪等少數階級的利益」以指責部分特權階級的存在。其次，「要求民主主義應以民眾的意向，來決定政權的運作」，[51]也就是主張政策決定應基於民意。

　　吉野作造對民本主義的要求，雖是透過議會來確立政治，但當時日本的民選議會（眾議會）因選舉資格上的限制，使得在 5,300 萬人口中，僅 54 萬的有產階級代表全民行使選舉權。換言之，不到人口數的 3%，允許參與政治。而且由於明治憲法

---

[49]　前揭、『大正デモクラシー期の思想』、34 頁。
[50]　三谷太一郎編、『吉野作造』、東京・中央公論社、1984 年、111~112 頁。
[51]　同上、129 頁。

制度，在超然內閣、樞密院、陸海軍、貴族院等機構的制約下，民選議會無法成為政策決定機構。指責此現況的吉野，對於實現憲政最終之完美，認為除了民選議會的眾議會，應代表更多的民意（普通選舉制）外，為求政策決定儘可能一元化，也認為內閣制、樞密院、軍部、貴族院等制度的改革與運作的改善，是相當急迫的。[52]

　　吉野作造是典型的威爾遜主義者，強調威爾遜主義（民主主義從以基督教為前提之理想主義立場，達到政治最完美境界的思考方式）普遍主義的一面（普遍性獲得依據基督教理想主義與社會進化論根據的民主主義），倡導日本也應順此「世界的趨勢」。吉野認為，美國是運用憲政最成功的國家，為民主主義的最佳典範。

　　他並指出，憲政要能成功，雖然必須由多數人的意思來支配國家，但多數人意思的形成，需要有能力的少數人來指導。所以政治層面的民本主義，與精神層面的英雄主義相融合，來實現憲政。因此，吉野認為美國憲政的實現，是「精神層面的英雄主義」與「政治層面的民本主義」相結合。主張憲政原理應適用於國際政治的威爾遜主義，在此兩者相結合下，也在國際社會中實現。透過威爾遜「精神層面的英雄主義」，與具世界規模的「政治層面的民本主義」相結合，創造出「世界的趨勢」。威爾遜並非以武力，而是以理念維護國際社會秩序。而依據威爾遜主義所指示的「世界趨勢」為何，吉野認為，內政是徹底

---

[52]　井出武三郎，『吉野作造とその時代』，東京・日本評論社、1988 年、24~25 頁。

的民本主義，外政則確立國際平等主義，使國內外皆為公平正義。也就是說，這使得各國的內政民主主義化，以此為基礎，要求改造國際社會、國際政治與國內政治，必須貫徹超越各國國家利益的普遍性原理。因此，吉野倡導日本應順應（普遍化）「世界的趨勢」，不過這並非表示追隨美國的政治文化。他所謂倡導應順應「世界的趨勢」，是一個普遍性的理念，並非是具特殊性的現實事物（以民主主義之名，獲得美國的國家利益）。[53]

吉野作造對中國革命運動的同情，在反日民族運動激發後，仍未改變，並認識了中國革命。這些均表現在吉野在五四運動後，對中國民族運動的評價上。吉野認為，五四運動超越排日運動，批判日本「軍閥層面的外交」。他並指出，五四運動是國民運動，這些人在抽象的主張中，體認民本主義聯繫彼此的必然性。之後，透過民本主義論的指引，了解反日民族運動底部潛在的合理性，以實現日本與中國的友好。吉野對中國民族運動有著極高的評價，是從確立民本主義的理想方向中觀察，認為反日民族運動，在此範圍內有其合理性。他在中國革命思想中，對孫文主義超越民族運動具有的政治與社會理想，有極高的評價。吉野透過民本主義的三稜鏡，評價中國的革命思想。[54] 吉野作造的朝鮮論，是在三一獨立運動前後開始正式展開。吉野對日本人之於其他黃種人的歧視視而不見，從日本人要求白種人廢除對其差別待遇，卻存在雙重道德標準的立場

---

[53] 三谷太一郎、『新版 大正デモクラシー論』、東京・東大出版会、1995年、72~81頁。

[54] 同上、158~159頁。

來批評，因此主張廢除日本人與朝鮮人之間的差別待遇。此外，吉野更進一步認為必須許可朝鮮人自治。因為三一獨立運動，顯示日本統治能力已破產。對此吉野認為，朝鮮人接受日本教育，發動三一獨立運動，剛好與中國留學生接受日本教育，發動五四運動相同，因此與中國民族運動同樣理論，透過三一獨立運動，展現朝鮮民族運動。無庸置疑，這就表示出民本主義論的對外適用性。[55]

四、社會民主主義

　　1918 年至 1919 年間，日本受 1917 年美國參與第一次世界大戰及俄國革命之餘波影響，在國際上，除了美國總統威爾遜大聲疾呼「所有階級的民主主義」外，尚有列寧極力主張的「無產階級解放」。至於日本國內的米騷動、原敬政黨內閣的產生、普選運動的沸騰等，讓日本國內局勢益顯複雜。大正民主主義運動的第 3 階段，除了以往提倡的政治民主主義（狹義的民主主義）外，更主張民主應該存在於社會生活的各層面（廣義的民主主義）。[56] 當時，日本也正處於農、工、士、紳等不同階級，要求政治、經濟、社會各方面解放的年代，而大正民主主義，最終亦分化成法西斯運動、社會主義運動、民主主義運動等體系。[57]

---

[55] 同上、161~162 頁。

[56] 太田雅夫、『增補　大正デモクラシー研究』、東京・新泉社、1990 年、44 頁。

[57] 前揭、『大正デモクラシー期の政治思想』、64 頁。

　　浮田和民在「大觀」1918 年 6 月號發表的「新民主主義の
提唱と國家問題」中，主張「社會上的民主主義」，自此讓社會
民主主義成為議論焦點。浮田首先倡導國內政治的民主主義，
接著向日本國民介紹國際上的民主主義，最後主張社會民主主
義。浮田論道：「廣義的民主主義，不單限於政治層面的民主，
同時還包含社會層面」。以及「所謂社會層面的民主主義，並不
是指其他的，而是指社會上的多數人民，想要享有過去只有貴
族或少數富人才能享有的文明恩澤，是一種大趨勢、大潮流。
在西方國家，先有政治上的民主實現，才有社會上的民主主義
出現，然日本卻反之，政治上的民主主義尚未露出曙光，但社
會上的民主主義，早已逐漸深入人心。」[58]

　　與此同時，產業上、經濟上的民主主義，也隨著工運的興
起而盛行於世。安部磯雄於「官僚式的社會政策と民本社會的
政策（「六合雜誌」1918 年 11 月號）」中，主張「給予勞動者平
等的機會，並保障其憲法上的自由，使其能夠自立且改善生活，
為時下的當務之急，此乃民本社會的政策」。安部亦在「勞工階
級抬頭－民本思想的侵入（「新愛知」1919 年 1 月 7 日刊）」中，
特別提到勞工的問題。另外，室伏高信於「デモクラシーの新
理想（「批評」1919 年 4 月號）」中說道：「現代民主主義，是在
社會、政治、產業等所有人類生活領域中，對自由平等的要求。
具體而言，現代民主主義，是在所有領域中，為那些被控制的
勞工階級，努力追求自由平等」。而山川均則在「デモクラシー
の經濟基礎（「改造」1919 年 5 月號）」中，從馬克思主義的觀

---

[58]　前揭、『增補　大正デモクラシー研究』、45 頁。

點，闡述經濟層面的民主主義，他論道：「若現代的民主主義無法安定，則必然在社會生活上擴大政治層面的民主主義，否則現代的民主主義必然更為窄小。」[59]

　　儘管有許多先驅都像這樣，以各種形式的民主來提倡社會民主主義，但由於政治民主尚未實現，故政治層面的民主仍持續被強調。長谷川如是閑在「憲政と社會生活（「我等」1919年 2 月 11 日刊）」中認為，應該更加保障言論自由，並提倡集會結社的自由。他說：「為了初步解決社會生活的不安，當下之急，應該採取憲政上的手段。」今中次麿呂則發表「產業知識之改造與政治民主能力（「新人」1919 年 12 月號）」，特別指出「政治民主即廢除產業方面存在的非民主制度，但於事實上在產業上卻沒有能力實現民主政治」，並說「政治民主與社會民主的目的互異，其中後者就是實現產業方面的民主，即實現社會主義」，故主張「政治民主是有辦法解決的」。該階段最明顯的特徵，就是對社會主義與民主主義之相關性的爭論。福田德三於「資本的侵略主義に対抗、真正のデモクラシイを発揚（「中央公論」1919 年 1 月號）」中，將民主主義分類為資本主義的政治民主主義及社會民主主義兩類。他認為資本主義下的民主並非真民主，另一方面，並非所有人民都是社會民主主義的信者。事實上，只有最低下的第四階級人民，才崇尚社會民主主義，因此當時所謂的社會民主主義，是「蒙上面具的民主主義」而非「真正的民主」。對此，室伏高信發表「第 3 階級民主主義とソオシャル・デモクラシイ（「日本評論」1919 年 2 月號）」，文

---

[59]　同上、47頁。

中反批福田的社會民主主義只是「福田式」的社會民主主義，
而非「真正的社會民主主義」。[60]

　　大山郁夫於「國際生活上の紀元と日本の政治将来（「中央
公論」1919 年 1 月號）」中，倡導包括行使參政權機會均等主義
之政治上的民主主義，以及經濟上、社會上、文化上民主主義
的真正民主主義。另外，此論文推展的「社會改造的根本精神」
（「我等」1919 年 8 月號）中，指出真正民主主義的最終目標，
為「增加每個人在政治上、社會上、及文化上積極活動的機會」，
並倡導社會各成員能夠擁有「真正人權生活」，建設出不同於資
本家自由的真正民主主義社會。此外，室伏高信在「デモクラ
シーの制度を論ず」（「中央公論」1920 年 1 月號）中，認為「代
表民主主義的議會主義時代已過時」，現在必須「創造能發達民
主主義的新民主主義制度」，「而邁向此目標之路，我們需要著
重於基爾特社會主義制度與布爾什維克制度」。由此，讓大正民
主主義運動第 3 階段中心思想質變，其指導理念由「民本主義」
改變為「社會層面的民主主義」之後，社會主義成為焦點，邁
入民主主義運動與社會主義運動相互較勁的時代。[61]

五、小結

　　大正民主主義，是反映出第一次世界大戰與俄國革命後的
世界性潮流，意指在大正時期中高漲的自由主義與民主主義趨
勢。吉野作造在「論述憲政之本意，實現其最終完美之路」的

---

[60]　同上、48 頁。
[61]　同上、50 頁。

論文中，論述了「民本主義」。吉野有以下的敘述：「民本主義
有兩個含意，分別是『國家的主權，在法理上屬於人民（民主
主義）』以及『國家主權運作的基本目標，在政治上應為人民（民
本主義）』。民本主義在法理上，不論主權為何人，都是主權者
應重視人民福祉的主義。主權在法律上歸屬於君主，與君主行
使主權重視人民福祉，可以並存。民主主義與民本主義，要明
確區別，在民本主義真實的意義上，實現憲政最終之完美是相
當重要的。」並在表示「民本主義是以人民福祉為政治目的，
並非求取貴族、富豪等少數階級的利益」以指責部分特權階級
的存在。其次，「要求民主主義應以民眾的意向，來決定政權的
運作」，也就是主張政策決定應基於民意。吉野作造對中國革命
運動的同情，在反日民族運動激發後，仍未改變，並認識了中
國革命。這些均表現在吉野在五四運動後，對中國民族運動的
評價上。吉野認為，五四運動超越排日運動，批判日本「軍閥
層面的外交」。他並指出，五四運動是國民運動，這些人在抽象
的主張中，體認民本主義聯繫彼此的必然性。之後，透過民本
主義論的指引，了解反日民族運動底部潛在的合理性，以實現
日本與中國的友好。吉野對中國民族運動有著極高的評價，是
從確立民本主義的理想方向中觀察，認為反日民族運動，在此
範圍內有其合理性。吉野更進一步認為必須許可朝鮮人自治。
因為三一獨立運動，顯示日本統治能力已破產。對此吉野認為，
朝鮮人接受日本教育，發動三一獨立運動，剛好與中國留學生
接受日本教育，發動五四運動相同，因此與中國民族運動同樣
理論，透過三一獨立運動，展現朝鮮民族運動。無庸置疑，這
就表示出民本主義論的對外適用性。

第三節　辛亥革命與五四運動的影響

愛爾蘭的獨立戰爭之後，其以自由國的名義成為英國的自治領地。第一次世界大戰之後，朝鮮推動三一運動，朝鮮人主張朝鮮獨立。1919 年，中國人推動五四運動，五四運動開始中國建國的起點。愛爾蘭的獨立運動、韓國的三一運動及中國的五四運動等運動的影響，是臺灣抗日運動者展開民族自決運動的要因。

一、愛爾蘭自治問題

愛爾蘭（Ireland）自中世以來，被英格蘭（England）征服，土地亦被沒收，愛爾蘭舊教徒的地位因而跌至以英格蘭人為不在地主（不居住在當地，僅偶爾前往視察耕作情況之地主）所被僱用之佃農。17 世紀到 18 世紀之間，他們蜂起作亂卻遭到鎮壓。但從 18 世紀起愛爾蘭要求自治的呼聲開始高漲，於 1782 年自治議會終獲認可。又依照 1800 年之愛爾蘭合同法，愛爾蘭遂於翌年被併入大英王國。1870 年，創設以愛爾蘭獲得自治為目的之自治協會，1874 年，約有 60 名議員進軍英國議會，之後在巴涅爾（Charles Stewart Parnell）指導下積極從事議事妨礙的工作。1886 年成立的第 3 次格萊得斯頓（William Ewart Gladstone）內閣提出了愛爾蘭自治法案，卻因自由黨的一部分反對而另組自由統一黨，終致分裂而歸於失敗。1893 年之第 2 次自治法案遭貴族院否決，1912 年之第 3 次自治法案於 1914 年成立，卻因第一次世界大戰爆發而延期實施。1919 年至 1921

年倡導獨立之新芬（Sinn Fein，愛爾蘭語為「只有我們」之意）
黨與 IRA（the Irish Republican Army，愛爾蘭共和國軍）聯手與
英軍抗戰，隨後英國於 1922 年，得巴列拉（De Valera）總統認
同了愛爾蘭自由國這塊自治領地的成立。但他們仍以獨立為目
標，於 1937 年將國名改為耶魯（Eire），1949 年脫離英國聯邦，
正式成為耶魯（格立克語 Gaelic，為愛爾蘭之意）。[62]

第一次世界大戰於 1914 年爆發時，英國視做危機，而之於
愛爾蘭卻是良機，IRB（the Irish Republican Brotherhood，愛爾
蘭共和主義者同盟）藉此決定了武裝行動。1916 年 4 月 24 日，
舉行了 Easter（復活節）蜂起行動，克拉克（Thomas J.Clarke）、
皮爾斯（P.H.Pearse）、可諾里（James Comnolly）等與英國斷絕
關係，意欲樹立愛爾蘭共和國，然終遭鎮壓及處刑。之後於 1918

---

[62] 現在對於獨立的愛爾蘭共和國來說，塞爾特裔（Celt）愛爾蘭人中信仰天
主教（Catholic）的占了 95%，而新教徒（Protestant）則僅占 5%。為英國
一部分的北愛爾蘭，占了愛爾蘭全島的六分之一。為何英國不讓北愛爾蘭
完全統合呢？英國不理會北愛爾蘭的忠誠派（Loyalist，親英國派）追求
完全統合的期望，英國至今也不把北方 6 州完全統合，而成立北方議會，
成為半獨立國的狀態。如果北愛爾蘭完全統合，英國在北方 6 州的英國下
議院議員的席次比例就必須增加。而且北方 6 州選出的下議院議員在英國
保守黨和工黨的傳統中，有成為掌握決定性投票（casting vote）的第三勢
力的疑慮。事實上，雖然有這樣的歷史，在 19 世紀末保守黨和自由黨的
並存時代中，為了愛爾蘭自治法案的成立而奮鬥的巴涅爾率領的愛爾蘭
黨，就掌握了決定性投票。在北愛爾蘭阿爾斯特地方（Ulster）9 個州之
中，除了天主教徒較多的西部 3 州之外，新教徒較多的 6 個州在 1921 年
從愛爾蘭共和國分離出來。在北愛爾蘭，不論是蘇格蘭裔（Scotland）的
居民還是塞爾特裔的居民，天主教徒約占 37%，而新教徒約占 53%。

年的總選舉中新芬黨大勝。在這次總選舉中，新芬黨發表了 3
條選舉綱領：1.從英國議會中拔擢愛爾蘭代表。2.設立國民議
會，主張獨立之完全主權。3.在巴黎和會中訴求做為獨立國的認
同。這正是獨立宣言，希望得到國際間的承認而成為正式的獨
立國家。因此在該次總選舉中新芬黨的大勝，意味著愛爾蘭民
族主義的大幅邁進，亦為通往獨立之決定性的一步。[63]

　　國民議會首先傾注全力的，是為了要獲得國際上的承認。
而國民議會抱持最大期待的，則是巴黎和會與美國的威爾遜
（Woodrow Wilson）總統。此因威爾遜為愛爾蘭裔人，且於 1918
年在第一次世界大戰講和原則中發表了包含民族自決的 14 條原
則（Fourteen Points），而各國亦似乎在巴黎和會的原則下對此有
一定瞭解之故。而美國的愛爾蘭人當中，亦有熱烈支持愛爾蘭
共和國者。他們於 1919 年在費城（Philadelphia）召集了 5,000
人，召開了愛爾蘭民族大會。該大會決議要向威爾遜要求，「在
巴黎和會中提案愛爾蘭民族自決權，並向國民議會中選出的代
表保證，給予與其他民族之代表同等的地位」。然而威爾遜雖贊
成了該大會的決議，卻回應不願為此決議而被制約行動，因而
拒絕了協助愛爾蘭共和國的活動。同年 5 月 26 日「愛爾蘭獨立
之申請」正式提出於巴黎和會，同年 6 月 11 日，卻因威爾遜說
道，若無美英法義四巨頭會議的全體一致承認，則無法認可其
出席巴黎和會，因而使得愛爾蘭對巴黎和會的期待落空。而當
對巴黎和會的期待歸於泡影時，得巴列拉為了說服美國政府使
其承認愛爾蘭共和國，並為了得到在美的各種愛爾蘭人團體的

[63] 堀越智、『アイルランドの反乱』、東京・三省堂、1970 年、143~176 頁。

積極支援，他遠渡至美國。然而始終未得到對方的承認，只有在撼動美國輿論，並得到精神物質兩方面的援助上算是成功。[64]

　　自 1919 年起愛爾蘭獨立戰爭（稱為新芬戰爭的對英獨立戰爭）開打。得巴列拉為當時愛爾蘭共和國總統，領導了對英國的作戰。隨後於 1921 年，對英獨立戰爭休戰，並立即展開了英國首相羅伊德喬治（David Lloyd George）與得巴列拉的談判交涉。英國基於 1920 年的愛爾蘭分離法（將愛爾蘭做南北分割，各自給予議會使其成為自治領地），給予南部 26 州等同於加拿大、澳洲等自治領地之地位。具體來說有 3 點：1.不承認愛爾蘭共和國（都柏林 Dublin 有英國總督府的存在）。2.不保證愛爾蘭的自由統一（南北愛爾蘭的分割）。3.對英國國王誓以忠誠。這三點對於民族主義者而言實難接受，但英國卻威脅，若南部 26 州不接受此提案，英國有可能改採直接統治。國民議會也曾經一度拒絕此英國的提案，但英國卻暗示不排除再度發動戰爭，愛爾蘭民眾也已疲於戰爭。而得巴列拉聲明，北部 6 州（阿爾斯太地方 Ulster，即北愛爾蘭）不使用武力來解決。隨後於 1922 年，南部 26 州以愛爾蘭自由國的名義成為了英國的自治領地。[65]

　　帝國主義國家間最初的激烈衝突之第一次世界大戰，意味著帝國主義的危機，亦是此危機的開端。對於受帝國主義壓迫的各民族而言，是開始解放鬥爭的機會，可以說從此 20 世紀各民族的解放鬥爭正式展開。另外，1917 年俄國革命的成功，給

---

[64]　同上、180~183 頁。

[65]　鈴木良二『IRA（アイルランド共和国軍）』、東京・彩流社、1985 年、80~83 頁。

予各民族不少的刺激，亦促成了解放鬥爭的全新展開。而在東歐，匈牙利、波蘭等遭受壓抑的民族也進行了解放鬥爭。亞洲方面，中國的五四運動以學生為主體，加上商人與勞工而展開，而朝鮮的三一運動，是對日本的殖民統治宣言獨立，印度則是總督強化刑事上的極權之羅拉法（Rowlatt Act）一出，便急速引起反對聲浪。對英戰爭就是在全世界的民族運動這樣盛行的時候發生的。因此愛爾蘭的國民議會接受英國的提案和承認條約的動作，有著各種的涵義。英國給予愛爾蘭和加拿大同樣的地位，是英國明顯的一個讓步。而且並不單單憑靠愛爾蘭人民的力量，也有直接透過美國人民的援助，和間接藉由中國、朝鮮或印度等地興盛的民族運動而造成的結果等，這是很明顯的。[66]

二、朝鮮三一運動

1910 年，朝鮮被日本併吞成為殖民地。1919 年的三一運動，是以天道教和基督教的教會與身為愛國啟蒙運動遺產的私立學校為媒介的民族主義思想之內部累積做為基礎，加上俄國的十月革命、第一次世界大戰後的民族解放運動的高漲，以及被日本軟禁的高宗的猝死（傳說受到毒害）等事件，所觸發的全民反日活動之蜂起。三一運動在國內的區域與階級來說，是以農民為主，以及勞工、學生、知識份子、小市民、愛國資本家，並包括一部分的中小地主，還有波及所有有朝鮮人居住的俄國沿海各州、中國、日本、美國等地區的反日運動。而抗爭

---

[66] 前揭、『アイルランドの反乱』、190~193 頁。

的型態，從非暴力的抵抗到暴力的抵抗，東滿洲的間島地方甚至發展出武裝抗爭的獨立軍。[67]

三一運動在五四運動稍早前，也在中國引起巨大的迴響。對青年們造成很大影響力的新文化運動之領導人陳獨秀，在寄給「每週評論」第 14 號（1919 年 3 月 23 日）的「朝鮮獨立運動之感想」之中，讚揚「世界革命史的新紀元」之開始。傅斯年投稿「朝鮮獨立運動中之新教訓」至以擁有一萬數千部的發行量為傲的北京大學學生同人誌「新潮」第 1 卷第 4 期（1919 年 4 月 1 日），分析三一運動對於將來所有的革命運動來說，有 3 種教訓。如此一來，三一運動和中國的五四運動家便相結合。[68]

三一運動不是標榜著某指導思想的政治結社，而是全國性組織與指導的運動。在一切言論、出版、集會、結社的自由皆被剝奪的軍政政治之下是很困難的。

故三一運動是由呼應了獨立宣言書之各界民眾，以自己的動機、思想和鬥爭方法所參加的運動之總體。在此，經過 2 月 28 日與 3 月 1 日，以漢城（Seoul）為首在全國發布三一獨立宣言書與解說此宣言書的「朝鮮獨立書」，此外在與國內運動聯繫當中，1919 年 4 月，根據起草的上海臨時政府憲章，可以一窺三一運動的思想性格。此結論是三一運動的指導思想為對外的民族自決主義與對內的民主共和主義所內含的近代民族主義。[69]

首先是民族自決主義方面，對應了以第一次世界大戰為契

---

[67] 姜在彥、『近代朝鮮の思想』、東京・未来社、1984 年、283 頁。

[68] 同上、285 頁。

[69] 同上、287 頁。

機的世界史思想。而且發表三一獨立宣言的孫秉熙對於其動機敘述如下：「朝鮮獨立宣言是過去從未強調的計劃，而是此次在巴黎講和會議上，依據美國總統的民族自決問題，創造新的世界，撼動民心之故。因此，我也根據朝鮮依據民族自決的趣旨而希望獨立，以力量而不爭端，對於日本政府提出對於此趣旨的建議，而單方面宣傳此事。本年 1 月在報紙上出現民族自決的觀點，而有獨立宣言的想法。」[70]

參與三一運動的佛教代表韓龍雲在獄中所寫的「朝鮮獨立書」中，說明了獨立宣言的動機。這在當時可說是朝鮮對於民族主義思想最具體系的敘述。在此關於朝鮮獨立宣言動機的部分包括：第一、為了使朝鮮民族的實力能充分實現獨立的精神，朝鮮人不僅擁有堂堂正正的獨立國民的歷史傳統，也擁有現在文明貢獻的實力。第二、世界的潮流不承認過去軍國主義的侵略行為，例子包括歐洲戰爭、二月革命、侵略主義的滅亡、獨立自存的和平主義的勝利，預言日本的戰敗。第三、威爾遜的民族主義，此非威爾遜一個人的提案，而是世界的公論，並非希望的條件，而是既成的條件。民族主義者對於威爾遜的民族自決宣言的主張影響極大，正如司法法庭上大多數人的看法一般，此並非盲目的相信而已。朝鮮民族比任何民族都有民族獨立的能力，獨立對於民族是當然的權力。[71]

解決民族壓迫問題的原理便是民族自決。在日本被要求民

---

[70] 市川正明編、『三一独立運動』第 1 卷、東京・原書房、1983 年、201~220 頁。

[71] 朴慶植、『朝鮮三一独立運動』、東京・平凡社、1976 年、78~82 頁。

族自決的三一運動，便是為解決被迫害民族的問題，而主張以威爾遜所提倡的民族自決原則當做解決民族問題的通則。「朝鮮獨立書」如是說：「民族自決是世界和平最根本的方法。如果不用民族自決來解決的話，就算結成國際聯盟來保障和平，也會化為泡影。原因是，如果不採行民族自決，戰爭仍舊會連綿不絕。因此，朝鮮的民族獨立也是成就世界的和平。」[72]如此一來，第一次世界大戰後的和平並非是由國際聯盟所帶來的，而是被民族自決的普遍化所實踐的。為了使民族自決普遍化，應該落實民族的責任，三一運動由是而起。

　　為何威爾遜的民族自決是三一運動的起因之一呢？當時的史料如下所述。「以國民大會之名所發表的檄文中，美國總統威爾遜 14 條聲明發布以來，便激發出民族自決的聲浪，波蘭、愛爾蘭、捷克等共 12 個國家也因此獨立，我大韓

　　民族豈可錯失這個機會。」崔麟在第一審法定審判庭上宣稱「歐洲戰爭帶給了各國國民思想上巨大的變動。此時美國總統所提倡的 14 條聲明中，民族自決主義，或大小國家政治的獨立，以保障此國際聯盟中的各國代表，政府及人民皆對此歡迎。日本政府也是其中一員。因此，此時朝鮮民族也發表了期望藉由和平的方式來獨立的意思，等待講和會議的結果。意見發表後，也打算向各國委員以及威爾遜訴說實情，以博取同情。」朴熙道也說：「總統的宣言教導我們，自己所希冀的要自由自決，受到強國壓迫的弱小國也可以自決，這帶給我們很大的刺激。」

---

[72]　前揭、『近代朝鮮の思想』、289 頁。

在歐洲戰爭中最為增強國力的是美國。而透過傳教士確信美國對朝鮮甚表同情的朝鮮人，認為被視做世界盟主的美國總統所提倡之機不可失，欲以強大的美國威力做為背景脫離日本的統治，又利用威爾遜本身所提倡的民族自決主義，來向美國總統要求獨立的協力與聲援等事，雖說是依他性的發現，卻不得不說是一巧妙之方策。」[73]

三一運動對外宣稱，是為了民族固有權利之民族主義而戰鬥。同時在對外方面，於上海臨時政府的憲章中也具體展現了三一運動的政治理念。在此應注目的是古來的君主專制已漸漸朝著，獨立教會或愛國啟蒙運動等開化思想中所形成的立憲君主制前進。有人認為上海臨時政府只是海外亡命之徒的集團，實則不然，它在與國內運動的密切關聯中被樹立，在其憲章中也具體呈現其精神。即以被民族代表派遣之玄楯為中心在上海設置臨時獨立事務所，並與呂運亨、金奎植等當地的新韓青年黨以及從各國亡命集結至上海等人協議，於 1919 年 4 月 10 日到 11 日的集會中，將國號定為大韓民國，組織立法機構的臨時議政院與行政機構的臨時政務院。其基礎為由國內派遣之姜大鉉於 4 月 8 日所傳達的臨時政府之部署、閣員名冊及臨時憲法草案。[74]

1919 年 4 月 11 日所決議之大韓民國臨時憲章，在第 1 條高唱「大韓民國為民主共和制」，而對舊皇室在第 8 條規定「做為

---

[73] 朝鮮憲兵隊司令部編『朝鮮三一独立騒擾事件』東京・厳南堂書店、1959年、354~356 頁。

[74] 前揭、『近代朝鮮の思想』、290~291 頁。

一公民優待之」。另外 9 月 11 日所決議之大韓民國臨時憲法，
第 1 條為「大韓民國由大韓人民組織」，第 2 條明定「大韓民國
之主權在大韓人民全體」，而對舊皇室在第 7 條規定「做為一公
民優待之」。如此一來便與日韓合併為止的君主專制下之大韓帝
國告別，在此首次宣稱將來欲樹立之獨立政府的政治理念為民
主共和主義。三一運動確實藉由既有的各種思想遺產的繼承，
在思想史上亦開拓了新局面。然而之後運動的發展，卻不容許
近代民族主義思想定型為包含所有運動的指導思想。這是因為
其運動的一部分有社會主義思想開始滲透之故。以沿海州及北
間島的大眾基礎為背景，在臨時政府創立之初擔任軍務總長，
而在 9 月的臨時政府改造中成為國務總理的李東輝，已經在 4
月 25 日於俄國領地結成韓人社會黨，並派遣朴鎮淳到莫斯科
（Moscow），要求對朝鮮獨立運動的第三國際支援。朝鮮民族
運動於 1920 年代，迎接了不得不面對，民族主義與社會主義相
抗衡的新思想做為指導思想的課題的時代。[75]

三、五四運動

　　所謂五四運動是指 1919 年 5 月 4 日，以反對日本侵略山東
半島政策的北京學生抗議活動為開端，而擴及到中國全土的民
眾愛國運動。廣義來說亦多包含此運動準備期間之 1915 年以來
的新文化運動。辛亥革命（1911 年~1912 年）後的中國，持續
著以袁世凱的帝政復活運動為首的封建軍閥支配。又以第一次
世界大戰為契機日本強化對中國的侵略政策，1915 年向中國強

---

[75]　同上、291~292 頁。

行提出了，以在山東省的德國利權移轉給日本為主要內容的二十一條要求，並以最後通牒方式脅迫其承認。更在 1918 年以西伯利亞（Siberia）出兵為由，強迫簽定秘密的中日共同防禦協定。年輕的知識份子對於這樣的壓迫，高唱「民主與科學」為口號，否定做為反動支配根源之儒教倫理，開始倡導個性解放、文學革命的啟蒙運動（新文化運動）。另外反對二十一條運動、反對秘密軍事協定運動等民族主義的動作也變得蓬勃。以俄國十月革命為首的世界的革命運動、殖民地解放運動、民族自決運動也給予了中國民眾刺激。從 1919 年 1 月起召開的巴黎和會，無視中國的要求而通過日本的要求，並追認了其二十一條要求。在此會議過程中軍閥政府的賣國外交也被揭露。同年 5 月 4 日，北京的數千名學生高舉「廢棄二十一條」的標語，進行抗議活動並與警隊衝突，32 人遭到逮捕，以此為契機在全國各地展開了集會、演說、拒買日本商品等民眾運動。同年 6 月 3 日，北京的學生遭受鎮壓，在上海亦有使全市癱瘓之商人、勞工、學生之全體罷工罷課運動，反日、反軍閥政府的民眾運動波及到各地。因此北京政府屈服於此，拒絕在講和條約上簽章，並聲明罷免親日派的 3 名高幹。在此運動中，各界聯合會等民眾的自立組織誕生，也開始了自覺自發的勞工運動，知識份子之間社會主義思想也普及開來。這些不久便導致中國共產黨的結成與國民革命。在中國常將五四運動評價為民主主義革命到新民主主義革命的轉換點。

　　五四運動時期勇敢站在前頭的是數十萬的學生。中國的民主主義革命運動中，最初覺醒的人們是知識階層。知識份子所習得的西歐近代精神（民主主義與科學）與中國的現實情況（半

封建半殖民地社會）兩者相隔懸殊，使得他們最為敏銳地意識
到此矛盾。而「個我的確立」、「個性的解放」之呼聲（新文化
運動），使他們走上對舊有一切的非妥協戰鬥之原因也在此。透
過五四運動，學生與民眾結為一體，使其認知不自行勞動不可。
這是知識階級與勞動階級的結合，「走向人民之中」、「勞動是神
聖的」遂成為口號。1919 年至 1920 年工讀互助運動（邊勞動邊
學習的運動）甚為流行。之後全國各地的青年結社並發行雜誌，
其中多數盡為社會主義思想。凡爾賽（Versailles）會議中揭露
西歐民族自決政策的欺瞞，產生了對於西歐民主主義的幻滅，
俄國十月革命捉住了年輕人的心。五四運動透過經驗教導了反
帝國主義與民族解放的理論。過去「新青年」的主調（以西歐
近代文明為範本的新文化創造之提倡）便顯得遜色。李大釗開
始發表馬克思主義的論文。1920 年以陳獨秀為中心，為中國共
產黨準備階段之組織的共產主義小組與社會主義青年團開始結
成。1921 年，正式結為中國共產黨。[76]

　　日本帝國主義的侵略，是攸關知識份子存續基盤的中國存
亡的問題。救濟天下國家是賦予中國知識份子的使命，這個理
念做為近代知識份子的倫理而被繼承。「日本的侵略＝中國的滅
亡」，是足以使得身為知識份子的他們失去存在根據的課題，他
們帶著危機意識來接受。他們將「反帝反封建」之課題當做是
自己的問題，比任何階層都來得有自覺。學生在行動上也立於
前頭。基於知識份子應有態度的理念，他們不自許為中產階級
這樣的特殊階級，而有著身為社會全體性要求的代表者之意

---

[76]　丸山松幸、『五四運動』、東京・紀伊国屋書店、185~197 頁。

識，社會也同樣對於他們知識份子有這樣的期待。他們的危機意識感染至全體國民促使其崛起行動的可能性也在此。知識份子的要求與廣泛的民眾相結合時，方能將可能性轉為現實。包括這點，知識份子亦是透過五四運動來認識自己在階級上的立場。[77]

　　由學生發起的五四運動，喚醒了民眾的抵抗意識，經由六三運動而成為空前的民眾運動。此為與過去少數「仁人志士」的革命運動或政客、軍閥的勢力鬥爭異質的政治運動，也與因飢餓或貧困而釀成的暴動有所區別的自覺性民眾運動。受權力所阻礙的民眾站起來，撼動了政治。自此中國的歷史便以此民眾運動為主軸而展開。一切的思想、言論、政策、運動，都以與此民眾運動有何等關聯來給予評價。發生的每個事件對於歷史有何種意味，於評價此課題時的基準五四運動將其顛覆，這可以說五四運動開啟了一個歷史的新階段。[78]

　　五四運動為反帝國主義的運動，亦為反封建的運動。五四運動的歷史意義，在於反對帝國主義與封建主義。五四運動之所以擁有如此性質的理由為，中國的資本主義經濟已經達到更上一層的發展，另外俄羅斯、德意志、奧地利三大帝國主義的崩解，英法兩大帝國主義的負傷，俄羅斯無產階級樹立了社會主義，德、奧、義三國的無產階級舉行革命，有鑑於此，中國的革命知識份子對中國的民族解放懷抱著新希望等等。五四運動是在世界革命與俄羅斯革命的倡導下發起的，亦是無產階級

---

[77] 同上、110頁。
[78] 同上、11頁。

世界革命的一部分。在五四運動期間雖尚未有中國共產黨，但贊成俄羅斯革命，並擁有初步共產主義思想的知識份子已有很多。五四運動的初期，是由共產主義的知識份子、革命性中產階級知識份子與資產階級知識份子三部分所組成的統一戰線革命運動。其弱點為沒有勞工與農民的參加，僅限定於知識份子。然其發展至六三運動時，不單是知識階層，廣泛的無產階級、中產階級以及資產階級紛紛參加，成為全國性的革命運動。五四運動中推行的文化革命，為反對封建文化的運動，中國有史以來還沒有這般徹底的文化革命。反對舊道德提倡新道德，反對舊文學提倡新文學為文化革命的兩大號召。此文化運動在當時勞農大眾間尚無普及的可能性。它提出「平民文學」的口號，而當時的「平民」實際上還僅限於都市內中產階級的知識份子，也就是市民階級的知識份子。五四運動在思想方面與幹部方面，都為了 1921 年中國共產黨的創立、五三〇運動及北伐戰爭做了準備。[79]

　　辛亥革命瓦解了皇帝權力，給了他們民主主義的希望。之後的中國政治，卻朝著舊勢力的復活、革命勢力的軍事投機與潰滅、復古的風潮、教育的反動化等，消弭此希望的方向前進。五四運動就這樣遭受破壞，而這也是重新審思民主主義的運動。然而當時代替形式的議會制民主主義，打出了「多數的平民（學問團體、商業團體、農民團體、勞動團體）依其力量來守護的民主政治」。五四運動雖為中國新民主主義革命的出發點，人民中國之建國的起點，但誘發它的卻是日本帝國主義的

---

[79]　毛沢東、『毛沢東選集』第 4 卷、東京・三一書房、1952 年、271~272 頁。

侵略。中國可能被日本消滅這樣的危機意識廣為存在民眾心中，這便是全體國民大規模參與五四運動的原因。[80]

四、小結

自 1919 年起愛爾蘭獨立戰爭開打，得巴列拉為當時愛爾蘭共和國總統，領導了對英國的作戰。1921 年，對英獨立戰爭休戰，並立即展開了英國首相羅伊德喬治與得巴列拉的談判交涉。英國基於 1920 年的愛爾蘭分離法，給予南部 26 州等同於加拿大、澳洲等自治領地之地位。具體來說，1.不承認愛爾蘭共和國。2.不保證愛爾蘭的自由統一。3.對英國國王誓以忠誠。這3 點對於民族主義者而言實難接受，但英國卻威脅，若南部 26 州不接受此提案，英國有可能改採直接統治。國民議會也曾經一度拒絕此英國的提案，但英國卻暗示不排除再度發動戰爭，愛爾蘭民眾也已疲於戰爭。而得巴列拉聲明，北部 6 州不使用武力來解決。隨後於 1922 年，南部 26 州以愛爾蘭自由國的名義成為了英國的自治領地。

1910 年，朝鮮被日本併吞成為殖民地。1919 年的三一運動，是以天道教和基督教的教會與身為愛國啟蒙運動遺產的私立學校為媒介的民族主義思想之內部累積做為基礎，加上俄國的十月革命、第一次世界大戰後的民族解放運動的高漲，以及被日本軟禁的高宗的猝死等事件，所觸發的全民反日活動之蜂起。三一運動在國內的區域與階級來說，是以農民為主，以及勞工、學生、知識份子、小市民、愛國資本家，並包括一部分

---

[80]　前揭、『五四運動』、13~14 頁。

的中小地主，還有波及所有有朝鮮人居住的俄國沿海各州、中國、日本、美國等地區的反日運動。而抗爭的型態，從非暴力的抵抗到暴力的抵抗，東滿洲的間島地方甚至發展出武裝抗爭的獨立軍。

辛亥革命瓦解了皇帝權力，給了他們民主主義的希望。之後的中國政治，卻朝著舊勢力的復活、革命勢力的軍事投機與潰滅、復古的風潮、教育的反動化等，消弭此希望的方向前進。五四運動就這樣遭受破壞，而這也是重新審思民主主義的運動。然而當時代替形式的議會制民主主義，打出了「多數的平民依其力量來守護的民主政治」。五四運動雖為中國新民主主義革命的出發點，人民中國之建國的起點，但誘發它的卻是日本帝國主義的侵略。中國可能被日本消滅這樣的危機意識廣為存在民眾心中，這便是全體國民大規模參與五四運動的原因。

第四節　馬克思主義的影響

1919 年，在莫斯科成立的第三國際，推展國外的民族解放運動。第三國際協助中國共產黨與日本共產黨的成立。中國共產黨與日本共產黨影響了臺灣共產黨。中國共產黨、日本共產黨及臺灣共產黨的共同目標，是打倒日本帝國主義，使臺灣脫離殖民統治，建立獨立國家。

中國共產黨之濫觴

在 1910 年代後半的中國，列強支持段祺瑞、吳佩孚、馮玉祥等軍閥（私人的軍人集團），而軍閥也以做為中國的統一者自

居而持續著內戰。為了對抗進行孔子崇拜運動的這些軍閥和地主們，新知識份子們提出了打倒孔子和全面歐化的主張。以北京大學教授陳獨秀為中心，1915 年發行了「新青年」雜誌，開始了新文化運動。隨後有鑒於 1917 年俄國革命的成功，中國的知識份子開始注意馬克思—列寧主義。翌年，北京大學教授李大釗在北京大學發起了馬克思主義研究會。之後在 1917 年美國總統威爾遜（Woodrow Wilson）提倡的民族自決，也刺激了中國人的民族意識。接著在 1919 年的巴黎和會中，山東半島未能歸還、同意二十一條要求等事激怒了學生們，因而發起了遊行示威。五四運動起初雖然是以知識份子為中心的反帝國主義、反封建主義的運動，隨後即發展成無產階級（proletariat）、中產階級（petit-bourgeoisie）和資產階級（bourgeoisie）等的全國性革命運動。特別是勞工階級，最早進行政治性罷工，在政治的舞台上登場。如此一來五四運動將馬克思—列寧主義和勞工運動相結合，做為了共產黨誕生的基礎。

1919 年 3 月在莫斯科（Moscow）成立的第三國際（Comintern），為了推展在中國的民族解放運動，於 1920 年 4 月，派了兩名代表維丁斯基（Grigorii Naumovich Voitinskii）和楊明齋到中國。維丁斯基在北京與李大釗，在上海與陳獨秀見面。結果同年 9 月，中國共產黨成立準備大會在上海召開，而在北京、湖南、湖北各地也產生了共產主義者的小團體。1921 年 7 月 15 日，召開了第 1 次全國代表大會，成立中國共產黨。大會中有 13 人代表與第三國際的代表維丁斯基與馬林（Hendrik Maring）出席，制定最初的黨規，並選出以陳獨秀做為領導者

的黨中央機構。[81] 13 人代表為張國燾、劉仁靜、李漢俊、李達、陳公博、包惠僧、董必武、陳譚秋、毛澤東、何叔衡、鄧恩銘、王燼美、周佛海。[82] 此時的黨綱為「以勞工階級建設國家」、「無產階級專政」、「沒收私有財產」、「與第三國際合作」、「斷絕與偽知識份子的關係」、「斷絕與反對本黨綱的政黨關係」。之後，未出席大會的陳獨秀當選總書記。[83] 同大會採行了以下做為基本任務的黨規：指導無產階級者進行無產階級革命，建立無產階級獨裁專政，建設共產主義社會等。同大會除了達成無產階級黨派創立的任務，並決定當前傾全力展開勞工運動，在黨指導之下設立中國勞工工會書記部，自 1922 年至 1923 年掀起激烈的罷工鬥爭的高潮。[84]

1922 年 7 月，中國共產黨在上海召開第 2 次全國代表大會，決議加入第三國際，並採行大會宣言。此宣言明定了中國共產黨的本質與其當前的任務，特別重要的有：1.明定中國共產黨為以馬克思─列寧主義做為基礎的布爾什維克黨（Bol'sheviki），對於參加之繁雜的社會主義者明確指示了黨的性格。2.當前的基本任務是以反帝反封建鬥爭為主要內容的資產階級民主主義革命的達成，提出勞工、中產階級等革命諸階級的統一戰線結成

[81]　石川忠雄、『中国共産党史研究』、東京・慶応通信、1954 年、4 頁。
[82]　宇野重昭、『中国共産党』、東京・日本実業出版社、1981 年、62~65 頁。
[83]　宇野重昭、『中国共産党史序説（上）』、東京・日本放送出版協会、1974 年、48 頁。
[84]　岡崎次郎、『現代マルクス＝レーニン主義事典（上）』、東京・社会思想社、1981 年、1282 頁。

做為其手段。[85] 此時決定的宣言中說道:「中國共產黨是無產階級的政黨。其目的在於組織無產階級,利用階級鬥爭的手段,建立勞農獨裁政治,廢止私有財產制,以漸進達成共產主義社會。中國共產黨圖謀勞工與貧農的利益,並領導其促成民主主義革命運動,且集合勞工、貧農及中產階級使其結成民主主義聯合戰線」,揭示排除帝國主義、打倒軍閥、罷工自由、勞動立法等運動的具體目標。這顯示出中國共產黨從單純集團的存在,進而漸漸開始政治鬥爭,並挺身做為勞工農民階級的指導者。[86]

中國共產黨之發展

成員 100 名之中國共產黨,由第三國際的期待而言,規模實在太小。第三國際於此指示陳獨秀等人,要與孫文所率領之中國國民黨相互提攜。當前的主要敵人軍閥與帝國主義的力量強大,此乃想當然爾。第三國際亦指示共產黨員加入國民黨,對此中國共產黨員有相當多人強烈反彈。然而第三國際卻強硬說服了中國共產黨員,此時善盡利用了中國共產黨員對馬克思－列寧主義誓以忠誠這點。[87] 國共合作的方針受到中國共產黨採行,是於 1923 年 6 月在廣東召開的第 3 次全國代表大會正式被採行。共產黨一方面維持其獨立性,另一方面又加入國民黨,決定了發展為勞工、農民、民族資產階級、中產階級的革命聯

---

85   前揭、『中国共産党史研究』、4~5 頁。

86   小島祐馬、『中国の革命思想』、東京・筑摩書房、1967 年、172 頁。

87   前揭、『中国共産党』、66~67 頁。

盟之方針。孫文也受蘇聯帶有好意的態度影響，決意在大眾基礎上推行國民革命。1923 年 1 月，與蘇聯大使越飛（Adol'f Abramovich Joffe）發表「孫文越飛共同宣言」，延請鮑羅廷（Mikhail Markovich Borodin）擔任國民黨顧問。1924 年 1 月，在廣東召開國民黨全國代表大會，承認共產黨員、以個人身分加入國民黨，並揭示基於聯俄、容共、扶助工農之 3 大政策的革命三民主義，進行黨組織的改造。第 1 次國共合作遂正式成立，演變為共產黨員利用鮑羅廷為背景擔任國民黨要職。[88]

中國共產黨的第 3 次全國代表大會中呼籲如下：「吾輩雖加入國民黨，但吾輩本身的組織仍將保持，吾輩進而由勞工組織及國民黨左派當中，吸收真正具有階級意識的革命份子，日漸擴大吾輩組織，鞏固黨紀，以強固有力的大眾的共產黨之基礎而努力不懈」。[89]

1925 年 1 月，中國共產黨第 4 次全國代表大會在上海召開。在大會，強化理論上的左翼主義傾向。這個時期的中共中央，重視中國的資產階級反革命的性格，做為革命的推進力，只考慮到勞工、農民、中產階級者（小手工業者、小商人，知識階級）民族資產階級者摒除在外。另外第三國際所提出之「勞工階級的黨指導角色」，被替換為「勞工階級（無產階級者）的指導」這樣的概念。[90] 大會中對於日漸高漲之革命性大眾運動的指導強化與為此在組織上的準備進行討論，作出了針對民族革

---

[88] 前揭、『中国共産党史研究』、5~6 頁。

[89] 前揭、『中国共産党』、64 頁。

[90] 前揭、『中国共産党史序説（上）』、73~74 頁。

命運動、勞工運動、農民運動、青年運動、婦人運動的決議。
大會中也特別成立全國性的黨組織,決議黨與大眾相結合使其
成長為大型政黨。該大會之決議考慮到革命中無產階級者指導
權的問題與做為同盟軍的農民問題,但在陳獨秀等「右翼牆頭
草主義者」的影響下,卻未注意到勞農聯盟中心問題之農民土
地問題及武裝鬥爭問題。[91]

　　1925 年 5 月,五三〇事件爆發。起因於日方紡織工廠的射
殺勞工之反英反日的此項罷工行動,獲得勞工、學生、商人等
的支持,擴及到全國主要都市。隨後在 1926 年 7 月,左派與右
派結合,任命蔣介石為國民革命軍總司令,促進革命當前,打
倒北方軍閥之目標的道路。左派與右派於 1927 年 1 月,強行遷
都到武漢,打算迅速地掌握革命之指導權。此種情勢,對於到
目前為止逐漸形成統一戰線的民族資產階級帶來不安,勞農運
動之反帝國主義的特性,使得資本主義列強也感受到需採取對
策的必要。因此,蔣於同年 4 月 12 日,在上海斷然發動對共產
黨之政變,要求共產黨員的肅清,並於南京建立了代表大地主
及大資本階級的國民政府。[92] 如此一來第 1 次國共合作宣告失
敗。隨後於同年 4 月召開第 5 次全國代表大會,進行農村的土
地革命,並武裝農民,主張在農村建立革命政權的毛澤東,遭
受指導部排擠,陳獨秀繼之保持黨中央委員會總書記的地位,
執行其右翼牆頭草主義路線。

　　第三國際則由俄國革命的經驗認知到占領重點都市這點。

---

[91]　前揭、『現代マルクス゠レーニン主義事典(上)』、1282 頁。

[92]　前揭、『中国共産党史研究』、6~7 頁。

這便是 1927 年 8 月至 12 月所進行的武裝蜂起。為了指導此武裝蜂起，第三國際派遣了羅明納茲（B. Lominadze）與紐曼（H. Neumann）。共產黨雖在南昌引起暴動，卻遭到國民政府鎮壓。[93] 同年 8 月召開八七緊急會議，陳獨秀路線是使階級鬥爭與國民革命相互對立之右翼牆頭草主義，在勞工階級指導下圖謀勞工運動的發展與武裝化，實行土地革命，並進行武漢政府的大眾化，用以解決中國革命的課題，來做為強化統一戰線的基本條件。儘管如此，黨中央認為此將破壞國共合作，便採行讓步政策，因此無視於中國革命中勞工階級的主導權，未正確評價革命武裝與土地革命的意義，因而宣布放棄陳獨秀路線，決定採用都市與農村的武裝暴動政策以及實行土地革命，並選出以瞿秋白為總書記之新中央政府。[94]

　　此方針立刻被實踐。1927 年 8 月，由賀龍和葉挺的軍隊所發起的南昌暴動、湖州與汕頭的佔領，以及主要以湖南、湖北、廣東、江西 4 省為中心，將目標置於秋收時分的階級鬥爭激烈化所進行的 4 省秋收暴動為其主要活動。同年 11 月，除了在廣東海陸豐所成立的蘇維埃（Soviet）政權成功以外，其他皆告失敗，但是黨中央仍於同年 11 月召開中央擴大會議，決定徹底實施含括土地沒收的土地改革，繼續武裝暴動，與蘇維埃政權的建立等，採取了更激進的態度。結果在同年的 12 月，廣東發生了由共產黨策劃的武裝暴動，且設立了蘇維埃政權的廣東

93　前揭、『中国共産党』、82~84 頁。
94　前揭、『中国共産党史研究』、8 頁。

Commune，然最後還是以失敗告終。[95]

　　這時期的革命運動是在羅明納茲與紐曼的指導下，有著攻占城市並和國民黨政權對決的積極性格。黨中央判斷革命情勢雖進入低潮期，但革命仍會逐漸高漲，且城市會成為中國革命中的決定要素，這是由於重視都市勞工運動所致。毛澤東把黨部活動的重點移到以土地改革、游擊戰、革命根據地的建設、紅軍建軍為主的農村活動，雖然主張要採取這種以武裝的革命農村來包圍城市的政策，但黨中央卻和此政策持不同意見。這表示缺乏正確的認識，在第三國際的指導中也可以看到。這時期的革命運動雖然每個都終歸失敗，但暴動失敗後集結在井岡山的部隊在毛澤東的指導下，在農村成立革命根據地與紅軍，藉著施行土地改革，使得蘇維埃運動日漸發展。[96] 瞿秋白路線稱之為第 1 次左傾路線。[97]

三、對日本宣戰

　　1927 年 7 月，中國共產黨在第三國際第 6 次大會前後，於莫斯科召開了第 6 次全國代表大會。會中批判瞿秋白的指導為「左翼牆頭草主義」，中國革命的性質仍舊是資產階級民主主義革命，其任務在於反帝反封建之勞農民主專制的樹立，當前情勢為夾在革命兩次高峰期的谷底，眼前任務在於獲得勞農大眾的支持，在指出此種種的同時，亦強調了對農村工作的重要性。

---

[95]　同上、8~9 頁。

[96]　同上、9~10 頁。

[97]　前揭、『中国共産党』、84 頁。

但此事並不意味大會將黨活動的重點由都市勞工運動移轉到都
市工作，而不過是承認了黨中央過去不認可的毛澤東指導下的
農村革命運動罷了。大會認為勞工階級的主導權是導向農業革
命成功的前提，因為勞工階級的主導權藉由都市勞工運動的發
展來實踐，並未改變都市工作重點主義的方針。這項事實表示
大會一面指出革命運動發展的不均等性，且對它又沒有徹底的
認識，此與中國的資產階級民主主義革命的長期性未獲得正確
評價，新選出的中央政府大權握於總書記向忠發與宣傳部長李
立三等激進派手上，而產生了李立三路線的謬誤。[98]

　　毛澤東所指導的農村蘇維埃建設，以湖南、湖北、江西諸
省為中心而發展，1930 年，建設了 9 個地區的蘇維埃，同年 5
月，於上海召開了全國蘇維埃區域代表大會。李立三在同年 6
月使黨中央政治局擴大會議採行了「新的革命高潮與一省甚或
數省的勝利」之決議，革命情勢在全國各地高漲，以一省或數
省的勝利即刻發展成革命的全國勝利為號召，主張主要都市的
武裝蜂起，於同年 7 月，令彭德懷的紅軍強行占領長沙。但長
沙的占領僅 10 天便被奪回。李立三路線的此項失敗，遭到了以
第三國際代表米夫（Pavel Mif）做為背景的王明（陳昭禹）所
指導之俄國留學生派的批判。於是在 1931 年 1 月，召開第 6 期
中央委員會第 4 次總會，李立三路線被毀棄（李立三下台後總
書記由向忠發擔任，但向在 1931 年 6 月於上海法國租界處遭到
逮捕處刑，陳昭禹因而接任[99]），黨權遂握於俄國留學生派之手。

---

[98]　前揭、『中国共産党史研究』、10 頁。
[99]　前揭、『中国の革命思想』、187 頁。

同年 11 月，於江西瑞金召開了中華蘇維埃第 1 次全國代表大會，在採行憲法、勞動法、土地法的同時，也建立了以毛澤東為主席的中華蘇維埃共和國臨時政府。而黨中央在俄國留學生派的指導下，於上海要求奪取占領中心都市，但受到國民黨彈壓政策上產生阻礙，退回了江西蘇維埃地區。但蘇維埃地區的發展，已讓蔣介石感到威脅。因此蔣自 1930 年 11 月起至 1934 年 11 月為止，對蘇維埃地區共發動了 5 次的攻擊，紅軍雖每次都予以擊退，但在第 5 次攻擊的 1934 年 11 月，瑞金被攻陷，紅軍遂向西移動。紅軍於 1935 年 10 月，到達陝西北部。這是「25,000 里的長征」。[100]

在這期間，日本從 1931 年的滿洲事變開始入侵中國，扭轉了中國的政治情勢，抗日成為了所有階層的全民族課題。中國共產黨已於 1932 年 4 月以中華蘇維埃共和國臨時政府的名義對日宣戰以來，屢次展開了抗日行動，但在 1935 年 1 月於長征途中，在貴州省遵義召開的中央政治局擴大會議（俄國留學生派發言雖有力，但毛澤東則因為有兵士們的聲望做為背景因而致勝[101]）中，取代了俄國留學生派，在蘇維埃運動之後漸漸強化其實力的毛澤東指導權完全被確立，加上張國燾的反中央行動的克服，抗日民族統一戰線結成的動作因而日漸成為黨的中心課題。呼應第三國際第 7 次大會的反法西斯人民戰線結成之主張，於 1935 年 8 月 1 日中國共產黨所發表的「為抗日救國昭告全國同胞書」，亦即八一宣言的內容為，以日本國做為目標的反

---

[100] 前揭、『中国共産党史研究』、10~12 頁。
[101] 前揭、『中国共産党』、90 頁。

帝國主義運動下，集結中國的反日全階級全民族，亦包含與日
本有相對利害關係之諸外國，正式呼籲結成廣泛的抗日民族統
一戰線，此成為了將黨任務由蘇維埃革命轉換為抗日民族統一
戰線的結成之重大轉機。[102]

四、中華人民共和國誕生

　　而無視這樣的情勢，國民黨並未改變攻擊共產黨的方針。
然而 1936 年 12 月，國民黨的張學良與楊虎城監禁了待在西安
的蔣介石，並要求停止內戰與實行聯手抗日之西安事變發生，
蔣在與中共代表周恩來斡旋後接受此要求，更因為 1937 年 7 月
7 日蘆溝橋事變的發生，終於獲致國共合作下的抗日民族統一戰
線的結成。如此一來共產黨藉由推行 1.為了實現三民主義而奮
鬥，2.停止一切顛覆國民黨政權的暴動與赤化政策以及地主的土
地沒收政策，3.解散蘇維埃政府並實施民主制，4.改編紅軍（改
編為八路軍，並納入國民政府指揮下），等於統一戰線結成上所
必須的政策轉換來與國民黨合作，以突進抗日戰爭。同年 8 月，
黨中央於洛川會議中決定的抗日 10 大綱領，明示了抗日戰爭中
共產黨的立場。而抗日戰爭以日本軍的急速進出與國民黨的敗
北做為開始。中國共產黨一方面否定以陳昭禹為中心之右翼牆
頭草主義（陳將抗日戰爭的勝利寄望於國民黨，認定國民黨為
指導者，採妥協讓步政策，並否定統一戰線中共產黨的自主
性），於 1938 年 10 月召開第 6 期中央委員會第 6 次總會，決定
了「全黨站在獨立自主的立場，採行組織人民抗日武裝鬥爭之

---

[102] 前揭、『中国共産党史研究』、12~13 頁。

方針，將黨的主要活動部門置於戰區與敵軍後方」。此決定伴隨
著，指出抗日戰爭必然陷入持久戰，且經由 3 個階段，亦即「敵
方戰略攻擊與我方戰略防禦期」、「敵方戰略防衛與我方反攻準
備期」、「我方戰略反抗於敵方戰略脫退期」而發展的毛澤東之
「持久戰論」（同年 5 月）給予了共產黨活動明確的方向。[103] 日
軍雖占領了廣大區域，但由於不得不確保其占領地，因此於 1939
年開始陷入持久戰。

　　1940 年 1 月，毛澤東發表了「新民主主義論」，指出「中
國革命因為中國社會持有的特殊性，故經由新民主主義革命與
社會主義革命兩個過程來實行，勞工階級所指導之新民主主義
必然朝向社會主義，現在則屬於新民主主義革命階段，應該具
有新民主主義革命的政治經濟文化綱領，應予建設之新民主主
義國家之國體，為革命諸階級的聯合獨裁，政體必須是民主集
中制」。此於統一共產黨思想，並在使其運動發展上扮演了重大
角色。1945 年 4 月，中國共產黨於延安召開了第 7 次全國代表
大會。毛於會中進行了名為「聯合政府論」的報告，要求為了
即將到來的全面勝利與建立民主聯合政府而奮鬥之外，亦採行
了新的黨規。建立民主聯合政府的要求（其理論根據明示於「新
民主主義論」），在抗日民族統一戰線組成以來，雖屢次主張，
然由於國民黨不放棄一黨專政之方針，終未能實現，不過在此
時期，則得到對於國民黨支配的腐敗與一黨專政感到不滿的人
們，特別是知識人的支持，並給予戰後的中國民主化運動莫大

---

[103] 前揭、『中国共産党史研究』、13~14 頁。

的影響。[104] 1945 年 8 月日本無條件投降，不久開始了國共內戰。1949 年 10 月，中華人民共和國建立。

五、日本共產黨的起源

在甲午戰爭（1894 年～1895 年）所開始的社會主義運動中，出現了接受馬克思主義思想的日本人。1898 年，安部磯雄等人組成了社會主義研究會。1900 年改名為社會主義協會。翌年，創立了日本第一個社會主義政黨。但是，基於治安警察法，以實施普選等的民主主義綱領為理由，該政黨遭到禁止。之後在 1906 年時　利彥等人組成了日本社會黨，但翌年就因治安警察法而遭禁止。之後在 1910 年，發生了幸德秋水等人企圖暗殺天皇的「大逆事件」，從此社會主義思想遭到鎮壓，進入「寒冬的時期」。

以第一次世界大戰（1914 年～1918 年）為契機，日本的社會主義運動又再度復甦。由於大戰造成全世界階級戰爭的激化，也增強了勞工階級的力量。伴隨著工業的發展，勞工的人數激增（從 1913 年的 91 萬人增至 1918 年的 147 萬人），特別是重工業勞工的增加，強化了勞工階級。為了反抗隨著戰爭而產生的物價高漲、工時增加、工資調降而發起罷工。之後，俄國革命對於世界情勢引起了根本性的變化。1917 年的二月革命（資產階級民主主義革命）打倒了專制的沙皇（Tsar'）政權。同年發生的十月革命（無產階級社會主義革命），則實現了以蘇維埃（Soviet）為基礎的無產階級專政。由勞工及農民掌握政治

---

[104] 同上、15~16 頁。

權力，世界從此分裂為資本主義及社會主義兩個體制。從此社會主義高漲，受到俄國革命的影響開始走向馬克思主義的方向。然而俄國革命（在布爾什維克 Bol'sheviki 派的指導之下，由無產階級掌握指導權達成資產階級民主主義革命，之後使其轉化為無產階級社會主義革命的革命方針）的本質並無法立刻被日本的社會主義者理解。但是，社會主義者支持俄國革命，並且傾向馬克思主義。因此在 1919 年，堺利彥及山川均創辦了雜誌「社會主義研究」，開始介紹馬克思主義。1920 年雖組成了日本社會主義同盟，但翌年即因治安警察法而遭到禁止。但在當時已經有堺利彥的 ML 會、山川均的水曜會、近藤榮藏的曉民會、市川正一的無產社、荒畑寒村的 LL 社等的馬克思主義的思想團體存在。[105]

　　指出在日本國內的階級鬥爭發展上需要一個無產階級的先鋒部隊、促進其準備工作及推展進行的時機、連結日本與國際無產階級戰線的關係、指導及援助日本共產黨的創立等，在這些方面發揮影響力的是共產國際（Comintern，第三國際）。共產國際在 1919 年於莫斯科（Moscow）成立，以將各國的共產黨視為共產國際分部的方式而連結起來。共產國際對於社會主義運動發展較為遲緩的亞洲階級鬥爭及民族解放鬥爭方面提供指導及援助。1922 年 1 月至 2 月間，在共產國際的主辦下，在莫斯科舉辦了首次的「遠東民族大會」，將東洋各民族的革命家聚集一堂。日本方面出席的是德田球一、鈴木茂三郎及片山潛等

---

[105] 遠山茂樹、山崎正一、大井正、『近代日本思想史』第 3 卷、東京・青木書店、1956 年、523~533 頁。

人。在遠東民族大會上，片山以「日本的政經情勢及勞工運動」
為題提出報告，首開馬克思主義原則適用於日本的先例。大會
並且決定了日本應儘速成立共產黨，日本代表們肩負著此一任
務回國。[106]

　　1922 年 7 月 15 日，在東京舉辦了日本共產黨的創立大會。
參與大會的有堺利彥、山川均、近藤榮藏、吉川守國、橋浦時
雄、浦田武雄、渡邊滿三、高瀨清等 8 人，堺擔任委員長。大
會採用了黨的臨時規約 24 條，以及決定加入共產國際，並全場
一致通過共產國際的規約及 21 條的加盟條件。共產國際則於同
年 11 月至 12 月的第 4 次大會上，正式承認日本共產黨為共產
國際的支部。共產國際在片山潛的參與下，起草了「日本共產
黨綱領草案」，並且讓日本共產黨審議草案，然而卻在審議完成
前即中止，未被決定為正式的綱領。但是，此為馬克思—列寧
主義適用於日本實際條件的最初革命綱領，匯集了日本無產階
級長年以來的鬥爭成果。[107]

　　1922 年的「日本共產黨綱領草案」的內容大致如下：「日
本的資本主義現今仍存在於封建關係之中，大部分的土地掌握
於大地主的手中，而最大的地主就是天皇。大地主所有耕地的
大部分，是租賃給佃農。國家的政府機關被工商業資產階級與
大地主所掌控。日本共產黨以打倒天皇政府、廢除君主統治、
贏得普選等過渡性的標語為號召，領導鬥爭進行。日本共產黨
致力於組成無產階級與農民組織，經由組織的統一及擴大和無

---

[106] 同上、534~535 頁。

[107] 犬丸義一『日本共產党の創立』、東京・青木書店、1982 年、180~183 頁。

產階級武裝的發展,以達成強化革命、建立勞工及農民蘇維埃政權的目標。日本的勞工階級為了實行打倒政府的方針以及獲得無產階級獨裁鬥爭的勝利,必須要有一個統一的指導機構。日本共產黨目前所面臨的任務是取得工會的主導權,並確保共產黨對於勞工階級各個組織的影響力。日本共產黨身為共產國際的支部,肩負著實現無產階級獨裁的革命義務。在無產階級獨裁的實現之下,繼續在國際主義的旗下朝著國際無產階級世界革命的目標前進。在政治方面的要求是『廢除君主制』、『實行 18 歲以上男女普選權』;在經濟方面的要求是『由工廠委員會負責生產的管理』;在農業方面的要求是『天皇、大地主土地的沒收及國有化』;在國際方面的要求是『自朝鮮、中國、臺灣、庫頁群島撤軍』等。」[108]

　　日本共產黨創立的意義,有以下 3 點:第 1 點是意味著被壓迫的勞工階級與辛勤工作的人民,在日本歷史上首次擁有了以建立屬於自己的國家權力為目的的組織。日本共產黨正如同「綱領」所表示的一般,是為了使以無產階級為中心的日本人民掌握權力、打倒天皇制、地主制及資本主義、廢除一切的壓榨與專制而創立的政黨。第 2 點是產生了日本的勞工階級鬥爭。明治之後的勞工階級的成長,特別是俄國革命及美國動亂後的鬥爭歷史,都顯示出了這個傾向。雖然依據治警法第 17 條規定,工會的組成是非法活動,然而實際組織工會、以實力來獲取團結的權力等,共產黨是以勞工階級的成長為基礎而創立的組

---

[108] コミンテルン、『日本にかんするテーゼ集』、東京・青木書店、1961 年、5~9 頁。

織。第 3 點是意味著日本的革命運動由於成為無產階級世界革命運動的一部分，使得日本的無產階級國際主義不但在思想上，在組織上也獲得了確立。[109]

六、山川主義

由於日本共產黨的成立，勞工階級的鬥爭從使全國的勞工階級產生自覺，並與資產階級（bourgeoisie）及政府展開鬥爭時，第 1 次勞工鬥爭提升到階級鬥爭的階段，達到了真正階級鬥爭的初步階段。[110]因此日本共產黨為了與群眾鬥爭結合，並且使其擁有戰鬥能力，而盡全力努力。日本共產黨的首要任務就是對抗勞工的小資產階級（petit-bourgeoisie）思想，也就是古老的工會組織主義以及新的議會主義思想，並加以擊敗。亦即勞工要進行階級性的政治鬥爭。第 2 個任務是清算重編工會中原有的派系組織，將勞工組織成階級的軍隊。因此在這個時期所進行的，以總同盟為中心的工會戰鬥化、日本農會戰鬥化；以新人會及建設者同盟為中心的學生運動的發展、反對取締激烈社會運動等 3 大不良法案的群眾鬥爭、反對干涉西伯利亞（Siberia）戰爭、救援俄國飢荒、承認俄國蘇維埃政府等群眾運動的高漲、水平社運動的發展等活動之中，經常有共產主義者穿梭活躍著。[111]

當時馬克思主義陣營的指導理論是山川主義。山川主義是

---

[109] 前揭、『日本共産党の創立』、184~186 頁。
[110] 同上、187 頁。
[111] 前揭、『近代日本思想史』第 3 卷、539~540 頁。

由方向轉換論及共同戰線黨的組織理論而形成的。山川均在共產黨機關雜誌「前衛」的 1922 年 8 月號中發表的論文「無產階級運動的方向轉換」，有很重要的影響。它具有將共產國際第 3 次大會（1921 年 6 月～7 月）中所決定的口號「走向群眾」落實於日本的意義，推動日本的無產階級運動前進並群眾化。山川的主張大致如下：「日本無產階級運動（社會主義運動與工會運動）的第一步是具有前衛思想的少數者將自己的思想純粹化，並徹底執行。這些少數者將相當於本隊的群眾留下，獨自前進，但是有被本隊分離的危險存在。因此，第二步就是少數者必須回歸群眾之中。『走向群眾』的口號就是我們的新標語。」如此，山川就以「走向群眾」的口號，主張要求日本無產階級運動轉換方向的方向轉換論。這個主張對於當時日本無產階級運動的缺陷，也就是飽受批評的如脫離群眾的、清高的宗派主義，因無政府主義──工會組織主義而產生的非現實的政治否認等這些方面，具有積極的意義。但是，這個論文對於日本馬克思主義者，也就是共產黨將黨建設為以「廢除天皇制」為任務的革命黨的課題，卻仍然不甚明確。在這裡雖可以說是解說「走向群眾」的真理，然而卻是停留在一般的政治鬥爭，無視於組織群眾邁向革命、提升思想性等基本的任務。並且違反了共產國際第 3 次大會的主張，也違背了「日本共產黨綱領草案」的精神。論文中沒有明確地說明共產黨的獨特性、馬克思－列寧主義的政黨在勞工大眾之中的建設任務，包含了開啟社會民主主義－合法主義道路的右翼牆頭草主義－群眾追隨主義的缺點。因此，山川發表了包含無產階級的一切要素，提倡自資產階級的影響獨立並組成共同戰線黨的共同戰線黨組織理論。為

了實現這個理論，於 1926 年 3 月創立了勞動農民黨。[112]

　　1923 年 6 月，出現了對日本共產黨的大規模逮捕行動，共有 29 人遭到起訴。同年 9 月，在關東大地震的混亂之中，大杉榮、川合義虎等 12 人遭受虐殺，日本共產黨也因這些鎮壓而受到影響。主張在反動勢力的攻擊下，日本的條件及勞工階級的自覺仍不足的現況之中，在非法政黨共產黨的領導份子之間出現由於時機尚早應該將黨解散的論調。1924 年 3 月，由山川均提出解散提案，在德田球一、市川正一、野坂參三、佐野文夫、荒畑寒村等 5 人的協議之下，決定解散共產黨。除荒畑之外的 4 人皆贊成解散，並依據荒畑的主張組成善後整理委員會。主張解散的理論基礎在於山川均的自然成長性理論（在活動組織成熟前應該等待時機）與共同戰線黨論（組成混合勞工－農民諸階級的合法政黨）。但，在渡邊政之輔、市川、德田等善後整理委員會之下，又開始展開共產黨的重建活動。[113] 共產國際反對日本共產黨的解散，在第 5 次世界大會（1924 年 6 月～7 月）中批評日本共產黨的解散行為，並發出著手於重建活動的指示。因此，日本共產黨的重建活動於 1925 年 1 月，以上海會議（維丁斯基 Grigorii Naumovich Voitinskii、佐野學、佐野文夫、荒畑寒村、德田球一等人出席）為契機正式展開。[114]

---

[112] 同上、540~542 頁。

[113] 竹內良知、『マルキシズムⅡ』、東京・筑摩書房、1965 年、20~21 頁。

[114] 住谷悦二、山口光朔、小山仁示、浅田光輝、小山弘健、『昭和の反体制思想』、東京・芳賀書店、1967 年、94 頁。

七、福本主義

1926 年 12 月，於山形縣五色溫泉舉行的日本共產黨第 3
次大會重新建黨，選出佐野文夫、佐野學、德田球一、市川正
一、渡邊政之輔、福本和夫、鍋山貞親為黨中央委員，佐野文
夫被選為委員長。[115] 重建的日本共產黨其指導理論為福本主
義。以山川主義的批判者之姿出現的福本和夫，其理論首次風
靡了共產黨左翼陣營。山川主義的右翼牆頭草主義——合法主
義只能夠單純地在思想上宣傳馬克思主義，缺乏指導勞工邁向
政治鬥爭的能力。福本主義的中心內容為分離－結合論。福本
是以列寧提出「該做什麼呢？」（1902 年）所發展出的原則為依
據，為了結合信仰馬克思主義的勞工政治鬥爭與結合無產階級
的政治鬥爭，換言之是為了組成前衛的政黨，福本主張「在結
合之前必須要先分離」。福本批評山川主義是主張黨的獨特性不
明確的群眾追隨主義－牆頭草解黨論－無原則的共同戰線黨
論，而脫離馬克思主義原則的折衷主義。福本為了分離、精煉
出馬克思思想的要素而提出「目前不得不侷限於理論性的鬥爭」
之說法。福本認為在與列寧執筆「該做什麼呢？」時的俄國情
勢不同的日本，是在重建曾被解散的共產黨，透過群眾鬥爭及
其指導之下，以在革命的勞工之間擴大強化黨的影響為當務之
急的情勢中。將馬克思主義者的活動限定在理論鬥爭之中，只
會使得共產黨遭到矮化，而淪為單純的思想團體。這個結果，

---

[115] 日本共産党中央委員会『日本共産党の 70 年（上）』、東京・新日本出版
社、50 頁。

形成分離－結合論被引進公會等群眾團體之中，黨與群眾團體
被混淆，使得必須要統一的群眾團體由於思想的對立而分裂。
如此的福本主義與山川主義的右翼牆頭草主義相反，是左翼的
宗派主義，然而在脫離馬克思主義的這一點上有其共通之處。
依照福本的理論，指導理論鬥爭是革命知識份子的任務，革命
知識份子須先對全無產階級的政治鬥爭意識有研究瞭解，然後
再將其灌輸給勞工、農民及其他的無產階級群眾。因此，擅長
於理論鬥爭的革命知識份子就逐漸掌控了黨與群眾團體的主導
權。福本主義得到革命知識份子的支持，而取代山川主義成為
共產黨的指導理論。1925 年 3 月，制定了治安維持法（以取締
共產黨為目的的法律），並通過了男子普通選舉法。[116]

八、二七年綱領

　　1927 年 7 月，共產國際起草了關於日本問題的綱領（二七
年綱領）。代表日本共產黨參與起草二七年綱領的有福本和夫、
德田球一、渡邊政之輔、鍋山貞親等人。二七年綱領進一步發
展二二年綱領草案的內容，批判福本、山川主義偏向左、右翼，
希望能引導重建的日本共產黨走向馬克思－列寧主義的正確方
向。[117] 二七年綱領的內容大致如下：「日本帝國主義是中國革
命最危險的敵人，使我們無法在中國獲得戰略地位。美國、英
國、日本對於中國革命採取鬥爭合作，對於蘇聯則採取戰爭合
作的做法，同時進行發動瓜分太平洋地區的帝國主義戰爭的準

---

[116] 前揭、『近代日本思想史』第 3 卷、545~549 頁。
[117] 同上、551 頁。

備。」1868年的革命，開啟了日本資本主義發展的道路。但是，政治權力是掌握在封建制度之下的大地主、軍閥、皇室手中。天皇支配著巨大數量的私有土地，是許多公司的大股東，也擁有自己的銀行。在日本為了民主主義化、清算君主制、驅逐現存支配勢力的鬥爭，在資本高度獨占化的國家，必須從對於封建殘存物的鬥爭轉化為對於資本主義本身的鬥爭。日本的資產階級民主主義革命轉化為社會主義革命。日本、具備了資產階級民主主義革命的客觀前提條件（殘存於國家權力中的封建勢力與嚴重的農民問題），但也具備了急速轉化為社會主義革命的客觀前提條件（資本集中、管理集中化 konzern、國家與獨占企業 trust 的結合、國家資本主義體系的發展、資產階級與封建大地主的合作）。這樣的日本經濟狀態雖已顯示出革命的道路，但意識形態，也就是主觀的革命情勢的延遲將會形成障礙。勞工、農民的組織數量太少，對於階級意識、階級鬥爭的理解往往被群眾愛國主義的迷思給扭曲為革命的要因而加以利用。由於日本資本主義的高度發展，資產階級民主主義遭到扼殺。無產階級（暫時將農民除外）的階級意識——革命組織才剛剛脫離胎生的狀態，因此身為日本共產主義者必須特別關注此一問題。現代的日本被資本家、大地主同盟所支配，所以資本階級甚至在資產階級民主主義革命的第一階段，都無法利用及直接發展社會主義革命的革命推動力在於無產階級與農民，無產階級與農民的同盟是不可或缺的。但是這個同盟只有在勞工階級掌握霸權時，才能夠得到勝利，只有無產階級是唯一的革命階級。目前已有一成二的農民組成農會，共產主義者必須將這些農會與勞工及農民的政黨結合在一起。必須是勞工及農民的同盟才

能夠對抗地主及資本家的反動同盟（block），而勞工階級只有在
共產黨的指導之下，才能夠獲得勝利。共產黨是為了全階級的
利益而鬥爭的無產階級前衛黨，若沒有共產黨，就不會有為了
無產階級獨裁的鬥爭。無產階級的階級鬥爭必須要在屬於主要
使命（否認資本主義、實行社會革命）之下，無產階級的全階
級組織必須要在共產黨的指導之下組成。日本共產黨領導部門
所犯的錯誤在於，過於輕視勞工運動的重要性，認為共產黨是
工會的左翼派系（sect），能夠被勞工農民政黨所取代的想法是
錯誤的，這是牆頭草主義的想法。沒有群眾的共產黨，就不會
有革命運動的勝利。因此，對於清算主義傾向（山川主義一派）
的鬥爭，是日本共產黨員的重要任務，為了勞工階級一般利益
的鬥爭必須由共產黨來指導。日本共產黨只有做為一個群眾的
黨，才能夠完成其歷史性的任務。若是沒有革命的群眾鬥爭，
沒有與群眾結合的話，就沒有任何理論。日本共產黨必須成為
勞工的黨。若將共產黨從工會的左翼消除是一個錯誤的話，使
黨從無產階級的群眾組織之中脫離也是一個錯誤。福本主義一
派的分離－結合理論與列寧主義不同，使黨脫離群眾的福本主
義會使得身為群眾黨的共產黨瓦解。分離－結合理論過於強調
意識的部分，而無視於經濟與政治方面。福本主義由於知識份
子的過度評價、脫離勞工群眾、形成宗派主義，使得黨不再是
勞工階級的鬥爭組織，而產生了成為屬於擁有馬克思主義思維
的知識份子集團的想法。共產黨必須與這個連福本都已放棄的
偽列寧主義產物劃清界線，且必須與日本的殖民地解放運動保
持密切的聯繫，並給予思想上的支持。日本共產黨一定要打出
如下的口號——『自中國撤軍』、『使殖民地完全獨立』、『廢除

君主制』、『賦予 18 歲以上男女普選權』、『沒收皇室、寺社、大地主的土地』。這些口號必須與勞工農民政府的口號一起,與無產階級獨裁的口號相結合。利用這些口號配合組織性的宣傳,進行勞工群眾的政治啟蒙,形成勞工與農民的同盟、群眾鬥爭革命的準備等事項。針對這些要求的鬥爭,就是邁向無產階級獨裁的道路。但是這個鬥爭必須只能是存在著列寧主義式的群眾共產黨,並且與世界的共產黨一同鬥爭,與全體共產主義者及國際社會同一步調時,才能夠成功。[118]

　　二七年綱領最大的歷史意義在於,在強調廢除君主制的民主主義革命時,預見了日本帝國主義對中國的侵略,並提出抨擊。二七年綱領堅持創黨時的綱領草案的見解,提倡日本的民主主義化、廢除君主制,在行動綱領中也定型化。二七年綱領明確地指出當前的日本革命是資產階級民主主義革命,然後提出由資產階級民主主義轉化為社會主義革命的展望。二七年綱領在行動綱領的第 1 條是發動對於帝國主義戰爭危險的鬥爭,並號召反對帝國主義戰爭。[119] 由共產國際提出對日本馬克思主義(山川主義、福本主義)的批判,在思想史的意義上,形成了共產國際權威主義與綱領至上主義。藉由綱領對於日本馬克思主義的全體否定,使綱領成為最高的原則,其內容的一字一句都形成了不允許批判、修改的至高無上規定。共產國際權威主義與綱領至上主義從根本制約了共產黨馬克思主義,並對於創造性發展產生作用。將綱領視為至高不可修改的原則,依照

---

[118] 前揭、『日本にかんするテーゼ集』、28~45 頁。
[119] 前揭、『日本共産党の 70 年(上)』、54 頁。

規定作為基準而影響的現實與其思考方式，抑制了日本馬克思
主義的創造性發展。[120]

　　二七年綱領是日本共產黨正式採用的綱領式文件，由此而
定型化的戰略方針、戰術、黨的建設方針，對於在日本建立前
衛黨與推動革命運動上，是相當重要的方針。日本共產黨依據
二七年綱領，制定了名為「日本共產黨組織再建についての綱
領」的「組織綱領」。「組織綱領」強調，「若無黨的存在，就無
法推動革命運動，因此重建無產階級政黨，建立共產黨為獨立
的群眾黨為當務之急」，並隨著指出「那並不是從群眾的日常鬥
爭團體中自然發生而出現的」，明確地表示出在日本群眾鬥爭及
群眾組織中含有黨組織重建的條件。對於日本共產黨組織重
建、黨組織、黨活動的理想狀態提出具體的方針。並在其中表
示，「關於黨組織的重建，其中一個基本的任務是發行黨的機關
雜誌」。[121]

　　依照二七年綱領的方針，日本共產黨展開了正式的活動。
在以工廠為基礎的細胞組織上開始建黨，在合法的機關雜誌「無
產者新聞」之外，又發行了非法的機關雜誌「赤旗」。二七年綱
領刺激了馬克思－列寧主義在日本的現實環境中適用與否的理
論研究。從此之後，日本的馬克思主義理論開始發展，具體地
分析日本的歷史與現實環境，予以革命戰略、戰術科學基礎的
研究蓬勃發展。日本的馬克思主義雖然急速地開始發展，卻出
現了馬克思主義理論戰線上的分裂，也就是勞農黨的創立。山

---

[120] 前揭、『昭和の反体制思想』、138~145 頁。
[121] 前揭、『日本共産党の 70 年（上）』、55~56 頁。

川主義在受到福本主義的批判而失去共產黨指導理論的地位後，利用福本主義受到二七年綱領批判（山川主義也一起受到批判）的機會，反對福本主義的堺利彥、山川均、荒畑寒村等人在 1927 年 12 月發行了雜誌「勞農」。其立場與二七年綱領對立，指出當前日本革命的戰略是「以打倒帝國主義、資產階級為目標的社會主義革命」。勞農黨反對所有共產黨的政策，在此展開了共產黨與勞農黨的戰略論爭。那是關於「應該與絕對主義天皇制正面對決，或是應該迴避」的問題。[122]

九、「政治綱領草案」與「三二年綱領」

非法的日本共產黨在 1928 年 2 月的第 1 次普通選舉，透過勞農黨推派出 11 位候選人，並舉辦公開的競選宣傳，結果當選了 8 名。[123] 但是，同年的 3 月 15 日有超過 1,000 名的共產黨員、工會會員、農會會員遭到檢舉，828 人遭到起訴。

之後在 1929 年 4 月 16 日更展開大鎮壓，有 300 名以上的共產黨員遭到檢舉，因此幾乎所有共產黨的領導人都被捕入獄。但是，1931 年 1 月在以風間丈吉為中心的日本共產黨中央指導部，起草了「政治綱領草案」。[124] 這個「政治綱領草案」揭示了「打倒資產階級、地主、天皇的權力及建立無產階級獨裁」、「銀行、工業、礦業、交通的無產階級國有化」、「沒收天皇、大地主、官公有地、寺社的土地」、「使朝鮮、臺灣等殖民

---

[122] 前揭、『近代日本思想史』第 3 卷、556~559 頁。

[123] 前揭、『日本共産党の 70 年（上）』、60~61 頁。

[124] 前揭、『近代日本思想史』第 3 卷、559~563 頁。

地完全獨立」、「反對帝國主義戰爭」等口號。[125]「政治綱領草案」是由受共產國際影響並自莫斯科返國的風間丈吉所起草的，但是共產國際並不承認「政治綱領草案」。然而共產國際又發表了取代「政治綱領草案」的「三二年綱領」。共產國際中在片山潛、野坂參三等莫斯科的日本代表參與之下，明顯地指出「政治綱領草案」的錯誤，並完成了新的綱領。1932 年 5 月，由共產國際起草「日本情勢と日本共産黨に関する任務に関する綱領（三二年綱領）」，而日本共產黨中央委員會無條件承認了三二年綱領。[126]

三二年綱領的內容大致如下：「由日本帝國主義所發動的侵略戰爭，將使人民群眾陷入歷史的危機。占領滿洲、上海及其他地方的事件與日本帝國主義所計畫的軍事行動是軍事性的侵略。戰爭給予日本共產黨將反戰鬥爭與為了勞工農民日常利益的鬥爭相結合，將帝國主義戰爭轉化為內亂，使資產階級與地主式的天皇制遭到革命性顛覆的任務。」支配日本的首要體制為天皇制，1868 年之後在日本成立的絕對君主制，掌握絕對的權力，並建構壓制勞工階級及專制統治的官僚機構。其次為擁有土地、妨害日本農村生產力的發展、使農民生活窮困的半封建統治。日本的地主不從事農業，卻擁有耕地面積 4 成的土地。第 3 為強取豪奪的獨占性資本主義，使資本異常集中於少數資本家手中的資本主義財團獨占了日本國內大部分的財富。三井、三菱、住友、安田等有力的財團獲得了支配日本資本主義

---

[125] 前揭、『日本にかんするテーゼ集』、40~75 頁。
[126] 前揭、『近代日本思想史』第 3 卷、563~567 頁。

經濟的地位。日本的資本階級利用對日本勞工強盜式的榨取、剝奪農民利益、從戰爭中獲利、侵占國家財產、掠奪殖民地人民等手段而壯大。要反對日本帝國主義戰爭、天皇制的支配體制、勞工的低工資及剝奪其政治權力、農村的封建式統治等的鬥爭，只有發動革命運動。以社會主義革命為主要目標的日本共產黨在今日日本的情勢下，邁向無產階級獨裁道路的目標只有超越資產階級民主主義革命，意即顛覆天皇制、奪取地主利益、建立無產階級與農民獨裁才能夠達成。

　　勞工、農民、士兵的蘇維埃權力，是無產階級與農民獨裁的形態，是資產階級民主主義轉化為社會主義革命的形態。因此主要的任務如下：『顛覆天皇制』、『廢除擁有大量土地』、『由勞工、農民、士兵的蘇維埃負責生產的統制』。行動的口號如下：『反對帝國主義戰爭』、『顛覆資產階級、地主式的天皇制』、『沒收地主、天皇、寺社的土地』、『7小時勞動制』、『自日本帝國主義解放殖民地（朝鮮、滿洲、臺灣）』、『擁護蘇維埃同盟及中國革命』。日本的情勢對於共產主義者而言，有將勞工及農民引進革命運動的可能性。勞農群眾在鬥爭中，因群眾罷工、農民抗議、

　　群眾示威等活動的展開，而有急速產生革命化的情況出現，將導致近來有革命事件的發生。戰爭的事實已經顯示出，最近將會有自然爆發出大規模的群眾抗議及群眾鬥爭的可能性。黨的緊急任務如下所示：『擴大勞工階級與黨的結合』、『強化革命的工會運動』、『組織並激化對地主的農民鬥爭』、『將人

民對於戰爭及天皇制的抗議引導至政治鬥爭』。」[127]

　　日本共產黨根據三二年綱領，更加強化了自組黨以來的傳統反戰鬥爭。利用各種機會宣傳反對侵略戰爭、在各地組織反戰示威、在軍備工廠發起罷工，將勞動爭議與反戰鬥爭結合。黨員的數量增加，並將合法的機關雜誌「第二無產者新聞」與「赤旗」合併。這個時候是日本共產黨在戰前活動最為頻繁的時期，但是自共產黨創黨以來始終以領導幹部的身分一同努力的佐野學與鍋山貞親卻在 1933 年 6 月發表了思想轉變聲明書。日本共產黨中央委員會將兩人除名，但是緊接著在獄中也不斷出現發表思想轉變的同志。根據同年 7 月司法部的統計，在全國共產黨事件的相關人士之中，未判決的 1,370 人之中有 415 人、已判決的 392 人之中有 133 人發表思想轉變的聲明。1935 年 3 月，由於唯一的中央委員袴田里見遭到檢舉，使得共產黨中央委員會因此解散，「赤旗」也在同年 2 月停刊。之後，雖然在各地不斷有共產主義者的重建活動出現，然而一直到戰敗後的 1945 年為止，日本共產黨始終無法建立全國性的指揮中心。[128]

十、小結

　　1919 年在莫斯科成立的第三國際，為了推展在中國的民族解放運動，於 1920 年，派了兩名代表維丁斯基和楊明齋到中國。1921 年，召開了第 1 次全國代表大會，成立中國共產黨。此時的黨綱為「以勞工階級建設國家」、「無產階級專政」、「沒收私

---

[127] 前揭、『日本にかんするテーゼ集』、76~101 頁。

[128] 前揭、『近代日本思想史』第 3 卷、569~577 頁。

有財產」、「與第三國際合作」、「斷絕與偽知識份子的關係」、「斷絕與反對本黨綱的政黨關係」。之後，未出席大會的陳獨秀當選總書記。同大會採行了以下做為基本任務的黨規：指導無產階級者進行無產階級革命、樹立無產階級獨裁專政、建設共產主義社會等。同大會除了達成無產階級黨派創立的任務，並決定當前舉全力展開勞工運動，在黨指導之下設立中國勞工工會書記部，自 1922 年至 1923 年掀起激烈的罷工鬥爭的高潮。1931年，於江西瑞金召開了中華蘇維埃第 1 次全國代表大會，在採行憲法、勞動法、土地法的同時，也建立了以毛澤東為主席的中華蘇維埃共和國臨時政府。1940 年，毛澤東發表了「新民主主義論」，指出「中國革命因為中國社會持有的特殊性，故經由新民主主義革命與社會主義革命兩個過程來實行，勞工階級所指導之新民主主義必然朝向社會主義，現在則屬於新民主主義革命階段，應該具有新民主主義革命的政治經濟文化綱領，應予建設之新民主主義國家之國體，為革命諸階級的聯合獨裁，政體必須是民主集中制」。1949 年，中華人民共和國建立。共產國際在 1919 年於莫斯科成立，以將各國的共產黨視為共產國際分部的方式而連結起來。共產國際對於社會主義運動發展較為遲緩的亞洲階級鬥爭及民族解放鬥爭方面提供指導及援助。1922 年，在共產國際的主辦下，在莫斯科舉辦了首次的遠東民族大會，將東洋各民族的革命家聚集一堂。1922 年，在東京舉辦了日本共產黨的創立大會。

利彥擔任委員長。大會採用了黨的臨時規約 24 條，以及決定加入共產國際，並全場一致通過共產國際的規約及 21 條的加盟條件。共產國際則於同年的第 4 次大會上，正式承認日本共

產黨為共產國際的支部。共產國際在片山潛的參與下，起草了
「日本共產黨綱領草案」，並且讓日本共產黨審議草案，然而卻
在審議完成前即中止，未被決定為正式的綱領。但是，此為馬
克思─列寧主義適用於日本實際條件的最初革命綱領，匯集了
日本無產階級長年以來的鬥爭成果。1922 年的「日本共產黨綱
領草案」的內容大致如下：「在政治方面的要求是『廢除君主
制』、『實行 18 歲以上男女普選權』；在經濟方面的要求是『由
工廠委員會負責生產的管理』；在農業方面的要求是『天皇、大
地主土地的沒收及國有化』；在國際方面的要求是『自朝鮮、中
國、臺灣、庫頁群島撤軍』等。」日本共產黨創立的意義，有
以下 3 點：第 1 點是意味著被壓迫的勞工階級與辛勤工作的人
民，在日本歷史上首次擁有了以建立屬於自己的國家權力為目
的的組織。日本共產黨正如同「綱領」所表示的一般，是為了
使以無產階級為中心的日本人民掌握權力、打倒天皇制、地主
制及資本主義、廢除一切的壓榨與專制而創立的政黨。第 2 點
是產生了日本的勞工階級鬥爭。明治之後的勞工階級的成長，
特別是俄國革命及美國動亂後的鬥爭歷史，都顯示出了這個傾
向。雖然依據治警法第 17 條規定，工會的組成是非法活動，然
而實際組織工會、以實力來獲取團結的權力等，共產黨是以勞
工階級的成長為基礎而創立的組織。第 3 點是意味著日本的革
命運動由於成為無產階級世界革命運動的一部分，使得日本的
無產階級國際主義不但在思想上，在組織上也獲得了確立。1935
年，由於唯一的中央委員袴田里見遭到檢舉，使得共產黨中央
委員會因此解散，「赤旗」也在同年停刊。

118

第 二 章
臺灣右派抗日運動者的政治思想

　　關於臺灣右派抗日運動者的政治思想，分別敘述如下。林獻堂的政治思想為臺灣獨立思想、臺灣議會思想、自由主義思想與地方自治思想。蔡培火的政治思想為臺灣獨立思想、臺灣議會思想、自由主義思想與地方自治思想。蔣渭水的政治思想為臺灣獨立思想、臺灣議會思想、自由主義思想與地方自治思想。謝南光的政治思想為中國統一思想、臺灣議會思想、民主主義思想、民族主義思想與地方自治思想。

　　筆者使用外在研究途徑，分析臺灣抗日運動者的政治思想如下——林獻堂、蔡培火、蔣渭水、謝南光與 History background（日本統治）的互動為：林獻堂、蔡培火、蔣渭水、謝南光的臺灣政治思想與資本主義、自由主義制度的關係是政治思想與社會經濟制度的關係。謝雪紅、連溫卿、王敏川、蔡孝乾的政治思想與共產主義社會主義制度的關係是政治思想與社會經濟制度的關係。馬克思看到歐洲工人被壓榨，所以提出共產主義社會主義制度，而謝雪紅、連溫卿、王敏川、蔡孝乾也有類似情況。林獻堂、蔡培火、蔣渭水、謝南光則支持資本主義與自由主義制度。

　　日治時代臺灣政治思想之主要成因受到歐戰後民族自決主

義的影響、日本內地自由主義與民主主義的影響、辛亥革命與五四運動的影響以及馬克思主義的影響。林獻堂、蔡培火、蔣渭水因此有了自由主義與臺灣獨立思想，謝南光因此有了自由主義與中國統一思想。馬克思主義則影響了連溫卿，使其有了社會主義與臺灣獨立思想；也影響了王敏川，使其有了共產主義與臺灣獨立思想；還影響了謝雪紅，使其有了共產主義與臺灣獨立思想。馬克思主義則影響了蔡孝乾，使其有了共產主義與中國統一思想。他們當初團結一致，創立了臺灣文化協會，並發起臺灣議會設置請願運動。

　　臺灣抗日運動者之政治思想可分為兩種，分別為臺灣獨立思想與中國統一思想。抱有臺灣獨立思想的臺灣抗日運動者有林獻堂、蔡培火、蔣渭水、謝雪紅、連溫卿、王敏川等；而抱有中國統一思想的臺灣抗日運動者則有謝南光與蔡孝乾。他們的臺灣民族主義思想、臺灣獨立思想、中國統一思想、自由主義思想、民主主義思想等政治思想，對戰後的臺灣政治思想造成影響。臺灣抗日運動者受林獻堂之呼籲，組織了臺灣文化協會，展開臺灣議會設置請願運動。但在 1920 年代後半，馬克思主義思想傳入臺灣，臺灣文化協會分裂為左派與右派。右派的林獻堂、蔡培火、蔣渭水、謝南光組成了臺灣民眾黨，但左派的王敏川與連溫卿則將臺灣文化協會改變為左派團體。此外，謝雪紅亦組織了臺灣共產黨。許多臺灣抗日運動者因抱有臺灣獨立思想或中國統一思想，以致戰後的臺灣政治思想家也因此產生具有臺灣獨立思想或中國統一思想的傾向。

　　筆者使用內在研究途徑，分別於以下第二章及第三章各四節分析臺灣抗日運動者的政治思想。

(1)林獻堂的單位觀念	臺灣獨立思想(抗日思想)		(2)蔡培火的單位觀念	臺灣獨立思想(抗日思想)
	臺灣議會思想(抗日思想關聯)			臺灣議會思想(抗日思想關聯)
	自由主義思想(抗日思想關聯)			自由主義思想(抗日思想關聯)
	資本主義思想			資本主義思想
	地方自治思想			地方自治思想

(3)蔣渭水的單位觀念	臺灣獨立思想(抗日思想)		(4)謝南光的單位觀念	中國統一思想(抗日思想)
	臺灣議會思想(抗日思想關聯)			臺灣議會思想(抗日思想關聯)
	自由主義思想(抗日思想關聯)			民主主義思想(抗日思想關聯)
	資本主義思想			民族主義思想(抗日思想關聯)
	一			地方自治思想

(5)謝雪紅的單位觀念	臺灣獨立思想(抗日思想)		(6)王敏川的單位觀念	臺灣獨立思想(抗日思想)
	民族主義思想(抗日思想關聯)			民族主義思想(抗日思想關聯)
	共產主義思想(抗日思想關聯)			共產主義思想(抗日思想關聯)
	勞動工會思想(抗日思想關聯)			勞動工會思想(抗日思想關聯)
	一			一

(7)連溫卿的單位觀念	臺灣獨立思想(抗日思想)		(8)蔡孝乾的單位觀念	中國統一思想(抗日思想)
	民族主義思想(抗日思想關聯)			民族主義思想(抗日思想關聯)
	山川主義思想(抗日思想關聯)			共產主義思想(抗日思想關聯)
	勞動工會思想(抗日思想關聯)			毛澤東思想(抗日思想關聯)
	社會民主思想(抗日思想關聯)			一

第一節　臺灣獨立論者林獻堂的政治思想

　　林獻堂為日治時代後期臺灣抗日運動者的中心人物，創立了臺灣文化協會、臺灣民眾黨與臺灣地方自治聯盟等組織，從事於抗日運動。1945 年 8 月 15 日發生的臺灣獨立事件，林獻堂即為其發起人。本節將討論關於林獻堂之研究史、其生平與政治思想。

一、關於林獻堂之研究史

　　林獻堂名朝琛，號灌園，獻堂為其字。於 1881 年出生於阿罩霧庄（現在的臺中縣霧峰鄉），1956 年病死於東京久我山，享年 76 歲。林獻堂出生於清朝時代的儒家傳統社會，生長於日本統治時代的殖民地社會，而死於中華民國時代的現代社會。他歷經了三個政權的統治，也接受了三種文化的洗禮。但是林獻堂並不因此變成日本人，也沒有變成中國人，他一直堅持做一個臺灣人，過著漢民族的傳統生活方式。林獻堂是漢民族系臺灣人，通其一生始終保有臺灣人意識及漢民族意識。

　　關於林獻堂的研究，到目前為止只有張正昌的《林獻堂與臺灣民族運動》及王曉波的《臺灣史與臺灣人》。張正昌的《林獻堂與臺灣民族運動》是第一篇有關林獻堂的研究論文，是相當優秀的作品。但是其內容流於政治史的敘述，政治思想史的分析很不充分。張正昌提到：「林獻堂的濃厚漢民族意識是不容置疑的，但是林獻堂是否希望臺灣脫離日本統治這一點，還有待今後更多的史料來加以考證」。林獻堂確實是具有漢民族意識，但是難道僅止於此嗎？林獻堂有無可能在具有漢民族意識

之餘，還具有臺灣人意識？也就是說，林獻堂是否具有漢民族意識及臺灣人意識這種雙重意識（Dual Identity）呢？至於林獻堂是否希望臺灣脫離日本的統治，是否具有臺灣獨立的思想一事，張正昌的《林獻堂與臺灣民族運動》並沒有提出明確的結論。[1] 然而，林獻堂應該具有臺灣獨立思想才對，他不就是因為具有臺灣獨立思想，才會進行了將近 30 年的抗日運動嗎？王曉波的《臺灣史與臺灣人》提到：「林獻堂具有中國人意識，進行了穩健的民族運動。」[2] 意即，王曉波的《臺灣史與臺灣人》認為林獻堂具有的不是「臺灣人意識」，而是「中國人意識」。但是，林獻堂真的具有中國人意識[3]嗎？

　　林獻堂尋求中國人的協助的確是一個事實，而且他確實具有身為漢民族的意識，但是不能因他尋求中國人的協助，就說他具有中國人的意識。再者，林獻堂雖然極欲保存漢民族文化，但其所指的並不是中國文化，而是臺灣文化。林獻堂確實致力於要求「臺灣自治」的運動，但其終極目標不就是「臺灣獨立」嗎？在當時總督府的施壓下，言論的自由是完全被抹殺的，人

---

[1]　張正昌，《林獻堂與臺灣民族運動》，臺北：著者發行，1981 年，頁 5~6。

[2]　王曉波，《臺灣史與臺灣人》，臺北：東大圖書股份有限公司，1988 年，頁 28。

[3]　林獻堂在《灌園先生日記》（3）1930 年 7 月 15 日中，留下如下記載：午二哥引盧廷機、王楠、張元章來，王楠是中國人賣書畫者。林獻堂特別指出王楠為中國人的身分，顯示出其內心不認為自己為中國人，而強調出中國人與臺灣人的差別。由此可知林獻堂認為自己為臺灣人。若是林獻堂認為自己是中國人，就不需要特別強調王楠為中國人的身分。此亦表現出林獻堂並無中國人意識，只擁有臺灣人意識。

民沒有提出「獨立」的自由。可能因為如此,才會改口說成「自治」。林獻堂所具有的不是中國人意識,而是臺灣人意識。林獻堂的內心不是期望著臺灣的獨立嗎?本節所要討論的是林獻堂的政治思想,並且要釐清其民族意識。

二、林獻堂的生平

臺灣中部霧峰林家是近代臺灣豪族崛起的典型,林家入墾中部大里,經商致富,購墾阿罩霧,成為一方富族。林文欽致力於科舉功名之路,1884 年獲得生員科名,1893 年中舉,並與掌握中部樟腦專賣權的林朝棟合營「林合公司」從事樟腦事業,累積鉅大財富,成為地主兼大資本家。1881 年 10 月 22 日林獻堂出生,當時林家正處於顛峰時期,「在臺灣一片中興氣象與家庭進取心熾旺的環境中,欣欣向榮的氣象對於性格的塑造有相當程度的影響」,他的童年生活即在這種環境下度過。林獻堂 7 歲開始在林家所設的家塾——蓉鏡齋接受何趨庭的啟蒙教育,在國學教養上受益良多。17 歲隨白煥圃學經史,強化了民族文化的認同感。他 18 歲時與彰化望族楊晏然之女水心成婚,兩年後其父林文欽在香港病逝,環境的歷鍊與天生秉賦使他成為林家的中心人物。1902 年林獻堂受邀出任霧峰區長,翌年辭職,後來不得已再受任命。1905 年出任臺灣製麻株式會社(設於豐原)取締役(董事)。這時期他伸展思想的觸角,曾閱讀《萬國公報》、《新民叢報》、《民報》等雜誌,並經由堂姪林幼春的推介而開始心折梁啟超所提倡的民族、民權主義,遂醞釀日後的

因緣際會與民族主義的方向。[4]

　　1907 年林獻堂首次旅遊日本，在奈良戲劇性地巧遇梁啟超。1913 年，林獻堂的秘書甘得中經板垣退助之介紹與戴傳賢見面，痛陳臺人處境，戴告以國內袁氏掌權，10 年內無法幫助臺人，日本視革命運動如洪水猛獸，可先覓門徑和日本中央權要結識，獲朝野同情，藉其力量牽制總督府，減少臺人之痛苦。戴、梁 2 人的見解不謀而合，林之性格、戴梁之指陳與日本統治的現實環境均是促使他從事民族運動，始終採取溫和、理性路線的主因。1901 年林獻堂之堂兄林俊堂首創「櫟社」作為中部士紳資產階級發洩民族意識鬱悶之所，林獻堂提倡漢學更思積極地以「櫟社」作為民族運動之團體，故於 1910 年正式加入該社，並成為中心人物。臺灣在殖民統治之下教育政策主要在傳授日語和基本實業教育，臺胞和日人教育機會不平等，至 1915 年仍無專供臺人就讀的中學校，林獻堂乃極力爭取教育權。1913 年與從兄紀堂、烈堂聯絡中部士紳辜顯榮、林熊徵等向總督府請願，爭取創設臺中中學。總督府鑑於若不批准，則可能使學生轉赴中國大陸留學，誠為可憂，然批准則使臺人擁有自己的學校，控制不易，於是同意設立，但改為公立。林獻堂則提出須依 5 年制中學規模設置，並收納臺人子弟為條件因此而設立的臺中中學也就是現在的臺中一中。[5]

　　1913 年林獻堂前往北京經梁啟超介紹認識頗多政壇要人，

---

[4]　張炎憲、李筱峰、莊永明等，《臺灣近代名人誌》第四冊，臺北：自立晚報社文化出版部，1987 年，頁 52~54。

[5]　同上，頁 54~56。

隨後赴日本結識 1915 年正式開校。臺中中學雖是由中部士紳為主而發起,但結合全島士紳富豪為臺人爭取教育權,帶有民族運動色彩,故成為民族運動第一聲。1915 年所創明治維新功臣與自由民權運動領袖板垣退助。林獻堂思結交日本國內要人以牽制總督府,而板垣退助亦思以臺灣做為日支親善的橋樑。1914 年,板垣退助來臺,多次演講強調「日臺人和睦說」,企望以臺灣人為媒介促進日支親善,進而實現南進北守政策。臺灣人反應熱烈,他乃決心成立「臺灣同化會」以促進臺灣人之間的平等相待;林獻堂亦發覺民心已然改變,乃與板垣退助合作,在臺爭取民眾,勸募會員。1914 年,板垣退助再來臺,「同化會」在臺北成立,隨後在臺中、臺南成立分會,會員達 3,000 人,假文化之名,而進行爭取平等待遇之實,總督府乃發動官民合作攻擊板垣退助。1915 年以「妨害公安」之名解散該會。林獻堂在同化會運動中,學到組織鼓勵群眾的方法、演講會的運用、合法爭取權力的觀念、辦理交際機關的經驗,以及「日支親善論」、「臺灣人歷史使命說」的運動理論基礎,同時在這次運動中,使全島士紳、富豪、知識份子相結合,更塑造他成為反對派的領袖。[6]

　　留日學生由於受民族自決主義、日本民本主義、辛亥革命、以及朝鮮獨立運動的激盪,民族自覺勃興,1919 年留學生成立「啟發會」,林獻堂被推為會長。啟發會下設置「六三法撤廢期成同盟」,爭取廢除總督之專制權,由於成員思想背景各異,有主張「內地延長主義」──撤廢六三法,有標榜臺灣特殊性主

---

[6]　同上,頁 56~57。

張設置議會，爭取自治，其間又因感情對立與經費濫用情事，未積極活動而告解散。林呈祿鑑於缺乏組織推展民族運動，乃聯合蔡惠如在 1920 年成立「新民會」，敦請林獻堂擔任會長。新民會與臺灣青年會在東京討論六三法撤廢運動，經多次辯論，最後林獻堂裁決不再進行六三法撤廢運動，也不公開標榜自治，用臺灣議會請願方式採取行動，使不同的意見折衷，團結留學生致力臺灣議會設置請願運動。林獻堂領導下的臺灣議會設置請願運動自 1921 年至 1934 年的 14 年間共向日本帝國議會提出 15 次請願，1927 年之後民族運動陣線分裂，內外環境變化激烈，1934 年請願運動遂告中止。1921 年至 1927 年共有 8 次請願運動，在臺灣以文化協會為中心，在日本以臺灣青年會為中心，而且有蔡惠如赴北京、天津、上海、廣州等地會合臺人共同響應，林獻堂成為整個運動的唯一領袖。[7]

　　1921 年第 1 次請願運動之後，臺人政治意識日益昂揚，經第 2 次請願運動，1922 年總督府開始採取鎮壓手段，迫令參與之公職人員辭職，專賣人員吊銷專賣執照。1922 年，臺中州知事常吉德壽勸誘林獻堂、林幼春、楊吉臣、甘得中、李崇禮、洪元煌、林月汀、王學潛等 8 人往會田總督，談論設置議會問題，誤導這 8 人受到總督（伯樂）之賞識的假象——此即「八駿事件」。林獻堂由於米價跌落背負十數萬之壓力而脫離請願運動之際，總督府更趁機造謠渲染，逐步進行分化陰謀，使他陷於進退維谷的困境，使其萌發赴中國暫避風頭的打算。請願運動由於受到壓制，蔣渭水、蔡培火等籌組「臺灣議會期成同盟

7　同上，頁 57~58。

會」來適應運動之需。1923 年由石煥長向北警署提出結社申請，被命令終止，乃移至東京重建，結果 1923 年警務局發動大檢舉——此即「治警事件」，被捕人數達 14 人，蔣渭水、蔡培火、蔡惠如等均下獄。林獻堂除對在押同志提供衣食用品並撫慰家屬外，同時突破新聞封鎖，使東京朝日新聞刊出事件經過，由於同志入獄，他乃復出領導請願運動。議會設置請願運動由於文化協會的活動而推廣至全島，「臺灣文化協會」成立於 1921 年，雖由蔣渭水創立，但得到林獻堂的大力支持，故由他擔任總理之職。自 1923 年至 1927 年止，他積極參與文協的活動，如在各地設讀報社、舉辦講習會，對民眾進行思想的啟蒙。1924 年起連續在萊園舉辦夏季學校，啟發青年之民族精神，文協在各地舉辦的文化演講會更是啟蒙運動的中心工作。文化協會正活躍之際，總督府繼續施以壓力，並授意辜顯榮、林熊徵等在 1923 年組「公益會」語文協相抗衡。1924 年召開「全島有力者大會」聲明反對議會請願運動，文協在林獻堂領導下同時在臺北、臺中、臺南舉行「無力者大會」，反制公益會的活動，使其銷聲匿跡。臺灣總督府為籠絡臺灣士紳，1921 年任林獻堂為第 1 屆總督府評議會員，1923 年由於彈壓議會設置請願運動導至其名銜被免除。同年「臺灣雜誌社」改為株式會社組織，更名為《臺灣民報》，發創刊號，由他擔任社長一職。[8]

　　1920 年代起隨著農民運動的熱烈開展，日本本土、中國大陸的思潮衝擊、共產主義、無政府主義等逐漸影響運動份子的思想與行動，勞工、學生、農民運動亦漸蓬勃，終致民族運動

---

[8]　同上，頁 58~60。

陣營的分裂。1927 年文協在臺中市召開臨時大會，選舉中央委員結果，社會主義派的連溫卿取得優勢，林獻堂、蔡培火、蔣渭水等 3 人均辭職，文協正式分裂，進而演變成新文化協會（左派）與臺灣民眾黨（右派）相互對立的局面。連帶著在日本的留學生團體亦完全分裂，林獻堂面臨左派奪權右派抵拒而造成分裂，深感沉痛苦悶，故兩派活動皆不參與。1927 年開始出國旅遊 1 年，並滯留東京達 8 個月之久，1928 年始返臺。林獻堂遊歷歐陸對歐美先進國家的民主議會、政治、文物史蹟，感受良多，可能使他日後關注民主政治的基礎工作，而有組「臺灣地方自治聯盟」之構想。林獻堂出國後，蔡培火與蔣渭水進行組黨工作，「臺灣民黨」誕生，然立遭禁止。1927 年「臺灣民眾黨」創立，在臺北召開第 2 次中央委員會，推薦林獻堂、林幼春、蔡式穀、蔡培火等 4 人為顧問，但民眾黨在蔣渭水領導下漸走向階級運動，與林獻堂的溫和路線背道而馳，同時蔡派的失勢亦象徵林獻堂的影響力降低，其間除與民眾黨合作反對鴉片新特許之外即少有往來，1930 年「臺灣地方自治聯盟」成立後林辭去顧問之職。[9]

　　1930 年林獻堂與林柏壽、蔡培火等籌組致力地方自治制度實施之政治結社，希望加速落實民族運動的成果並爭取臺人參政機會。林獻堂請在東京主持新民會的楊肇嘉返臺主持，楊肇嘉對地方自治頗有研究，返臺與林獻堂商議後開始籌畫，其間穩健派與民眾黨代表懇談，未達成協議。1930 年以林獻堂、蔡培火、楊肇嘉等為主力在臺中正式成立「臺灣地方自治聯盟」，

---

[9]　同上，頁 61~62。

由於組成份子以資產家和知識份子為主,有人認為其係資本家爭取權利之組織,而譏其成員為「收租派社會主義者」。當時左翼的新文協、農民組合與中間派的民眾黨、工友總聯盟聲勢在地方自治聯盟之上。1931 年民眾黨被查禁,時局亦日趨緊張,溫和行動不易獲得群眾共鳴,活動漸沉寂,林獻堂擔任顧問,但並未積極參與活動,倒是以個人名義向日本爭取《臺灣新民報》日刊發行權等。[10]

　　文協分裂後,林獻堂出國旅遊(1927 年~1928 年),漸自政治活動中退卻轉居幕後支援角色,唯對於議會設置請願運動始終未曾忘情。1928 年起繼續與蔡培火聯合進行請願運動。第 9 次運動時(1928 年)請願陣線分裂,新文協和青年會持反對態度。第 10 次(1929 年)文協公開反對,請願人數減少,接連之 11 至 15 次請願運動以漸形同強弩之末,1934 年議決中止請願,1921 年至 1934 年的議會設置請願運動終告落幕。1930 年代隨著「農民組合」、「臺灣共產黨」、「新文協」、「臺灣工友總聯盟」、「議會設置請願運動」的衰微終止,1935 年臺灣的政治社會運動終告沉寂,中日關係日趨緊張,日本國內軍國主義氣勢昂揚,林獻堂雖已自政治運動中退隱,但仍遭受打擊。[11]

　　1936 年,他偕次子猶龍參加臺灣新民報組織的「華南考察團」遊歷廈門、福州、汕頭、香港、廣東、上海等地,在上海對華僑團體演講時曾有「林某歸還祖國」之語,為日本間諜獲悉轉報告臺灣軍部,臺灣日日新報揭發其事。當時臺灣軍參謀

---

[10]　同上,頁 62~63。

[11]　同上,頁 63~64。

長獲洲立兵威勢凌駕總督府，恣意干預政治，在其指使之下，利用林獻堂赴臺中公園參加始政紀念日園遊會時，買通流氓賣間善兵衛毆辱林獻堂，藉以警告臺人，此即「祖國事件」。獲洲立兵又強迫臺灣新民報必須廢除漢文版，林家族人亦蒙受拘押之災，並動用親日士紳郭廷俊遊說他參拜神社，或派特警人員多方脅迫，他乃決定離臺避難。1940 年林獻堂返臺後，臺灣進入皇民化時期，日人為使臺人日本化與日人同心協力投入戰爭，故籠絡政治運動領袖，1941 年請林獻堂擔任總督府評議員，1944 年被「皇民奉公會」臺中支部任為大屯郡事務長，1945 年任命他為貴族院敕選議員，8 月戰爭結束，50 年前清廷割讓給日本的臺灣復歸中國版圖。日軍投降之際，軍中主戰派份子圖謀不軌，許丙、辜振甫、徐坤泉等地主，資本家曾舉行「草山會議」謀發起拒接收之行動，1946 年長官公署逮捕十多位臺籍士紳，林獻堂與許丙、辜振甫等曾有往來，被列入續補名單，經丘念台向中央及臺灣省當局解釋請求，終於解決「臺籍漢奸疑犯」之問題。[12]

三、林獻堂的政治思想

　　葉榮鐘在《日據下臺灣政治社會運動史（上）》一書中敘述如下：

　　1907 年，林獻堂到日本內地觀光之際，在奈良市與中國亡命政客梁啟超邂逅，聽其說而有所啟發。林獻堂云：「我們處異族統治下，政治受差別，經濟受榨取，法律又不平等，最可痛

---

[12]　同上，頁 64~67。

132

者，尤無過於愚民教育，處境如斯，不知如何而可？」梁啟超
答稱：「30 年內，中國絕無能力可以救援你們，最好效愛爾蘭人
之抗英，在初期愛爾蘭人如暴動，小則以警察，大則以軍隊，
終被壓殺無一倖免，後乃變計，勾結英朝野，漸得放鬆壓力，
繼而獲得參政權，也就得與英人分庭抗禮了。乃舉例說：英國
漫畫家繪兩位愛爾蘭人，以一條繩索各執一端，將英國首相絞
殺，這意味著愛爾蘭人議員在英國會議席雖不多，但處在兩大
黨之間，舉足輕重，勢固得以左右英內閣之運命，你們何不效
之？」[13]

　　林獻堂受梁啟超啟發最深、影響最大的一點是關於臺灣民
族運動的方法問題。就是叫他效法愛爾蘭人之抗英，厚結日本
中央顯要以牽制總督府對臺人之苛政。林獻堂當時正當年壯氣
銳的時候，對於總督府之壓迫虐待臺胞，懷著滿腔悲憤慷慨的
熱情，但是不知道如何解救是好。過去的武裝鬥爭蜂起，正如
任公所說，愛爾蘭人在初期如發生抗英暴動，小則以警察，大
則以軍隊，終被虐殺無一倖免，此路不通臺人知之甚詳。何況
林氏的性格也不是硬梆梆的革命家，他的資產、地位、聲望，
也會使他的行動受到一定的限制。他的思想形態，充其量也不
能超過「改良主義」，這在今日雖然平淡無奇，或者已入落伍之
列，但在風氣未開的當時，可以說是難能可貴。我們若再進一
步去檢討他當時所處的環境，他的同輩、他的同族大部分的公
子哥兒都是過著醉生夢死的生活，而他竟能獨立獨行飄然不

---

[13]　葉榮鐘，《日據下臺灣政治社會運動史（上）》，臺北：晨星出版有限公司，
　　　2000 年，頁 25。

群，也可以看出他的偉大處。他經任公這一指點，真有豁然貫通的感覺，莫怪甘得中說：「我們聞之，真是妙不可言，自是銘心印腦。」這確是心坎裡發出來的實感。梁任公在〈林太恭人壽序〉說：「獻堂溫而重，氣靜穆而志毅果。」這幾句話說得很對。林獻堂確是具有溫和厚重的氣質，所以對任公所指示的方法，他覺得這是唯一可行的路徑，他第一著手和板垣退助提倡同化會，可能也是根據任公所指示而來的牛刀初試。[14]

　　林獻堂接受梁啟超的忠告後，全部照著梁啟超的指示來行動。聽到梁啟超說「30 年內，中國絕無能力可以救援你們（臺灣人）」，林獻堂因此轉而不期待中國的幫助，而欲藉由臺灣人自己的力量來圖謀臺灣獨立。梁啟超告訴林獻堂，應效法愛爾蘭人與英國政治家協商謀合的做法，林獻堂因而採行與內地日本方面的政治家結合以推行臺灣獨立一途。

　　臺灣文化協會於 1921 年 10 月 17 日在臺北市靜修女中舉行創立大會。臺灣文化協會的會員總數多達 1,032 名，林獻堂擔任臺灣文化協會的總理。臺灣總督府的『臺灣總督府警察沿革誌』記載了如下的一段話：「臺灣文化協會的會旨表面上是『助長臺灣文化之發達』，是一種很抽象的目的，但是對照前述的動機和目的，可以清楚了解其乃著眼於島民的民族自覺，為了追求其地位及任務，當前的對策就是要求設置臺灣特別議會，此乃第一階段的運動。接下來便將朝向民族自決及臺灣民眾的解放之路前進。」[15]「民族自決」這句話意指「臺灣人的民族自決」，

---

[14]　同上，頁 31~32。
[15]　同上、168~169 頁。

134

而「臺灣民眾的解放」則意味著「臺灣獨立」。臺灣文化協會為
了避免讓臺灣總督府識破，標榜了「臺灣文化的發達」，但最終
目的其實是臺灣人的民族自決及臺灣獨立。因此，身為臺灣文
化協會的指導者——林獻堂具有臺灣獨立思想一事，是相當清
楚的。

　　臺灣文化協會在 1925 年 8 月 6 日的夏季文化研究學習營的
茶會中，林獻堂以「臺灣青年應走的道路」為主題，陳述了以
下一段話：「我們必須找到一個方法來建設比現在更美麗、更新
的臺灣。為此，我們必須不屈不撓、不斷努力，必須拋棄依賴
之心，獨立獨行、精誠團結，絕不可忘記該做的事情。」[16]「新
的臺灣」及「獨立獨行」這兩句話意指臺灣獨立。如果他認為
臺灣屬於日本人或中國人的話，就不會有這樣的說法。就因為
他認為臺灣屬於臺灣人，才會有這樣的表現手法。這場演講充
分表現出林獻堂的臺灣人意識及臺灣獨立思想。

　　關於臺灣文化協會的影響，在臺灣總督府的『臺灣總督府
警察沿革誌』中有如下的記載：「文化協會經常宣傳的要旨，其
最極致的精神在於『要使擁有五千年光榮文化的漢民族成為先
進的現代人，不可令其屈服於異族的統治之下。日本的統治方
針會抹殺漢民族所有的文化和傳統，漢民族將成為其經濟榨取
之對象，完全變成日本的隸屬民族或被壓迫的民族，遭受其壓
迫束縛。我們必須喚起身為漢民族的自覺，大家一起團結向上，
讓我們臺灣人來統治自己的臺灣，將屈辱摒除在外。』」[17]如此，

---

[16] 同上、168~169 頁。
[17] 同上、168~169 頁。

臺灣人開始有了身為臺灣漢民族的自覺，並且開始了臺灣議會設置請願運動，臺灣人的意識覺醒了。這讓我們清楚地了解到，由於臺灣文化協會的啟蒙運動，出現了「臺灣人是漢民族，臺灣應該由臺灣人來統治」這種臺灣獨立思想。從「讓我們臺灣人來統治自己的臺灣」這句話可以發現臺灣獨立思想，也可以清楚了解臺灣文化協會的目的就是尋求臺灣獨立。因此，這也讓我們了解到，身為臺灣文化協會的指導者──林獻堂確實具有臺灣人意識和臺灣獨立思想。

再此，關於臺灣文化協會的意義，抗日運動家黃旺成曾經說以下一段話：「臺灣文化協會的目的表面上是為了促進臺灣文化的發達，但其真正的目的則是為了使臺灣人的民族意識覺醒，醞釀成民族自決的風潮，使臺灣脫離日本的統治。」[18]也就是說，臺灣文化協會的目的在於臺灣的民族自決和臺灣獨立，這意味著臺灣人意識及臺灣獨立思想的高漲。因此，我們可以清楚了解到，身為臺灣文化協會的創始者──林獻堂確實具有臺灣人意識和臺灣獨立思想。

臺灣文化協會的政治思想如下：臺灣文化協會成立於 1921 年，於 1931 年解散，主要的成員有林獻堂、蔡培火、蔣渭水、黃旺成、謝南光、連溫卿、王敏川、謝雪紅，其一貫的政治思想即為臺灣獨立思想。諸如臺灣文化協會曾提出支持臺灣議會設置請願運動（請願運動為要求立法權的臺灣獨立運動）的決議以及由臺灣共產黨支部指導下的臺灣文化協會，與臺灣共產

---

[18]　王世慶，〈黃旺成先生訪問記錄〉，黃富三、陳俐甫，《近現代臺灣口述歷史》，臺北：林本源中華文化教育基金會，1991 年，頁 88。

黨（臺灣共產黨主張臺灣獨立）具有相同的政治主張等皆為其
獨立思想的具體表現。然而，黃旺成與謝南光之後經常前往中
國，受到中國統一思想的影響而轉變其立場。臺灣文化協會隨
著領導階層的改變，其政治思想也有 3 次的轉變。第 1 時期(1921
年~1927 年)為民族主義思想時期，領導階層為林獻堂、蔡培火、
蔣渭水，他們以地主資本家階級與中產階級為中心，主張民族
自覺與臺灣人民解放；第 2 時期(1927 年~1929 年)為社會民主主
義思想時期，領導階層為連溫卿等人，他們以農民、工人、小
商人與小資產階級為中心，欲提昇臺灣人的地位；第 3 時期(1929
年~1931 年)為共產主義思想時期，領導階層為王敏川等人，他
們使臺灣文化協會成為臺灣共產黨的外圍組織，主張打倒日本
帝國主義。臺灣文化協會於 1927 年之前為一個幾乎參加所有抗
日運動的團體，以民族自決主義思想為基礎，來達到解放臺灣
的目標。然而 1927 年左右，連溫卿與王敏川等很多有社會主義
思想傾向的青年加入了臺灣文化協會。抱持自由主義思想與民
主主義思想的林獻堂、蔡培火與蔣渭水等人反對社會主義思
想，而退出了臺灣文化協會。1927 年至 1929 年，臺灣文化協會
成為帶有社會主義思想傾向的抗日團體。1929 年左右，受到臺
灣共產黨的影響，抱持共產主義思想的人增加。抱持共產主義
思想的王敏川，將帶有社會民主主義思想的連溫卿逐出臺灣文
化協會。之後於 1931 年，隨著日本警察逮捕臺灣共產黨員與臺
灣文化協會會員，臺灣文化協會因而解散。林獻堂為臺灣文化
協會的指導者，由此可知他是具有臺灣獨立思想的。

　　1921 年 1 月，一份臺灣議會設置請願書被送到第 44 帝國議
會，該請願書由林獻堂為首連署，共包含了東京臺灣青年會為

主的留日臺灣學生 166 名、臺灣島內林獻堂等 11 名及上海的蔡惠如，共計 178 名的連署。這項請願要求設置臺灣議會，該議會必須具有臺灣總督的立法權(律令制定權)及對臺灣預算的參贊權。之後到 1934 年的第 65 次議會的 14 年間，總共進行了 15 次臺灣人的政治運動。該臺灣議會設置請願運動是一場以林獻堂為中心、對殖民地政治要求參政權的政治運動。一般人都將臺灣議會設置請願運動解釋為要求臺灣自治的運動，但是這難道不是要求臺灣獨立的一場運動嗎？從表面來看，該運動的確在要求自治，但是當自治之後，獨立不就達成了嗎？身為臺灣議會設置請願運動的中心指導者──林獻堂具有臺灣獨立思想，這可從林獻堂與臺灣總督田健治郎的會談內容得到例證。田健治郎說了如下的話:「現在你的話語中一直提到民族自決等詞句，還說如果設置議會的請願不被採用的話，獨立的風潮將為之高漲。」[19]也就是說，林獻堂以「如果無法設置議會，臺灣就要獨立」來脅迫田健治郎。不過，若是得以設置臺灣議會，就表示有了自治，這就是獨立的前一個階段了。由此我們可以很清楚看出，林獻堂接受了梁啟超所建議的愛爾蘭方式，先獲得自治，再來就要求獨立。林獻堂想要做的是，先設置議會以達成臺灣自治，最後要實現臺灣獨立的理想。

在『臺灣總督府警察沿革誌』中，有著如下記載:

「持續從事本運動(臺灣議會設置請願運動)的人士中，其幹部較為穩健，現今雖無立即尋求臺灣獨立、回歸中國的計畫，對於現在的總督政治懷抱不滿，認為若不依靠臺灣人本身就不

---

[19]　田健治郎、『田健治郎傳』、1932 年、623 頁。

能夠期待對現況有根本上的改善，他們的期望是在於達到殖民地的自治。只是特別需要注意的是，他們其中的大部分人士是以對於中國的觀念為中心而行動，依照其不同的見解看法，其思想及運動的傾向也會出現差異。由此見解來看，觀察其幹部的思想言行，大致上可將其分為二類。一類是對於中國的將來寄予厚望，他們的想法是基於中國近期將會恢復國力，同時迅速發展躋身強國之列，如此必然將收復臺灣的見解上，至此並未失去民族特性，培養實力而靜待此一時機的來臨。因此民族意識極為強烈，且仰慕中國，開口即為高談中國四千年的文化，極富有民族自尊心。在行為上也經常發表反日的言論，常有過於激烈的行動。與此相對，另一類對於中國的將來並無太大期望，而重視臺灣人自身的獨立生存，若是回歸中國而仍遭受較今日更為嚴苛之暴政，將無任何意義。因此反而不排斥日本，而抱持著臺灣是臺灣人的臺灣的思想，認為必須要致力於追求自身的利益與幸福。然而這些人雖然對於中國的現狀感到失望而導致產生上述思想，但若他日中國又恢復強盛，或許也不難想像他們會回復如同上一類人士般的見解。前一類的代表人物主要是蔣渭水、蔡惠如、王敏川等人，後一類的代表人物是以蔡培火、林呈祿為主。林獻堂、林幼春等其他幹部的意向不甚明顯，但大致是傾向於後者。幹部之外的其他參與運動的人士，其思想有較多分歧，有的人是抱持著臺灣獨立思想，也有人夢想著回歸中國，亦有人是有著主義的傾向，而也有人主張反對現有的國家、社會組織。也有人單只希望獲得自治，也有的是一種情感的抒發，雖然無法一一論述，但其根本在於對日本統治的不滿，希望在實質上能夠擺脫日本的統治這一點是眾所皆

同的。而這些團體聚集起來如同是反對總督政治的反抗團體，但若是稱之為臺灣議會設置請願運動者亦不為過。」[20]

林獻堂在《灌園先生日記》(八)1934 年 7 月 21 日中，留下如下記載：

「9 時 15 分會中川總督，曰煩君此來為臺灣議會請願之事也，請吸煙懇談。夫臺灣議會之建設，蓋謀將來之獨立也。臺灣之統治方針有二途，一同化，一自治，現在所行之方針為同化，切勿效菲律賓、印度，先要求自治，繼謀獨立。若非日本滅亡，斷無放棄臺灣之理，深望請願中止。余答之曰以臺灣之地理、歷史、人口、經濟皆無獨立之資格，雖至愚亦知不可，余等之請臺灣議會，蓋為臺灣為日本之南方重鎮，總督政治是永不能廢，以總督監督之下，而建設臺灣議會協贊預算、修改特別立法，豈不較勝廢總督政治而為郡縣選代議士於中央乎。總督曰君等初意雖非謀獨立，然其結果非至獨立不可，如小兒弄火，非有焚室之意，而其結果必至被焚；況以難成之臺議被人借作口實，以反對將實現之地方自治制乎，如君所云預算與特別立法歸臺議協贊亦有未妥之處。余反駁其論，彼來此往頗費時間。結局許以傳述其意於諸同志，然後決定中止之可否。」[21]

筆者認為臺灣議會設置請願運動是臺灣獨立要求運動，有以下的五個理由：第一、臺灣議會設置請願運動在立法權上要

---

[20] 前揭、『臺灣總督府警察沿革誌』、318~319 頁。

[21] 林獻堂，《灌園先生日記》(8)，臺北：中央研究院臺灣史研究所籌備處，2004 年，頁 285。

求法律制定權和預算議決權。所以臺灣議會和日本帝國議會有相同權限的立法權。但臺灣議會和地方的府縣會不同,地方的府縣會沒有立法權,只有條例制定權。第二、從民族來說,日本民族和漢族系的臺灣人不一樣。1895 年以前,臺灣人受不同的國家(清朝)統治。日本在同化主義下把臺灣人日本化,臺灣議會設置請願運動者則把臺灣人和日本人差別化。這兩者互相對抗,目的不是「同化」而是「異化」的請願運動者不能滿足於臺灣自治的要求。第三、請願運動是模仿愛爾蘭的方式——第一階段獲得自治,第二階段獲得獨立。就當時愛爾蘭的狀況,馬上達成「獨立」是困難的,所以先試探達成「自治」。總之,「自治」對請願運動者來說,不是目的而是過程,「獨立」才是目的。第四、請願運動者構想制定臺灣憲法。憲法本來是國家所制定的,不是地方自治團體能夠制定的。如果某個團體想要制定憲法,這個團體不會是地方自治團體,一定是國家機構。臺灣議會運動者構想臺灣議會能夠制定只有獨立國家可以制定的憲法。第五、如果日本方面認為請願運動是臺灣自治運動(不管是官選的「地方自治」,還是民選的「殖民地自治」),日本應該會許可臺灣議會的設置。即使日本讓臺灣「自治」,臺灣仍然持續在日本的支配之下。可是,日本不承認臺灣議會的設置,因為日本認為請願運動不是自治要求運動,而是獨立要求運動。從這件事來看,臺灣議會設置請願運動不是自治要求運動,而是獨立要求運動。所以,臺灣議會設置請願運動不是臺灣自治要求運動,是臺灣獨立要求運動。林獻堂是推動臺灣

議會設置請願運動的中心人物，所以表示他具有臺灣獨立思想。[22]

　　林獻堂花了約1年的時間環遊世界之後，於1928年的《臺灣民報》第236號發表了一篇名為〈歐洲視察感想談〉的文章，文中有如下的敘述：「我旅行歐洲得到最大的教訓是自治能力的訓練。在一個國家中，如果沒有進行自治能力的訓練，就無法達成最終目標。此外，犧牲精神的培養也是很重要的。我參觀了他們的地下陵寢(the Catacombs)，深覺培養犧牲精神是極為必需的。如果臺灣人想要追求解放、祈求幸福，就非得訓練自治能力、培養犧牲精神不可。」[23]在此，林獻堂所言之「自治能力的訓練」意指進行臺灣自治運動，「達成最終目標」則意味著，達成臺灣獨立的目標。也就是說，林獻堂是在呼籲臺灣人，應進行臺灣自治運動以達成臺灣獨立這個最終目標。因此，我們可以知道林獻堂具有臺灣人意識、擁有臺灣獨立思想。

　　臺灣於1945年脫離日本統治，面對中華民國政府接收臺灣，臺灣人召開了草山會議(草山就是現在的陽明山)，計畫臺灣獨立(臺灣獨立事件)。發起臺灣獨立事件的臺灣仕紳有林獻堂(貴族院議員、大地主)、許丙(貴族院議員、資本家)、簡朗山(貴族院議員)、辜振甫(皇民奉公實踐部長、資本家)等30人。同年8月22日，臺灣總督安藤利吉說服了抗戰派的中宮悟郎少佐及

---

[22] 伊藤幹彥、「台湾議会設置請願運動の意義──台湾自治論と台湾独立論」、『昭和大学教養部紀要』第29卷（1998年12月）、1988年。

[23] 《臺灣民報》第236號，1928年10月25日，頁5。

牧澤義夫少佐，[24]發出中止命令，阻止臺灣獨立運動。臺灣獨立運動因此中止了。林獻堂進行臺灣獨立運動、發起臺灣獨立事件一事，可以做為林獻堂具有臺灣人意識及臺灣獨立思想的強力佐證。從臺灣獨立事件可以得知，林獻堂的臺灣人意識及臺灣獨立思想是極為強烈的。因此我們可以清楚了解到，身為臺灣獨立事件的主謀者——林獻堂的確具有臺灣人意識及臺灣獨立思想。

丘念台在《嶺海微飆》一書中提到以下的內容：

「回臺後聽到的第一件不尋常的消息，就是長官公署拘捕了十多位臺省紳士，還有百數十位列入預定拘捕的名單，包括林獻堂在內。我認為林氏是在日治下倡導反日的紳士，雖曾受聘任日本貴族院議員，但始終沒有出席過會議；又日軍投降之前曾經邀他密商臺灣獨立的事，也始終沒有為之奔走，因為當時國軍未到，他出於日人的強薦強邀，有不得不虛與周旋的苦衷。要是這樣來翻算舊帳，勢必牽涉全省各階層的人士，對於民心是有影響的。於是我自告奮勇地面請長官公署從詳考慮，切勿亂捉所謂「臺灣漢奸」，應使社會安定下去，共謀政治發展。為了支持我的觀點，特將不久前向重慶中央交涉有關臺省身分和地位的經過，以及被日人徵用的臺民，在道德上雖有過錯，但在法律上不構成漢奸罪等論點，送由報紙發表，以後長官公署就停止再捉人了。一般讀者的反應，則認為是『言人之所未言，言人之不敢言』其實，這也不算什麼高超的理論，祇是認清臺灣前後的處境，和顧全國家民族的利益，應該冷靜地謀求

24　筆者於 2000 年 1 月 10 日對牧澤義夫進行訪問調查。

圓滿解決的辦法而已。」[25]

　　1949 年 9 月 23 日，林獻堂以生病靜養為由亡命日本。除了生病靜養之外，林獻堂亡命日本的另一個理由是：光復後政治社會的激烈變化，當時的政治狀況並不是林獻堂所期待的，而且經濟制度的改革也給他很大的打擊。他的亡命確實是對中華民國實施糧食調度及三七五減租等地主政策的無言抗爭。林獻堂沒有接受中華民國政府的回臺勸說，反而成為邱永漢等人從事臺灣獨立運動的暗中支持者。林獻堂開始亡命到日本的數年間，構想了以新世代領導者來進行的臺灣獨立運動。

　　1956 年 9 月 8 日，林獻堂因老衰症併發肺炎死於東京久我山，享年 76 歲。林獻堂沒有接受中華民國的回臺勸說，反而支援邱永漢等人的臺灣獨立運動。由此可以看出林獻堂具有臺灣人意識及臺灣獨立思想。在林獻堂的晚年，特別是亡命日本之後，與林獻堂最接近的是邱永漢。邱永漢小說「客死」中的主角謝老人就是影射林獻堂，寫的是林獻堂的晚年生活。「客死」有如下的描述：「謝老人是這個運動(臺灣獨立運動)的中心人物這件事，已是公開的秘密。他在日本時代與日本對抗，但卻被封為貴族院議員；他在國民黨時代聯名於執國民黨牛耳的省參議會，但卻與國民黨決裂，在東京的角落過著時運不濟的生涯。如果只從表面來看，他是個朝廷重臣，但從其內在來看的話，則是一連串反抗的歷史。『葵君，希望你來生絕對不要活在殖民地的國家，你應該活在一個有自己政府的國家，不管是多麼貧窮、多麼小的國家都好。這樣你就不用為政治而操煩了。政治

---

[25]　丘念台，《嶺海微飆》，臺北：海峽學會出版社，2002 年，頁 241～242。

交給政治家就好了，你只要放蕩過日就成了。我多麼希望看到
這樣的你。』老人在燒香時，在他的內心如此呢喃著。」[26]這裡
看出林獻堂對日本殖民地統治的陽奉陰違性格。這裡提到的「殖
民地」是指中華民國的殖民地——臺灣。「有自己政府的國家」
意指從中華民國獨立出來，成立臺灣人的國家。從這些話可以
了解到，林獻堂想要從中華民國獨立出來，建立臺灣人自己的
國家。從這些話也可以看出林獻堂具有臺灣人意識及臺灣獨立
思想。

四、小結

　　林獻堂所進行的抗日運動——臺灣議會設置請願運動也
好，臺灣同化會、新民會、啟發會、臺灣文化協會、臺灣地方
自治連盟的設立也好，一切都是為了提升臺灣人的地位。林獻
堂的視野所見的，是臺灣這一個地區，而不是中國這一個地區。
林獻堂的目標是臺灣獨立，而不是與中國統一。林獻堂稱自己
為臺灣人或漢民族，而不是中國人。這是因為林獻堂具有臺灣
人意識及漢民族意識，但沒有中國人意識。

　　林獻堂時常使用「以夷制夷」這種政治技巧。舉例而言，
他請求板桓退助來幫忙設立臺灣同化會，以提升臺灣人的地
位，另外還尋求田川大吉郎等政治家協助臺灣議會的設置請願
運動。發生「祖國事件」的 1936 年，就是中日對立衝突開始嚴
重之時。當時臺灣地方自治聯盟的力量很微弱，林獻堂找不到
提升臺灣人地位的方法。為此，林獻堂想出了以中國這個夷邦

---

[26]　邱永漢、「客死」、『密入国者の手記』、東京・現代社、1956 年、159 頁。

來制服日本這個夷邦的方法。林獻堂稱中國為祖國，不過是想要利用中國人的力量罷了。他之所以這麼做的理由是，他具有臺灣人意識和漢民族意識，而不是中國人意識。

如果林獻堂具有中國人意識，那他為何在二二八事件後要亡命日本？當時正是中國在臺灣最重要的建設時期，他為何要離開臺灣？林獻堂亡命日本之後，並沒有接受蔣介石的勸說回臺，至死都不肯回中華民國。他之所以這麼做，是因為他具有臺灣人意識和漢民族意識，而不是中國人意識。因為林獻堂具有臺灣人意識及臺灣獨立思想。

林獻堂同時具有漢民族意識及臺灣人意識這種雙重意識。林獻堂為了減輕臺灣人的痛苦而尋求中國人的協助，但他並沒有中國人意識。對於日本文化的入侵，林獻堂所欲保護的，不是中國文化，而是由臺灣人所改變而成的漢民族文化，意即臺灣文化。林獻堂表面上主張臺灣自治，但其真正目的在於臺灣獨立。林獻堂所具有的不是中國統一思想，而是臺灣獨立思想。林獻堂的視野所見的，是臺灣島，而不是中國大陸。也就是說，在林獻堂的意識裡，只有臺灣而已。這是因為林獻堂的政治思想是以臺灣人意識為基礎，他希望住在臺灣的漢民族(即臺灣人)可以做到民族自決，達成臺灣獨立的目的。

第二節　臺灣獨立論者蔡培火的政治思想

蔡培火曾受泉哲的民族自決與臺灣獨立思想的影響（臺灣非是臺灣人的臺灣不可），因而產生民族自決與臺灣獨立思想，活躍於臺灣抗日運動。蔡培火提出了臺灣文化改良論、臺灣議會設置論、民族運動論、羅馬字普及論、教育改革論、中日親

善論等諸多思想，將分述如下。

一、關於蔡培火之研究史

　　近年，有許多人發表關於臺灣抗日運動史的研究，其中有關於臺灣抗日思想史的研究有伊東昭雄「蔡培火と台湾議会設置運動」、近藤純子「蔡培火のローマ字運動」與若林正丈「黃呈聰における待機の意味」。伊東昭雄「蔡培火と台湾議会設置運動」，很少使用蔡培火寫的資料，不被認定是很好的論文。近藤純子「蔡培火のローマ字運動」，是概論性質的，所以思想史的分析不夠。若林正丈「黃呈聰における待機の意味」是很好的研究，可是沒有關於蔡培火的描述。所以本節是關於蔡培火的抗日思想所做的檢討。

　　本節說明的地方有以下幾點：蔡培火抱有什麼抗日思想？他的改良主義有什麼意義？蔡培火對將來的臺灣有什麼想法？在本論文將說明這些疑問。

二、臺灣文化改良論

　　蔡培火把同化分為自然的同化和物質的同化，此乃他的二元論，他在《吾人的同化觀》說明如下：「同化的標準是真善美，促進同化的力量是各民族在心裡面自然地對真善美的要求之熱烈的自由意志。」[27] 對他來說自然的同化是很好的。關於人為的同化蔡培火有以下說明：「人為的同化無視意志、個性和理

---

[27]　蔡培火、「吾人の同化觀」、『臺灣青年』第 1 卷第 2 號（1920 年 8 月 15 日）、71~73 頁。

性，強制地做到同化。所以人為的同化不可能實現。」[28] 蔡培火認為人為的同化很困難。以上說明蔡培火接受用自然的同化來改變臺灣文化，拒絕用人為同化的方式改變臺灣的文化。也就是說他認同臺灣文化部分的變革，但不認同臺灣全面的變革，就是維護臺灣文化的表現。這個改良主義便是蔡培火的抗日思想。蔡培火亦區分日本文化為物質文化和精神文化，他說明如下：「在本島物質上的設施跟世界上的狀況一樣非常發達，但是關於精神文化卻萎靡不振。」[29] 也就是說在日本文化之中，物質文化極佳，但是精神文化不足。蔡培火接受物質面的日本文化，卻不接受精神面的日本文化。所以他想提高臺灣物質文化，且想維護臺灣的精神文化。

為什麼蔡培火把日本文化區分為物質文化和精神文化，且重視物質文化，不接受精神文化？關於這個理由他有以下說明：「日本人在臺灣建設鐵路、道路、工廠、橋樑。這種物質文化在臺灣並不存在，即使有，也是極少。日本的物質文化流入臺灣對臺灣人來說生活帶來很大的方便。」所以包括蔡培火在內很多臺灣人都接受日本的物質文化。

但是精神文化不一樣，日語的強制和日本式的衣食住行的獎勵，在臺灣是不需要的，因為臺灣已經有臺灣文化特色的存在。例如臺語、儒家思想、漢文，以及衣食住行皆以臺灣的方式存在，所以不需要日本文化的存在。臺灣有四百年的歷史，

---

[28]　同上、74頁。
[29]　蔡培火、「二ケ年ぶりの帰臺」、『臺灣青年』第 3 卷第 1 號（1921 年 7 月 15 日）、77頁。

但是包括蔡培火在內，大部分抗日運動者說：「我們漢民族有四千年的歷史。」因為他們認為漢民族有很高度的文化，稱為中華思想（漢民族中心主義），因此包括蔡培火在內，大部分抗日運動者都不願接受日本文化。

對臺灣人而言，並不願意日本的精神文化流入臺灣，但是在臺灣總督府的統治者使用武力的施壓下，臺灣人不願意卻又被強迫接受。雖然臺灣有一部分的人在抵抗日本的精神文化對臺灣的滲透，而在這一部分的臺灣人之中的蔡培火，他抵抗日本的精神文化，否定日本的精神文化，所以產生了抗日思想，推動抗日運動。他的抗日思想如下：他接受日本的物質文化，提高了臺灣的物質文化。也否定了日本的精神文化，而維護臺灣的精神文化。這些是「臺灣文化改良論」，蔡培火的抗日思想就是這樣的臺灣文化改良論。

三、臺灣議會設置論

臺灣議會是什麼？蔡培火在帝國議會提出的「臺灣議會設置請願理由書」有以下說明：「臺灣人請願設置以臺灣住民選舉組織而成的臺灣議會，臺灣總督府賦予在臺灣施行的特別法律及臺灣預算的同意權。」[30]

也就是說臺灣議會的目的，是臺灣議會在臺灣施行的特別法律及臺灣預算的同意權，所以臺灣議會有和帝國議會相同的權利。結果會形成除了以帝國議會為中心的日本政府以外，誕生以臺灣議會為中心的臺灣政府，也就是說臺灣議會意味著臺

---

30 臺灣議會期成同盟會，《臺灣議會設置請願理由書》，1923 年，頁 3~4。

灣自決。所以要求設置臺灣議會的蔡培火有臺灣自決的思想。
一般來說，臺灣自決思想意味著臺灣獨立思想。可是有自決意
味，不代表臺灣獨立。臺灣自決是意味著臺灣的住民決定臺灣
之命運，所以臺灣自決之後，臺灣也許有和日本或者和中國統
一的可能性，也有脫離日本或中國而獨立的可能性。他這樣民
族自決的思想是很特別的，他不同意即刻獨立或即刻統一的急
進方式，設置臺灣議會是他第一階段的目標。

　　蔡培火被稱為行動穩健的現實主義者。為什麼蔡培火開始
推動臺灣議會設置請願運動？《臺灣人的臺灣議會設置運動與
其思想》說：「臺灣議會請願的出現，同時產生臺灣人的人格。」
[31] 人格意味著臺灣人自己發現自己，也就是說人格意味著臺灣
自決的思想。臺灣議會設置請願運動明確化了臺灣自決的思
想，即是說，臺灣自決的思想使臺灣議會設置請願運動出現。

　　臺灣自決思想的勃興原因是什麼？臺灣總督府有以下說
明：「本島人接受民主主義、自由主義、民族自決主義，喚起了
民族意識。」[32] 即說歐美的民族主義思想流入臺灣而發達了臺
灣自決思想，產生了臺灣議會議請願運動。臺灣議會設置運動
的背景有臺灣自決的思想，所以推動臺灣議會設置運動的蔡培
火具有臺灣自決的思想，他的臺灣議會設置請願運動是有臺灣
自決思想的背景，臺灣議會設置請願運動是蔡培火民族自決思
想具體化的表現。

四、民族運動論

[31]　『臺灣人ノ臺灣議會設置運動卜其思想』、25頁。
[32]　前揭、『臺灣總督府警察沿革誌』、5頁。

　　蔡培火關於民族意識、民族運動的發生理由,說明如下:「中國本土的漢民族,被列強侵害侮辱,當然會發生反抗世界列強的中國民族運動。臺灣民族運動發生和中國民族運動的發生很相像,臺灣本島人覺得不要跟以前一樣笨,民族意識已經在他們的心中開始強烈滋長。日本政府的同化政策和在臺內地人的侵略行動,讓臺灣人的心團結並促使臺灣人實際運動。對於日本政府向來的搾取政策,以及對在臺日本人的優越觀念不滿,產生了臺灣人意識。」[33]也就是說列強侵略中國的結果是中國人開始推動民族運動。相對地日本人侵略臺灣,臺灣也推動起民族運動。因日本對臺灣的侵略,使臺灣產生了民族意識,因此臺灣人開始了民族運動。臺灣人的民族意識和民族運動的發展,是始於臺灣總督府對臺灣人的搾取政策。從這些事項來說明,被日本侵略的臺灣人開始有民族意識,然後有民族意識的臺灣人隨即推動民族運動。但是臺灣總督府搾取臺灣人,所以臺灣人轉變至強烈民族意識,並推動民族運動。蔡培火是臺灣人並為臺灣民族運動領導人之一,所以他有很強烈的民族意識。

　　蔡培火在〈我島和我們〉這個論文裏面常常使用「我的臺灣島和我們臺灣人」這句話,他說「臺灣是我們臺灣人的臺灣」。[34]這句話是包含了臺灣民族意識的意思,也是民族自決思想的意思。所以這個論文有爭議,使得日本政府內務省禁止《臺灣青年》發行。從這個地方可以得知蔡培火有民族自決思想。

---

[33]　蔡培火、『日本本國民に与ふ』、東京・岩波書店、1928 年、38~40 頁。

[34]　蔡培火、「我島と我等」、『臺灣青年』第 1 卷第 4 號(1920 年 10 月 15 日)、19 頁。

　　蔡培火在 1923 年 7 月的彰化演講題名為「現在思想的狀況」。蔡培火做了說明:「現在的思想中心點是⋯⋯我應該知道自己我⋯⋯們有自由⋯⋯其他的人不能鎮壓我。」[35]在在這句話的「我」是自己的意思,還有認同的意思。「我應該知道自己」這句話是「我們應該自覺自己是臺灣人」的意思。「我們有自由」這句話是「臺灣人有自由決定自己的命運」的意思,還有民族自決的意涵。所以可知蔡培火有民族自決的思想。

　　為什麼蔡培火有民族自決思想?因為蔡培火等人的《臺灣民族運動史》中說明美國總統威爾遜的民族自決主義與東京大學教授吉野作造的民本主義影響到蔡培火,[36]其中他最印象深刻的思想是明治大學教授泉哲的民族自決思想。臺灣總督府的資料做了以下說明:「泉博士的民族自決論不含有危險、煽動的意味,但是連續地強調民族自決,即使他沒有煽動也令一知半解的青年誤解。」[37]泉哲投稿《臺灣青年》公然地主張臺灣的民族自決,幫忙蔡培火推動民族運動。受泉哲的民族自決思想影響,使蔡培火因此開始推動民族運動。

五、羅馬字普及論

　　蔡培火一生推動普及羅馬字運動,為什麼他要推行羅馬字運動呢?在日本統治時代臺灣推行羅馬字有什麼意義?

---

[35]　「文化講演會及文化講習會の狀況並島民思想惡化の象徵」,『內田嘉吉關係文書』,4~5 頁。

[36]　蔡培火、陳逢源、林柏壽、吳三連、葉榮鐘,《臺灣民族運動史》,臺北:自立晚報社,1971 年,頁 76~77。

[37]　前揭、『臺灣人ノ臺灣議會設置運動卜其思想』,4 頁。

　　蔡培火做了以下的說明：「羅馬字普及是臺灣文化的基礎。」
[38]這句話有蔡培火欲普及羅馬字而提昇臺灣文化的意味。還有他
要求日本人學習臺語，這個代表什麼意味？到目前為止，日語
是支配者的語言，而臺語是被支配者的語言，所以日語的地位
比臺語重要。日本人學習臺語，所以臺語也成為支配者的語言。
這樣的話，臺語也就和日語有相同的地位。這些事項是蔡培火
的改良式抗日運動。

　　為什麼蔡培火推動羅馬字普及運動？以近藤純子「蔡培火
のローマ字運動」中說明：「蔡培火的視野很狹窄，問題在殖民
地體制，不在於同化政策的改變。即使羅馬字普及被認可，不
會成為臺灣人的利益。」[39]也就是說近藤純子認為羅馬字的普及
運動是同化政策的改變，懷疑其不具效率性。但是並不然，其
羅馬字的普及運動是用臺語發音標示羅馬字的運動。

　　為什麼必須用臺語發音來標示呢？這是因為用臺語發音表
示著臺灣人的思想流傳到後代，也就是說為了保存而用臺語發
音標示的思想。如果臺語當口語使用，不會利用文字的話，臺
灣文化不能傳到後代。如果臺灣文化沒有文字的話，就和原住
民文化一樣成為脆弱的文化。蔡培火也說：「沒有文字的社會即
沒有很好的文化。」[40]外來的文化也就是說日本文化滲透臺灣的

---

[38] 蔡培火、「新臺灣の建設と羅馬字」、『臺灣』第 3 年第 6 號（1922 年 9 月
　　8 日）、46~47 頁。

[39] 近藤純子、「蔡培火のローマ字運動」、『アジアの友』第 239 號（1986 年
　　1 月）、15~16 頁。

[40] 蔡培火，〈我在文化運動所定的目標〉，《臺灣民報》第 138 號（1927 年 1
　　月 2 日），10 頁。

時候，原住民接受日本文化，因為原住民的文化是沒有文字的
文化。臺灣文化與中國文化很相像，但是臺灣文化和中國文化
的差別是臺灣文化是臺語所存在的地方，也就是說臺語是臺灣
文化的中心。以致強制學習日語時心中並不願意接受。但是蔡
培火抵抗日本政府強制的日語教育，這是他抗日的表現。對於
強制的日語教育，他用臺語的羅馬字普及運動對抗。羅馬字的
普及運動與臺語的保衛運動有相同的意義。他推動羅馬字的普
及運動是為了一方面抵抗日本文化對臺灣的滲透，另一方面有
保存臺語並保衛臺灣文化兩種意義。也就是說蔡培火羅馬字的
普及運動有抵抗日本文化對臺灣滲透和保存臺語以及保衛臺灣
文化的意義。

六、教育改革論

　　蔡培火批判臺灣總督府同化主義的日語中心主義教育，做
了以下說明：「臺灣總督府同化主義的日語教育使臺灣人沒有能
力。入公學校之後，臺灣人的兒童被禁止幼兒時期學臺語，必
須學習日語達 6 年。還有日本式的漢文對臺灣人來說無用處。
臺灣總督府的教育使臺灣人奴隸化。」[41]因此蔡培火批判臺灣總
督府的同化教育，他覺得臺灣教育應該要改革。蔡培火在臺灣
普通教育主張教育改革：「臺灣教育趨向臺灣的特質。教授用語
為日語與臺語共同而稱為併用臺語教學。初等教育的時期漢文

---

[41]　蔡培火、「臺灣教育に關する根本主張」、『臺灣青年』第 3 卷第 3 號（1921
年 9 月 15 日）、59~60 頁。

成為必須學習科。」[42]

「臺灣教育趨向臺灣的特質」的主張有以下的說明：「本島人是優秀漢民族的一部分，是有屬於自己的文字、歷史、文化、優秀所偉大民族的一部分。本島人因長期共同生活，所以構成獨特的民族性。」[43]蔡培火教育論最重要的地方是臺灣的教育必須尊重臺灣文化的特色，這些事項使他對臺灣教育覺得驕傲。「臺灣人是優秀漢民族的一部分，有屬於自己的文字、歷史、文化，為優秀且偉大民族的一部分。」這席話表現他的中華思想。所以他對臺灣受到日本文化的滲入（尤其是日本教育的強制）產生強烈的反抗心理，就是他之所以要抗日的原因。

還有「臺灣教育使用日語和臺語」，他做了以下說明：「30年來臺灣教育用強行同化教育日語本位主義為中心，所以 350萬的本島人中的老人和壯年人成為文盲，青少年成為青黃不接的受害者。」[44]也就是說強制日語的教育是弊多於利，所以應該採行併用臺語的教育。這是臺灣文化保存的意義，也是保衛臺灣文化的目的。

還有「初等教育的時期漢文成為必須學科，因為漢文對本島人來說是唯一思想表現的文字，但是為了同化教育的方針，漢文普及遇到阻礙，且日本式的漢文文字改革，顯示了很奇怪的現象。臺灣人被強迫放棄漢文，臺灣人沒有機會表達自己的

---

[42] 蔡培火、「臺灣教育に關する根本主張」、『臺灣青年』第 3 卷第 3 號（1921年 9 月 15 日）、59~60 頁。

[43] 同上、42 頁。

[44] 同上、44~45 頁。

思想，臺灣人成為傀儡。」[45]所以蔡培火推行漢文的復興，他說明了他的理由：「畢竟漢文的取捨決定於日本國，因此日本人有主使權利的驕傲感。表現國家的精粹標識（也就是文章）是藉自己國家的人創造、改廢的，然後使用，其他國家的人不能干涉管理它。」[46]從這些事項知道他多麼重視漢文，且那樣尊重臺灣文化。

蔡培火的教育改革論在日本統治下促成漢族系臺灣人的教育水準之提昇。這個教育改革論在日本統治下的臺灣，是提倡教育改良的他之抗日運動的一環。蔡培火教育改革論是以改良教育、推動抗日運動為要點。

七、中日親善論

蔡培火主張中國和日本建立良好的關係，說明如下：「中國和日本保持和善並友好關係的話，是我們東方諸民族第一次自立向上的機會，消除東方諸民族被大英帝國主義的壓制。」[47]蔡培火說中國和日本團結的話，東方諸民族的力量會很強大，如此可消除西方列強國家對東方國家採取帝國主義的壓制。這些事項是中日合作論，也稱為東方諸民族團結論，他並不瞭解世界情勢，那時候的國際情勢是以日本為中心的亞洲，以美國為中心的美洲，以蘇聯為中心的歐亞，以德國為中心的歐洲，那時候這些國家分別為亞洲、美洲、歐亞、歐洲的重心。在當時

---

[45]　同上、46~47頁。
[46]　前揭、「吾人の同化觀」、81頁。
[47]　蔡培火、『東亞の子かく思ふ』、東京・岩波書店、1937年、184頁。

世界是權力政治的狀況，戰爭爆發的可能性很高，實現和平的可能性很低。

蔡培火說東方諸民族國家要團結，說明以下理由：「日本帝國和中華民國的關係，沒有方法解決。如果有時間談有關臺灣的事情的話，我想就是先解除我們東方諸民族的危機，這才是最重要的事情。所以我將 20 年前為了我母國臺灣內政改革提案放棄。我想與東方國家的友人見面、合作，以扭轉情勢，現在東方諸國陷入危險的狀況，日本成為東方國家的大哥。大哥有強大的軍力和士氣，可以拯救東方諸民族。」[48]

由「我母國臺灣內政改革提案放棄」這句話看來好像代表蔡培火轉向的意味，其實不然。他的視野不是只有臺灣而是包括了東方國家，這是地域主義的表現。還有在此文章所說「日本成為東方國家的大哥」這句話含有說明日本成為東方國家的重心的意味，這是以日本為中心，東方諸民族團結的地域主義。1930 年代很多人提倡地域主義的重要性，所以蔡培火提倡了東方諸民族團結的地域主義，亦想迴避中日之間的衝突。

為什麼他想迴避中日之間的衝突？這個理由是中日戰爭使臺灣的立場微妙，因為在中國漢民族占了大部分，臺灣漢族系在臺灣人之中也占了大部分。也就是說中國人與臺灣人有著相同漢民族的血統，還有中國文化與臺灣文化很雷同，在明朝、清朝歷史有著相同的經驗，所以中國與臺灣文化、歷史有著根深蒂固的關係。但是那時候臺灣是日本的殖民地。也就是說臺灣已經是日本的領土。所以臺灣人成為了日本國民，且日本文

---

[48] 同上、10~17 頁。

化滲入臺灣。臺灣成為日本的殖民地已過了 40 年，所以認為自己已成為日本人的臺灣人已漸漸增加了。從這樣的狀況來說臺灣人是介於中國與日本的矛盾關係。中國人與臺灣人雖屬於相同的漢民族，可是當時臺灣人是日本國國民，如果中日戰爭爆發的話，在臺灣施行兵役，臺灣人將成為日軍的一員，必須與中國軍隊打戰。但是與自己相同的漢民族作戰是很為難的事情，所以蔡培火主張迴避中日之間的衝突。還有如果中日戰爭發生的話，中國也許會攻擊是屬於日本的一部分的臺灣。這樣的話，中日戰爭也許會毀滅臺灣。當時中國和日本是東方國家中的大國，這個戰爭的影響也許波及整個東方國家，所以蔡培火極力想迴避中日戰爭。

八、小結

　　蔡培火的改良主義與抗日思想是一方面推動改良主義的抗日運動，一方面推動臺灣民族自決，改良主義意味在日本殖民地的統治之範圍，提昇臺灣人的地位。把一部分體制改變的改良主義，與全面體制改變的革命主義有差異。他希望能夠實現臺灣的民族自決。臺灣民族自決是臺灣住民決定臺灣的命運，臺灣的民族自決不一定意味臺灣會獨立，也不一定意味著與中國統一。臺灣民族自決只有臺灣住民有權決定臺灣的命運，臺灣民族自決的結果是臺灣也許獨立或者與中國統一。從他的思想和行動，我們很難判斷他想實現臺灣獨立或是他想要臺灣與中國統一。但是從以上他的說法表示他想要推動民族自決是下了決心的。臺灣總督府直接地搾取臺灣人，他用民族運動論、教育改革論批判總督府。但是日本政府不會直接地搾取臺灣

人，所以在日本國有很多和臺灣合作的人在臺灣議會設置論中
請願，因此蔡培火對臺灣總督府與對日本政府的態度是有差別
的。

　　蔡培火的抗日思想不是革命主義的民族自決思想，是改良
主義的民族自決思想。他的抗日思想是有很濃的改良主義色彩
的，在日本統治下提昇了臺灣人的地位。還有他最後構思臺灣
人的民族自決，可以說蔡培火的抗日思想是一方面推動改良主
義的運動，一方面想實現臺灣人的民族自決。

第三節　臺灣獨立論者蔣渭水的政治思想

　　蔣渭水協助林獻堂成立臺灣文化協會與臺灣民眾黨，但臺
灣文化協會為社會民主主義的連溫卿派所掌控，林獻堂、蔡培
火、蔣渭水因而退出，另組臺灣民眾黨。其後，蔣渭水主導的
臺灣民眾黨逐漸傾向左翼思想，林獻堂及蔡培火因此退出，而
組成地方自治聯盟。蔣渭水的政治思想，有臺灣獨立思想、臺
灣議會思想、自由主義思想與地方自治思想。本節將敘述蔣渭
水之研究史、生平與政治思想。

一、關於蔣渭水之研究史

　　1920 年代是臺灣很多政治運動家與政治思想家組織各種團
體、進行抗日運動的時代。其中以臺灣文化協會為中心，抗日
運動家林獻堂、蔡培火、蔣渭水[49]為其領導者。但不久文化協會

---

[49]　關於臺灣抗日運動，筆者在『アジア文化研究』與『昭和大学教養部紀要』
　　裡面，發表過 20 篇的論文，請參考。

內分為社會民主主義的連溫卿派、受辛亥革命影響的蔣渭水
派、以及合法臺灣民族運動的蔡培火派。然後不久文化協會又
分裂為左派與右派。勝利的連溫卿派手握文化協會的主導權，
蔣渭水派和蔡培火派遂組織臺政革新會，進而結成臺灣民黨。
臺灣民黨旋即不久又被臺灣總督府禁止。後來因為蔣渭水與蔡
培火把名稱改為臺灣民眾黨，同時改變綱領，所以能夠得到臺
灣總督府的結社許可。改名之後的民眾黨一直到 3 年半後才被
禁止，是臺灣唯一的合法政黨。文化協會和民眾黨的對立不只
是左派和右派的對立，他們雙方都和大眾運動有密切的關係，
前者與農民運動、後者則與勞工運動深深結合在一起。不久之
後，文化協會因為路線對立而再度分裂，民眾黨也因為右派所
新設立的臺灣地方自治聯盟，事實上已分裂。民眾黨的創立者
蔣渭水也於不久後病死。

　　蔣渭水的政治思想究竟如何？本論文即想要說明這一點。
蔣渭水的政治思想發表在《臺灣青年》、《臺灣》、《臺灣民報》
等雜誌和結集蔣渭水文章的《蔣渭水遺集》。[50]又就抗日運動方
面的史料來說，蔡培火、陳逢源、林柏壽、吳三連、葉榮鐘的
《臺灣民族運動史》[51]刊行。進而就臺灣總督府的史料來說，『臺
灣總督府警察沿革誌』[52]也出版了。因此，討論蔣渭水政治思想
的客觀條件已經具備。以前關於蔣渭水的研究，有黃煌雄《蔣

---

[50]　蔣渭水，《蔣渭水遺集》，臺北：蔣先烈遺集刊行委員會，1950 年。
[51]　前揭，《臺灣民族運動史》。
[52]　前揭、『臺灣總督府警察沿革誌』。

160

渭水傳》[53]、簡炯仁《臺灣民眾黨》[54]、伊東昭雄「蒋渭水と台湾抗日民族運動」[55]、「蒋渭水と台湾民衆党」[56]、「台湾文化協會と台湾民衆党」[57]等。但是這些論文只討論蔣渭水的抗日運動本身，並沒有充分敘述到蔣渭水的政治思想。所以本節不只是論及蔣渭水的政治運動，而且也以他的政治思想論述為中心。本節首先將概觀蔣渭水的政治運動，其次論述他的政治思想，分析、研討其政治思想的內容，最後說明蔣渭水在政治思想史上的意義。

二、蔣渭水的生平

　　蔣渭水號雪谷，1891 年出生於臺灣北部的宜蘭。父名蔣鴻章，在宜蘭以占卜為業，聲名揚於宜蘭一帶。祖先來自福建省漳州府龍溪縣。他的父親不喜歡孩子接受日本教育，才使其就學於宜蘭儒者張茂才的私塾。這樣從 9 歲到 16 歲計 7 年間，蔣渭水在張茂才的私塾裡讀書。張茂才在日本殖民地時代初期，一度因寫批判政治的文章而入獄。所以說蔣渭水曾經從張茂才那裡受到民族主義的影響，那個時代構成蔣渭水對民族文化認

[53] 黃煌雄，《蔣渭水傳》，臺北：前衛出版社，1992 年。

[54] 簡炯仁，《臺灣民眾黨》，臺北：稻鄉出版社，1991 年。

[55] 伊東昭雄、「蒋渭水と台湾抗日民族運動」、『横浜市立大学論叢人文科系列』第 30 卷第 2・3 合併号、(1979 年 3 月)。

[56] 伊東昭雄、「蒋渭水と台湾民衆党」、『一橋論叢』第 83 卷第 3 号、(1980 年 3 月)。

[57] 伊東昭雄、「台湾文化協会と台湾民衆党」、『横浜市立大学論叢人文科学系列』第 31 卷第 2・3 合併号、(1980 年 3 月)。

同的原型。[58]

　　蔣渭水後來受人鼓勵，於 16 歲時開始進入宜蘭公學校就讀，以 3 年的時間修畢 6 年的課程，20 歲時進入臺灣總督府立醫學專門學校。這個學校是當時臺灣人在臺灣就學唯一的高等教育機關，很多臺灣子弟在此讀書，不只造就許多醫生，而且也培養不少從事抗日運動的人才。蔣渭水在學校成績優良，也是頗孚眾望的學生領袖。蔣渭水在醫專就學的 1911 年，正值醫生孫文（孫中山）發動辛亥革命。辛亥革命的成功，提高醫專學生的民族意識，其中蔣渭水受到很大的影響。同年，蔣渭水由於受到孫文革命運動強烈的影響，在醫專內鼓吹民族運動，籌畫暗殺袁世凱的計畫，支援中華民國的革命運動。從這時起，蔣渭水開始仰慕孫文。[59]

　　1914 年，板垣退助等日本人與林獻堂等臺灣人結成臺灣同化會（後來被臺灣總督府解散）。不久之後，蔣渭水等 7、8 名學生到林獻堂在臺北的宿舍，要求與林獻堂會面。林獻堂請甘得中接見他們，蔣渭水批評同化會是與日本合作的團體，同化會只是服膺於日本對臺灣的同化政策。但是甘得中說：「真能同化否，尚在未知之數，同化會提高臺灣人的地位，能與日本中央建立關係，並緩和其控制。」[60]因此，蔣渭水受到說服，第二天，醫專學生總數 200 人中，有 170 人加入同化會。

---

[58]　前揭，《蔣渭水傳》，頁 16。

[59]　前揭，《臺灣近代名人誌》第三冊，94 頁。

[60]　林獻堂先生紀念集編纂委員會，《林獻堂先生紀念集》卷 3《追思錄》，臺北：文海出版社，1974 年，頁 35~36。

蔣渭水在學期間，就從商經營冰店。1915 年醫專第二名畢業後，在宜蘭醫院服務 1 年，然後在大安醫院擔任主治。診察有內科、小兒科、性病科。這家醫院是各種運動的根據地，蔣渭水在這個醫院之外，繼續經營學生時代的冰店，還有居酒屋形式的春風得意樓，這也是爾後政治運動利用的集會場所。蔣渭水由於做為醫生以及商業經營的緣故，所以能了解日本殖民地下臺灣人的各種痛苦。[61]

在 1919 年朝鮮的三一運動、中國的五四運動中，民族自決的呼聲很高。日本政府為了緩和事態的擴大，在朝鮮武斷政治之後，改變了文化政治的施行，進而在臺灣任命文官田健治郎為總督，臺灣民眾的政治壓力得到舒緩。同年林獻堂在東京集結了臺灣留學生蔡培火等人，成立了以廢止六三法（臺灣總督總攬立法、行政、軍事、司法等權力）為目的的啟發會。之後，啟發會改稱新民會，林獻堂擔任會長。新民會是學生部為臺灣青年會設立，兩會的共同刊物《臺灣青年》雜誌名稱先後改名為《臺灣》、《臺灣民報》、《臺灣新民報》並在東京發行。但是林呈祿批判六三法的撤廢運動是有矛盾的，因此新民會是臺灣議會設置請願運動的轉換方向，1921 年為第 1 次請願。從此次請願運動的經驗中，從以前開始就從事文化活動的蔣渭水深深感覺到組織的必要性，應與林獻堂協議。[62]

設立臺灣文化協會之後，由林獻堂擔任總理，蔣渭水與蔡培火就任理事，會員總數達到 1,032 名。文化協會的目的是促進

---

[61] 前揭，《臺灣近代名人誌》第三冊，頁 94。

[62] 同上，頁 94~95。

臺灣文化的發展。在臺灣各地舉行演講會，支援臺灣議會設置請願運動。1922 年蔣渭水與連溫卿共同設立新臺灣聯盟（並無推動政治運動）。同年蔣渭水設置文化義塾，但是被臺灣總督府禁止。請願運動從第 1 回請願（1921 年）到 15 回請願（1934 年）前後 15 次，第 1 回請願蔣渭水沒有參加，但是蔡培火與蔣渭水組織了以臺灣議會設置請願為主要目的的臺灣議會期成同盟會。第 3 回請願（1923 年）蔣渭水被推選為代表委員，然後赴東京。同年發生治警事件，請願運動者有 99 人被逮捕，蔣渭水與蔡培火被宣告 4 個月的囚禁。然後第 8 回請願（1928 年）時，文化協會分裂為左派和右派，右派放棄了這個請願運動。蔣渭水繼續投入請願運動。第 10 回請願（1929 年）時，在臺北舉行的送行請願代表的道別會被警察禁止，主辦人蔣渭水也因此被逮捕。但是臺灣民眾黨的繼續請願運動，仍然被總督府禁止。[63]

　　1920 年在世界各地盛行各式各樣的思想，社會主義與共產主義思想進入臺灣，使以臺灣文化協會為中心的臺灣政治運動產生分裂。1926 年為了修改臺灣文化協會的規章，舉行了規章改正起草委員會。蔡培火與蔣渭水相繼提出了各式的改正案。審議的結果折衷了蔡培火與蔣渭水的修正案，而作成了委員會案，連溫卿案則予以保留。1927 年，理事會審議連溫卿案，蔣渭水將自己的提案發給各理事，然而會議的進行居然是以連溫卿案取代了蔣渭水案。所以蔣渭水很憤怒，拒絕了理事的決議與發言權。之後蔡培火脫離了文化協會。連溫卿案的委員長制

---

[63] 前揭，《臺灣民族運動史》，頁 107~353。

與蔣渭水案的總理制發生衝突，結果連溫卿的提案獲得通過。因此，蔣渭水也脫離了文化協會，意即當時文化協會中有三種思想：蔡培火主張不改變文化協會活動方針，蔣渭水主張中國國民黨的全民運動，連溫卿主張無產階級運動。而且，蔣渭水與連溫卿從變革的觀點主張在理事會進行合作，以抵抗保守派。本來連溫卿便想掌握文化協會的主導權，他本來想在右派的團體內推動左派的活動，但是這個構想失敗，造成文化協會分裂，文化協會因此成為左派的團體。[64]

1927 年，臺灣文化協會分裂之後蔡培火與蔣渭水想設立新的政治組織。後來蔡培火與蔣渭水組臺灣自治會，主張自治主義，且主張「以臺灣人全體的利益為主，特別用合法的手段進行無產階級的利益擁護。」因此被臺灣總督府反對。之後，團體的名字改變成了臺灣同盟會，但是綱領與原來是相同的，所以又再次被禁止了。然後團體名稱改成解放協會，隨之又再次改變成臺政革新會。

綱領也被改成了「臺灣人的全體政治經濟的社會解放實現」。但是臺灣總督府認為「臺灣人全體」與「解放」的文字不適當。所以團體名稱改變成了臺灣民黨。但是臺灣總督府認為這個團體也是「懷抱民族自決主義」，亦禁止了這個團體的活動。所以蔡培火與蔣渭水組織臺灣民眾黨，採取了這樣的綱領，並「本黨是以民本政治的確立、合理的經濟組織建設及消除社會制度的缺點為綱領。」結黨的時候參加的黨員是 197 個人，主導人是謝春木。臺灣總督府認為，民眾黨的主導權尚在蔣渭

水的手上，綱領上民族主義緩和，如果再禁止的話，將是暗地
裡進行，取締會很困難，使得這個右派的團體與左派的文化協
會成為對立作用，基於這樣的理由，暫時許可。[65]民眾黨是民族
解放運動核心的大眾政黨，漸漸地展現了民族主義的要求。還
有民眾黨志向是全民運動，模仿中國國民黨提倡的全民政治，
意味著以工農大眾為中心的最大範圍的民族解放運動，也就是
說臺灣民眾黨的志向是成立以工人與農民為中心的大眾組織。
這樣的民眾黨是以工人運動與農民運動為中心的大眾運動之統
一組織為基礎，鬥爭的基礎針對臺灣總督府支配御用的紳仕。
但是民眾黨內的林獻堂與蔡培火的右派等人士認為民眾黨的活
動是在資本主義的民主主義範圍，所以他們與民眾黨內的蔣渭
水等主流派人士對立。1928 年蔣渭水為了強化勞工運動糾合了
29 個勞工團體而成立了臺灣工友總連盟。蔣渭水等左派人士掌
握了民眾黨的主導權，在第 3 回的大會宣言（1929 年）提到：「本
黨的階級鬥爭的態度是以工人與農民為中心的範圍為主」。林獻
堂與蔡培火等右派人士反對以此為志向的大眾黨左派方針，
1931 年組織臺灣地方自治連盟之故，造成民眾黨的分裂。在 1931
年的第 4 回大會中，綱領中宣稱勞工階級從資本家階級的觀點
中獲得解放。臺灣總督府認為民眾黨「好像階級鬥爭的民族運
動為目的的團體」，所以該組織活動被禁止。當時蔣渭水等 16
人被逮捕，翌日即釋放。同年，蔣渭水因腸疾過世，得年 40 歲。
[66]

---

[65]　前揭、『臺灣總督府警察沿革誌』、408~428 頁。·

[66]　前揭，《臺灣近代名人誌》第三冊，頁 104~105。

三、蔣渭水的政治思想

　　蔣渭水被臺灣總督府召喚的時候，曾做以下的說明：「殖民
地自治主義問題是現在順應世界的殖民政策趨勢，即使臺灣當
局不得已也是早晚會從同化主義轉變成自治主義。現在朝鮮總
督府官方報紙的京城日報刊登以副島種臣署名的殖民地自治
論，又聘請殖民地自治論大阪每日報紙松岡經濟課長為副總經
理。聽說朝鮮的民眾排斥自治主義，但是我們臺灣人要自治主
義。臺灣總督府卻違背此潮流，以壓迫的態度面對，所以很難
瞭解這個事情。雖然我們標榜自治主義，就是以一個目標做為
一個理想，是否採用自治主義是依據日本全部國民的輿論決定
一切事情。我們表現我們主張的時候，關於用語與字句的變更
可以加以研究考慮，但是不能改變自己的信念，也就是寧為玉
碎不為瓦全的精神。」[67]

　　在這裡面蔣渭水說朝鮮人不是自治主義是獨立主義，但是
臺灣人不要求獨立主義，只想要自治主義。很多研究者陳述蔣
渭水有自治主義思想並要求臺灣自治，[68]但是筆者認為並不然，
其實蔣渭水並不是自治思想而是臺灣獨立思想。筆者之所以這
樣認為，根據以下說明：蔣渭水、林獻堂、蔡培火設置臺灣議
會請願運動。在臺灣總督立法、行政、司法的三權之中，他們
要求給予臺灣議會立法權，也就是說臺灣議會要求立法權有法
律制定權及預算議決權，所以有立法權的臺灣議會等於是立法

---

[67]　前揭、『臺灣總督府警察沿革誌』、413~414 頁。

[68]　若林正丈、『台湾抗日運動史研究』、東京・研文出版、1983 年、45 頁。

權的帝國議會。臺灣議會是沒有立法權的，與只有條例制定權明顯地不一樣。既然請願運動要求立法權有法律制定權與預算議決權，則請願運動不只是臺灣自治運動，而是臺灣獨立運動。也就是說蔣渭水說明請願運動是表面上臺灣自治要求運動，但是事實上自治這句話的含意有獨立的意味。本來自治這句話是多餘的語言，日本政府承認是地方自治意思的自治主義，但是不承認與愛爾蘭一樣程度的臺灣獨立的自治主義。臺灣人說自治這句話表面上與府縣會程度的地方自治一樣使用，但是在內心構想要以愛爾蘭一樣程度的臺灣獨立。臺灣人說臺灣議會與府縣會是一樣程度的議會，但是筆者認為不是如此。如果臺灣人要求與府縣會一樣程度的話，就不是臺灣議會設置請願運動，而只要推動自治要求運動如此而已（事實上已有實行要求與府縣會相同程度自治的臺灣自治聯盟運動）。[69]從這件事情可瞭解，要求臺灣議會設置請願運動中的立法權有法律制定權與預算議決權的蔣渭水並沒有臺灣自治思想，而是臺灣獨立思想。

　　蔣渭水對孫文思想的認同，信奉三民主義的事情，從「孫文是不是孔子的弟子？」此篇文章中可得知蔣渭水表示：「孫文先生的指導原理是三民主義，三民主義的中心在民生主義。所以孫文先生的思想結晶在民生主義。如果看他的民生主義與社會主義觀點的話，便知道他的思想本質。」[70]蔣渭水還說明：「孫文在《共產主義往左邊，三民主義往右邊》這個文章中提到，『民

---

[69]　前揭「台湾議会設置請願運動の意義──台湾自治論と台湾独立論」、『昭和大学教養部紀要』第 29 卷、（1998 年 12 月）。

[70]　前揭，《蔣渭水遺集》，頁 78。

生主義是共產主義的實行，共產主義是民生主義的理想，民生
主義是將來的共產主義，民生主義包含一切的社會主義。所以
共產主義是民生主義的一部分，是社會進化在社會上的多數的
經濟利益上相調和，不是互相衝突。」蘇聯從共產主義至新政
策主義的轉換，新經濟政策主義最小的只有財產制，就是民生
主義。三民主義不是急進的，百年之後中國將成為世界上最自
由、最平等的國家。這樣的話，便知道共產主義往左邊而三民
主義往右邊。」[71]

　　如此蔣渭水對孫文思想認同，而信奉三民主義。他認為在
裡面民生主義是三民主義的中心，然而他也認為民生主義不相
容社會主義與共產主義。但是蔣渭水說的「共產主義往左邊，
三民主義往右邊」[72]這句話說明了共產主義與三民主義看似相
同，本質上卻有差異。蔣渭水對孫文思想認同，與他的三民主
義思想共鳴。

　　『臺灣總督府警察沿革誌』有以下的說明：「對中國的將來
有很大的希望，中國不久之後會恢復國情而雄飛於世界，根據
此見解一定可以收復臺灣，到那時候不會失去民族的特性。臺
灣現今涵養實力，等待時機，所以民族主義非常強烈，追慕中
國。話說從頭，高唱中國四千年的文化，煽動民族的自傲，動
輒要弄反日的言行，行動常常有很激動的危險性。代表的人物
是以蔣渭水為中心。」[73]

---

[71]　同上，頁 46~47。

[72]　同上，頁 46。

[73]　前揭、『臺灣總督府警察沿革誌』、318 頁。

在這裡面說明了：「中國一定可以收復臺灣，追慕中國的人則是蔣渭水這個人。」所以可以解釋蔣渭水是主張中國與臺灣可以統一的論者。但是筆者認為不然，原因如下：首先蔣渭水在臺灣土生土長，常常在臺灣推動政治運動。比方說蔣渭水沒有去過中國大陸，也未與中國大陸的臺灣人連絡過。蔣渭水與主張臺灣統一的中國的臺灣留學生沒有合作過。其次個人崇拜與國家統一是另外的問題。蔣渭水確實崇拜孫文，但是不認為必須統一中華民國與臺灣。因為當時，中國大陸是分裂狀態，中華民國是弱勢的，沒有力量使臺灣脫離日本的支配。蔣渭水進一步表示：「我現在站在新高山的山頂，呼籲北方是富貴角、南方是鵝鑾鼻、西方是澎湖島、東方是紅頭嶼所圍起來的臺灣三百六十萬的同胞覺醒吧。」[74]這個意思是蔣渭水的視野只有臺灣島內，未放眼於中國大陸。也就是說蔣渭水眼中，只有臺灣人全體，卻無遠見於中國大陸的中國人。由此可知蔣渭水無統一中國與臺灣的構想，也就是說蔣渭水不是中國統一論者。

臺灣民黨是民族自決主義，遭受臺灣總督府禁止，因此改變了原本的綱領，蔣渭水等人設立了臺灣民眾黨。關於這個綱領有以下的說明：「本黨以民本政治的確立、合理的經濟組織建設及社會制度的缺點改進為綱領。」[75]但是這個綱領可以用妥協的方式完成，所以未必可以知道蔣渭水的真正思想。結果中央委員不採用蔣渭水案，而採用彭華英案，蔣渭水寧可提出在民

---

[74] 蔣渭水，〈晨鐘暮鼓〉，《臺灣民報》第 3 卷第 1 號，（1925 年 1 月 1 日），頁 24。

[75] 前揭、『臺灣總督府警察沿革誌』、429 頁。

眾黨第 2 回大會時蔣渭水真正政治思想的綱領解釋案。蔣渭水的綱領解釋案有以下的說明:「這裡面有民本政治的確立、實現立憲政治、要求臺灣憲法的制定。反對總督專制政治,根據臺灣憲法分立司法、立法、行政的三權,給了我們臺灣人立法部贊同權。」[76]

　　蔣渭水案表現的主張與臺灣議會設置請願運動相同。也就是說請願運動是大正民主主義時代,是在日臺灣留學生等知識階級與林獻堂土著地主資本家階級合作之後開始,要求立法權有法律制定權與預算議決權。然後蔣渭水參加從第 3 回至第 15 回的請願運動,要求民本政治的確立與立憲政治的實現。因此蔣渭水是以民主主義為實現目的的民主主義者,也就是說蔣渭水與林獻堂、蔡培火相同受到東大教授吉野作造與明大教授泉哲等大正民主主義者的影響。

　　蔣渭水曾做以下的說明:「政治的自由是以民本政治為主要的內容,意味選舉權的擴大。也就是說對全部的 18 歲以上男女給予選舉權。所以政治的自由與民本主義同樣為民主主義的意思。」[77]也就是說認為民本主義與民主主義是相同的意思,內容是給予 18 歲的男女選舉權。當時的日本於 1925 年實行的是 25 歲以上男子才具有選舉權,稱為男子普通選舉法,但是女子無選舉權。由這件事情來看蔣渭水為 18 歲以上的男女爭取選舉權,意味歐美式的民主主義。還有吉野作造主張民本主義意味

---

[76] 同上、433 頁。

[77] 蔣渭水,〈臺灣民眾黨的特質〉,《臺灣民報》第 231 號,(1928 年 10 月 28 日)。

主權在君的民主主義，但是蔣渭水主張歐美式的民主主義，意味主權在民的民主主義，所以蔣渭水有民主主義思想。還有蔣渭水要求臺灣憲法的制定是想當重要的。因為《臺灣民報》（1927年）的社論也說明：「要求制定臺灣憲法意見，要求設置臺灣議會的意見大同小異，目標完全一致，名稱不相同，但內容一樣。」[78]

蔣渭水在〈我的主張〉裡做以下的說明：「臺灣人 80%是福建人，20%是廣東人。這兩省的原住民從漢朝時代被中國文化同化了。最盛時期是唐朝時代，日本吸收中國文化，日本被中國文化同化，福建人與廣東人也被中國同化了。這些原住民當然與中國漢民族混血，同時吸收中國文化。臺灣人與日本人在相同的時代分別吸收中國文化並與中國漢民族混血。第一以基礎做為教育，也就是說提高文化。第二必須給予與內地人平等的國民資格，臺灣人自身必須充實內容，提高文化，設立以提昇文化為目的的機關，稱為臺灣文化協會。然後包括我舊幹部退出文化協會，組織臺灣民眾黨。這個根本的精神就是舊文化的繼承。所以民眾黨也是舊文化。」[79]

在裡面蔣渭水說明的事情是，臺灣人是福建、廣東的漢民族與原住民的混血，也就是說臺灣人屬於漢民族。這個意思是臺灣人是漢民族，但是不屬於中國民族。如此蔣渭水意識到自己是臺灣人也是漢民族，但不認為自己是中國人。蔣渭水做以

---

[78] 社論，〈臺灣議會與臺灣憲法〉，《臺灣民報》第 142 號，（1927 年 1 月 30 日），頁 1。

[79] 前揭、『臺灣總督府警察沿革誌』、415~416 頁。

下的說明:「我們臺灣的四百萬同胞覺醒團結的話,有很大的力量,我們四百萬同胞沒有利用團結力來追求幸福的話,就會成為我們臺灣的恥辱。」[80]從蔣渭水這些話知道蔣渭水認為自己是臺灣人,並不認為自己是中國人。也就是說蔣渭水的意識中說明我們是臺灣人,並不是中國人。

蔣渭水在這個文章裡面欲強調文化的提昇。確實臺灣文化協會的目的在於推動臺灣議會設置請願運動以實現政治目標,還有實踐各式各樣的文化活動。比方說文化協會實行會報的發行,報紙、雜誌閱覽室的開設,各種講習會的舉辦,各種演講會的舉行,電影的上映,新劇的上演,書籍、雜誌、報紙的經銷。這些活動都是以提昇臺灣文化為目的,所以蔣渭水設立文化協會,意圖提昇臺灣文化。還有蔣渭水說:「臺灣民眾黨的根本精神是繼承舊文化的精神,換句話說,民眾黨代表舊文化。」從這句話可以說明蔣渭水想繼續嘗試發展以漢民族文化為基礎的臺灣文化。也就是說蔣渭水有臺灣人意識,政治思想嘗試繼續臺灣文化。

四、小 結

第一、蔣渭水有臺灣獨立思想。蔣渭水推動臺灣議會設置運動意含臺灣獨立。臺灣總督府具有司法、立法、行政權,但是蔣渭水只要求其中的立法權給予臺灣議會,也就是說臺灣議會要求立法有法律制定權與預算議決權,所以臺灣議會等於有

---

[80] 蔣渭水,〈今年之口號:同胞須團結,團結真有力〉,《臺灣民報》第 138 號,(1927 年 1 月 2 日),頁 12。

立法權的帝國議會。既然請願運動要求立法權，請願運動就不是臺灣自治要求運動，而是臺灣獨立要求運動。所以推動請願運動的蔣渭水有臺灣獨立思想。

第二、蔣渭水有三民主義思想。也就是說蔣渭水認同孫文，且信奉三民主義。他認為其中民生主義是三民主義的中心，而且認為民生主義與社會主義、共產主義看似相同但本質不同。但是蔣渭水信奉孫文的三民主義思想，不意味著蔣渭水是中國臺灣統一論者。因為蔣渭水設立的政治組織綱領上有「擁護臺灣全體的利益」這些文字。這意味蔣渭水的眼中只有臺灣，應未放眼中國。所以蔣渭水有三民主義的思想。

第三、蔣渭水有民主主義思想。在蔣渭水成立的臺灣民眾黨第 2 回大會中，提出蔣渭水綱領解釋案如下：「以確立民本政治，實現立憲政治，要求臺灣立法制定。」大正民主主義時代的民主主義思想從日本流入臺灣，因此蔣渭水成為以民主主義為目標的民主主義者。蔣渭水與林獻堂、蔡培火相同地受到東大教授吉野作造與明大教授泉哲的影響。既然蔣渭水確立民本政治，實現立憲政治，要求臺灣憲法的制定，以此看來蔣渭水就有民主主義思想。

第四、蔣渭水有臺灣人意識，有政治思想嘗試發展臺灣文化。蔣渭水說，臺灣人是福建、廣東漢民族與原住民混血的人，也就是說臺灣人屬於漢民族。這些事項表示臺灣人是漢民族，但是不能說是屬於中國民族。如此蔣渭水認為自己是臺灣人也是漢民族，而且不認為自己是中國人。還有蔣渭水設立臺灣文化協會，嘗試提昇臺灣文化。比方說文化協會會報的發行，報紙、雜誌閱覽室的開設，各種講習會的舉辦，各種演講會的舉

行，電影的上映，新劇的上演，書籍、雜誌、報紙的經銷。從
這些事項知道蔣渭水有臺灣人意識，有政治思想嘗試發展臺灣
文化。

第四節　中國統一論者謝南光的政治思想

謝南光的政治思想有中國統一思想、臺灣議會思想、民主
主義思想、民族主義思想與地方自治思想。謝南光曾參加臺灣
議會期成同盟會、東京臺灣青年會與臺灣民眾黨，協助林獻堂
的《臺灣民報》，但其後至中國成為臺灣革命同盟會的執行常務
委員，協助中國國民黨。以下討論謝南光之研究史、生平與政
治思想。

一、關於謝南光之研究史

謝南光(春木)1902 年，生於彰化縣北斗鎮地主家庭。1923
年，在東京參加臺灣議會期成同盟會，創辦東京臺灣青年會，
被選為臺灣青年會總幹事。1925 年，為《臺灣民報》(週刊)編
輯，轉臺北分社任記者兼管業務部主任。1927 年，在臺中市成
立臺灣民眾黨，代蔣渭水為主席提出申請登記，當選中央常務
委員及政治部主任。後因民眾黨與民報社分離，而辭去黨主席
及政治部主任（僅任黨常委）。1932 年，日本當局提示以不准謝
春木留駐總社，做為准許《臺灣新民報》發行日刊的條件。且
他也被任命為駐上海通信員。1933 年，他參加反日帝的福建人
民政府，嗣後服務於上海南洋華僑聯誼會為書記，改名「謝南
光」。1937 年，蘆溝橋事件、第 2 次上海事件發生，促成第 2
次國共合作，成立抗日民族統一戰線。1938 年，國民政府遷移

重慶，任軍事委員會國際問題研究所秘書長。1941 年，李友邦為主推動的「臺灣革命同盟會」在重慶成立，執行常務委員為李友邦、謝南光。1945 年，任駐日中國代表團第 2 組副組長。

　　謝南光到底抱持怎麼樣的政治思想?在這一節中，將解明這一點。謝南光的政治思想，可見於《臺灣》雜誌中的二篇論文、《臺灣先鋒》雜誌中的二篇論文，以及三本書籍《臺灣人如是觀》、《臺灣人的要求》與《新興中國見聞記》。再者，也有臺灣總督府警務局出版的『臺灣總督府警察沿革誌』，可以當成評論謝南光政治思想的客觀條件。到目前為止，幾乎沒有關於謝南光的學術論文。因此，在這一節中，將針對謝南光的政治思想進行說明，這是本節主要的課題。首先概觀謝南光的政治思想，再者論述其政治思想，而後分析檢討其內容，最後再對其政治史上的意義加以論述。

二、謝南光的生平

　　謝南光 1902 年，生於彰化縣北斗鎮地主家庭。1919 年考進臺北師範學校，畢業後，領取獎學金留學東京高等師範學校。1921 年，臺灣文化協會成立。1923 年，在東京參加臺灣議會期成同盟會。投稿《臺灣》雜誌，題目為「我所瞭解的人格主義」與「讀前川女學校長論文有感」。創辦東京臺灣青年會，組織文化講演團返臺赴各地巡迴演講，響應臺灣文化協會。被選為東京臺灣青年會總幹事。利用暑暇組織講演團返臺到各地巡迴演講題「立憲政治與新聞」等。1925 年，東京高等師範學校畢業，為《臺灣民報》（週刊）編輯，轉臺北分社任記者兼營業務部主任。1926 年，為政治結社籌備起草委員。主辦反對「始政紀念

日」講演會，講題「百鬼夜行的臺灣」。1927 年，在臺中市成立臺灣民眾黨，代蔣渭水為主席提出申請登記，當選中央常務委員及政治部主任。後因民眾黨與民報社分離，而辭去黨主席及政治部主任（僅任黨常委）。1928 年，在臺北民眾講座舉行孫文追悼大會，講演「列寧與孫中山」。會見上山總督，提出「地方自治改革建議書」。民眾黨第 2 屆大會決議選為勞農委員會主席。反對臺北市電敷設鬥爭，黨幹部及民報社員多人被檢束（逮捕）。1929 年，為工友總聯盟主任會議聘請為顧問，代表臺灣民眾黨參加南京中山陵葬儀式。在《臺灣民報》發表《新興中國見聞記》。發表第 3 次大會宣言，強調世界無產階級與殖民地民眾的共同關係。致電國際聯盟，反對總督府再特許吸食鴉片 25,000 名，並向石井警務局長提出抗議書。1930 年，《臺灣民報》改名《臺灣新民報》（第 306 號開始）。《臺灣新民報》發刊 10 週年紀念。去電日本貴族院及全國大眾黨和勞農黨請求派員來臺調查霧社毒瓦斯事件。1932 年，民眾黨接受禁止政治結社，主張強化勞農組織化，而不再組黨。經由福州赴上海，舉行蔣渭水葬禮後返臺。謝春木被任命為駐上海通信員。1933 年，參加反日帝的福建人民政府，嗣後服務於上海南洋華僑聯誼會為書記，改名「謝南光」。1938 年，國民政府遷移重慶，任軍事委員會國際問題研究所秘書長。1941 年，李友邦為主推動的「臺灣革命同盟會」在重慶成立，執行常務委員為李友邦、謝南光、宋斐如。1943 年，寫《臺灣問題言論集》序文——〈收復臺灣與保衛祖國〉、〈臺灣民族運動〉。1945 年，任駐日中國代表團第

2 組副組長。[81]

三、謝南光的政治思想

　　謝南光在〈臺灣反帝運動的新階段〉中敘述如下：

　　「六一七是日本帝國主義統治臺灣的起點，是中華民族積極反抗日本帝國主義的開始。甲午戰爭清廷戰敗後不明利弊竟將臺灣割讓日本，300 萬的臺民就變成日本帝國主義的奴隸。300 萬被遺棄的臺民自然再不能依賴腐朽的清廷來爭取自由，脫離奴隸的地位，須靠自己的力量去鬥爭，克服我們臺灣人的悲慘的命運。40 年前，我們的祖宗碰到這種悲運，既不灰心，也不放棄責任，就糾合軍民組織臺灣民主國，編列義軍，單獨與新興的日本帝國主義展開存亡的鬥爭，勢力懸殊非待智者而後明，但是，為著保持民族的光榮和民族的人格，不計成敗利鈍，毅然開始鬥爭，官軍因唐巡撫奉諭內渡，不戰而退，臺北遂淪陷於敵。6 月 17 日，敵人居然在臺北開府設治，臺灣的奴隸政治就從此日開始，敵人稱為『臺灣始政紀念日』，帝國主義政治的開幕同時也就是更積極『反帝鬥爭』的發端，這天就變做臺灣反帝鬥爭的紀念日，因此，九一八和七七的抗戰，也可以說是六一七的連續。不過七七的抗戰是中華民族對日本帝國主義算總帳的日子，在某基本的性質上並無任何分別，只有一點值得我們紀念的，即是臺灣的反帝運動自七七以後，已變為整個中華民族的反帝運動的一部分，40 年來的分離，自今以後再團

---

[81] 謝南光，《謝南光著作選》（上下冊），臺北：海峽學術出版社，1999 年，頁 561~564。

178

圓起來，在一條民族戰線上共同奮鬥，中華民族的勝利，即是
臺灣革命的勝利，我們總到這裡，覺得萬分的興奮。40 年來，
在臺灣的反帝鬥爭，因為日本帝國主義的壓力太大，致使每次
都是失敗，都是犧牲了無數的同胞，這使我們十分焦灼。自七
七以後，祖國英勇的抗戰，已使我們的敵人疲累了，今年正月
阿部內閣因其國內的經濟恐慌無法支持而下台，米內內閣成立
後，其情形並無進步。不管歐戰能短期結束或變成長期戰爭，
若短期結束見諸事實，戰後的國際形勢足以造成日本帝國主義
的瓦解，歐戰長期化於日本帝國主義亦是一個絕大的困難，因
參戰問題足以促成國內的激變，即參戰亦是日本帝國主義的墳
墓。就目前日本帝國主義的主觀條件及其客觀情勢而言，皆是
日本帝國主義的最後關頭。換言之，我們的反攻時期快要來臨
了。日本帝國主義末日的來臨，就是臺灣解放運動成功，而臺
灣同胞掙斷 40 年鐵鎖的機會。我們應該認清我們的客觀情勢，
加強我們的主觀力量，準備我們的總反攻。我們的迫切任務應
該如下：1.我們應該積極支持日本百萬傷兵的反戰運動，千百萬
公農的反戰反帝運動；2.我們應該支持日本民眾『反對參戰要求
停戰』的革命鬥爭，尤其目前所進行中的『反對新黨運動』；3.
我們應該加緊推行臺灣軍夫及農民義勇團的反戰運動，透過他
們的運動，策畫前線日本士兵的『停戰運動』；4.我們應該擴大
臺灣義勇隊，一面參加祖國的抗戰，一面號召臺灣同胞參加軍
事訓練，準備武力蜂起，推翻日本帝國主義的統治權，建立臺
灣的民主獨立政權。臺灣同胞應即團結一致，起來打倒日本帝

國主義，將六一七的國恥紀念日變做埋葬日本帝國主義的光榮紀念日。」[82]

謝南光在此論文中使用了四次「中華民族」這個詞彙，也使用了二次「祖國」這個詞彙。並說明甲午戰爭後臺灣雖割讓予日本，然臺灣人為了抵抗日本帝國主義，便成立了臺灣民主國。指出 1895 年 6 月 17 日為日本帝國主義占領臺北並設立臺灣總督府的日子，而 1931 年 9 月 18 日與 1937 年 7 月 7 日之中國軍與日本軍的衝突，與 1895 年 6 月 17 日臺灣總督府成立之日，兩者之間具有關聯性。此關聯性代表臺灣人是包含在中華民族之中的，亦即認為臺灣人是中華民族的一部份。而由使用「祖國」這個詞彙看來，說明了身為臺灣人的謝南光對中國的認同，並主張打倒日本帝國主義。由此可證謝南光具備了中國統一思想與民族主義思想。

謝南光在〈臺灣民主國的成立及其意義〉中敘述如下：

「甲午戰爭，是敵人想併吞韓國，我們為著要保障韓國的獨立，維持公理正義，擊破日本帝國主義的侵略迷夢，故不惜出兵應戰，無奈當時清政府昏庸腐敗，抱懼外之心，致己未議和，割遼東臺灣予日本，遼東半島因俄德法的干涉，仍退與清廷，而臺灣卻被日本帝國主義占據了。清廷不惜犧牲藩屬，難道我們臺人就甘為人奴隸，甘斷送我們的錦繡河山？所以進士丘逢甲提倡建立臺灣民主國，自力抗倭，當臺灣自主的口號一呼，全台的同胞均起響應，推舉丘逢甲起草憲書，以議院為立法機關，定官制，分內外軍三部，推巡撫唐景崧為總統，丘逢

---

[82]　同上，頁 551~554。

甲為副總統，李秉瑞為軍部大臣，俞明震為內務大臣，陳季同
為外務大臣，姚為棟為遊說使，劉永福為大將軍。回憶當時臺
灣的人口只有二百八十萬，倭寇有四千萬人，傾全國新勝之師
來圍攻臺灣，勝負之數早已分明，但是我們的祖宗，不計成敗
利鈍，以寡擊眾，犧牲了五十萬生靈，全為著保持中華民族的
人格，不願做倭寇的奴隸，所以我們的失敗，可以說雖敗猶榮，
但是我們為什麼會失敗，這是值得我們檢討的。第一、我們的
政治機構是封建制度的殘渣，領導抗戰的中心力量是腐敗的前
清官僚，雖有若干覺悟的先烈，但是缺少革命的中心組織，沒
有正確的革命理論來指導，這是最大的弱點。第二、南北當局
的不合作與官民的不合作。第三、清廷協同倭寇消滅抗戰的力
量。第四、英法援助日本，不同情我們的抗戰。第五、華僑的
援助，因為唐景崧的內渡和清廷的阻礙，不能接濟，這些都是
我們失敗的原因。現在我們為臺灣的獨立解放，進行革命的鬥
爭，我們應該將這些教訓，時時警惕，爭取有利的環境，這是
各位同志在紀念臺灣民主國的時候，應該牢記勿忘的。」[83]

　　由謝南光屢次投稿於李友邦的雜誌《臺灣先鋒》一事中也
可得知，其與李友邦具有同樣的政治思想。李友邦認為要使臺
灣從日本帝國主義的統治下獨立，並使臺灣與祖國中國統一。
由此可證將上述文章所提到的臺灣民主國中犧牲的 50 萬名臺灣
人視為中華民族的一部分。謝南光在此提到我們想要臺灣獨立
與解放，這並非一般所定義的臺灣獨立，謝南光首先要讓臺灣
由日本統治下獨立，並回到祖國中國的懷抱。也就是說謝南光

---

[83]　謝南光，〈臺灣民主國的成立及其意義〉，《謝南光著作選》，頁 555~558。

的意旨為讓臺灣與中國統一，故謝南光具有中國統一思想與民族主義思想。而謝南光在此更提出建立臺灣民主國以抵抗日本國，犧牲的 50 萬人具有中華民國的人格，也就是說謝南光認為臺灣人包含在中國人之中，故謝南光具有中國統一思想與民族主義思想。

謝南光在《臺灣人如是觀》中敘述如下：

「只承擔義務，不享受權利者為奴隸。飽受 35 年奴隸生活的臺灣民眾，何時能擺脫奴隸之牢籠？這種情況是不能容忍的！決不能容忍！被奪走民權的民眾必須奪回自己的權利，必須為奪回民權進行鬥爭，進行激烈的鬥爭。有志氣的同胞們必須站起來！看，世界民眾已經撤銷納稅限制──普選──支持國家者，都能對國家表明自己的意志。德國人 79 年前就獲得了普選權，連日本內地也通過了普選案，今年試行，即將正式實行。臺灣連限制選舉也未被承認，連御用機關保甲，也毫不客氣地依靠官憲───警察官憲，單方面破壞了法定上的民選。下列外國及日本民權到底被承認多少？在俄羅斯，不僅地方政治根據農民、工人的意志運行，而且國家政治也按照工農意志運轉，並以工農為核心。再如美國，知事、警察署長等皆由民眾選舉而來，不稱職者根據投票多少予以罷免。在德、奧，1,000 個國民中有選舉權者 589 人，瑞典 513 人，英、荷 484 人，即使日本也有 325 人。再看一位議員背後有多少國民投票，最多如美國 25 萬人，其次是日本，德國 12 萬 7 千人，最少如瑞典 1 萬 8 千人。各國有參政權者的年齡及性別，更為明瞭，也就是成年男女都有參政權。然而，在日本內地，占人口半數的女性還沒有參政權，連公民權也不給。男子則經普選方能有參政的

機會。而內地人若來臺灣，雖被奪去公民權、參政權，可是居民沒有感到不可思議，政府也就認為理所當然，這確是令人佩服的立憲的國民之胸襟了。即使不給與參政權，但做為統治階級，在概念上能得到滿足的內地人，也感到還不錯。但這使得做為其陪伴的臺灣人甚為困惑。上表的事實充分昭示了我等臺灣人應當為奪回民權而奮鬥。」[84]

謝南光指出外國皆施行充分的選舉權，然臺灣人民卻沒有享受到這項權利，故主張奪回民權亦即選舉權，由此可證謝南光具有民主主義思想。謝南光在此提到，日本內地通過普通選舉案，並於今年正式實行，可是在臺灣並沒有實施普通選舉，故謝南光要求臺灣也必須實行普通選舉。在德國、奧地利、瑞士、英國、荷蘭等國成年男女皆具參政權，可是在日本內地，女性卻不具有參政權，而在臺灣則不論男女皆不具參政權，故謝南光提出應讓臺灣人具有參政權。以上可知謝南光具有民主主義思想。

謝南光在《臺灣人的要求》中敘述如下：

「新民會的幹部們，終於得出『只有臺灣議會才能解救臺灣人的痛苦』這一結論。即使這個時候，明治大學的某派別仍在宣揚『六三法撤廢論』，反對『臺灣議會論』。但聽了林呈祿氏的說明後，明治大學的反對派很快放棄了原來的主張，1920年冬，在富士見町教會召開的大會上，意見趨於一致。留戀『六三法撤廢運動』的人們在1921年3月15日的第三號法律出臺後，也已經沒有留戀的餘地，臺灣人的解放運動也只剩下臺灣

---

[84] 謝南光，《臺灣人如是觀》，同上，頁73~77。

議會這一條途徑。臺灣議會運動以六三法的存在為前提，在這個前提下，和田總督的想法是一致的。不過是要求得到授予總督的律令權、預算的審議權、協贊權而已。這個要求遠不如澳洲、加拿大，僅要求在殖民統治下實施民主主義而已，所以得到了本土實力人物的贊成。因為這是合乎平和協會所謂『如果承認日本的主權，無論什麼大改革運動都給予支持』的心情的。而在臺灣的本土人卻熱中於宣傳這是『獨立運動』、『反日本運動』、『否認日本主權的非國民運動』，極力煽動本土人的敵對情勢；而在消息靈通人士看來，這是很可笑的。不應該忘記的是，這種費力而無效的宣傳反而造成了喚起臺灣人意識的作用。對臺灣人來說，『臺灣議會』成了重大問題。在這樣的情況下，臺灣議會請願書在 1921 年 10 月 2 日向帝國議會提了出來，林獻堂在署名人中排名第一，使臺灣官方十分驚愕。很快在御用報紙上進行了不堪入耳的詬罵，給了臺灣人非常大的影響。從此，林獻堂放棄了一貫的作法，完全和留學生聯合起來，並逐漸成為他們的領袖。臺灣官方為什麼吃驚呢？因為總督府一直是以懷柔土著資產階級做為其對土著人民政策的基礎，而土著資產階級卻改變態度，和新興知識階級聯合了起來。這時的無產階級還沒有進入運動圈子，無產階級的崛起使臺灣議會運動發生了重大變化。」[85]

謝南光在上述文章中說明，臺灣議會設置請願運動「僅要求在殖民統治下實施民主主義而已」，由此可得知謝南光具有民主主義思想。在這之中，謝南光提到臺灣議會設置請願運動，

---

[85]　謝南光，《臺灣人的要求》，同上，頁 288~289。

而臺灣總督府則對於臺灣議會設置請願運動感到驚訝。因為總督府一直是以懷柔土著資產階級做為其對土著人民政策的基礎,而土著資產階級卻改變態度,和新興知識階級聯合了起來。謝南光為《臺灣民報》的記者,屬新興知識份子。而謝南光本身也參加了臺灣議會設置請願運動,但當時的日本人對臺灣議會設置請願運動抱有「獨立運動」、「反日本運動」、「否認日本主權的非國民運動」的想法,臺灣議會設置請願運動表面上為要求臺灣自治之運動,其實是要求臺灣獨立之運動。故謝南光具有臺灣議會思想。

謝南光在《臺灣人的要求》中敘述如下:

「1923 年 2 月 21 日,『臺灣議會期成同盟會』在東京誕生,並呼籲臺灣的同志入會,推選了負責人,新結社的主幹是林呈祿,主要負責人如下:常務理事(5 名):蔡惠如、林呈祿、蔣渭水、蔡培火、林幼春。網羅了當時從事政治運動最勇敢的社會人士的絕大部分,沒有一個學生。臺灣官方對此十分惱火,想設法加以限制,但由於行政區域的不同而無能為力。期間秉承賀來長官的意思網羅御用紳士繼續進行臺灣議會撲滅運動,可悲的是,成為民眾敵人的『利權黨』(公益會)一事無成就壽終正寢,消散於無形。最終『公益會』除了因一、二個幹部拖欠租稅引起民眾的憤怒而激化運動以外,沒有什麼成果。其後,以三好檢察長為大將進行捕縛研究,終於以『領導者雖非屬本行政區域,但會員大部分為原結社成員,會名也相同,並在臺灣島內活動』為藉口,認定為非法,1923 年 12 月 16 日開展了全島大搜捕,逮捕了全部臺灣議會有關人員,當然是政治策略性的逮捕。嚴格的預審後,以有罪進行公審的有以下人員:蔣渭

水、蔡培火、蔡惠如、林幼春、林呈祿。公審結果，全都定為
『有罪』。用政治和法律手段都未能得逞的官方，憤怒是可以想
見的，應事先察覺其時機臨近。此舉究竟留下了什麼呢？由最
高 4 個月的監禁，使 400 萬同胞覺醒，促使他們積極奮起，博
得了國內外的同情，《臺灣民報》得以急速發展，很快祝賀發行
1 萬份。由此看來，這是一次非常廉價的宣傳。這次事件是 10
年社會運動史的第一座山峰，越過了山峰，平原就自然地展現
在面前了。」[86]

　　謝南光參加臺灣議會期成同盟會，並推行臺灣議會設置請
願運動。1923 年發生的治警事件中，有相當多的臺灣議會設置
請願運動者被逮捕，治警事件顯示出臺灣議會設置請願運動強
與弱的一面，並讓 400 萬臺灣人覺醒，而下一期的《臺灣民報》
發行量則超過 1 萬份。由謝南光在臺灣議會設置請願運動受到
如此肯定評價以及其曾參與臺灣議會設置請願運動及臺灣議會
期成同盟會，由此可得知謝南光具有臺灣議會思想。

　　謝南光在《臺灣人的要求》中敘述如下：

　　「臺灣民眾黨於 1929 年 9 月 19 日將歷來的主張寫成建議
書，向石塚總督提出，同時，將其副本交給武富參與官。與此
同時為了實現主張的目的，19 日數名幹部在鐵道旅館拜訪了參
與官，就臺灣政治問題及民眾黨的主張進行了懇談。建議書內
容如下：我們島民熱望的時下改革要點是：1.完成地方自治；2.
言論自由；3.實施行政裁判法；4.更新產業政策；5.廢除惡法和
社會立法；6.廢止支那渡航旅券制度；7.廢止官吏加薪；8.改革

---

[86]　同上，頁 294~295。

司法制度;9.嚴禁鴉片;10.廢止保甲制度;11.實施義務教育。

一、完成地方自治

　　普選實施的結果,臺灣人在內地居住 1 年以上就具有選舉帝國議會議員的權利,這和臺灣島內在連地方自治團體不給參政的機會很矛盾。縱觀世界各國殖民地統治狀況,都尊重民意、培養政治能力,沒有不設立使人民參與地方行政的自治機關的。差異只在組織權限形式上,英國的印度、法國的安南、美國的菲律賓,比比皆然。況且在同是帝國主義殖民地的朝鮮,早在 1920 年就施行了一部分民選的地方自治制度。我們臺灣 1920 年 10 月 1 日施行州制、市制、街庄制,協議會員和吏員都是官選,並且州市街庄各協議會都是諮詢機構。其名為自治行政,實為官治行政的變形。假自治制實施 9 年,其間官權橫行,民意無由暢達。臺灣初等教育比率尚不及本土,但法制漸趨於完備,交通、衛生、通信等文化設施不遜色於內地任何地方,民智進步今非昔比,產業日益發展,財政顯著發達,總督府年預算突破 1 億 2 千萬日圓,做為國民所盡義務毫不劣於內地。因此,從時勢變遷看,從立憲國家原則看,從內、臺融合看,即時實施完全的自治制度必要而迫切。[87]

　　從謝南光將「完成地方自治」置於建議書開頭可知,臺灣民眾黨最主要的要求在於臺灣地方自治的實現。謝南光做了下述表示:「臺灣初等教育比率尚不及本土,但法制漸趨於完備,交通、衛生、通信等文化設施不遜色於內地任何地方,民智進步今非昔比,產業日益發展,財政顯著發達,總督府年預算突

---

[87] 同上,頁 361~364。

破 1 億 2 千萬日圓，做為國民所盡義務毫不劣於內地。」即臺灣在政治、經濟、文化高度發展下，應賦予臺灣人地方自治的權利。由此可知謝南光具有地方自治思想。謝南光曾加入臺灣民眾黨，並要求州、市、街、庄之協議會員和吏員不應該是官選，而應由民選產生。因此亦可以證實謝南光具有地方自治思想。

謝南光在《臺灣人的要求》中敘述如下：

自治制度改革建議書（民眾黨）

世界各國的殖民地統治都應尊重民意，培養人民的政治能力，無不設置使人民參與地方行政的自治機構，只有組織、權限、形式各不相同，英國的印度、法國的安南、美國的菲律賓皆然。同樣是帝國殖民地的朝鮮，早在 1920 年就以民選議員組織通達民意的道府等機構，施行地方自治制度。我們臺灣 1920 年 10 月 1 日實行州制、市制、街庄制，但協議員及吏員都是官命，而且州、市、街、庄各協議會只是諮詢機構，這是最典型的名為「自治行政」，實為「官治行政」。該自治制施行 9 年來，官權獨行，絲毫未見民意暢達。再看一下日本內地的狀況，普通選舉制被實施，本國人民不必說，即使是臺灣、朝鮮等地的人民在內地居住 1 年以上時，也給予同樣權利，享有參與國政的機會。而我們臺灣初等教育程度比內地還高，法制漸趨完備，交通、衛生、通信等文化設施比內地任何地方幾乎都不遜色，民智進步今非昔比。產業日益發展，財政上升顯著，總督府的年預算突破 1 億 1 千萬圓，施行完全自治的條件充分具備。此時如不對有名無實的地方自治制度進行大改革，不僅不能順應時代要求，也必不能孚人民之信賴。因此當局宜本著立憲政治

的精神，確立自治行政的基礎，在即將到來的 9 月的協議員及
吏員改選期立足於別項記載的各要點，斷然對現行臺灣自治制
進行大改革，畫帝國臺灣統治之新紀元。

1928 年 4 月 23 日　　　　臺灣民眾黨

臺灣總督上山滿之進閣下

別項

——明確州、市、街、庄是公法人。

——改稱州、市、街、庄協議會為州、市、街、庄會。

——民選州、市、街、庄會議員，採取普通選舉制。

——以州、市、街、庄會為決議機構。

——擴大由州、市、街、庄會決議的事項，範圍根據府、
縣、市、町、村制。

——擴大州、市、街、庄會條例能夠規定的事項，範圍根
據府、縣、市、町、村制。

——州、市、街、庄會議員數不論內、臺人，依據人口比
率。

——改稱市尹為市長，市、街、庄長，由市、街、庄會選
舉。

——州、市、街、庄會議員為名譽職位。[88]

謝南光於此提出下列 9 項要求：「明確州、市、街、庄是公
法人。改稱州、市、街、庄協議會為州、市、街、庄會。民選
州、市、街、庄會議員，採取普通選舉制。以州、市、街、庄
會為決議機構。擴大由州、市、街、庄會決議的事項，範圍根

---

[88] 同上，頁 485~487。

據府、縣、市、町、村制。擴大州、市、街、庄會條例能夠規定的事項，範圍根據府、縣、市、町、村制。州、市、街、庄會議員數不論內、臺人，依據人口比率。改稱市尹為市長，市、街、庄長，由市、街、庄會選舉。州、市、街、庄會議員為名譽職位。」這 9 項要求均屬於地方自治，當時於臺灣並未施行普通選舉，協議員皆由臺灣總督所決定，對這樣不公平的情況，謝南光認為官選應改為民選，有鑒於當時的臺灣為官治行政，因而主張應施行自治行政，由此可知謝南光具有地方自治思想。

謝南光在《臺灣人如是觀》中敘述如下：

「街庄長各級協議會員，將在本年 10 月全部改選，目前正是改選活動的白熱化階段。這一運動，像日本內地的縣議會議員、國會議員選舉一樣，沒有男人味，特別女人氣。這自然應歸罪於制度。日本內地的選舉活動，對普通民眾而言，也可稱為貿易外收入，而臺灣的改選，則是官憲或是阿諛奉承者的貿易外收入。值此街庄長改選之時，我們有必要回顧一下以前的足跡。我等同胞自然記憶猶新，此制度改革前無論臺北、臺中還是臺南，均一律稱為區長。那時的區（即現在的市、街、庄）皆由本島人管理，區長幾乎全是本島人。撤區後變為市、變為街庄。茲透過兩次的改選，可看到現制度的本質。根據總督府職員錄，計算市、街、庄、區人數而來。也就是第一次選舉內地人 29 人，本島人 253 名。而第 2 次選舉，因指定任命，內地人 43 人，本島人減少到 239 名。依此下去，本期改選結果可想而知。未來的命運，難道不是連最起碼的行政地位都難以保持嗎？僅就這一點看，我等同胞必須重新審視所謂的『一視同仁』的政策。請看市協議會的比例。第 1 次選舉內地人 78 人，本島

人 36 人。第 2 次選舉內地人 77 人，本島人 37 人。即使將現在
的制度改為決議機關，若按今天的比例，臺灣人仍得不到任何
實益。按人口比例，對自治體，本島人至少須有平等的發言權。
否則，不僅是徒換其名，而且是欺騙臺灣人，加重他們的負擔。
這兩件事恰與共學制施行一樣，名聲好聽是好聽，然結果卻有
害無益。不幸的是，共學制的施行，把臺灣人從中等以上的教
育中拋了出來，而市街庄制也把臺灣人一步步擠出政治圈外。
如果不是這樣，那將是萬幸。是就此認命逆來順受？還是意識
到這是不當的壓迫，要求恢復正當權益？這完全取決於同胞覺
悟的高低。值此街庄長改選之時，我等同胞必須認真識別這似是
而非的自治，堅決反對這一偽自治。為獲得真自治而奮鬥。」[89]

　　謝南光有鑒於總督府職員依人口比例看來臺灣人代表漸漸
減少，認為這是一種似是而非的自治，故主張真正的自治。這
說明了謝南光具有地方自治思想。在此謝南光提到：「那時的區
（即現在的市、街、庄）皆由本島人管理，區長幾乎全是本島
人。撤區後變為市、變為街庄。」原本的區是由臺灣人管理，
但是區改制為市街庄，並由臺灣總督管理一事，謝南光感到相
當不滿。謝南光做了下述表示：「即使將現在的制度改為決議機
關，若按今天的比例，臺灣人仍得不到任何實益。按人口比例，
對自治體，本島人至少須有平等的發言權。否則，不僅是徒換
其名，而且是欺騙臺灣人，加重他們的負擔。」也就是說以人
口比例來說的話，對於總督府在人事上縮減臺灣人，謝南光感
到相當不滿，謝南光反對這樣虛有其表的地方自治，主張真正

---

[89] 同上，《臺灣人如是觀》，頁 66~68。

的地方自治。故謝南光具有地方自治思想。

四、小 結

　　謝南光在論文中使用了「中華民族」這個詞彙，也使用了「祖國」這個詞彙。並說明甲午戰爭後臺灣雖割讓予日本，然臺灣人為了抵抗日本帝國主義，便成立了臺灣民主國。指出 1895 年 6 月 17 日為日本帝國主義佔領臺北並設立臺灣總督府的日子，而 1931 年 9 月 18 日與 1937 年 7 月 7 日之中國軍與日本軍的衝突，與 1895 年 6 月 17 日臺灣總督府成立之日，兩者之間具有關聯性。此關聯性代表臺灣人是包含在中華民族之中的。而由使用「祖國」這個詞彙看來，說明了身為臺灣人的謝南光對中國的認同，並主張打倒日本帝國主義。由謝南光屢次投稿於李友邦的雜誌《臺灣先鋒》一事中也可得知，其與李友邦具有同樣的政治思想。李友邦認為要使臺灣從日本帝國主義的統治下獨立，並使臺灣與祖國中國統一。臺灣民主國中犧牲的 50 萬名臺灣人應視為中華民族的一部分。謝南光在此提到我們想要臺灣獨立與解放，這並非一般所定義的臺灣獨立，謝南光首先要讓臺灣由日本統治下獨立，並回到祖國中國的懷抱。而謝南光在此更提出建立臺灣民主國以抵抗日本國，犧牲的 50 萬人具有中華民國的人格，也就是說謝南光認為臺灣人包含在中國人之中。故謝南光具有中國統一思想與民族主義思想。

　　謝南光指出外國皆施行充分的選舉權，然臺灣人民卻沒有享受到這項權利，故主張奪回民權亦即選舉權，由此可證謝南光具有民主主義思想。謝南光在此提到，日本內地通過普通選舉案，並於今年正式實行，可是在臺灣並沒有實施普通選舉，

故謝南光要求臺灣也必須實行普通選舉。在德國、奧地利、瑞士、英國、荷蘭等國成年男女皆具參政權,可是在日本內地,女性卻不具有參政權,而在臺灣則不論男女皆不具參政權,故謝南光提出應讓臺灣人具有參政權。以上可知謝南光具有民主主義思想。

謝南光提到臺灣議會設置請願運動,而臺灣總督府則對於臺灣議會設置請願運動感到驚訝。因為總督府一直是以懷柔土著資產階級做為其對土著人民政策的基礎,而土著資產階級卻改變態度,和新興知識階級聯合了起來。謝南光為《臺灣民報》的記者,屬於新興知識份子。而謝南光本身也參加了臺灣議會設置請願運動,但當時的日本人對臺灣議會設置請願運動抱有「獨立運動」、「反日本運動」、「否認日本主權的非國民運動」的想法,臺灣議會設置請願運動表面上為要求臺灣自治之運動,其實是要求臺灣獨立之運動。謝南光參加臺灣議會期成同盟會。1923 年發生的治警事件中,有相當多的臺灣議會設置請願運動者被逮捕,治警事件顯示出臺灣議會設置請願運動強與弱的一面,並讓 400 萬臺灣人覺醒,而《臺灣民報》發行量則超過 1 萬份。由謝南光在臺灣議會設置請願運動受到如此肯定評價可知,謝南光具有臺灣議會思想。

從謝南光將「完成地方自治」置於建議書開頭可知,臺灣民眾黨最主要的要求在於臺灣地方自治的實現。謝南光做了下述表示:「臺灣在政治、經濟、文化高度發展下,應賦予臺灣人地方自治的權利。」謝南光曾加入臺灣民眾黨,並要求州、市、街、庄之協議會員和吏員不應該是官選,而應由民選產生。謝南光於此提出九項要求。這九項要求均屬於地方自治。當時於

臺灣並未施行普通選舉，協議員皆由臺灣總督所決定，對這樣不公平的情況，謝南光認為官選應改為民選。謝南光有鑒於總督府職員依人口比例看來臺灣人代表漸漸減少，認為這是一種似是而非的自治，故主張真正的自治。原本的區是由臺灣人管理，後來區改制為市街庄，並由臺灣總督管理一事，謝南光感到相當不滿。謝南光說以人口比例來說的話，對於總督府在人事上縮減臺灣人，謝南光感到非常不平，謝南光反對這樣虛有其表的地方自治，主張真正的地方自治。故可得知謝南光具有地方自治思想。

總結：臺灣右派抗日運動者的政治思想

　　關於臺灣右派抗日運動者的政治思想，分別敘述如下。林獻堂的政治思想為臺灣獨立思想、臺灣議會思想、自由主義思想與地方自治思想。蔡培火的政治思想為臺灣獨立思想、臺灣議會思想、自由主義思想與地方自治思想。蔣渭水的政治思想為臺灣獨立思想、臺灣議會思想、自由主義思想與地方自治思想。謝南光的政治思想為中國統一思想、臺灣議會思想、民主主義思想、民族主義思想與地方自治思想。

194

第 三 章

臺灣左派抗日運動者的政治思想

關於臺灣左派抗日運動者的政治思想，分別敘述如下。謝雪紅的政治思想為臺灣獨立思想、民族主義思想、共產主義思想及勞動工會思想。王敏川的政治思想為臺灣獨立思想、民族主義思想、共產主義思想、勞動工會思想。連溫卿的政治思想為臺灣獨立思想、民族主義思想、山川主義思想、勞動工會思想及社會民主思想。蔡孝乾的政治思想為中國統一思想、民族主義思想、共產主義思想及毛澤東思想。

第一節　臺灣獨立論者謝雪紅的政治思想

謝雪紅成立臺灣共產黨，主張臺灣獨立與建立臺灣共和國。謝雪紅的政治思想有臺灣獨立思想、民族主義思想、共產主義思想及勞動工會思想。臺灣共產黨成功地將臺灣文化協會與臺灣農民組合轉變為左翼團體，然而無法將影響擴大至一般臺灣群眾，而最終以失敗收場。

一、關於謝雪紅之研究史

1928 年起直到 1931 年期間，日本統治時代的臺灣仍存在小

規模的共產主義運動思想。共產主義運動以臺灣共產黨為中心，其指導者為謝雪紅（女性革命家）。臺共以「打倒日本帝國主義」、「建設臺灣共和國」、「建立工農民主獨裁的蘇維埃政權」，在後期抗日運動中，對於日本支配採取最徹底的對決態勢。臺共雖然能夠掌握左派的大眾團體（臺灣文化協會與臺灣農民組合），但是卻不能將勢力深植於殖民地大眾。隨著警察的鎮壓，文化協會與農民工會也隨之解體。前期抗日運動鎮壓的過程中，在臺灣總督府的警察網與承襲日本本國取締社會運動經驗的監視網下，第三國際共產勢力機械化方針的極左路線受到打壓。

關於殖民地抵抗運動方面，扮演鎮壓支配者方面的史料是十分重要的，同樣地，參加抵抗運動當事人的事後回憶也是珍貴的史料。前者史料包含臺灣總督府『臺灣總督府警察沿革誌』、[1] 日本高等法院檢察局思想部『臺灣の社會思想運動における概況』，[2] 後者出版的史料則有蘇新《未歸的臺共鬥魂》、[3] 古瑞雲《臺中的風雷》、[4] 黃師樵《臺灣共產黨秘史》、[5] 陳芳明《謝雪

[1] 臺灣總督府警務局編、『臺灣總督府警察沿革誌』第二編中卷、社會運動史、臺北、1939 年。

[2] 日本高等法院檢察局思想部、『臺灣の社會思想運動における概況』、東京、1933 年。

[3] 蘇新，《未歸的臺共鬥魂》，臺北：時報出版公司，1993 年。

[4] 古瑞雲，《臺中的風雷》，臺北：人間出版社，1990 年。

[5] 黃師樵，《臺灣共產黨秘史》，桃園，1933 年。

紅評傳》、[6] 盧修一《日據時代臺灣共產黨史》、[7] 簡炯仁《臺灣
共產主義運動史》、[8] 若林正丈『臺灣抗日運動史研究』、[9] 以及
Hsiao Frank and Sulliban Lawrence "A Political History of the
Taiwanese Communist Party ,1928~1931." [10] 但是，上述史料主要
記述臺灣共產黨史與臺灣共產主義運動史，卻未充分論述謝雪
紅的共產主義思想。

　　因此，本節主要闡述謝雪紅的共產主義思想，此為中心課
題。謝氏在戰後二二八事件成為臺中地區的領導者，在中國大
陸成為臺灣民主自治同盟的主席，本節的範圍主要限定在日本
殖民時代謝氏的共產主義思想。

二、謝雪紅的生平

　　謝雪紅出生於 1901 年臺中州彰化街，戶籍正式記載的名字
為謝阿女。謝氏父母皆從事手工業。兄弟姊妹包括謝氏本身共 8
人（5 男 3 女），非常貧窮。因此，謝氏在 6 歲的時候，在臺中
路邊以賣香蕉維生，藉以維持家計。然而，在 12 歲的時候，父
母相繼病逝。因此，向有錢人借了大筆的喪葬費，欠下大筆的
負債。此外，謝氏以 100 元的身價，成為臺中商人洪喜兒子（洪
春榮）的妻妾。16 歲時，謝氏逃出洪家，在精糖工廠擔任女工

---

[6]　陳芳明，《謝雪紅評傳》，臺北：前衛出版社，1991 年。

[7]　盧修一，《日據時代臺灣共產黨史》，臺北：前衛出版社，1990 年。

[8]　簡炯仁，《臺灣共產主義運動史》，臺北：前衛出版社，1997 年。

[9]　若林正丈、『台湾抗日運動史研究』、東京・研文出版、1983 年。

[10]　Frank S. T. Hsiao and Lawrence R. Sullivan, The Chinese Communist Party
and the Status of Taiwan, Pacific Affairs, Fall 1979.

一職，並認識了甘蔗委員張樹敏，結為連理。1917 年謝氏與張氏 2 人前往神戶，開始經營稻麥所製成帽子的生意。謝氏在日本停留的 3 年間，學習日語和中文。當時，正是日本大正時代，言論自由、思想開放，共產主義思想盛行。張氏的帽子生意此時卻陷入經營不善的命運，1920 年返回臺灣，而且成為臺中縫紉機商會的事務員，2 年後並經營臺中的服飾店。1921 年，20歲的謝雪紅加入文化協會，開始首次的政治運動。然而，當時謝氏並未真正參與政治運動。[11]

1924 年，經商失敗的張樹敏與謝雪紅轉赴上海。謝氏在上海的經驗使得她的思想全面地左傾化。謝氏在上海開始參加由中國共產黨所控制的上海臺灣自治協會的活動，以及反日遊行。謝氏由於積極地參加中共在上海所發起的五二〇運動，而獲得中共指導者的賞識，延攬為夥伴。此時，謝氏為掩人耳目，而使用謝飛英的化名。同年，謝氏進入中共所創立的上海大學就讀，並結識日後左派運動分子許乃昌、翁澤生、蔡孝乾、洪朝宗、李曉芳、莊泗川、陳玉瑛、潘欽信。

謝氏在上海大學學習的 4 個月期間是第一次接受正規教育。1925 年，謝雪紅接受中共的推薦，前往蘇聯莫斯科東方勤勞者共產主義大學留學。原本，第三國際是實現共產主義國際化路線的策略，推行世界革命為目標所設立的國際組織。第三國際開始指導中國共產黨與日本共產黨。然而，當時臺灣並未成立臺灣共產黨，謝氏遠赴蘇聯的原因在於吸取經驗，在臺灣

張炎憲、李筱峰、莊永明等，《臺灣近代名人誌》第五冊，臺北：自立晚報社文化出版部，1987 年，頁 190。

成立共產黨。而且，謝氏在東方大學留學期間，對於共產主義
思想，有快速的吸收。[12]

　　謝雪紅在 1927 年畢業於東方大學之後，身負在臺灣創立臺
灣共產黨的使命，再度遠赴上海。同年，在「二七年綱領」中，
採納日本共產黨所倡導的行動綱領——「殖民地的完全獨立」，
以及「日本共產黨與日本殖民地的解放運動密切相關，並支持
臺灣共產黨的組織運動」。同年，謝氏與林木順共同前往日本東
京，接受日共組織部長渡邊政之輔的「政治綱領」與「組織綱
領」。而且，渡邊表示：「臺灣共產黨已經成為日本共產黨附屬
的民族支部」。同時，渡邊並向謝氏表示，「由於日本共產黨參
與第一屆選舉的鬥爭，並無多餘的力量幫助臺灣共產黨，希望
謝氏能接受中國共產黨的援助。」[13]

　　1927 年，謝雪紅和林木順一起回到上海，翁澤生復加入，
3 人就「政治綱領」與「組織綱領」共同審議。他們檢討勞工運
動、農民運動、青年運動、婦人運動、赤色救援會等行動方針，
並委任林木順起草方針案。同年，根據中國共產黨的提案，在
翁澤生的家裡召開臺灣共產主義者積極份子大會。出席者有謝
雪紅、林木順、翁澤生、謝玉葉、陳來旺、林日高、潘欽信、
張茂良、劉守鴻、楊金泉、中共代表彭榮等。然後同年又在上
海法國租借的照相館中，召開臺灣共產黨創立大會。出席者有
謝雪紅、林木順、陳來旺、林日高、潘欽信、張茂良、中共代
表彭榮、朝鮮共產主義代表呂運亨等人。這個會議的主席是謝

---

[12]　同上，頁 191。
[13]　前揭、『臺灣總督府警察沿革誌』、58~59 頁。

雪紅，定位「臺灣共產黨是日本共產黨臺灣民族支部」。以「1.
打倒總督專制——打倒日本帝國主義，2. 臺灣人民獨立萬歲，
3. 建立臺灣共和國」為大會政治綱領。然後會議終了時，選出
林木順（書記長）、林日高、蔡孝乾（缺席）、莊春火（缺席）、
洪朝宗（缺席）等 5 名為中央常任委員，謝雪紅和翁澤生 2 名
為中央常任候補委員，以及陳來旺為黨員。3 名缺席者當選中央
常任委員，是一件奇怪的事情。又謝雪紅是會議主席，只當選
中央常任候補委員，這也顯得不自然。然後大會決定派遣臺共
中最熟知日共的謝雪紅，擔任臺共和日共間的聯絡工作。[14]

　　臺灣共產黨成立前，謝雪紅等人成立上海臺灣讀書會，此
讀書會的成員主要是要聲援被逮捕的朝鮮共產黨員。以「打倒
全臺灣總督獨裁政治」的名義，分發朝鮮人要站來反抗為訴求
的傳單。而在臺灣共產黨成立後，謝雪紅被警察逮捕，然最後
以證據不足被釋放。而在這上海讀書會事件後，大部分讀書會
的成員也都逃向海外，而臺灣共產黨也就成了有名無實了。此
後林木順從最高的地位滑落，而謝雪紅升任成為中央常任委
員，開始掌握臺灣共產黨的實權。謝雪紅開始訪問臺灣文化協
會及臺灣農民組合，也漸漸聯絡一些臺灣共產黨的黨員。1928
年，謝雪紅集合臺灣文化協會、臺灣農民組合、臺灣民眾黨、
臺灣總工會、臺中店員會、臺中土木工友會的代表，同意要統
一站戰線設立臺灣解放運動團體臺中協議會。但是，第三國際
指示「世界各國的共產黨是工人的政黨」，因此，統一戰線也就
此失敗了。然謝雪紅出席了臺灣農民組合的中央委員會，也採

---

[14] 同上、590~593 頁。

用起草了青年部、婦女部、救濟部三個組織的大綱。而這三個組織的大綱也就是臺灣共產黨的建黨綱領的實際運用。謝雪紅也讓臺灣共產黨的勢力滲透了農民組合當中，掌握了實權。[15]

1928 年，在臺北李國獻的家中，召開了臺灣共產黨的第 1 次中央會議，出席的有謝雪紅、林日高、莊春火等 3 人。在這會議中採行了以下的決議：「1.謝雪紅被推舉為中央委員。2.在上海事件時，逃亡的蔡孝乾、洪朝宗、潘欽信、謝玉葉等見風轉舵者，開除其黨籍。3.楊克培、楊春松兩人成為新黨員。4.林日高為書記長兼組織部長，莊春火為勞動部長兼宣傳部長。5.在臺北開設國際書局。」而在同年，謝雪紅也催促召開臺灣農民組合第 2 次的全島大會，提起「教導農民共產主義、打倒日本帝國主義、組織自衛隊」的政策。1929 年，謝雪紅在臺北開設國際書局，販賣左派分子的書籍，也是臺灣共產黨秘密的聯絡處。然而在同一年，因違反出版法，農民組合共有 13 人被處分，這也就是所謂的二一二事件。此後，同年在臺北召開的臺灣共產黨中央會議中，從上海回臺已加入中國共產黨的王萬得批判謝雪紅漸進主義的方法（要讓政治團體左傾化，先要滲透其內部控有主導權），而主張李立三極左冒險主義路線。[16]

1930 年，在臺北召開臺灣共產黨擴大中央委員會（松山會議），謝雪紅擔任議長，林日高和莊春火被剝奪黨籍，王萬得和蘇新因路線的問題而發生對立。因此，王萬得排除謝雪紅，於 1931 年成立臺灣改革同盟會，批判「謝雪紅在組織上犯了閉鎖

---

[15] 同上、661~669 頁、1080 頁。

[16] 同上、668~673 頁。

主義的錯誤，在政治上犯了不動主義的錯誤」。同年，在八里觀音山召開臺共臨時代表大會，謝雪紅卸任黨主席，並被剝奪黨籍。同年，又因為臺共改革同盟開始走過於激烈的反戰傳單等極左路線，所以臺共黨員在臺灣全島一起被檢舉，臺共因而被日本政府破壞消滅。因違反治安維持法被逮捕和起訴者，包括謝雪紅在內，多達 52 名。謝雪紅被判 13 年徒刑，1939 年罹患肺病而獲得保釋。然後謝雪紅改名山根美子，在臺中經營百貨店，直到 1945 年終戰。1970 年，罹患肺癌去世，享年 69 歲。[17]

三、謝雪紅的政治思想

　　日本共產黨幹部佐野學和渡邊政之輔起草的臺灣共產黨 1928 年大綱（即政治大綱），係從謝雪紅和林木順聽取臺灣的事情而作成的，[18]故其中反映了謝雪紅的政治思想。此政治大綱以「臺灣民族的發展」為題，對「臺灣民族形成論」進行討論。政治大綱並表示「臺灣最初的居民是野蠻人的生蕃。生蕃受漢人壓迫，被漢人強奪其土地，最後並被漢人趕到深山。之後，土地由鄭氏家族及其部下的農民地主所瓜分。其後，由中國南部的漢人移居臺灣不斷增加。臺灣民族是南方移民渡臺所構成。」[19]

　　政治大綱論述的要點如下：「臺灣最初的原住民是高砂族，

---

[17]　前揭，《臺灣近代名人誌》第五冊，頁 196~201。

[18]　山辺健太郎編、『現代史資料 20 社會主義運動 7』、東京・みすず書房、1971 年、236 頁。

[19]　前揭、『臺灣總督府警察沿革誌』、601 頁。

其次是中國大陸南部地方的漢民族遷移臺灣之後，高砂族被趕到山區。之後，由於明、清時代，坐船渡海移民具有危險性，因此大部分渡臺漢民族皆為男性。臺灣民族的結構是漢民族的男性與高砂族的女性結婚所組成。因為漢民族屬於中國西藏，而原住民屬於馬來‧波里尼西亞系。」

　　然而，關於此點臺灣研究者若林正丈則提出以下的批判：「臺灣民族形成論是積極的形式主義。若以華南移居為主體的漢人的後裔是臺灣民族的話，在這裡說的漢人是什麼意思?」[20]若林並不了解漢人與臺灣民族的差別。臺灣民族是漢民族男性與高砂族女性相互通婚所形成的民族。因此，住在臺灣的漢民族與住在中國大陸的漢民族最大的不同在於住在臺灣的漢民族有馬來‧波里尼西亞系高砂族的血統，而中國大陸的漢民族則無。因此，臺灣民族也可稱為漢民族系臺灣人。大漢民族主義者或是中國統一論者不承認臺灣民族形成論，臺灣民族的成立已是歷史文化人類學的事實。[21]

　　民族原本是指擁有共同文化與認同的集團所組成。的確，臺灣文化與中國文化有共同點，但是臺灣文化也相當程度受到日本文化與高砂族文化的影響。若要以認同的觀念來分析，中華民國已於 1912 年在中國大陸成立，並主張中華民族已經形成。然而，政治大綱卻主張臺灣民族形成論，此意味臺灣民族的認同開始與中華民族不同。因此，謝雪紅所主張與中國大陸不同的臺灣民族，是臺灣民族論形成的肇始。

20　前揭、『台湾抗日運動史研究』、318 頁。
21　關於這個地方請參考《臺灣輿圖》，1862 年。

　　臺灣共產黨成立時的各個文書中所見臺灣革命論的第一個
特色是殖民地解放的策略,並非是成為中國革命的一部分或是
日本革命的一部分,而是構想臺灣革命。臺共的組織大綱表示
「臺灣共產黨在相當的時期是第三國際日本共產黨民族支部的
一支」。[22]此外,臺灣共產黨組黨宣言中,「臺灣共產黨與馬克思
列寧主義一樣,屬於武裝性的革命政黨,同時與世界各國的共
產黨都屬於第三國際分部,意味著與其他政黨不同的特性。」[23]
此意味著,臺共成立當初是在第三國際中日本分部的一支,在
組織活動上達到一定的成果之後,則升格為第三國際下一個獨
立的個體。事實上,日共在被日本警察取締之後,臺共仍然獨
立地從事臺灣革命運動。因此,在臺灣革命成功之後,臺灣人
將成為獨立的國家,與中國統一的可能性是非常小的。

　　臺灣革命論的第二個特色是由無產階級組成的臺灣共產黨
從事階級鬥爭,加強工人、農民階級的力量,打倒資產階級,
達成臺灣革命。臺共的政治大綱敘述如下:「臺灣共產黨是以無
產階級為基礎所建立的,我們共產黨的工作在於激發階級鬥
爭,推展工人和農民的革命勢力。階級鬥爭是推動工人和農民
階級,以民族革命為主要武器鬥爭,參加階級鬥爭,這個就是
群集工農的革命理論。階級鬥爭幫助民族革命,發展民族革命。
臺灣民族革命若沒有工農的參加和工人階級的領導,不可能達
成目的。臺灣的資產階級反對階級鬥爭,資產階級破壞全民運

---

[22]　前揭、『臺灣總督府警察沿革誌』、595頁。

[23]　同上、659頁。

動共同戰線,這對民族革命是甚大的矛盾。」[24]這樣所謂臺灣革命論,就是以由無產階級組成的臺灣共產黨從事階級鬥爭,加強勞動者、農民階級的力量,打倒資產階級,達成臺灣革命的理論。

臺灣革命論的第三個特色是臺灣共產黨欲在臺灣建立工人和農民民主獨裁的蘇維埃政權。臺共的政治大綱敘述如下:「我們欲為革命建立蘇維埃政權,實在必須結合、啟蒙、訓練工人農民。」[25]換句話說,臺共以蘇聯革命為模範進行臺灣革命,以蘇聯為模範建立臺灣共和國,想要建立工人、農民獨裁的蘇維埃政權,也就是想要樹立臺灣共產黨政權,然後實現蘇維埃方式民族集中制的民主主義。臺灣革命的背景是共產主義思想,尤其是馬克思和列寧主義的思想。這樣所謂臺灣革命論,就是臺灣共產黨想要在臺灣建立工人和農民民主獨裁的蘇維埃政權。

臺灣共產黨 1928 年大綱(即政治大綱)敘述如下:「臺灣民眾反抗日本帝國主義,這種民族革命運動必然會發生,跟隨 1895 年國民革命運動而產生的臺灣民主共和國(按應作臺灣民主國),被日本帝國主義打倒以後,民主革命運動持續爆發。1907 年代主要的革命運動都是原始的突發暴動。1912 年及 1915 年兩次持續發生的大暴動,參加人員則多達數萬人。1895 年民主革命在中途被日本帝國主義壓倒以來,臺灣資本主義係藉由日本資產階級的經營來發展。因此,臺灣資產階級的政治成立極其

---

[24] 同上、612頁。
[25] 同上、613頁。

206

幼稚，至今日始漸成一階級，這個階級在團結的過程中很容易被帝國主義同化。這個事實是過去臺灣民主獨立運動不能強而有力展開的重要原因。」[26]

　　以上所述，指 1895 年臺灣民主國成立和臺灣抗日運動、1907 年北埔事件、1912 年土庫事件及 1915 年西來庵事件的陸續發生。這些事件的本質是臺灣抗日運動，也是臺灣獨立運動。就連續性來說，和中國民族不同的臺灣民族進行的臺灣獨立運動和獨立於中華民國的臺灣共和國建設被構想出來。不論臺灣民主國為何，其大致採共和制，這點可以成為將來臺灣共和國的共和制模範。又林獻堂等臺灣土著地主資產階級從事的自治主義要求運動，成為阻礙臺灣共產黨臺灣獨立要求運動的要因。但事實上，林獻堂等臺灣土著地主資產階級並非從事自治主義要求運動，而是從事臺灣獨立要求運動，關於這一點，筆者已經在幾篇論文中有所論證，[27]所以在此不擬重複。臺共從事者確實是臺灣獨立運動，要求建設臺灣共和國。

　　臺灣研究學者黃昭堂說：「為甚麼臺灣共產黨敢主張臺灣民族主義？美國總統威爾遜主張的民族自決原則和愛爾蘭於 1921 年成為自由國家，都給漢族系臺灣人政治運動者很大的激勵，顯然帶給他們民族主義和解放有關係，和獨立有關係的印象。其中臺灣共產黨批判向來臺灣的政治運動在資產階級的指導下，其革命行動是極其有限的，所以確信臺灣民主主義可以聯

---

[26]　同上、605~606 頁。
[27]　關於這個地方，請參考筆者以前發表在『アジア文化研究』和『昭和大教養部紀要』的 20 篇論文。

合勞工、農民為手段。」[28]這裡所指是正確的。民族主義有團結某個地域的作用,臺共所主張的臺灣民族主義確實有團結臺灣勞工、農民的作用,而且臺灣民族主義具有對抗中國民族主義和日本民族主義的力量,以建立臺灣民族的國家(臺灣共和國建國)為目標。

臺灣共產黨 1928 年大綱(即政治大綱)敘述如下:「就我們黨來說,為獲得政治自由的一切運動,必須依大眾運動,動員大眾。臺灣共產黨現在的口號是:1. 打倒總督專制政治──打倒日本帝國主義。2. 臺灣獨立民眾萬歲。3. 建設臺灣共和國。」[29]在此主張臺灣民族獨立和建設臺灣共和國是極其重要的,因為當時臺灣島內的抗日團體中,沒有主張臺灣民族獨立和建設臺灣共和國的抗日團體。又臺共雖然受到日本共產黨和中國共產黨兩方的指導和援助,但是主張臺灣民族獨立和臺灣共和國建設仍然值得特別提起,因為他們主張形成和中國民族概念獨立的臺灣民族,進而主張建立和中華民國概念對立的臺灣共和國。也就是說,因為形成和中國民族不同的臺灣民族,所以想要建設和中華民國不同的國家,即臺灣共和國。

臺灣研究學者 Hsiao Frank 和 Sullivan Laurence 說:「受儒家思想影響的中國文化教化時,人就成為中國人;相反地,從中國文化圈內脫離,人就會非中國化。臺灣人由於受到日本的日本化,以致於具有臺灣民族的特質。臺灣人是和中國人不同

---

[28]　黃昭堂、「台湾の民族と国家」、日本国際政治学会編、『国際政治』第 84
　　号、1987 年、71~72 頁。

[29]　前揭、『臺灣總督府警察沿革誌』、611 頁。

的民族。」[30]若林正丈批評此說:「假如進入日本統治下,臺灣人能馬上非中國化的話,那麼同樣的事也會發生在僅晚臺灣10年進入日本統治下的遼東半島住民,在遼東半島產生遼東人的民族性?」[31]若林正丈的說法錯了,其原因在於犯了臺灣人是中國人的一部分,與臺灣人和中國人同樣是中國人的先入為主觀念。因此,若林犯了臺灣人和遼東人同列而論的謬誤,因為臺灣人於1895年建立臺灣共和國這個獨立國,臺灣共產黨也於1928年主張建立臺灣共和國,而遼東人沒有想要建立獨立國的運動。臺灣人想要建立從中國獨立出來的國家,而做為中國人一部分的遼東人沒有想要建立從中國獨立的國家,這點兩者是不同的。

在這政治大綱所闡述的臺灣民眾的獨立與臺灣共和國的建設內容中,有要挑戰日本殖民地支配的意思。以政治制度來說,日本是君主立憲制(根據憲法君主的權利受限),臺灣共和國是共和制(根據民主主義的選舉去選擇人民總統的政治體制),其主張則是相對的。像謝雪紅待過日本,而深受大正民主主義的影響,也正因如此,一般都認為這也是臺共會主張共和制的原因。還有在蘇俄留學時,也學到蘇俄思想的民主主義思想,這也是原因之一,那也就是謝雪紅主張臺灣民族獨立及建立臺灣共和國的理由了。

四、小結

---

[30] Hsiao and Sullivan, op. cit., pp. 459-460.

[31] 前揭、『台湾抗日運動史研究』、333頁。

第一、謝雪紅的政治思想是臺灣民族形成論。臺灣的原住民有馬來‧波里尼西亞系人。明朝及清朝的時候，要橫渡臺灣海峽是很危險的，因此從中國大陸移民來臺的大多數為男性。因此漢民族的男性及原住民的女性結婚，也就形成了現今的臺灣民族。是和原本中國民族不同的，和馬來‧波里尼西亞系人混血的臺灣民族。而謝雪紅的政治思想也就和中國民族不同而是臺灣民族形成的臺灣民族論。

第二、謝雪紅的政治思想是臺灣革命論。第一個特色是，殖民地解放戰略並非是中國革命及日本革命的一部分，而是以臺灣革命為構想。第二特色是無產階級要進行階級鬥爭，強化勞動階級及農民階級的力量，打倒資本主義，建立工農民主獨裁政權的臺灣革命論。

第三、謝雪紅的政治思想是臺灣獨立運動論。1895 年成立臺灣民主國的臺灣抗日運動、1907 年的北埔事件、1912 年的土庫事件、1915 年的西來庵事件，這些事件均已說明。這些事件的本質是臺灣抗日運動，也可說是臺灣獨立運動。以連續性來說，可說是和中國民族不同的臺灣民族的臺灣獨立運動及從中華民國獨立出來的臺灣共和國建立的構想。臺灣民主國的共和制是臺灣共和國的模範。謝雪紅的政治思想是臺灣民主國的建立的抗日活動，以連續性來說也就是和中國民族不同的臺灣民族的臺灣獨立運動。

第四、謝雪紅的政治思想是臺灣共和建立論。謝雪紅主張臺灣民族獨立及建立臺灣共和國。當時，臺灣所存的抗日團體中，臺共是第一個主張臺灣民族獨立及建立臺灣共和國的團體。臺共從日本共產黨及中國共產黨接受援助，特別是要扶植

臺灣民族獨立及建立臺灣共和國。特別是與中國民族對立概念的臺灣民族的形成，及主張中華民國對立概念的臺灣共和國的成立。謝雪紅的政治思想是和中國民族不同的臺灣民族的形成，及建立和中華民國不同的臺灣共和國的思想。

第二節　臺灣獨立論者王敏川的政治思想

王敏川是共產主義者，其後將臺灣文化協會轉變成共產主義的團體，將社會民主主義連溫卿派的勢力排除出文化協會，而後成為臺灣文化協會最後的委員長。王敏川的政治思想有臺灣獨立思想、民族主義思想、共產主義思想、勞動工會思想。

一、關於王敏川之研究史

王敏川為 1920 年代[32]推動政治、社會運動的臺灣抗日運動者。王氏一方面身為《臺灣青年》、《臺灣》、《臺灣民報》、《臺灣大眾時報》等雜誌的社論記者，一方面積極展開抗日運動。並且王氏也參加臺灣議會設置請願運動及加入臺灣文化協會，且被選為最後一屆的中央委員長。王氏與連溫卿把地主資本家階級以及知識階級的右傾團體改為左傾團體。成為左翼團體的臺灣文化協會後與蔣渭水等為主的臺灣民眾黨（右翼）及林獻堂與蔡培火等為主的臺灣地自治聯盟（右翼）形成對立，接著王氏更使連溫卿退出臺灣文化協會。之後王氏在臺灣赤色救援會事件被逮捕，隨後入獄，不久即生病逝世。

---

[32] 關於 1920 年代的臺灣，筆者發表 20 篇的論文於『アジア文化研究』、『南島史學』、『昭和大學教養部紀要』，請參考。

　　照這樣看來，王敏川究竟有怎樣的政治思想？筆者將在本論文中闡明這個問題。王氏的政治思想表現在《王敏川選集》[33]等著作與《臺灣青年》、《臺灣》、《臺灣民報》、《臺灣大眾時報》等雜誌上。至於其他關於抗日運動者的史料，例如謝春木的《臺灣人的要求》、[34]蘇新的《未歸的臺共鬥魂》、[35]蕭友山的『臺灣解放運動の回顧』、[36]還有關於臺灣總督府的史料，如『臺灣總督府警察沿革誌』[37]也有提及王敏川的政治思想，因此我們可以較為客觀地來議論王氏的政治思想。然而到目前為止，關於王氏的學術論文可說幾乎沒有。

二、王敏川的生平

　　王敏川字錫舟，1887 年在臺灣的彰化市出生，父親是王廷陵，為私塾的教師，從小便對王氏以漢文教育，1909 年王氏畢業於臺灣總督府立國語學校，成為彰化第一公學校的教師。王氏小時候受孔孟思想的影響，隨著成長則受了西歐思想的影響，1919 年王氏赴東京，就讀早稻田大學政治經濟系，4 年後畢業，那時候王氏已是 34 歲的壯年，同年畢業的學生還有抗日運動者的黃呈聰和黃朝琴，王氏留學的時候是東京臺灣留學生的民族自覺高揚的時候。王氏 1919 年參加林獻堂的新民會，開始臺灣民族運動，同年，王氏成為《臺灣青年》雜誌的創刊人

[33]　王敏川，《王敏川選集》，臺北：臺灣史研究會，1987 年。

[34]　謝春木，《臺灣人的要求》，臺北：臺灣新民報社，1931 年。

[35]　蘇新，《未歸的臺共鬥魂》，臺北：時報文化出版，1993 年。

[36]　蕭友山，『台湾解放運動の回顧』，臺北：三民書局、1946 年。

[37]　前揭、『臺灣總督府警察沿革誌』。

之一，1923 年當了幹事，《臺灣青年》在東京發行，以住在日本
的臺灣人讀者為對象。王氏等人回臺灣後，即宣傳《臺灣青年》，
募集讀者，他們批判統治階級的暴虐，為各地的臺灣島民眾所
歡迎。1923 年王敏川、蔣渭水和蔡式穀等在臺北組織臺北青年
會。同會標榜地方文化的提昇與體育活動的實踐，但是在演劇
與演講會推行反日運動上則被禁止，然後他們組織臺北讀書會
與臺北體育會。除了討論社會問題以外，他們有目的地議論各
種主義與思潮。王氏加入了以林獻堂為中心的推動臺灣議會設
置請願運動。但是臺灣總督府 1923 年發生了治警事件，逮捕了
臺灣議會期成同盟會的關係者 99 名，其中包括了王氏。在治警
事件的判決，王氏被判徒刑 3 個月，在翌年的第二審當無罪被
釋放。1925 年臺北警察署對臺灣文化協會的取締轉為嚴格，因
此王氏以與政治無關的〈論語〉為主題演講了 1 個月。並且王
氏也在《臺灣民報》上發表關於教育問題、婦女問題、社會問
題的文章。[38]

　　以前臺灣文化協會是統一的團體，在林獻堂的領導下成
立，而展開了臺灣抗日運動，但是 1920 年代後半，社會主義思
想流入臺灣時，文協分裂成左、右派。文協分裂成左、右派的
時候，林獻堂、蔡培火、蔣渭水等屬於右派，即穩健派；而王
敏川與連溫卿屬於左派，即急進派。1927 年文協在臺中公會堂
舉辦臨時大會的時候，連氏等 40 名的無產青年推動奪權鬥爭，
因而發生內部對立。屬於右派的舊幹部的林、蔡等相繼脫離，
屬於左派新幹部的王氏等支配文協。王氏當選為中央委員，當

---

[38]　前揭，《臺灣近代名人誌》第三冊，頁 78~83。

了左翼團體新文協主要幹部，也當了教育部長。王氏與連氏主
導新文協想將文協由文化導向轉變為政治導向。王氏畢業於有
日本社會主義大本營之稱的早稻田大學，受到中國上海大學留
學經驗者的無產青年所支持。這個「上大派」裡面的成員有後
來當了中國共產黨的幹部的蔡孝乾，還有翁澤生、洪朝宗、王
萬得、潘欽信、莊春火等等。成立新文協之後，王氏跟鄭明祿、
一同辭職《臺灣民報》雜誌社，從新文協收集資金，1928 年創
立臺灣大眾時報社，當了總經理。《臺灣大眾時報》在東京發行，
但是被臺灣總督府禁止了，發行 4 個月，至第 10 號時即停刊。[39]

　　臺灣文化協會常常發生反抗臺灣總督府的事件。例如新竹
事件（1927 年）、臺南墓地事件（1928 年）、臺中師範事件（1928
年）、臺中一中事件（1927 年）等等。所以王敏川也數次入獄，
後來王氏在新文協裡面的力量凌駕連溫卿之上，利用政治手
段，將連氏趕出新文協，另外新文協內有些臺灣共產黨員提出
新文協解散論，也就是說，若新文協採用政黨路線，新文協應
該解散，如此才能使無產階級成長。但是王氏反對這個建議，
主張新文協應該成為小的大眾團體。1931 年，新文協在彰化第
4 屆全區代表大會，出席代表 77 人，雖在警察的監視下，但是
選舉仍如期舉行，王氏並當選為中央委員長兼財政部長。在全
區代表大會中發表以下的行動綱領：「徵集無意大眾，參加大眾
運動，所以獲得政治的經濟的自由。」會議場中，貼滿了臺灣
解放運動萬歲、打倒地方自治聯盟、打倒臺灣民眾黨等等的宗
旨，最後與會人士並大呼「臺灣解放運動萬歲」。但是新當選的

---

[39]　同上，頁 84~85。

中央委員鄭明祿、王萬得、吳石麟等已經在豐原的張信義家裡開秘密集會,決議支持臺灣共產黨。臺灣總督府於 1931 年,解散蔣渭水組織的臺灣民眾黨,之後,警方開始逮捕臺灣共產黨員。臺灣農民組合的領導者簡吉在臺中準備臺灣赤色救援會的時候,王敏川帶領新文協 10 名中央委員去前往支援,結果被警察逮捕捕而入獄。王由於長期間身為新文協的幹部,並且為新文協最後一屆的委員長,因而被判處 4 年的徒刑。雖在判決書記錄王氏被列為「非共產黨員」,但是王氏仍有可能保有共產主義思想。王氏在獄中待了 6 年,出獄之後便常常生病,1942 年,王氏因病去世,得年 54 歲。[40]

三、王敏川的政治思想

關於王敏川主張階級鬥爭,與臺灣共產黨合作,其組織臺共的理由,臺灣史研究者王曉波有以下的說明:「階級鬥爭是臺灣工人對日本資本主義的鬥爭,如矢內原忠雄的說明『民族運動是階級運動,兩者互相結合。』所以王氏等人的階級鬥爭,就是民族鬥爭的意義。王氏和臺共合作的理由,是孫文提出的聯俄容共政策對臺灣抗日民族運動影響,而且趁機利用日本共產黨對臺灣共產黨的同情,並且想跟臺共結成抗日民族運動的統一戰線。」[41]

根據王曉波的說明可得知,王敏川所言不是階級鬥爭。推動民族鬥爭跟臺灣共產黨合作的理由,是由於國共合作的影

---

41 王曉波,《臺灣史與臺灣人》,臺北:東大圖書公司,1988 年,頁 295。

響，且是利用日本共產黨的同情，但是事實上並非如此。因為
王氏是共產主義者，王氏實際上推動階級鬥爭，因為王氏有共
產主義思想，因此王氏和臺共合作。這樣的情況，根據以下說
明，登載在左派雜誌《臺灣大眾時報》，是事務取締役兼編集部
主任的王氏和編集發行人兼記者蘇新創刊的。蘇新寫回憶錄《未
歸的臺共鬥魂》（此回憶錄是當事人寫的一手史料，評價很
高），在這個史料中有註明。

　　「在臺灣文化協會初期階段，三個集團暫時結為統一的戰
線。這三個集團分別代表不同的階級利益。第一個是以蔡培火
為中心的改良主義派，受日本國內的民主化運動（大正民主運
動）影響。第二則是以蔣渭水為中心的民族主義派，受中國國
民黨民族革命的影響。第三以王敏川、連溫卿為中心的社會主
義派（『臺灣總督府警察沿革誌』認其為共產主義派），[42]受日本
與中國的無產階級社會主義革命運動影響。所以在 1927 年的文
協臨時總會上，三個集團還是分裂了。之後連氏、王氏等左翼
份子在全島各地組成各種青年組織與讀書會，宣傳馬克思主
義，協助農民組成農民組織，協助勞工階級組成勞工組織。」[43]

　　由此我們了解王敏川是個共產主義者，同時也了解日本、
中國無產階級的社會主義革命運動深受馬克思主義者的影響。
我們也知道在全國各地組成各種青年組織與讀書會、宣傳馬克
思主義、協助農民組成農民組織、協助勞工階級組成勞工組織
等作為，代表王氏同時是馬克思主義者。並且在 1928 年以後，

---

[42]　前揭、『臺灣總督府警察沿革誌』、190 頁。
[43]　前揭，《未歸的臺共鬥魂》，頁 101~102。

216

臺灣左翼運動也受到日本福本主義與山川主義的對立、中國的
李立三路線等事件的影響，文協內部的派系鬥爭也開始了。分
別為以王氏為中心的上大派，和以連溫卿為中心的非上大派互
相對立。上大派包括王敏川、蔡孝乾、王萬得、潘欽信等人，
非上大派則包括連溫卿、胡柳生、林清海、黃白成枝等人。

關於此點，蘇新曾說過以下的話：「王敏川傾向福本主義，
連溫卿傾向山川主義。當時福本主義支配日本共產黨，走極左
派路線，他們認為山川主義是屬於左翼的社會民主主義。文協
的上大派也把連氏的派系認為是左翼社會民主主義，而把蔣渭
水一派認做是右翼的社會民主主義。兩派派系鬥爭越發激烈，
在 1929 年文協第 3 次全島代表大會上，王派將連派除名，同時
解散文協臺北支部。[44] 王對於在日共占多數理論的福本主義十分
信奉，如果考慮王氏將信奉山川主義對抗理論的連派除名的動
作，王氏做為共產主義者，特別是馬克思—列寧主義者的想法
是不會錯的。也就是信奉當時支配日共的極左派福本主義的
話，更可說他屬於馬克思—列寧主義的極左派。

日本共產黨在 1922 年成立，翌年許多黨員遭到逮捕，面臨
不是解黨就是再建的狀況。山川均認為日本的資本主義尚未成
熟，對革命並不利，因此主張解散日共。山川還認為無產階級
意識會伴隨革命情勢的成熟而成長，因此應該等待成熟時刻的
來臨。還有山川認為日本應該發展跟日本的社會條件一致的革
命路線，不需要盲從第三國際的指令。這便是山川主義。這個
山川主義在 1924 年從再建派受到打擊。在 1926 年日共舉辦再

---

[44] 同上，頁 103。

組織大會，採取福本和夫所提的路線即福本主義。福本主義具有「分離」和「結合」的概念。「分離」是整頓機會主義的馬克思—列寧主義者的意思，「結合」是團結馬克思—列寧主義者的意思。福本認為日本的革命勢力擴大了，應該宣傳外來的革命理論，日共應該遵守第三國際的指令。於是山川主義和福本主義的理論鬥爭產生了。在第三國際的指導下，檢討山川主義和福本主義，採取新政策「二七年綱領」。德田球一就任日共的委員長，福本和夫就任政治部長，渡邊政之輔就任組織部長。然後渡邊代表日共擔任跟臺灣共產黨的連絡人。[45]

　　關於這點，『臺灣總督府警察沿革誌』又說：「王敏川派有以日本共產黨的所謂『二七年綱領』（臺灣共產黨上海綱領與此同義）為中心的意見。」[46]如此王氏信奉日本共產黨的「二七年綱領」的話，王氏相信共產主義思想特別是馬克思—列寧主義的事項則不能懷疑。『臺灣總督府警察沿革誌』有以下的說明：「臺灣議會設置請願運動從幹部的思想舉動來觀察的話，可以從大方向的見解得知。一為支那一定會收復臺灣。與此意見相反的主張則是本島人獨立的生存為主。前者代表的人物包括蔣渭水、王敏川等人，後者則是以蔡培火、林呈祿為主。」[47]因此，臺灣總督府以王氏為主的中國統一派為基礎，但是筆者並不這麼認為。王氏並非中國統一思想，而是臺灣獨立思想。

　　王敏川臺灣獨立思想的第一個根據是，王氏贊成日共「二

---

[45]　前揭，《謝雪紅評傳》，頁 81~83。

[46]　前揭、『臺灣總督府警察沿革誌』、244 頁。

[47]　同上、318 頁。

七年綱領」的「目前的政策，第 13 項殖民地臺灣的完全獨立」
為目標。

　　臺灣總督府的資料顯示，「聽取福本主義的指導理論，在第
三國際執行委員會中，通過『對於日本的綱領』，日本則根據此
綱領來決定。該綱領在 1927 年的指示中指出，「目前的政策第
13 項中，高舉『殖民地完全獨立的政策』，並規定對於臺灣、朝
鮮方面的共產主義運動，日本方面負有重要的使命。王氏則是
主張 1927 年綱領的精神。」[48]因此可知王敏川具有臺灣獨立思
想。

　　王敏川對於臺灣獨立思想的第二個根據，在於王氏擔任中
央委員會長文協的第 4 次全島代表大會中，通過階級鬥爭發表
所謂的臺灣解放的獨立宣言。第 4 次全島代表大會王氏做了以
下的表述：「資產階級榨取勞動大眾的血汗，使工農大眾面臨貧
窮的境界。各國的無產階級革命運動，確定中國蘇維埃政權，
印度、朝鮮、越南、南美、南非等殖民地獨立運動的進展，激
化兩大階級的對立抗爭。日本帝國主義以外債恢復日月潭的工
程，強行產業合理化，對於吾輩被壓迫大眾進行榨取鎮壓，造
成工農大眾貧窮化。一般勤勞大眾、無產市民層的沒落，陷入
無產階級的地位。反動的臺灣民眾黨、臺灣地方自治聯盟為代
表的本地地主受到日本帝國主義的懷柔與反動。因此，處於被
壓榨地位的廣大勤勞大眾，在無產階級的指導下，對抗日本帝
國主義的抗爭，與臺灣的帝國主義統治，顛覆封建專制政治，
掃蕩封建的遺制，必須打倒反動團體。第 4 次全島代表大會滿

---

[48]　同上、588 頁、244 頁。

場一致在無產階級的旗下，通過新的方針，誓言徹底的對抗日
本帝國主義。最後，我們的口號在於團結日韓臺被壓迫階級，
打倒日本帝國主義，臺灣解放萬歲。」[49]以此為階級鬥爭，打倒
日本帝國主義，進行臺灣解放運動的行為，正足以代表臺灣獨
立思想。

　　王敏川具有臺灣獨立思想的第三個根據，在於王氏推行具
有臺灣獨立意義的臺灣議會設置請願運動。臺灣總督雖然擁有
立法、行政、司法三權，但以王氏為主導的臺灣議會請願運動
只要求給予臺灣議會的立法權，也就是說，要求臺灣議會有包
含法律制定權與預算議決權的立法權。就與不具立法權和只有
條例制定權的府縣會有明顯的差異。由於請願運動是要求法律
制定權與預算議決權的立法權，正足以證明請願運動並非臺灣
自治運動而是臺灣獨立運動。因此，推動臺灣議會請願運動的
王敏川主導要求法律制定權與預算議決權的，並非臺灣自治思
想，而是臺灣獨立思想。

　　王敏川在〈吾人今後當努力之道〉中，有以下的表示：「政
治與社會有密切的關係，政治不好，社會也跟著動盪。政治清
明的話，社會也能獲得改良。」[50]因此王為了改良政治，而改良
社會。因此，王敏川可是實踐社會運動的社會改良思想家。也
就是說，王氏主張第 1 階段實行社會改良，第 2 階段才試著進

---

[49]　論評，〈臺灣文化協會第 4 次全島代表大會宣言〉，《新臺灣大眾時報》第
　　　2 卷第 1 號，（1931 年 3 月 15 日），頁 43~45。

[50]　王敏川，〈吾人今後當努力之道〉，《臺灣》，第 4 年第 1 號，（1923 年 1 月
　　　1 日），頁 32~33。

行所謂的政治改良。原因在於分析當時的狀況可知，相對於當時政治較不自由的領域，先試著改良社會面較容易著手。這就是王氏用一切的手段，改良臺灣社會的原因。

王敏川對於「臺人重大的使命」，有以下的主張：「我們臺灣人首先應設立能協調民意的立法機關，第二應普及教育，提昇教育，第三應打破因習。」[51]而其中的第一項「應設立能協調民意的立法機關」意味著臺灣議會設置請願運動論。這已在前文論述，在此不再重複。「第二應普及教育，提昇教育」之所謂的教育普及論，特別強調所謂社會教育的普及，以及書房與漢文的普及。教育普及是王敏川最重視的論理，與教育普及論有關的論文共有 10 篇。王氏在《臺灣青年》或是《臺灣民報》所寫的論文中約占了三分之一。「第三則是打破固有的因襲」中所謂的女子教育論，特別是強調所謂的女子教育的普及與知識階層女性的崛起。女子教育關係的論文也同樣的占 10 篇左右。

教育普及論，特別是關於社會教育的普及，王敏川做了以下的表示：「我們同胞雖然有 380 萬人，大多數並未受到教育，並無識字，無法閱讀新聞、雜誌、書籍與盲人無異。因此，社會教育是必要的。因此，應該在各地設置演講會與講習所。同時，應該在各地設置圖書館與讀報社（一般閱讀報紙的地方）。」[52]王氏的想法在臺灣文化協會獲得了實現。臺灣文化協會一年召

---

[51] 王敏川,〈臺灣人重大的使命〉,《臺灣民報》, 第 2 卷第 14 號,（1924 年 8 月 1 日）, 頁 1。

[52] 王敏川,〈論社會教育〉,《臺灣民報》, 第 2 卷第 15 號,（1924 年 8 月 11 日）, 頁 8。

開 350 次的會議。聚集 11 萬人的聽眾，掀起臺灣人的民族意識。
同時，在臺灣各地舉辦夏季講習所，臺灣民眾的政治意識與社
會意識的高漲。另外，臺灣圖書館與讀報社的設置，啟蒙了臺
灣民眾，深化臺灣民眾對於政治與社會的關心。因此，教育普
及論，特別 是關於書房與漢文的普及，王敏川有以下的說明：
「在書房教育內漢文是最重要的。這第一個目的是培養優秀人
材及社會的貢獻，如古人說求道者需要老師，必須學習道德，
跟現在學校教育目的一樣陶冶品性，學習必要的知識和技術是
理所當然的。這第二個目的在透過孔子的教導，培養優秀的人
材，透過學習漢文，釀成中日兩國的感情，促進世界和平。」[53]
王氏透過普及書房，試著保衛臺灣文化，也就是介入臺灣的日
本學校教育，透過書房教育的普及，試著維護臺灣文化。換句
話說，透過同化政策的日語教育的強制即日本文化的強迫，王
氏試著做書房教育的普及即臺灣文化保衛。王敏川以下再次說
明：「任何的國家也都重視教育，這是理所當然的，教育愈發達
國家愈強，教育是建國的基礎。但是當局不重視漢文教育、漢
文最重要的理由，是臺灣人有維持東亞和平的使命，臺灣人將
來前往中國和南洋發展等等，漢文對日常生活是不可少的。」[54]
其中的「（漢文）教育是建國的基礎」這句話含有建立臺灣人的
獨立國之意圖。因為王氏不是重視日語教育，而是重視漢文教

---

[53]　王敏川，〈書房教育革新論〉，《臺灣青年》，第 4 卷第 1 號，（1922 年 1 月
　　 20 日），頁 28~29。
[54]　王敏川，〈獎勵漢文的普及〉，《臺灣民報》，第 2 卷第 25 號，（1924 年 12
　　 月 1 日），頁 1。

育。如此王氏透過主張漢文教育和漢文普及，試著建立臺灣人
的獨立國的基礎。

女子教育論特別關於女子教育的普及和知識階級女性的奮
發，王敏川做了以下說明：「日本的婦人協會每年提出請願書，
要求日本政府修正治安警察法第 5 條，承認婦人做結社、集會、
演講的自由，開始要求參政權運動。我們臺灣應該有這樣子的
婦人出面。占臺灣 360 萬人口一半的 180 萬婦女的思想不容忽
視。所以知識階級的婦人應該奮發，推動婦人運動。」[55]人口一
半的女性參加社會運動的話，將取得很大的權力。在大部分的
社會主義國家，婦人運動和社會運動是一起結合推動。婦人運
動的大部分是和馬克思—列寧主義結合推進。王氏推動社會運
動其中的婦人運動，試著改良社會。

王敏川還做了以下說明：「我們男性和你們女性沒有能力的
差別。還有我們是一樣的國民，你們沒有徵兵的義務，但是有
國民的資格，教育國民是天職。男子受教育，增加知識，女子
也同樣增加知識的話，國家會變強盛。從這個地方論述的話，
女子教育和國家有密切的關係，如果沒有增加女子的知識的
話，對國家不好。」[56]氏在這裏面說的「國民」和「國家」意味
將來臺灣人的獨立國和國民。將來臺灣人建國的準備作為，是
透過教育增加知識，試著提高國民意識和國家意識。王氏的主

---

[55] 王敏川，〈希望智識階級婦女的奮起〉，《臺灣民報》，第 3 卷第 8 號，（1925 年 3 月 11 日），頁 11。

[56] 王敏川，〈婦人的自覺〉，《臺灣民報》，第 2 卷第 11 號，（1924 年 6 月 21 日），頁 6。

張，透過臺灣文化協會得到了實踐。王氏把此項作為社會運動的一種，來推動婦人運動，試著改良社會。

四、小　結

　　王敏川是臺灣文化協會中三個派系中的社會主義派（共產主義派），受日本與中國無產階級社會主義革命運動的影響很深。王氏更在全島各種青年組織和讀書會上來宣傳馬克思主義，並更進一步地幫助農民成立農民組合，以及幫助工人成立工會。此外王氏更因為信奉日本共產黨多數極左派的福本主義，而將信奉與福本主義對立的山川主義的連溫卿自臺灣文化協會中除名。且王氏一直信奉日本共產黨的「二七年綱領」（此綱領與臺灣共產黨的上海綱領內容一致）。從此事件後，王氏便成為共產主義思想特別是馬克思列寧主義的信仰者。

　　王敏川以日本共產黨的「二七年綱領」中的「當前的政策，第一、三項臺灣完全獨立」為目標。於臺灣文化協會第 4 次全島代表大會中出任中央委員長時，發表「透過階級鬥爭解放臺灣」的宣言，（也就是宣布臺灣獨立）。王氏並要求臺灣議會須擁有法律制定權和預算議決權，並為此推動請願運動。於是吾人可以得證王氏是支持臺灣獨立的。

　　除此之外，王敏川也主張社會教育的普及，並藉由臺灣文化協會舉辦具體的演講和講習，設置王氏一再強調的圖書館和閱報社。藉由書房與書院的普及，試著保存臺灣文化，以之對抗日本學校教育對臺灣的入侵。王氏也主張透過漢文教育和漢文普及，為未來臺灣人建國立下基礎。王氏也主張透過女性的普及教育，試著讓占人口一半的女性民眾也能參加改良社會的

社會運動。王氏更為了未來的臺灣建國,特別對女性知識份子,以教育的方式增加共產知識,來試著提高國民與國家意識。從王氏為了改良政治與社會努力來看,吾人可知道,王氏有著推動社會運動,改良社會的思想。

王敏川的政治思想中,首先是為共產主義思想,特別是馬克思—列寧主義。其次為透過請願運動設置臺灣議會的臺灣獨立思想。最後為經由女子教育及社會普及教育的社會改良思想。

第三節　臺灣獨立論者連溫卿的政治思想

連溫卿是社會民主主義者,其後被王敏川所主導的臺灣文化協會所排擠。連溫卿具有臺灣獨立思想、民族主義思想、山川主義思想、勞動工會思想與社會民主思想,屬於勞農派。所謂山川主義為伯恩斯坦的修正主義思想,是以和平手段奪取政權為目的的政治思想。本節將敘述關於連溫卿之研究史、生平與政治思想。

一、關於連溫卿之研究史

1921 年臺灣抗日運動的中心團體是臺灣文化協會。美國威爾遜的民族自決主義、日本的大正民主運動、朝鮮的三一獨立事件、中國的辛亥革命及五四運動等,給予臺灣抗日民族運動很大的影響。之後文協內部產生了三個流派,也就是以蔡培火為中心,受日本大正民主運動影響的改良主義派;以蔣渭水為中心,受中國國民黨民族革命運動影響的民族主義派;和以王敏川和連溫卿為中心,受日本與中國的無產階級社會主義革命運動影響的社會主義派。1927 年,在文協的臨時大會上,由於

連氏的提案被表決通過，蔡與蔣因而脫離文協，設立了臺灣民眾黨。從此文協變為被連氏與王氏支配的左派團體。不過後來又因為日本的福本主義和山川主義、中國的李立三路線的影響，新文協又產生了兩個流派，即以王氏為中心、信奉福本主義、有上海大學留學經驗者所組成的上大派，及以連氏為中心、信奉山川主義的非上大派。兩派對立的結果，1929 年連氏自新文協中除名。之後在 1931 年，新文協的活動中止。連氏因而在文協的兩度分裂上，擔任相當重要的角色。

　　那麼，連溫卿究竟抱持著什麼樣的政治思想呢？本節企圖解明此點。連氏的政治思想散見於《臺灣民報》、《臺灣大眾時報》等雜誌所刊載連的論文，及連氏的著作《臺灣政治運動史》。[57]再加上臺灣總督府方面的史料『臺灣總督府警察沿革誌』，[58]討論連氏的政治思想的客觀條件已大體完備。至今關於連氏的學術論文幾乎不存在。本節首先概述連氏的政治運動，接下來再論述其中的政治思想，將內容加以分析後，最後再討論其在政治思想史上的意義。

二、連溫卿的生涯

　　連溫卿 1895 年誕生於臺北，公學校畢業。之後有鑑於世界各地民族與語言差異導致國際紛爭，「世界語(Esperanto)普及運動」因而開始。所謂的世界語，是以拉丁文為主體的人為制定語言。世界語普及運動希望穿越民族與宗教，能實現世界和平

57　前揭、『臺灣總督府警察沿革誌』。
58　前揭，《臺灣近代名人誌》第四冊，頁 104~105。

的理想。然後兒玉四郎來臺,在臺北自宅創立了日本世界語協會臺灣支部。1913 年,連氏加入了上述的協會支部,之後改名為臺灣世界語協會。而後連氏擔任總編輯的月刊雜誌《綠陰(Verda Ombro)》發行。這本雜誌的發行期間為 1919 年到 1931年。這個協會是純粹觀念性的團體,雖然對世界語普及運動有很大的貢獻,但與實際的政治問題或社會問題並無關聯,以做為單純的文化運動而終結。連溫卿一面參加世界語普及運動,一面研究社會主義等社會科學的理論。在 1923 年,與蔣渭水等人組成社會問題研究會,不過被當局禁止。之後,連氏與蔣氏與王敏川等人在臺灣文化協會的指導下,陸續組織了臺北青年會、臺北讀書會、臺北體育會等。這段期間連氏認識了小學女老師山口小靜,山口在臺北研究世界語。山口從臺北第一女子高等學校畢業後,回到日本,進入東京女子師範學校,與日本的社會主義者山川均、山川菊榮夫婦來往。連氏透過山口的介紹,與山川通信。1924 年連氏去東京參加世界語大會,住在山川家,跟山川的關係變好,漸漸地受到山川主義的影響。連氏回臺灣之後,向臺灣人推薦日本共產黨發刊的「無產者新聞」和「前進」等報紙,推廣山川主義等勞農派共產主義的思想。[59]

　　山川均在 1926 年寫了「殖民地政策下の臺灣」的論文,批判日本對臺灣殖民地的控制。[60]這個論文原本是連溫卿論文中所提供的資料,張我軍把此論文翻譯成中文,以〈弱小民族的悲哀〉提名,揭載在雜誌《臺灣民報》上。還有連氏也在這個雜誌上發表很多論文,批判臺灣總督府。連氏站在社會民主主義的立

[59]　山川均、『山川均全集第 7 卷』、東京‧勁草書房、1966 年、258~291 頁。
[60]　前揭,《臺灣近代名人誌》第四冊,頁 105~107。

場，主張階級鬥爭。隨著 1920 年代社會主義思想漸漸地流入臺灣，臺灣青年人組成各種讀書會，學習社會主義思想。然後用「臺北無產青年」的名義，舉辦聚會，成為一種抗日團體，連氏在這個裏面扮演重要角色。這樣的社會主義主義團體漸漸地興盛。對臺灣文化協會的啟蒙運動和臺灣議會設置請願運動，連氏抱有反感，批判這些運動是對日本的一種叩頭行為。隨著日本的資本引進到臺灣，新興產業漸漸地產生，1924 年以後，很多農民爭議常常發生。比方說對林本源製糖公司的收購方法和收購價格的爭議、關於新高製糖公司的地租徵收爭議、反對三菱公司竹林占據的爭議等。隨著這種農民爭議常常發生，1925 年起，二林蔗農組合、鳳山農民組合、曾文農民組合、大甲農民組合接連不斷地結成。然後在 1926 年，臺灣全島性的農民組合加在一起，組織成臺灣農民組合。這樣全島性組合的成立，一方面發展農民運動，另一方面刺激左派運動。從 1926 年在《臺灣民報》雜誌上，開始改造論爭。兩派的論爭是關於臺灣以資本主義為目標或者以社會主義為目標的對立。這個建議案，論爭沒有勝負，從此之後左派和右派開始對立。[61]

　　1926 年臺灣文化協會更改會規，蔡培火、蔣渭水、連溫卿各自提出不同的提案且互相對立。但是 1927 年在文協的臨時大會投票，選舉連氏為委員長占多數，會規因此由連氏決定。之後連氏的直系 11 人當選中央委員，其他大部分的人也支持連氏。如此一來文協便為左派的連氏及王敏川等人所占據。但是

---

[61] 連溫卿，〈臺灣社會運動概觀〉，《臺灣大眾時報》，創刊號，1928 年 5 月 7 日，頁 15。

228

右派的林獻堂、蔡培火、蔣渭水等人因此而不滿，於是陸續的
退出了文協，而後結成了臺灣民眾黨。就這樣原本企圖透過文
化啟蒙運動進行民族運動的文協，變成了以階級鬥爭為主的社
會主義團體。1927 年，成為左翼團體的臺灣文化協會提出了 10
項綱領。新的文協比舊文協更傾向積極地動員民眾。僅在 1927
年的 1 年之間，新文協便舉行了 271 回的演講，聚集了 11 萬名
聽眾。連氏在文協的分裂後，發表了名為「1927 年の臺灣」的論
文，其中有以下之敘述：「想要解放被壓榨的臺灣人民的話，有
實行階級鬥爭之必要。」[62]如此，連氏對臺灣社會改造路線的看
法從此確立，雖然文協隨後分裂，此一思想仍成為 1920 年代社
會主義思想的代表。[63]

　　新臺灣文協有鑑於《臺灣民報》成為臺灣民眾黨的刊物，
於是 1928 年創刊了《臺灣大眾時報》。連氏雖在此報發表了許
多論文，但 4 個月後的第 10 期出刊後即遭到當局查禁。在勞工
運動方面，當時民眾黨的蔣渭水已經組織了臺灣工友總連盟。
連氏為了不願讓勞工運動的主導權被民眾黨所掌握，於是在
1928 年組織了臺灣機械工會連氏合會，為更進一步的為了結成
全島的勞工團體，連氏組織臺灣總工會的主張獲得了中部及南
部幹部的支持。不過這個主張與王敏川結成臺灣勞工統一連盟
的主張對立，結果並未實現全島統一的勞工團體。屬於新文協
的演劇團、新光劇團、新劇團、民聲社、電影放映會僅在 1927

[62] 前揭，《臺灣近代名人誌》第四冊，頁 108。
[63] 同上，頁 109。

年便舉行了 50 回的公演，聚集了 19,000 人次的觀眾。[64]

在臺灣的社會經濟發展中有許多的勞工爭議，農民爭議及民族問題的產生，新臺灣文協在這些爭議上扮演著指導者的角色。如新竹事件（1927 年）、臺中一中事件（1927 年）、臺南墓地事件（1928 年）、臺中範學校事件（1928 年）等都成為抗日事件。就新文協內部而言，受到王敏川以下瞿秋白等人的影響，曾在中國上海大學留學的同窗組成了上大派。相對於此，受到日本山川主義影響，連溫卿等人則集結為非上大派。由於思想上的差異，兩派從此對立。當時的思潮也有了很大的變化。日本國內對於山川主義及福本主義嚴加批判的激進派抬頭。另外在中國上海成立的臺灣共產黨黨員歸臺，也開始加入新文協。由於中國國民黨對於中國共產黨員的虐殺，中共開始武裝鬥爭，陳獨秀引退，李立三開始採用激進路線。這些事件給臺灣帶來影響，造成臺灣的社會主義運動分裂。1929 年，新文協召開第 3 次全島大會，臺灣農民組合的鄭明祿告發了連氏與日本官方勾結、濫用職權、造成鬥爭的混亂。另外連氏一派又遭王氏一派以「左翼社會民主主義者」、「分裂、投機、地盤主義者」、「山川均反革命勞農派之私生兒」批判，而為新文協所除名。退出新文協的連氏並未組織新的團體，連氏在第 2 次世界大戰中，致力於研究民俗學。之後於 1957 年病逝，享年 62 歲。[65]

三、連溫卿之政治思想

---

[64]　同上，頁 109~111。

[65]　前揭，《臺灣政治運動史》，頁 142~144。

　　連溫卿抱持怎麼樣的政治思想呢？政治結社時期，連氏的結社案得到蔣渭水及王敏川的同意。以「我們的主張」為題，說明如下：「臺灣的人口五分之四是農民、礦工與漁民。他們沒有生產的手段，依賴現在的產業組織。現在在臺灣，例如未許可的開墾問題、蔗農爭議問題、竹林、香蕉等在有法律特質的政治勢力壓力下，大多數人的生活受到威脅。所以我們必須靠政治方面的覺醒。我們考慮現在臺灣的狀況，推翻政府擁護特產階級的制度，抱持合法的手段實現大眾在政治、經濟、社會等方面的解放，實現民主政治，廢除政治特權，稅制根本的改革，要求言論、出版、結社的自由。」[66]

　　這裡的「臺灣的人口五分之四是農民、礦工與漁民，他們沒有生產的手段，依賴現在的產業組織」，就表現了社會主義思想，特別是帶有馬克思主義特質的階級意識。再者「考慮現在臺灣的情況，推翻政府擁護特產階級的制度」，這句話反映出社會主義特別是馬克思主義所說的「正要進行階級鬥爭」的意思。也就是農民和工人等無產階級（proletariat）對地主和企業家等資產階級（bourgeoisie）進行「階級鬥爭」，以奪取政權的意思。很清楚地，這就是社會主義思想，也就是馬克思主義的思想。但是「抱持合法的手段，使一般大眾獲得政治的、經濟的、社會解放的實現」這句話是說，以選舉和議會等和平的手段來奪取政權，也就是社會主義思想特別是伯恩斯坦（Bernstein）的修正主義。所以連溫卿可說具有社會民主主義思想。

　　1927 年，連溫卿反對林獻堂等的臺灣議會設置請願運動，在「對臺灣議會請願運動委員的態度證明書」有以下的說明：「日

---

[66] 同上，頁 103~105。

本帝國主義奪取我們的土地，大資本家握有全部的生產手段，讓很多青年失業，讓勞工好像奴隸一樣地被驅使，搾取重稅，蹂躪我們民眾的言論、集會、結社、出版的自由，施行警察政策，極端壓迫我們同胞，使臺灣人陷入極度的貧困，是不能容忍這種差別待遇。但是臺灣議會請願委員拒絕我們同胞熱烈鬥爭，推動跪地式的署名運動，討了資本家政黨的歡心，拒絕跟我們被壓迫的無產階級民眾一同提攜，而向搾取我民眾利益的三井、三菱的政友會、民政黨哀哀懇求。臺灣議會應該馬上歸於大眾的運動。絕對反對跪地式的臺灣議會請願！反對專制的總督政治！臺灣人應該要求完全自治！應該打倒田中反動內閣！臺灣民眾、應該團結！」[67]

在此「日本帝國主義奪取我們的土地，大資本家握有全部的生產手段，搾取勞工的重稅」這句話是資產階級搾取無產階級的意思。也就是說這個「搾取」是馬克思說的「剩餘價值說」的意思，資本家自勞動者得到應得之份以外的利益。「應該打倒田中反動內閣」這句話是要求打倒反對社會主義的田中義一內閣。「反動」這句話也是馬克思主義思想的基本概念主義。還有「臺灣民眾、應該團結」這句話也是模仿馬克思在《共產黨宣言》裏面說的「萬國的無產階級、應該團結」的表現。所以連溫卿擁有馬克思主義的思想是很明確的。

1928 年在新臺灣文化協會內發生幹部派和反幹部派的對立，討論新文協跟民眾黨之間關係應如何處理時，連溫卿有以下的考量：「臺灣的階級意識並不十分發達。從民主主義運動的

---

[67]　同上，頁 189~190。

角度來看，我並不反對。根據列寧，支援殖民地的民主主義的民主運動，糾合進步主義者（將來的無產階級政黨），教育他們，讓他們自覺這個特殊任務，讓他們參與民主主義的資產階級。但是這只是一時的，必須保持無產階級的獨立性。雖然說是一時的，但是這個一時要如何界定也很困難。比方說中國北伐途中的分裂就是證據。鑑於臺灣現今很低的文化水準，很容易分裂。說資本階級的民主主義也不是，說無產階級的民主主義也不行。也就是為了推動民主主義運動，為什麼必須走合作路線。」[68]

連溫卿反對無產階級運動應該跟資產主義合作的列寧思想。這是因為以北伐途中國民黨和共產黨分裂的事實為鑑，有鑑於臺灣現今很低的文化水準，所以很容易分裂，故連氏不具備列寧主義的思想。還有連氏不主張用暴力革命奪取政權的列寧式暴力革命，同樣證明連氏不具有列寧主義思想。

『臺灣總督府警察沿革誌』有以下的說明：「1927 年連溫卿為了參加世界語協會前往東京，因緣借住在山川的居所，其後互有密切的往來，連溫卿因山川而受到共產主義運動的指導，提供山川關於臺灣諸事情的調查資料。」[69]「連溫卿及其率領一派的主張奉山川主義為根本，從連溫卿和山川均的關係看來是很明顯的，跟王敏川一派比較的話，合法性較強。」[70]這可說是連氏信奉山川主義。山川主義信奉者因發行「勞農」被稱作勞

---

[68] 前揭、『臺灣總督府警察沿革誌』、183 頁。

[69] 同上、244 頁。

[70] 山川菊栄、向坂逸郎編、『山川均伝』、東京・岩波書店、1961 年、428~429 頁。

農派，與第三國際指導的日本共產黨彼此對立，馬克思主義陣
營因而分裂為二派。

　　日本共產黨和勞農派的對立，圍繞在對布爾什維克的評價。
日共透過列寧把馬克思理論發展成馬克思─列寧主義（布爾什
維克主義‧Bol'sheviki），是馬克思主義唯一在政黨上的發展，
在俄羅斯革命的實踐作為普遍的基準，以適用在日本的運動。
一方面根據勞農派，列寧主義（布爾什維克主義）從馬克思理
論出發，是從俄羅斯特異的條件發展的理論。所以各國的革命
運動必須發展革命理論。日本的社會主義運動的人物需確立日
本本身革命實踐的理論，不是模仿德國的社會民主主義和俄羅
斯的共產主義（布爾什維克主義），而有回歸馬克思主義，從頭
出發的必要。[71]

　　日本共產黨和勞農派有關於無產階級的戰略目標因此產生
對立。日共認為日本是天皇制絕對主義國家，無產階級政治鬥
爭的目標是打倒天皇制，無產階級戰略的目標是資產階級，是
民主主義的革命，只有達成資產階級民主主義革命的時候，社
會主義革命才能成為無產階級的戰略目標（關於此點，跟俄羅
斯的三月革命和十一月革命的關係一樣，被稱為「二段革命
論」）。一方面根據勞農派，政治鬥爭的對象是以金融資本和獨
占資本中心的帝國主義的資產階級的政治勢力。同時日本也是
資產階級政權已經確立的資產階級國家（資本主義國家）。下次
的革命（政權階級移轉意味的革命）不是對資產階級政權移轉
的資產階級、民主主義的革命，而是代替資產階級，由無產階
級掌握政權的社會主義革命，無產階級戰略目標是社會主義革

---

[71]　同上、430 頁。

命。[72]

　　日本共產黨和勞農派於政黨組織也發生對立。日共認為結合之前應該分離，布爾什維克主義信奉者認為相信布爾什維克主義以外，其他理論的人們分離，必須組織俄羅斯的布爾什維克主義型的革命家的黨派。根據勞農派的想法，一般大眾在資本主義或社會主義兩者擇一，尚非當下迫切的問題。所以必須將對立於資產階級的社會階層集結起來，組成反資產階級戰線的大眾政黨，且認為這個政黨必須是合法地存在的政黨。[73]

　　日本共產黨和勞農派有關於無產階級的態度產生對立。日共除了合法的日共以外，全盤否定一切合法的政黨，認為這些政黨合法地存在的事情是資產階級走狗的證據。一方面勞農派從無產政黨樹立運動以來，主張有共同戰線性質的單一的無產政黨的實現。[74]

　　日本共產黨和勞農派有關於工會的組織產生對立。日共採用二重工會主義，也就是組織屬於第三國際指導下的赤色工會國際，即跟右派工會對立的工會（「結合之前的分離」說提出工會運動）。一方面勞農派排擠二重工會主義，主張工會運動的戰線統一，揭示「工會運動全國統一標語」。[75]

　　日本共產黨和勞農派對工會運動的態度產生了對立。日共利用機會激起勞動的爭議，這些個別爭議從只為改善勞動條件的鬥爭，轉化成革命的政治鬥爭（國家權力奪取的鬥爭）。一方面

---

[72]　同上、432 頁。

[73]　同上、433 頁。

[74]　同上、433~434 頁。

[75]　同上、434 頁。

根據勞農派，從工會主義的意識到馬克思主義的政治意識，並不是把個別爭議轉化成革命的政治鬥爭，而是經由勞動階級的意識和運動發展成馬克思主義的政治鬥爭，使得工會的經濟鬥爭變成不重要了，其意義也更加受重視。[76]

連溫卿在《臺灣政治運動史》裏面提到關於臺灣民族形成論。「臺灣民族的發生是在荷蘭時代萌芽，在鄭成功時代成長，在清朝時代發達。臺灣的經濟發展經由這些時代，明確地和中國經濟沒有關連，也就是說在經濟上獨立。臺灣人和中國人雖來自一樣的民族，但是臺灣人和中國人已變為不一樣的民族。所謂分類械鬥是臺灣獨有的鬥爭。這個形態以原住民為對象，是一種自然形成的政治權力（連氏說「臺灣是一個政治的存在，跟中國不一樣」）。[77]產生統一民族，獲得土地，用更好生活共同的欲求形成統一的形態。這樣的狀態跟傳統的移民不一樣，從地方的分散性，產生跟中國不一樣的社會集團。這樣子臺灣民族的形成經由清朝二百餘年的統治後變得明確。清朝的臺灣封鎖政策讓臺灣和中國經濟的關係斷絕。所以臺灣移民的風俗跟中國人不一樣，臺灣人變擁有新的民族意識，經濟也變獨立了。」[78]

連溫卿這段說明中陳述了從荷蘭人統治時代、鄭成功時代到清朝時代，臺灣民族和中國民族經歷不同的經驗。還有臺灣民族和中國民族沒有經濟的關連，可以說臺灣民族和原住民自然產生了一種政治權力。臺灣民族形成的結果，也就是結合了歷

---

[76]　前揭，《臺灣政治運動史》，頁189。

[77]　同上，頁2~23。

[78]　同上，頁345~346。

史的經驗、經濟的經驗和政治的經驗。可以說臺灣民族的形成和中國民族不太一樣。所以和中國人不太一樣的是,臺灣人抱持著新民族的意識。這個論理很明確的形成臺灣民族形成論。這是臺灣民族形成論、臺灣獨立論的基本概念。所以連溫卿可以說是一位擁有臺灣獨立思想的人。

再者連溫卿對臺灣文化論有以下的論述:「要說和臺灣文化有關的,從荷蘭人統治時代,雖然很晚接受物質文化和精神文化,但社會文化開始進步,因為沒有封建制度基礎的身分制嚴屬的束縛著,雖然一直到清朝時代還持續著,這個內容是小市民主義的形式的封建主義,日本時代也是這樣子。因為日本帝國主義採用差別政治,讓臺灣的風俗習慣保持。臺灣文化的本質是商業資本的文化,和封建文化相反。第一次世界大戰以後,臺灣的商業資本自然轉化為產業資本時,對封建文化是進步的、戰鬥的效果。臺灣文化的特徵是透過各時代經濟的外力,試著強迫封建制度的裡面反對經濟的外力,產生排除意識。在荷蘭人統治時代發生郭懷一獨立事件。鄭成功時代時,以反清復明為目的。在滿清統治的 220 年間,發生大小叛亂的總數最多達 22 次,平均 10 年就發生 1 次。繼承清朝統治的日本,從 1895 年到 1915 年,20 年間發生 22 次的叛亂,平均 1 年 1 次。發生率比統治 200 年的清朝高。」[79]

連溫卿為表現臺灣文化的特徵,透過各時代經濟的外力,試著強迫封建制度,反對經濟的外力,產生排除意識。然後連氏舉出具體的例子,如郭懷一獨立事件、清朝統治時發生的 22

---

[79] 同上,頁 352~353。

次叛亂和日本統治時的 22 次的叛亂。透過像這樣的政治權力，
表達了臺灣不想被統治的排除意識，是臺灣人自己想統治臺灣
的意識。這個排除意識也就是民族自決主義的次級概念，也是
臺灣獨立思想的第一階段。所以連溫卿可以說是一位具有臺灣
獨立思想的人。

　　還有如以下連溫卿所描述的反日本帝國主義論。「1921 年，
臺灣文化協會誕生。臺灣文化協會的目的，為了提高臺灣文化，
因為臺灣人覺得臺灣的文化很落後。日本政府傳統的政策以尊
重風俗習慣為藉口，目地是積極地不讓臺灣的文化發達，維持
在現狀，不要讓文化提高。筆者認為文協雖不表明反對日本帝
國主義，仍是反對日本帝國主義的團體。這個構成分子是被統
治民族的各個階層，雖然工人和人民沒有加入，不過有臺灣資
產階級的少數進步份子，以知識階級的進步份子為中心。他們
讓封建時代的文化和資本階級的文化對立。主張撤廢民族差別
的政治。承認日本帝國主義有色民族的團結論。這個主張雖然
是矛盾的，因為這個主張的過程，無意識地喚起反日本帝國主
義，這是被大眾支持最大的裡由，文協遺留下來最大的功績。」[80]

　　連溫卿在這其中說明的是臺灣文化協會反日本帝國主義的
事跡。也就是說文協是反對日本帝國主義的團體。反對日本帝
國主義這件事情，是不喜歡透過日本帝國主義統治的意思，也
就是不想被日本帝國主義統治。如果臺灣沒有被日本統治的
話，統治臺灣的會是臺灣人或中國人。但是臺灣文化協會的目
標表面上是臺灣文化的提升，實際上是臺灣民族意識的提昇。

---

[80]　前揭，《臺灣近代名人誌》第四冊，頁 272~273。

所以臺灣文化協會是反日本帝國主義的團體，連氏所說的這個協會並不是以日本殖民地化或中國統一為目的的意思，而是以臺灣獨立為目的的意思。所以連氏是一位具有臺灣獨立思想的人。

四、小結

　　以下說明連溫卿的政治思想。地主和企業家等的資本階級（bourgeoisie）「榨取」農民和勞工等無產階級（proletariat），這是馬克思的「剩餘價值說」。資本家從勞工得到應得之外的利益，所以無產階級應該對資本階級進行「階級鬥爭」，奪取政權，這個明確的社會主義思想就是馬克思社會主義思想。然而他同時主張透過和平的手段奪取政權，也就是社會民主主義特別是伯恩斯坦（Bernstein）的修正主義思想，不主張透過暴力革命試著奪取政權的列寧暴力革命論。所以連氏的政治思想是社會主義思想，其中是沒有列寧暴力革命論因素的社會民主主義思想，特別是伯恩斯坦的修正主義思想。

　　連溫卿信奉勞農派的政治思想也就是山川主義。以下說明勞農派的政治思想。日本不需模仿有俄羅斯性質的列寧主義（布爾什維克主義），應該回歸馬克思。再者下次的革命不是對資本階級政權移轉的資本階級、民主主義的革命，而是代替資本階級，無產階級掌握政權的社會主義革命，無產階級的戰略目標是社會主義革命。然後將應與資本階級對立的社會層階級組成反資本階級戰線組織，形成大眾的合法政黨。所以勞農派無產政黨開始運動以來，主張有共同戰線性質的、單一的無產政黨的實現。再者勞農派反對二重工會主義，主張勞農工會運動的

全國統一。還有連氏認為不需要把各個勞動糾紛轉換成革命的
政治鬥爭（國家權力奪取的鬥爭）。連氏擁有這樣的勞農派亦即
山川主義的政治思想。

　　以下則是連溫卿的想法：在臺灣透過歷史的經驗、經濟的
經驗、政治的經驗，形成跟中國民族不一樣的臺灣民族。這個
理論是臺灣民族形成論。這個臺灣民族形成論是臺灣獨立論的
形成基礎。再者舉出以前四次叛亂的例子，透過其他的政治實
力不想被統治的臺灣排除意識，聯結臺灣自己統治的意識。這
個排除意識是民族自決主義的次級概念。這個民族自決主義是
臺灣獨立思想的前一階段。還有臺灣文化協會是反日本帝國主
義的團體，要求臺灣文化和臺灣民族意識提昇的話，這個協會
不是以日本殖民地化和中國統一為目的，而是以臺灣獨立為目
的的團體。這樣子連氏擁有臺灣民族形成論、民族主義自決議
論、反日本帝國主義議論。所以這就是連氏擁有臺灣獨立思想
的原因。

　　以上說明的是連溫卿的政治思想是社會民主主義思想、山
川主義、臺灣獨立思想。

第四節　中國統一論者蔡孝乾的政治思想

　　蔡孝乾起初參與臺灣抗日運動，而後前往中國大陸加入中
國共產黨，因此同時具有中國統一思想、民族主義思想、共產
主義思想與毛澤東思想。蔡孝乾奉行階級鬥爭，以打倒資本家
階級、使勞工階級掌握主導權、解放中國各民族、實現共產主
義第一階段的社會主義為目標。以下將討論關於蔡孝乾之研究
史、生平與政治思想。

一、關於蔡孝乾之研究史

　　蔡孝乾在 1920 年代於中國大陸展開抗日運動，1930 年代時，加入了中國共產黨，並占有很高的地位，1945 年以前，發動了中國大陸抗日運動。1924 年，進入上海大學，不久後即任上海臺灣青年會出版部幹部，之後又將此會改組為旅滬臺灣同鄉會，也參加了上海臺灣自治協會所舉行的反臺灣始政紀念會。之後也和陳炎田、謝廉清等合組了赤星會，出版了赤星雜誌，宣揚共產主義。隨後返臺，寫了〈駁芳園君的「中國改造論」〉。

　　1928 年，臺灣共產黨成立，任中常委，之後因避檢舉，而逃至漳州。1932 年，加入了中共紅一軍團政治部，也成了江西區任列寧師範學校教師及反帝國總同盟主任。1934 年，代表臺灣參加瑞金「中華蘇維埃工農兵第 2 次全國代表大會」。1935 年，任八路軍總政治部敵工部部長，此後到延安，到 45 年為止歷任蘇維埃中央政府內務部長等職。1945 年 9 月返臺。

　　蔡孝乾到底抱持怎麼樣的政治思想？在這一節中，將解明這一點。蔡孝乾的政治思想，可見於《臺灣民報》雜誌中，蔡孝乾所寫的八篇論文及二本書籍《臺灣人的長征記錄——江西蘇區・紅軍西竄回憶》與《毛澤東軍事思想和人民戰爭之研究》。再者，也有臺灣總督府警務局出版的『臺灣總督府警察沿革誌』，可以當成評論蔡孝乾政治思想的客觀資料。到目前為止，沒有關於蔡孝乾的學術論文。

二、蔡孝乾的生平

　　蔡孝乾，1908 年生於彰化縣花壇鄉，讀過彰化某公學校。17 歲時，也就是 1924 年，此時的臺灣民眾已漸受到議會請願運動及文化協會的影響，民眾的民族意識開始覺醒，也開始追求現代國民的知識。有錢、有能力的學子紛紛赴日留學；或者是基於祖國意識，或是看中中國學校學費低廉、入學手續容易；且另一方面由於有志升學人數增加，但島內中等學校的收容量卻未見成長，因此一些公學校的畢業生紛紛到中國留學。根據統計，1920 年以前，臺灣留學中國的人數僅有 19 人，但到了1923 年為止，留學生數目已增加到 273 人。蔡孝乾就在這股留學中國的熱潮中，負笈上海，入中共所創辦的第二個學校——上海大學社會科學系就讀。與他同在該系的臺灣學生，尚有翁澤生、洪朝宗等人。他們在中國左翼教授任時弼、瞿秋白的調教之下，後來幾乎個個都是臺灣共產黨的健將。也約略在這個左翼思潮瀰漫的時代裡，在中國的臺灣人，受到中國國民黨聯共影響的蔡惠如、彭華英以及留學生，大部分已對共產主義運動產生共鳴，因而已對 1921 年以來的議會請願運動的民族自決主義採否定的態度。蔡惠如本來每年都會到東京參加臺灣議會設置請願運動，但自此之後他改變了路線，進而謀求藉國民黨的援助以打倒日本帝國主義，把臺灣收回中國的版圖。於是在蔡惠如的熱心推動下，上海的臺灣留學生於 1923 年，假上海南方大學成立「上海臺灣青年會」，參與的人士中，還包括了張我軍、許乃昌與謝廉清等人。這個會「表面藉學生親睦、研究中外文化，暗地裡卻以臺灣獨立、打倒日本帝國主義為實。」該

會到了翌年，即 1924 年，成員已擴充至 50 名左右，組織也略具規模。蔡孝乾來上海讀書會後即加入該會，且擔任出版部幹部。[81]

隨著上海臺灣青年會的發展，參加的成員已不僅限於留學生，其他身分的旅中臺人也陸續加入。於是蔡即與其他人在 1924 年將該會改組為「旅滬臺灣同鄉會」。這個會後來還發展成共產黨系統上海臺灣學生聯合會。蔡自負笈中國後，所受的教育、所參加的組織，左翼色彩都相當濃，大概此時他已成流行的左翼青年了。蔡於 1924 年接受朝鮮共黨份子呂運亨及臺灣彭華英的提議，因而與許乃昌等人組織共產主義色彩極濃的「平社」，並發行《平平》刊物寄回臺灣。蔡在同年的 6 月 17 日，參加了上海臺灣自治協會所舉辦的反對臺灣始政紀念會，會中採與張深切、林維今與謝阿女（雪紅）等人輪番登台，向中國人民控訴日本「暴虐的臺灣統治」、「其治下臺灣民眾的悲慘」。諸人的演講中，還以激越的語調，向聽眾訴說：「吾人在中國雖未有利害關係，然因自古以來的血統關係，不忍坐視中國之淪亡……」、「諸君醒醒吧！……須以實力貫徹愛國運動，同時幫助吾等亡國的臺灣同胞自主獨立運動」。[82]

1925 年，猶是學生身分的蔡孝乾，仍然熱衷地與彭華英、許乃昌等人奔走於中國各地，籌畫成立留中的臺灣學生聯合會。此時，蔡又於「上海旅滬臺灣同鄉會」裡，與陳炎田以及到過蘇俄莫斯科中山大學的謝廉清等合組赤星會，出版《赤星

---

[81] 同上，頁 273~274。

[82] 同上，頁 274~275。

雜誌，宣揚共產主義。也就在這段期間，蔡開始向島內的《臺灣民報》投稿。有意思的是，在 1925 年民報舉辦的紀念專號中，這位 18 歲的新潮左翼年輕人，也寫了一篇〈五年的臺來灣〉，他對當時的臺灣政治運動，提出如下的看法：「我想此去 5 年內，諒必會發生無產階級的解放運動。臺灣議會能實現不能實現，另一問題，在這中間，無產階級運動開始的客觀的條件，充分存在著。看啊！臺灣民眾將『階級意識』而至『階級鬥爭』的開始！」[83]

　　無疑，海外的左翼思想抵抗運動已在島內整裝待發。果不其然，1926 年，臺灣島內終於發生保守派的文協理事陳逢源（芳園）與激進派的許乃昌（沫雲），在民報上發表對中國的改造前途的不同看法，而對臺灣今後運動應走的路線，產生激烈的爭辯，這即是臺灣近代史上著名的「左右傾辯」。蔡在同年因學校放暑假而返臺，論戰爆發後，他也寫了一篇〈駁芳園君的「中國改造論」〉，聲援許乃昌，重彈「中國全民族的解放，須待社會主義的實現，新中國的改造須待無產階級的勢力」之調。這篇文章，直到年底才刊出。從資料來判斷，蔡在結束暑假後返回上海，似只再讀了半年時間左右，而於 1927 年年初即已束裝返臺。返臺後的蔡孝乾，似乎已是文協會中的「上大派」（即「上海大學派」）系統。「上大派」與島內的社會主義系統之連溫卿、黃白成枝等人，結合了所謂的「無產青年」，成功地在 1927 年將文協改組成左傾的團體，此即著名的文化協會路線轉換，右翼的林獻堂、蔡培火與陳逢源等人退出文協。蔡孝乾返臺後的

---

[83]　同上，頁 275~277。

1927 年，即與王萬得、高兩貴與陳崁諸人會合於彰化，向無產
青年宣傳主義，蔡擔任彰化地區的負責人。然而，旋及發生「臺
灣黑色青年聯盟」秘密結社案，遭日警檢舉的計有 44 名，蔡也
明列其中。不過，經審判結果，僅王詩琅、吳滄洲等 4 名被判
刑，蔡孝乾無罪釋放。這是蔡第 1 次被捕，但安然過關。同年，
在中國的翁澤生、林木順與謝雪紅，受共產國際東方支局的指
令，協議籌畫組織臺灣共產黨，他們並邀請身在廈門的潘欽信，
以及在臺的文協會員蔡孝乾前來參加。1928 年謝等召開組黨籌
備大會，建立臺灣共產黨。蔡前後均未克前去，但仍被選為 5
位中央委員之一。臺共召開建黨後的第 1 回委員會，蔡又被推
舉為 3 位中常委之一。[84]

就在臺共積極組黨之際，翁澤生與林木順所指導的上海讀
書會，在 3、4 月間遭到檢舉。此刻在臺的蔡孝乾也聞風而潛聲
匿跡。上海臺共事件發生，惟恐波及臺灣島內組織，經會議決
定將幾個重要幹部撤離臺灣，他便與洪朝宗、潘欽信、謝玉葉
（翁澤生女友）自後龍潛渡廈門，因此難怪謝雪紅會怨責蔡孝
乾。上海讀書會事件被檢舉的謝雪紅，以罪證不足被釋遣返臺
灣。謝返臺後，得悉蔡等人因懼讀書會事件擴大而放棄在臺工
作，以及怕被檢舉而逃逸渡中之事，表示相當不滿，因此譴責
蔡孝乾等人是機會主義者。謝與蔡因此結下樑子。蔡孝乾逃亡
到廈門、漳州後，化名楊明山，斷斷續續在那裡教了幾年的書，
在詔安當過短時期的公路工程臨時職員，他的父親也在 1928 年
到漳州，在霧峰人林季商（祖密）所辦的徑口農場工作。根據

蔡的回憶，蔡在那裡除了謀生外，主要的任務是從事臺灣居民
的協助工作，尤其是學生的協助工作。另根據日方的資料，在
這一段期間內，蔡孝乾先後在 1929 年率臺灣留學生展開救援因
共黨嫌疑而被漳州第一師軍法會議拘禁的蔣文來。1930 年，臺
灣島內農民組合遭檢舉，蔡夥同多人舉辦講演會聲援島內。除
此舉之外，他又與李山火、施玉（至）善、潘爐等人指導在集
美學校與漳州各地的留學生，並於 1930 年結合閩南學生聯合
會，研究社會科學，以及策畫臺灣的民族獨立運動。[85]

　　至 1932 年為止的 4 年多之間，蔡一直在閩南一帶從事政治
工作。據蔡回憶一書的說法，在那裡，他與中共的關係「只有
橫的聯繫，在工作上直接受設在上海的臺共總部領導」，顯然他
並非中共黨員，無須聽中共指揮。不過這一年，江西蘇區的中
共紅軍占領漳州，此時住在漳州城與施玉善為鄰的蔡孝乾，在
有關人士的引介下加入紅一軍團政治部，編輯紅色戰士報，蔡
從此由臺共黨員變為中共黨員。同年，蔡與紅軍進入江西蘇區，
擔任列寧師範學校教師及反帝總同盟主任。1934 年，蔡以少數
民族臺灣代表的身分，與朝鮮、安南、爪哇人參加在瑞金舉行
的「中華蘇維埃工農兵第 2 次全國代表大會」，且被推舉為大會
主席團之一。中共令蔡與朝鮮人代表臺、韓民眾發表「共同宣
言」，聲明兩地人民衷心擁護中國紅軍北上抗日。紅軍遭國民黨
的圍剿，展開了所謂的「25,000 里長征」，蔡孝乾也因此而隨行
長征。迄 1935 年為止的 1 年間，蔡擔任八路軍總政治部敵工部
部長，在華北一帶對日軍及汪精衛政權展開敵後工作。然而，

---

[85]　同上，頁 278~280。

據蔡孝乾自己的回憶，他在中共的「保存幹部」政策下，被調回延安。因此，他又免於前線的死亡威脅。此後，蔡孝乾就一直待在延安，先後任蘇維埃中央政府內務部長、八路軍總政治部敵軍工作部部長等職位，後來似乎亦任成員 20 名的「臺灣獨立先鋒社」領導人物。1941 年，延安舉行東方各民族反帝代表大會，蔡以蔡前之名代表臺灣參加，被選為主席團一員，並與越南、西藏、蒙古、回族等少數民族代表一起報告。從以上蔡孝乾在中國所擔任的工作來看，顯然他除了發揮知日派的長才，刺探日本敵軍軍情外，他亦成為臺灣少數民族的代表，遵循共產黨的臺灣獨立革命論。1945 年，日本戰敗，臺灣讓給中國政府管轄。同年 8 月，蔡孝乾被中共認命為台灣省工作委員會書記。[86]

三、蔡孝乾的政治思想

蔡孝乾在《臺灣人的長征紀錄》一書中做了以下的敘述：「1932 年 6 月 23 日，出席了『蘇區反帝總同盟第 1 次代表大會』。大會是在瑞金城內一所破舊的祠堂裡舉行的。到會代表 300 人，除了各地區反帝同盟代表之外，還有紅軍代表、朝鮮代表和臺灣代表。這個大會是在中共蘇區中央局直接領導之下召開的。這次大會有三個重要議程：1.中共蘇區中央局書記周恩來做關於『目前國際形勢和蘇區反帝運動的任務』的報告，2.討論並通過『反帝鬥爭綱領』，3.選舉『蘇區反帝總同盟』領導機構——執行委員。總括起來說，中共召開這個大會的主要目的，是

---

86 蔡孝乾，《臺灣人的長征記錄——江西蘇區‧紅軍西竄回憶》，臺北：海峽學術出版社，2002 年，頁 71～73。

要在蘇區掀起反帝運動的高潮，動員蘇區群眾參加紅軍作戰。中共蘇區中央局書記周恩來以『目前國際形勢與蘇區反帝運動的任務』為題發表『講話』。周恩來的『講話』，集中地強調了兩點：第一，自從日本帝國主義出兵占領東三省與進攻上海以後，英、法、美等帝國主義瓜分中國，公開地、直接地武裝干涉中國革命的行動是日益急進了；目前世界政治形式的特點，表現為兩種政權和兩個經濟體制的對立：一方面是蘇聯社會主義建設的突飛猛進，另一方面是資本主義制度已經走向窮途末路。帝國主義和社會主義矛盾尖銳的發展，形成為目前國際形勢的特點。第二、蘇區的土地革命與反帝運動必須密切結合起來。國際帝國主義是中國封建勢力、軍閥統治的後台老闆，而封建勢力和軍閥統治則是國際帝國主義在華統治的支柱。國際帝國主義者，在農村通過地主和高利貸者，實行對廣大農民的殘酷掠奪和封建剝削，所以農村經濟的命脈，也就操縱在帝國主義列強手中，進一步加速了廣大農民的貧窮化。在這樣情況下，為了要徹底推翻帝國主義在農村的統治，消滅封建剝削，就必須徹底沒收豪紳地主的一切土地，徹底消滅地主階級，堅決反對富農。」[87]

周恩來的「講話」中提及：「一方面是蘇聯社會主義建設的突飛猛進，另一方面是資本主義制度已經走向窮途末路。帝國主義和社會主義矛盾尖銳的發展，形成為目前國際形勢的特點。」如列寧過去所述，資本主義發展到最後，該國商品必定生產過剩，只好朝國外發展，並進行侵略活動，這便是列寧所

---

[87]　蔡孝乾，〈駁芳園君的「中國改造論」〉，《臺灣民報》，第 143 號，1926 年 12 月 5 日，頁 10～13。

謂的帝國資本主義論。當時日本所屬殖民地即有臺灣及朝鮮，更在中國東北部進行滿洲國的殖民地建設，並進一步有支配全中國的帝國主義政策，與這般資本主義已發展到盡頭的帝國主義國家對抗的正是社會主義國家。當時社會主義國家僅有蘇聯一個，而周恩來則打算以蘇聯為範本將中國改造為社會主義國家。周恩來認為若蘇聯般的社會主義國家能夠發展起來，則如日本般的帝國主義必將毀滅。馬克思理論可由兩階段構成，首先是社會主義階段，再來是共產主義階段。也就是說社會主義階段只是過渡時期，共產主義的實現才是其最終目的。在周恩來的「講話」中既已提及，則蔡孝乾更加沒有反對的理由。也就是說從周恩來具有的共產主義思想看來，蔡孝乾也具有共產主義思想。

在這之中周恩來說：「在農村裡有地主及高利貸者的榨取，再加上帝國主義列強的介入，使得農民相當貧困。為了消滅榨取，地主階級應該被消滅。」這便是周恩來所引用的馬克思階級鬥爭論。根據馬克思的階級鬥爭論，因資本家階級榨取勞動者階級，故資本家階級必須被打倒。可是在中國，勞動者階級是少數，農民階級占了大部分，故打倒資本家階級的不是勞動者階級而是農民階級。這原是毛澤東的主張，而周恩來則予以沿用。就這樣周恩來的階級鬥爭論就成了共產主義的中心概念之一，故周恩來具有共產主義思想。從周恩來具有的共產主義思想看來，蔡孝乾也具有共產主義思想。

蔡孝乾在〈駁芳園君的「中國改造論」〉的論文中，提出以下的看法：「據馬克思所說，社會革命的原因是在於生產力與生產關係的衝突。生產關係尚能夠容納生產力的發達，其變更的形式不是革命的，而是進化的。然則到什麼程度就會惹起革命

呢？要明白這層應當解剖生產關係。生產關係就是包含生產手段之分配的生產過程和生產物之分配的過程中發生的人與人的關係。這生產關係極其複雜。例如一間製糖會社來說，蔗作者對於股東、工場的技師、重役、書記、機關車夫、原料採取苦力等都有一定的生產關係。在這極其複雜的生產關係中，我們可以抽出其關係的一形式，這個形式就是表現握有生產機關的資本階級和手無一物的勞動階級之間的關係。顯然說一句，就是在經濟上的支配階級和被支配階級的關係。在經濟上的支配階級，在政治上仍是支配階級，所以經濟構造的變更，自然地需要政治的變更。經濟上的被榨取階級的頭一棒就是打破榨取階級在政治上的勢力。那麼，革命的原因不外是生產力和其榨取階級在政治權力擁護的生產關係之間的衝突。總之，今後中國本身不能向資本主義這條路跑去，倘若農工商各階級的勢力多少能夠增長，所積蓄的『財』也敵不上國際資本主義的蠶食。中國境內有了國際資本主義的存在，中國的實業不能發展，並且還要被帝國主義所摧殘而至於破產。增長商工階級、振興股份公司是其次的問題，中國的第一關頭便是打倒國際帝國主義在中國的勢力。中國全民族的解放，須待社會主義的實現，新中國的改造須待無產階級的勢力。」[88]

　　上述內容即為階級鬥爭論，資本家階級與勞動者為支配者階級與被支配者階級，社會革命起因於生產力與生產關係的衝突，今後中國並不應朝向資本主義，即使壯大農、工、商各階級之力，亦無法與國際資本主義對抗，中國應該打倒國際帝國主義，中國全民族的解放，將在社會主義實現時達成，而新中

---

[88]　同上，《臺灣人的長征記錄——江西蘇區‧紅軍西竄回憶》，頁 80～82。

國的改造則由無產階級的勢力擴大來實現。蔡孝乾打算發起階級鬥爭，打倒資本階級好讓勞動階級取得主導權，進而解放中國各民族，讓共產主義第 1 階段之社會主義實現。由此可知，蔡孝乾具有共產主義思想。

蔡孝乾在《臺灣人的長征紀錄》一書中做了以下的敘述：「正當國軍對江西紅軍的第 5 次圍剿進入最猛烈階段的時候，中共中央於 1933 年在瑞金郊外沙洲壩召開了『蘇區禦侮救國代表會議』。毛澤東在大會做了『政治報告』。下面就是毛澤東『政治報告』的大意：九一八事變，日本帝國主義占了我們的東三省，現在又進攻熱河，威脅平津。日本帝國主義這樣欺侮我們，我們一定要抵抗，這就叫做『禦侮』。中國只有抵抗日本，才能得救！我們主張『國難』應由我們老百姓自己來救。當然我們自己要有充分的準備。爭取外援是必要的。假使我們自己不爭氣，完全依賴外國，例如要請什麼『李頓調查團』來調查啦、要請出『國聯』來『調解』啦，這些都是空話，都是帝國主義列強和中國反動派勾結，來敷衍我們老百姓的把戲。中國千百萬民眾要抵抗日本帝國主義，道理很簡單，只要把富有愛國精神的全國千百萬群眾組織起來，武裝起來，開到前線去和日本軍閥打仗，不就行了嗎？我們『蘇維埃中央政府』和工農紅軍，老早就提出要求國民黨軍隊停止進攻蘇區和紅軍，與紅軍攜手共同去抵抗日本帝國主義。我們蘇區的勞苦工農群眾，都要擁護蘇維埃中央政府對日宣戰通電和訂立抗日作戰協定的主張。紅軍北上抗日先遣隊於 7 月 15 日發表『北上抗日宣言』，其大意是：工農紅軍願意同全中國的民眾聯合起來，共同抗日，開展民眾的民族革命戰爭，打倒日本帝國主義。一切反日的民眾，都應當拿出一切力量來幫助抗日先遣隊。『宣言』號召全國民眾

團結在『紅軍北上抗日先遣隊』的旗幟下，直接地同直接地同日本帝國主義作戰到底。」[89]

　　我在《紅色中華》報上看到抗日先遣隊宣言的第 2 天，接到中共中央的通知，要我到蘇區中央局去談話。中共中央宣傳部長潘漢年接見了我。潘漢年對我說，抗日先遣隊的「北上抗日宣言」，你看到了吧，事情是這樣，黨中央決定由你和朝鮮畢士狄同志以臺灣代表和朝鮮代表名義共同發表宣言，擁護紅軍北上抗日。他又說，畢士狄因在前方，「共同宣言」由你負責起草。「宣言」的內容，要強調日本帝國主義霸占了臺灣、朝鮮，現在又占領中國的領土東北，做國際帝國主義瓜分中國的先鋒隊。臺灣、朝鮮民眾在日本帝國主義統治下，備受奴役和搾取。正當中國紅軍「北上抗日」之際，我們代表臺灣、朝鮮的民眾，衷心地擁護中國工農紅軍「北上抗日」宣言。7 月 22 日《紅色中華》登載了我們的「共同宣言」。後來我才知道，當江西紅軍突圍西竄前夕，中共中央印刷廠開足馬力，把我們的「擁護紅軍北上抗日宣言」加印了幾十萬份，交給紅軍各級政治部沿途散發。[90]

　　此為毛澤東的八一宣言，長征途中的中華蘇維埃共和國人民委員會與中共中央委員會聯名於四川省毛兒蓋所發表。於是他建立統一的國防政府，組織抗日聯合軍，訴諸對抗日具有善意之諸外國，而一直被當成敵人的國民黨軍隊也是呼籲的對象。與當時舉行中的第 7 次第三國際大會之反法西斯人民戰線

---

[89]　同上，頁 80～82。

[90]　蔡孝乾，《毛澤東軍事思想和人民戰爭之研究》，臺北：「中共研究」雜誌社，1971 年，頁 1～2。

戰略，在基本的方向上是相同的。當時日本軍占領東三省，進攻熱河，威脅平津。雖然中國情勢如此危急，但中國國民黨軍隊與中國共產黨軍隊仍持續內戰。為解救中國的危機，毛澤東主張抗日民族統一戰線，中國民族應團結一致，抵抗日本軍隊。之後經過1936年的西安事變，第2次國共合作成立。毛澤東這樣的主張表現出，中國民族統一以對抗日本的中國統一思想。由此可知，毛澤東具有中國民族主義思想與中國統一思想。故由蔡孝乾所提出的毛澤東政治報告可得知，其亦具有中國民族主義思想與中國統一思想。

中共宣傳部長潘漢年決定讓臺灣代表蔡孝乾和朝鮮代表畢士狄同志共同發表宣言。其內容強調日本帝國主義霸占了臺灣、朝鮮，現在又占領中國的領土東北，做國際帝國主義瓜分中國的先鋒隊。臺灣、朝鮮民眾在日本帝國主義統治之下，備受奴役和搾取。正當中國紅軍「北上抗日」之際，我們代表臺灣、朝鮮的民眾，衷心地擁護中國工農紅軍「北上抗日」宣言。其內容指出同為中國人的臺灣人也應該一起對抗日本。故蔡孝乾具有中國民族主義思想與中國統一思想。

蔡孝乾在《毛澤東軍事思想和人民戰爭之研究》一書中做了以下的敘述：根據中共黨章總綱，所謂「毛澤東思想」，乃是「馬克思—列寧主義普遍真理和中國革命具體實踐」的結合體，是馬克思—列寧主義在中國這一半殖民地、半封建社會的具體運用和具體表現，換言之，就是馬克思—列寧主義在中國的具體化，即馬克思—列寧主義的中國版。但是由於中國是一個半殖民地、半封建社會，毛澤東認為無產階級奪取政權，不是採取西歐國家例如巴黎公社的方式，也不是採取俄國十月革命的，占領城市，後占領農村的路線；而是採取相反的路線，

即先占領農村，以農村包圍城市，然後逐漸占領城市，赤化全中國。毛澤東在武裝叛亂初期的著作，無不強調以武力控制農村，以農村做武力依托，實行「工農武裝割據」，並在割據地區以武力為後盾推進「土地革命」，使武力與農民鬥爭相結合。因此，「工農武裝」、「武裝割據」、「土地革命」三者的結合體，便成為中共叛亂初期毛澤東思想之中心內容。[91]

毛澤東本著此認識，乃於 1927 年策畫南昌暴動，參加匪黨中央「八七緊急會議」後，又潛返湖南發動秋收暴動。秋收暴動失敗後率領殘部竄入井崗山，展開游擊戰爭，進行「武裝割據」，實行「土地革命」，建立「紅色政權」，蓄積力量，準備長期鬥爭。當時毛澤東選擇了國軍力量較弱、矛盾極多，同時又是工農武裝便於迴旋，便於積蓄力量的農村做為活動的主要基地。這就形成了他的「武裝割據」思想。[92]

毛澤東在蘇維埃叛亂時期，對「工農武裝」、「武裝割據」和「土地革命」三者結合運用的方式是這樣的：先以中共黨黨員為骨幹組織武力，以武力發動農民，組織暴動，以暴力破壞農村舊有秩序，奪取農村政權，利用農民武裝和暴力政權，推進「打土豪、分田地」的土地革命，並採取「波浪式推進」的方式，在土地革命的基礎上，在一塊一塊的山區和一片一片的鄉村建立暴力政權。抗日戰爭時期，中共向政府輸誠，取消蘇維埃名稱，改編工農紅軍為國民革命軍，把沒收地主土地政策改變為減租減息政策，其目的在騙取城市一部分資產階級、知識分子和農村一部分地主、開明士紳贊成和參加中共的統一戰

---

[91]　同上，頁 2。
[92]　同上，頁 3。

線。毛澤東認為：中共的政治路線重要的一部分，就是同資產階級聯合而又同它鬥爭的路線。這裡所謂「聯合」，就是對資產階級進行統戰陰謀；所謂「鬥爭」，就是同資產階級聯合時，仍要在思想上、政治上和組織上進行「和平」的和「不流血」的鬥爭；而在同資產階級的統一戰線破裂時，就轉化為武裝鬥爭。[93]

毛澤東論述如下：無產階級奪取政權，不是採取西歐國家例如巴黎公社的方式，也不是採取俄國十月革命的路線，即先占領城市，後占領農村；而是採取相反的路線，即先占領農村，以農村包圍城市，然後逐漸占領城市，赤化全中國。毛澤東在武裝叛亂初期的著作，無不強調以武力控制農村，以農村做武力依托，實行「工農武裝割據」，並在割據地區以武力為後盾推進「土地革命」，使武力與農民鬥爭相結合。因此，「工農武裝」、「武裝割據」、「土地革命」三者的結合體，便成為中共叛亂初期毛澤東思想之中心內容。

初期毛澤東中心概念為，第一「工農武裝」、第二「武裝割據」、第三「土地革命」。第一「工農武裝」是指先占領農村，第二「武裝割據」是指以農村包圍城市，第三「土地革命」是指逐漸占領城市，赤化全中國。第二「武裝割據」是指準備武器並以農村為基地，在農村發起暴動，以進行有機戰爭。第三「土地革命」利用農民武裝和暴力政權推進「打土豪、分田地」，並採取「波浪式推進」的方式，在一塊一塊的山區和一片一片的鄉村建立暴力政權。蔡孝乾於 1932 年加入中共紅一軍團政治部，之後任八路軍總政治部敵工部部長，至 1945 年為止歷任蘇維埃中央政府內務部長等職。由此可知蔡孝乾具有毛澤東思想。

---

[93] 同上，頁 3。

四、小結

在 1932 年 6 月 23 日的講話中，周恩來說：「在農村裡有地主及高利貸者的搾取，加上帝國主義列強的介入，使農民相當貧困。為消滅搾取，地主階級應被消滅。」這便是周恩來引用的馬克思階級鬥爭論。根據馬克思的階級鬥爭論，因資本家階級搾取勞動者階級，故資本家階級必須被打倒。然在中國，勞動者階級是少數，農民階級占了大部分，故打倒資本家階級的不是勞動者階級而是農民階級。這原是毛澤東的主張，周恩來則予以沿用。因此周恩來的階級鬥爭論就成了共產主義中心概念之一。

毛澤東的八一宣言，是於長征途中的中華蘇維埃共和國人民委員會與中共中央委員會聯名的四川省毛兒蓋中所發表的。樹立統一的國防政府，組織抗日聯合軍，訴諸對抗日具有善意之諸國，而一直被當成敵人的國民黨軍隊也是呼籲的對象。與當時舉行中的第 7 次第三國際大會之反法西斯人民戰線戰略，在基本方向上是相同的。當時日本軍占領東三省，進攻熱河，威脅平津。雖然中國情勢如此危急，但中國國民黨軍隊與中國共產黨軍隊仍持續內戰。毛澤東主張抗日民族統一戰線，中國民族應團結一致，抵抗日本軍隊。之後經過 1936 年的西安事變，第 2 次國共合作成立。毛澤東這樣的主張表現出，中國民族統一以對抗日本的中國統一思想。由此可知，毛澤東具有中國民族主義思想與中國統一思想。故由蔡孝乾所提出的毛澤東政治報告可得知，其亦具有中國統一思想與民族主義思想。

初期毛澤東中心概念為，第一「工農武裝」、第二「武裝割據」、第三「土地革命」。第一是指先占領農村，第二是指以農

村包圍城市，第三是指逐漸占領城市，赤化全中國。「武裝割據」是指準備武器並以農村為基地，在農村發起暴動，以進行有機戰爭。「土地革命」利用農民武裝和暴力政權推進「打土豪、分田地」，並採取「波浪式推進」的方式，在山區和鄉村建立暴力政權。蔡孝乾於 1932 年加入中共紅一軍團政治部，之後任八路軍總政治部敵工部部長，至 1945 年為止歷任蘇維埃中央政府內務部長等職。由此可知，蔡孝乾具有毛澤東思想。

蔡孝乾在〈駁芳園君的「中國改造論」〉的論文中，提出以下的看法。論文的內容即為階級鬥爭論，資本家階級與勞動者為支配者階級與被支配者階級，社會革命起因於生產力與生產關係的衝突，今後中國不應朝向資本主義，即使壯大農、工、商各階級之力，亦無法與國際資本主義對抗，中國應該打倒國際帝國主義，中國全民族的解放，將在社會主義實現時達成，而新中國的改造則由無產階級的勢力擴大來實現。蔡孝乾打算發起階級鬥爭，打倒資本階級好讓勞動階級取得主導權，進而解放中國各民族，讓共產主義第一階段之社會主義實現。由此可知，蔡孝乾具有共產主義思想。

總結：臺灣左派抗日運動者的政治思想

關於臺灣左派抗日運動者的政治思想，分別敘述如下。謝雪紅的政治思想為臺灣獨立思想、民族主義思想、共產主義思想及勞動工會思想。王敏川的政治思想為臺灣獨立思想、民族主義思想、共產主義思想、勞動工會思想。連溫卿的政治思想為臺灣獨立思想、民族主義思想、山川主義思想、勞動工會思想及社會民主思想。蔡孝乾的政治思想為中國統一思想、民族主義思想、共產主義思想及毛澤東思想。

第 四 章
臺灣抗日團體的政治思想

　　關於臺灣抗日團體的政治思想，分別敘述如下：臺灣文化協會政治思想的中心意涵，為臺灣獨立思想；臺灣民眾黨的政治思想為臺灣獨立思想；臺灣地方自治聯盟的政治思想是臺灣獨立思想；臺灣共產黨的政治思想主張臺灣獨立。臺灣文化協會成為左翼團體之後，右翼的成員退出成立臺灣民眾黨。其後民眾黨亦轉向左派，因而又分裂出臺灣地方自治聯盟。

第一節　臺灣文化協會的政治思想

　　林獻堂、蔡培火、蔣渭水等人組成臺灣文化協會。臺灣文化協會提昇了臺灣人的民族意識，使臺灣人民產生了臺灣獨立思想。因此可知，臺灣文化協會政治思想的中心意涵，即為臺灣獨立思想。本節將分述臺灣文化協會之研究史、成立、活動、社會性影響、方向轉換以及在臺灣共產黨支部指導下的臺灣臺灣文化協會。

一、關於臺灣文化協會之研究史

在本節中將討論臺灣文化協會的政治思想。臺灣文化協會的政治思想為何？為什麼臺灣文化協會擁有某個政治思想？臺灣文化協會是如何形成此種政治思想？以下將針對這些方面一一加以說明。

到目前為止關於臺灣文化協會的研究，雖有陳翠蓮《日據時期臺灣文化協會之研究》，但其主要的引用資料為當時未刊行的《連溫卿手稿》，是以左派的觀點加以論述，且僅論及臺灣文化協會的成立與崩壞過程，缺乏分析，更缺少史料的批判。其他有關臺灣文化協會的研究尚有林柏維《臺灣文化協會滄桑》，僅論述關於臺灣文化協會的演講會、講習會、文化劇等的活動及其影響，甚少論及臺灣文化協會主要核心人物的政治思想。這兩個研究論文都以臺灣文化協會的政治運動為主要論點，在本章中將以臺灣文化協會的政治思想為中心加以論述。

二、臺灣文化協會的成立

1919 年末東京的臺灣留學生團結一心，以在臺灣的林獻堂為盟主，決心喚醒臺灣人的民族自覺，以「臺灣是臺灣人的臺灣」為標語，喚起日本統治下的民族意識。並組織了啟發性的團體，稱之為新民會。經協議之後，決定了運動的方針，將政治運動加入合法的啟蒙運動之中。這裡的政治運動所指的是實行廢除六三法運動及臺灣議會設置請願運動。此外在東京設置了以學生為中心的臺灣青年會，做為新的啟蒙團體。同時與臺

灣的知識份子密切聯絡，促進了臺灣啟蒙團體組成的契機。另一方面，也與在中國的蔡惠如等人保持聯繫，和北京、上海、廈門各地的留學生互通聲氣，致力於聯絡各地有志之士，以期啟蒙運動能夠順利發展。[1]

　　1921 年 10 月 2 日，除發起人蔣渭水之外的 17 人於蔣渭水家中會商，協議創立大會的順序、日期、邀請的來賓以及會則的審議等事項。決定於 10 月 17 日召開創立大會，在領導人方面推舉林獻堂為總理、彰化街長楊吉臣為協理，負責招募會員。臺灣文化協會於 1921 年 10 月 17 日於臺北市大稻埕靜修女學校舉辦創立大會，當日與會者大多數是總督府醫學校、師範學校、商工學校、工業學校等的學生，總數約 300 名。

　　臺灣文化協會之後的活動並非如同主旨書所述從事單純的文化活動，而是鼓吹民族主義、反抗總督政治。臺灣文化協會的這種傾向從 1922 年 2 月臺北師範學校學生的騷動事件中明顯地表達出來，不願意參加的會員相繼退會，使得會員數銳減一半。然而臺灣文化協會的幹部極力地挽回頹勢，排除了態度不明確的會員，逐漸統合了有相同傾向的同志。1926 年第 6 次大會召開時，發表已擁有 1,171 名會員。[2]

　　最初的臺灣文化協會是做為民族主義啟蒙文化團體而成立，其主要的幹部多為醫師、律師、記者等的地主資本家階級與中產階級出身。

---

[1]　臺灣總督府警務局編、『臺灣總督府警察沿革誌』第二編中卷、社會運動史、臺北、1939 年、137~138 頁。

[2]　同上、142 頁。

臺灣文化協會	主要幹部及會員	
幹部	職業	姓名
總理	地主	林獻堂
協理	同	林幼春
專務理事	無職	蔡培火
理事	醫師	蔣渭水
同	臺灣民報記者	王敏川
同	臺灣民報記者	陳逢源
同	律師	蔡式穀
同	臺灣民報社社長	林呈祿
同	————	蔡惠如
同	地主	楊肇嘉
同	南國公司書記	連溫卿
同	律師	鄭松筠
同	———	黃呈聰　等 62 人
評議員	商業專門學校教授	林茂生　等 40 人
會員	臺灣民報記者	謝春木　等 1,171 人[3]

三、臺灣文化協會的活動

　　臺灣文化協會的目的並非如同會則表面上所公布「促進臺灣文化的發展」的抽象目標。對照前述的創立動機及目的，其目標十分明顯。第 1 階段的運動是喚醒臺灣人民的民族自覺及其

---

[3]　葉榮鐘，《日據下臺灣政治社會運動史》，臺中：晨星出版有限公司，2000年，頁 336~337。

地位和任務，首要的任務是要求設置臺灣特別議會；其次再朝向民族自決、臺灣人民的解放的目標前進。創立讀報社，培養臺灣人的閱報能力；召開各種講習會，給予臺灣人廣泛的知識；組成夏季學校，啟蒙其民主觀念；連續舉行 1 年間聽眾高達 10 萬人次的文化講演會；上演諷刺臺灣警察政治的文化演劇；結成「美臺團」，強調並宣揚臺灣之美。藉由舉辦這些活動， 臺灣人的民族意識因而大幅高漲。

臺灣文化協會在表面上雖為促進臺灣文化的發展，但事實上是為提昇臺灣人民的民族意識。此點可由以下兩件事加以佐證。

中央大學學生林九龍以「國際聯盟與民族自決」為題發表演說，其論點如下：「特別是如同今日的殖民地，民族自決是有急迫的必要性。對於促使構成我日本帝國的朝鮮、臺灣、日本三民族彼此之間的團結而言，是極為自然的要求。一個民族形成一個國家是必然的。由不同民族所構成的國家必然無法永久延續。臺灣是由 365 萬的臺灣人與 20 萬的日本人所組成，然而在政治上、言論上，臺灣人都很難能夠獲得自由。日本人雖只有 20 萬，但在其後有武力做為後盾。」[4]

提倡臺灣議會請願運動也無可避免地要從民族自決為出發點而發展。以下是 1925 年夏天利用休假返回臺灣的中央大學留學生蘇惟梁的演說要點：「自世界大戰以來各國國民的思想有顯著的變化，提倡少數的民族應該要與同種族的民族相互團結。因此談到殖民地的原住民應該如何因應此風潮，解決的方法有

---

[4] 前揭、『臺灣總督府警察沿革誌』、146 頁。

兩個。一個是民族自決，另一個是自治運動。印度主張脫離英
國的統治而獨立，愛爾蘭以戰爭來爭取民族自決，然而印度卻
沒有發動戰爭，彼此都厭惡成為英國的一部分而加以排斥。這
就是印度的民族自決運動。殖民地的自治運動需要在某國的保
護下組成政府，而進行政治的運作。我們自 3、4 年前就提倡臺
灣議會設置運動就是臺灣自治運動。若是為了追求臺灣的幸
福，身為臺灣住民的我們就必須要推動民族自決以及民族自治
運動。」⁵

　　臺灣文化協會支持臺灣議會設置請願運動，並將其做為臺
灣文化協會的使命之一而期許成功的事實是不容置疑的。從基
於民族自決主義的運動抬頭至 1927 年 1 月臺灣文化協會的方向
轉變為止的期間，臺灣的思想運動幾乎保有完全的思想統一。
新民會、東京臺灣青年會、臺灣文化協會及臺灣議會設置運動
就不必說，甚至連中國留學生的團體也是如此，各個團體都有
其運動的目的及使命存在，然而最終的歸屬都是集中於以民族
自決主義解放臺灣的目標之上。而且許多團體及請願運動的中
心人物大多為相同人物，也有許多重複加入的幹部及會員。因
此若不拘泥於名目而觀察其實質的目的，則可以說臺灣的思想
運動陣營是處於完全的統一戰線之下。從此，臺灣文化協會的
幹部或是會員就以臺灣文化協會之名進行啟蒙運動。在個人的
資格方面，由於大多參與臺灣議會設置請願運動或是其他種種
的運動，在區分上免不了有許多曖昧之處。然而請願運動，即
便是不具強烈意志之個人也得以自由參加，因為存在一個能夠

---

⁵　同上、154~156 頁。

反映臺灣的民意、輿論的機關是必要的，其重要性自不待言。
然而臺灣文化協會做為一個以啟蒙、文化運動為目的的團體，
進行如臺灣議會設置請願運動的政治活動是為法律所禁止的。
因此，計畫成立一個像是臺灣議會期成同盟會的政治結社，以
做為促進議會請願運動成功達成的根據地，卻因為成立同盟會
有害於社會治安而受到結社禁止的命令。然而以請願運動為目
的的結社並不因為運動的繼續而消失，臺灣文化協會在沿革
上，或是由於組成人物的活動上，都已經成為在實質上支持臺
灣議會設置請願運動的團體而進行著活動。[6]

四、臺灣文化協會的社會性影響

臺灣文化協會經常使用的宣傳要旨，其精義如下所述：「漢
民族[7]為擁有 5,000 年光榮文化的先進民族，不應該屈服於異民
族的統治之下。日本的統治方針抹殺漢民族的各種文化與傳
統，並做為經濟搾取的對象，而完全成為日本的屬民，或是使
臺灣為被壓迫民族而加以壓迫搾取。吾人要喚起身為漢民族民
族自覺，使臺灣成為臺灣人的臺灣，由臺灣人統治。我們要洗
刷屈辱其而團結一致。」[8]

---

[6] 同上、159頁。

[7] 關於漢民族意識一詞，依據孫中山的國父思想，是將五族（漢、滿、蒙、
回、藏）融合為一中華民族，亦即漢民族包含在中華民族之中，而非認為
漢民族等於中華民族。當時多數的臺灣人認為自己是漢民族，但正確地說
是屬於漢民族系臺灣人（馬來·波里尼西亞的原住民與漢民族通婚所產生
的漢民族系臺灣人），與中國大陸的漢民族有所區別。

[8] 前揭、『臺灣總督府警察沿革誌』、169頁。

264

　　1923 年 4 月，在新竹中學校一位臺灣人學生的日記中這樣記載著：「看了今天的報紙，最先映入眼簾的是許多人的照片。原來是急需於獨立的臺灣恩人蔣渭水先生及蔡培火先生及其他 15、16 名前輩的照片。……嗚呼，我們真是高興啊！在我們臺灣出現了這樣的人物……高興，太高興了。臺灣的獨立是目前的當務之急。嗚呼，臺灣的甘地出現了。」「我們看到同胞遭受虐待、看見祖國的現狀，真希望早日出現許多優秀人物為同胞們報仇。」臺灣文化協會會員潘欽信在街道上塗鴉寫道：「打破無理的強占、外來的帝國主義，創造平等自由的新民國。嚴懲違反現代文化的大和民族性、驅逐妨礙國家發展的敗國君主主義者，擁有亡國思想的他……。」臺北第三高等女學校的學生謝玉葉不前往學校上課而時常進出臺灣文化協會的事務所，被問到理由時，她面無愧色地說：「我非常欽佩蔣先生等人，並十分地感激他們。我和其他的朋友都已入會……雖然目前臺灣仍處於日本政府的統治之下，但是我相信不久臺灣就將會回到臺灣人的手中。」有許多像這樣民族意識提昇的例子。[9]

　　臺灣文化協會提昇了大多數臺灣人民的民族意識，使臺灣人民產生了臺灣獨立思想。由此可知臺灣文化協會的主要核心幹部也必然擁有臺灣獨立思想。臺灣文化協會的政治思想，即為臺灣獨立思想。

五、臺灣文化協會的方向轉換

　　此後，臺灣文化協會逐漸轉變為無產階級啟蒙文化團體。

---

[9]　同上、174~175 頁。

　　臺灣文化協會創立以來隨著時間，受到中國革命、俄國的共產主義革命、第三國際活動的影響以及日本的無政府主義與共產主義初步的影響，此諸多影響漸漸在臺灣文化協會所開拓的啟蒙運動中擴大，特別是臺灣文化協會及其指導青年，使其反應愈見鮮明。如此在協會內部，使連溫卿一派的共產主義派、蔣渭水所率領受到中國革命影響甚多的一股勢力、蔡培火所代表的合法民族運動派三者的對立日趨明顯，伴隨時間的經過，協會內部逐漸呈現連溫卿、蔣渭水等勢力開始壓迫蔡培火一派的情勢，內部思想間的對立漸漸醞釀。然而多年來扶植起的，總理林獻堂在協會內的權威與聲望則抑制了此等分裂的危險，協會的各項運動亦較有凝聚力。1926 年 10 月 17 日於新竹舉行的第 6 次定期總會中，大會規則修正被附議，遂使內鬨變得表面化。[10]

　　1927 年 1 月 3 日於臺中市公會堂舉行的臨時總會，出席代表 133 名。蔡培火一派之會員出席者少，相對於其對臺灣文化協會缺乏熱誠的表現，屬於連溫卿派者為大甲、彰化的青年會員以及從臺北大舉參加的無產青年一派，占了壓倒性多數，連溫卿為會場中心人物，頗有開會前既已壓倒全場氣勢之感。[11]

　　重心轉移到幹部的選舉，被認定為連派直屬之當選者 11 名，其餘大部分亦被視為共鳴者，屬於蔡培火派之民族自決主義者唯獨林獻堂、蔡培火，至此民族主義派勢力完全被驅逐。林獻堂亦年事已高無法勝任，且以數個月後有意出國為由聲明辭退，然因新任幹部懇求暫時留任。蔡培火亦在說明「本部提

---

[10]　同上、190。
[11]　同上、192頁。

案完全遭否決，今後自己所抱持的理想於臺灣文化協會既全無
達成之望，則喪失於臺灣文化協會設籍之意義，因之關於協會
之一切任務理應推辭，若不容許亦不惜除名」之後退席。而蔣
渭水雖與連溫卿行動與共，但兩人之間思想上嚴重的差異，也
因總理制與委員制的糾葛，招致無法互相妥協衝突。林獻堂則
在聲明辭去中央委員旨意後退席，在關於臺灣文化協會新方針
的運用上發表講話後即行閉會。臺灣文化協會從此完全由連溫
卿一派共產主義系統的新幹部掌握了實權，將方針以往民族主
義啟蒙文化團體的形態，[12]變換為無產階級啟蒙文化團體的形
態。[13]

在 1927 年 10 月 14 日召開的第 1 回全島代表大會上，完成
了如下內容的宣言書，明確地指出臺灣文化協會在方向轉換後
的目標。宣言書的內容大致如下。

宣言書

臺灣文化協會將永遠是農民、工人、小商人、小資產階級
的戰鬥團體。

不只是農民、工人、小商人等無產階級日益貧困，小商人
也如同秋風落葉一般落入下層階級。我們的勞力反而成為我們

---

[12] 陳翠蓮，《日據時期臺灣文化協會之研究——抗日陣營的結成與瓦解》，臺
　　北：國立臺灣大學政治學研究所碩士論文，1987 年。關於臺灣文化協會
　　主要成員的思想，該論文認為連溫卿、王敏川是持有臺灣獨立思想的份
　　子，而林獻堂、蔡培火、蔣渭水、謝春木則是具有中國統一思想的份子。
　　然筆者認為林獻堂、蔡培火、蔣渭水、連溫卿、王敏川皆是持有臺灣獨立
　　思想的份子，僅謝春木是具有中國統一思想的份子，請參照拙著第一章至
　　第三章。
[13] 前揭、『臺灣總督府警察沿革誌』，205 頁。

生活上絕大的威脅,建構在大資本強制徵收購買土地、發放巨額的產業補助金、對佃農及勞工爭議施以強大壓力強制解散集會、逮捕許多社會運動鬥士囚禁於暗黑的牢籠之中,這些事實都是我們親眼所見,這些都是特殊階級對於弱小階級施以高壓的鐵證。[14]

臺灣文化協會將永遠是為了臺灣人民,做為農民、勞工、小商人及資產階級後盾的戰鬥團體。

臺灣文化協會的任務

促進並實現大眾文化

成立農民及勞工組織

團結小商人及小資產家[15]

方向轉換後的臺灣文化協會以連溫卿為中心,基於新會則而致力於協會內部陣容的整頓上,1927 年 2 月 3 日於臺中召開臨時中央委員會,召集了 16 名臨時中央委員(原有 23 名,因其中 6 名由於黑色青年聯盟事件而受到連坐檢舉),決定了中央常務委員的選任及中央常務委員的工作分配。之後於 2 月 17 日召開第 1 次中央常務委員會,協議活動方針。

當時的中央常務委員會的組成內容如下。

組織部(主務)王敏川(部員)連溫卿

教育部(主務)林碧梧(部員)連溫卿

宣傳部(主務)鄭明祿

《臺灣大眾時報》[16]當初申請於臺灣發行,然而由於未獲許

---

[14] 同上、205 頁。

[15] 同上、206 頁。

[16] 《臺灣大眾時報》的發行自創刊號至第 10 號,揭載了許多臺灣抗日運動者之左派份子的論文,為一貫重資料。

可因而將本社設置於東京，雖然計畫在東京發行後再帶入臺灣發行，但了解在臺灣無法獲得發行許可後，王敏川、洪石柱、吳石麟等人於 3 月 29 日前往東京，5 月 7 日發行創刊號，同月 10 日發行「五一紀念號」。大眾時報社由於無法取得經銷商的許可，因而對於臺灣島內採取秘密發送的方式，在各個地區組織秘密發送網，以對於同志進行消息的傳布。然而由於牽扯上臺南廢墓地問題相關的暴力行為處罰等相關違法事件，以及王敏川遭拘禁等事件影響，於 1928 年發行第 10 號之後，就因無法繼續經營而停刊。

方向轉換後的臺灣文化協會之綱領揭示如下：「本協會為推行以無產階級與農民階級為對象之文化活動，理應進行勞工、農民團體的結成與爭議的指導自不待言，對於農民既有左翼農民工會的存在，故與此組織共同戰線；對於勞工在島內已存在工會所獲得之指導權，以及新設工會所付出的努力。然而民族主義者所組成之臺灣民眾黨中，亦有蔣渭水一派集合勞工農民於旗下，使階級運動與民族運動相結合，倡導加強臺灣解放運動的勢力，與臺灣文化協會相互競爭，於勞動工會組成與勞動爭議指導上傾注心力，然在臺灣文化協會內部主張既已互異，分派鬥爭不絕，失去凝聚力，加上騷擾事件頻傳，無法推行統一且強而有力之運動，顯示臺灣民眾黨指導下的工友總聯盟創立已顯著遲緩。」[17]

1928 年 10 月 31 日於臺中市醉月樓召開第 2 次代表大會，出席大會的有全島代表 79 名。雖然依順序審議 11 個項目的提案，然而由於對於提案的說明討論時常陷於激烈的答辯之中，

---

[17] 前揭、『臺灣總督府警察沿革誌』、頁 222。

因此在審議「反動政府的暴力壓制」的對策時，遭到警察中止發言及解散集會的命令，而使得大部分的議案未獲得審議。1929年1月10日召開中央委員會，有15名中央委員、旁聽者農會幹部簡吉及其他5名出席。推舉楊貴為議長、林冬桂為書記，根據大會所決定的方針及進行審議的結果，做出了如下的決議。

臺灣文化協會的本質

並非是大眾黨的組織，為一思想團體，與經濟鬥爭及政治鬥爭有關聯，是代表無產階級的思想團體。

臺灣文化協會的組織是以農民、勞工、小市民為基本成員，將致力於成立學生、勞工、農民、小市民的組織。[18]

六、臺灣共產黨支部指導下的臺灣臺灣文化協會

連溫卿及其派系的主張是以山川主義為主幹，此點明顯地顯示出連溫卿與山川均的關係。若是與王敏川一派的主張比較，具有較強的合理性。王敏川一派大致是抱持著以日本共產黨的1927年綱領（臺灣共產黨的上海綱領與之有相同意旨）為骨幹的意見，由於受到在日本山川主義的沒落、對於左翼陣營清算的流行等刺激，因而對於兩派之間的對立意見採取排擠的態度，最後發展形成了排擠打擊連溫卿一派的運動。[19]

於上海讀書會事件遭檢舉的臺灣共產黨委員候補者謝氏阿女，於1928年6月被釋放後隨即與同黨中央委員林日高、莊春火聯絡，並接受日本共產黨的指令於島內設置黨中央，並依上

---

[18] 同上、235頁。

[19] 關於連溫卿與王敏川的思想，請參照以下筆者之論文。伊藤幹彥，〈臺灣社會主義思想之研究——連溫卿與謝雪紅——〉，《思與言》，2004年。

海結黨大會決議開始活動，1928 年 6 月末觸角已達臺灣文化協
會與農民組合，並進一步窺探掌握指導權的機會。[20]隨著島內黨
員增加將之派往臺灣文化協會與農民組合，以遂行支部任務，
並收到相當的成效。最初接受此任務加入臺灣文化協會的人物
為吳拱照。黨於 1929 年 5 月在東京與加入島內臺灣文化協會所
屬黨員莊守，一起討論要在 1929 年 10 月的中央委員會任命吳
拱照為臺灣文化協會支部責任者，擺出陣容以應付第 3 次大會。
1929 年 11 月 3 日於彰化街召開第 3 次全島代表大會，出席的有
代表委員 52 名、來賓及其他名義的參與者 40 名以及旁聽者 60
名。

綱領

糾合吾等無產大眾，參與群眾運動，以期獲得政治、經濟、社
會的自由。[21]
在此次全島代表大會，發表了批判連溫卿一派的文件。
左翼社會民主主義者——激發代表者以排擠連溫卿一派。
帝國主義的腐敗阻礙了革命勞工階層及一般無產大眾正確的前
進方向，故他們想出別的方法。即操弄空虛革命言詞的專家，
並製造了左翼社會民主主義。日本有名的山川均一派便是，臺
灣則是其子弟連溫卿一派。此時臺灣左翼社會民主主義元兇的
連先生到底是何等人物？他們存在的社會根據又是什麼？他們
是徹頭徹尾的地盤主義者與分裂主義者。[22]
　　於接受農民工會抗議的臺灣文化協會第 3 次大會上，其處

---

[20]　前揭、『臺灣總督府警察沿革誌』、244~245 頁。
[21]　同上、248 頁。
[22]　同上、253 頁。

置的協議結果如其要求，以應處分方針之前提下交於中央常任
委員會，中央常任委員會進行中央委員會決定的懲戒，並於 1929
年 11 月 19、20 兩日於本部召開之中央委員會進行附議，由告
發者鄭明祿敘述告發理由，全場一致決定將連溫卿除名，並且
決定關閉臺北支部。

1931 年 1 月 5 日於彰化座召開第 4 次大會。除了被檢束的
14 名之外，加入被釋放者，旁聽者不過只有一百數十人。即使
議員一同參與也沒有緊張的氣氛，比起去年的第 3 次大會顯得
有明顯的寂寥感。僅由張道福、張庚申、楊克培、李明德、王
萬得、吳拱照、周合源等人進行議事的審議。

中央委員　王萬得、張信義、吳拱照等 13 人

中央委員長　王敏川

1931 年 1 月 6 日晚，新選出的中央委員，秘密集合於豐原
郡內埔庄屯子腳張信義處，議決在大會不能審議的議案。其中
最重要事項之一就是決議支持臺灣共產黨，於是臺灣文化協會
已完全成為臺灣共產黨傘下的外廓團體，以小市民、小資產階
級為中心，透過日常鬥爭去實行臺灣共產黨的政策[23]

臺灣文化協會宣言

第 4 次全島代表大會全場一致通過，在無產階級的主導
下，勇敢實行大會決定的新方針，決定和日本帝國主義徹底地
抗爭，特此宣言。

最後我們的口號是：

團結日鮮臺被壓迫的階級！

擁護祖國蘇維埃政權！

---

[23] 前揭，《日據下臺灣政治社會運動史》，頁 397。

打倒日本帝國主義！

打倒臺灣民眾黨、臺灣自治聯盟！

打倒左右翼社會民主主義者！

六、臺灣解放運動萬歲！[24]

1931 年開始，本島左翼活動的合法性幾乎喪失殆盡，臺灣共產黨改革同盟結成開始，由於黨活動的積極化與為赤色總工會組織的努力下傾左翼全部勢力，使臺灣文化協會第 4 次大會幾乎不可能實踐採取新行動綱領，6 月以後黨開始全面檢舉，臺灣文化協會內的黨員與指導農民工會的黨員相呼應，為了黨的再建已無法進行其他多餘考慮，動員兩團體進行黨的再建準備，並為組織臺灣赤色救援會進行準備，同年末受檢舉所波及的臺灣文化協會事實上已消滅了。[25]

七、小結

臺灣文化協會的政治思想如下：臺灣文化協會成立於 1921年，於 1931 年解散，主要的成員有林獻堂、蔡培火、蔣渭水、黃旺成、謝南光、連溫卿、王敏川、謝雪紅，其一貫的政治思想即為臺灣獨立思想。諸如臺灣文化協會曾提出支持臺灣議會設置請願運動（請願運動為要求立法權的臺灣獨立運動）的決議以及由臺灣共產黨支部指導下的臺灣文化協會，與臺灣共產黨（臺灣共產黨主張臺灣獨立）具有相同的政治主張等皆為其獨立思想的具體表現。然而，黃旺成與謝南光時之後經常前往中國，受到中國統一思想的影響而轉變其立場。臺灣文化協會

---

[24] 前揭、『臺灣總督府警察沿革誌』、279 頁。

[25] 同上、286 頁。

隨著領導階層的改變，其政治思想也有三次的轉變。第 1 時期
(1921 年~1927 年)為民族主義思想時期，領導階層為林獻堂、蔡
培火、蔣渭水，他們以地主資本家階級與中產階級為中心，主
張民族自覺與臺灣人民解放；第 2 時期(1927 年~1929 年)為社會
民主主義思想時期，領導階層為連溫卿等人，他們以農民、工
人、小商人與小資產階級為中心，欲提昇臺灣人的地位；第 3
時期(1929 年~1931 年)為共產主義思想時期，領導階層為王敏川
等人，他們使臺灣文化協會成為臺灣共產黨的外圍組織，主張
打倒日本帝國主義。

　　臺灣文化協會於 1927 年之前為一個幾乎參加所有抗日運動
者的團體，以民族自決主義思想為基礎，來達到解放臺灣的目
標。然而在 1927 年左右，連溫卿與王敏川等很多有社會主義思
想傾向的青年加入了臺灣文化協會。抱持自由主義思想與民主
主義思想的林獻堂、蔡培火與蔣渭水等人反對社會主義思想，
而退出了臺灣文化協會。1927 年至 1929 年，臺灣文化協會成為
帶有社會主義思想傾向的抗日團體。1929 年左右，受到臺灣共
產黨的影響，抱持共產主義思想的人增加。持著共產主義思想
的王敏川，將帶有社會民主主義思想的連溫卿逐出臺灣文化協
會。之後於 1931 年，隨著日本警察逮捕臺灣共產黨員與臺灣文
化協會會員，臺灣文化協會因而解散。

　　臺灣文化協會提昇了大多數臺灣人民的民族意識，使臺灣人
民產生了臺灣獨立思想。由此可知臺灣文化協會的主要核心幹
部也必然擁有臺灣獨立思想。所以我們可以說，臺灣文化協會
政治思想的中心意涵，即為臺灣獨立思想。

第二節　臺灣民眾黨的政治思想

　　專制政治，並使司法、立法、行政三權完全獨立，進而讓臺灣人擁有參政權。此舉等於意味著臺灣獨立。以下敘述臺灣民眾蔣渭水、謝南光等人成立臺灣民眾黨。臺灣民眾黨主張民本政治，反對總督黨之研究史、結黨、其後的活動、第2、第3、第4次黨員大會的形勢與禁止結社的原由經過。

一、關於臺灣民眾黨之研究史

　　在本節中將討論臺灣民眾黨的政治思想。臺灣民眾黨的政治思想為何？為什麼臺灣民眾黨擁有某個政治思想？此種政治思想是如何形成？以下將針對這些方面一一加以說明。

　　到目前為止關於臺灣民眾黨的研究有簡炯仁《臺灣民眾黨》。這本書記錄了臺灣民眾黨的設立及臺灣抗日運動，並描述了當時蔣渭水的行動理念。但其論述有引用史料過多且敘述冗長以及對史料批判著墨不多等缺點，而關於臺灣民眾黨之政治思想則幾乎未有提及。另有陳俐甫《日治時期臺灣政治運動之研究》，由政治運動瓦解論的觀點，以臺灣民眾黨為例，提出政治團體成立有思想、人員及經費等三大條件。其論點置於臺灣民眾黨做為政治運動之階段，並敘述了其發生與崩解的過程，但對於臺灣民眾黨之政治思想則幾乎未有提及。故本節將嘗試以臺灣民眾黨之政治思想為主進行論述。

二、臺灣民眾黨的結黨

　　1927年7月10日於臺中市新富町聚英樓舉行臺灣民眾黨

的創黨大會，參加者有 62 名，蔡式穀擔任司儀，由謝春木報告
創黨經過。其次推舉洪元煌為議長，黃周、黃旺成為書記進行
議事的審議，無異議通過了綱領。在政策「要求保甲制度改革」
的項目中，主張保甲制度撤廢的意見獲得壓倒性的支持，經由
議長斡旋後依然如此，因此將「改革」變更為「撤廢」。其餘的
議案皆無異議通過。

以謝春木為主幹，如次項揭載之綱領，並添加政策及黨規，
於 7 月 11 日提出組織申請，當時有黨員 197 名。

臺灣民眾黨綱領如下：

本黨以民本政治的確立、合理的經濟組織之建設以及改除
社會制度的缺陷做為綱領。[26]
1.要求州市街庄的自治機關之民選以及賦予其議決權。選舉法採
普選制。
2.期許集會、結社、言論、出版自由之實現，於島內要求以臺灣
人為對象許可即時發行報章雜誌。

於臺灣民眾黨之第 2 次大會中決定了下述本黨的指導原理
案。

本黨的指導原理案（第 2 次大會決定）
1.確立民本政治。
說明　根據立憲政治的精神，反對總督專制政治，使司法、立
法、行政三權完全獨立，而使臺灣人擁有參政權。
2.建設合理的經濟組織。
說明　提高農工階級的生活水準，使貧富趨於平等。
3.革除社會制度的缺失。

26　前揭，《日據下臺灣政治社會運動史》，頁 421。

說明　改革社會陋習，實行男女平等，確立社會生活的自由。

臺灣民眾黨對階級意識的態度發表了下述文章。

民眾黨對於階級問題的態度

1.必須同時進行全民運動與階級運動。

2.擁護農工階級即是實行階級運動。

3.扶助農工團體促使其發達，形成全民運動的中心勢力。

4.計畫聯合農工商學，形成與全民運動的共同戰線。

5.本黨顧慮農工階級的利益，對於階級施以合理的調節，不得對於全民運動的進行有所妨害。

6. 臺灣的各階級集合在黨的領導之下，實行全民解放運動。[27]

　　關於臺灣民眾黨的創黨大會要求民本政治的確立，換句話說，州市街庄的自治機關之民選與議決權，還有集會、結社、言論、出版自由。至於臺灣民眾黨的第 2 次大會則要求確立民本政治，使司法、行政、立法三權完全獨立，還有要求臺灣人的參政權。臺灣民眾黨的要求深受吉野作造民本思想的影響，其政治思想包含自由主義與民主主義。

　　1927 年 11 月 6 日在臺北蓬萊閣酒家舉開第 2 次中央委員會，推薦林獻堂、林幼春、蔡式穀、蔡培火 4 人為黨顧問。12 月 11 日在臺中支部舉開中央常務委員會，因謝春木、黃周兩人以臺灣民報社報務繁忙未能兼顧擬欲辭去黨務，乃決定解除兩人之事務分擔，同時改選中央常務委員及各部主任。另設臨時辦事處於臺北市日新町 2 丁目 10 番地，黨的辦事處與臺灣民報社至此乃完全分開。[28]

27　前揭、『臺灣總督府警察沿革誌』、438 頁。

28　同上、442 頁。

三、臺灣民眾黨結黨後的活動

臺灣民眾黨結黨以來，蔣渭水一派聯合農工商全階級進行全民運動，在民族鬥爭發展的同時，於其前線集結勞工、農民大眾，使階級鬥爭同時進行，且熱衷於勞工運動與農民運動的指導，漸漸轉為致力於勞工團體與農民團體的指導權獲得及其新設。然而於農民運動中當時已有臺灣農民組合之全島性組織存在，該組合與勞動農民黨、日本農民組合等互通聲氣，使共產主義色彩逐漸鮮明。於島內因與文化協會相互提攜，民眾黨多數不見發展餘地，然而在勞工運動方面，轉換方向後的文化協會，趁著基於內部無統治之實踐運動不活潑的空隙，制其機先於其指導下獲得既設的勞工團體，圖謀未加以組織之勞工的組織化，遂見其顯著之發展。[29]

1927 年 8 月 14 日獲得蔡式穀以下 3,475 名的署名，援引英國的印度、法國的安南、美國的菲律賓、朝鮮等地的地方自治制度，並附上「尊重各地殖民地被統治民族的意志，為養成其政治能力，使人民參與地方行政而設置自治機關。唯獨臺灣設置官選諮詢機關的州市街庄協議會，地方政府的負責人亦為官派，這已不只是缺乏使民意暢達的機構，而是徒增行政階級，使人民泣於背負過重負擔。現今教育、交通、衛生、法制等文化設施完備，產業發達，地方財政的發展，民智的發達等皆為顯著的事實。因此必須要立即依循立憲政治的精神，確立自治

---

[29]　臺灣民眾黨要求設置自治制度還有改正設置民選的決議機關，這個要求和臺灣自治聯盟的要求是一樣的。

行政的基礎」的理由，提出建議書。[30]1928 年 2 月 13 日，民眾黨幹部蔡式穀、謝春木等 8 人與臺灣總督會面，並發表以下言論：「自本島自治制實行以來已經過 7 年，然而現行的自治制度仍稱不上是真正的自治，希望能夠改正設置民選的決議機關。」[31]

四、第 2 次黨員大會的形勢

臺灣民眾黨組黨並經過 1 年的鬥爭後，在 1928 年 7 月 15 日於臺南市西門町劇場南座召開了第 2 次黨員大會，對 1 年來的鬥爭進行檢討及批判，並修正黨則、追加政策、審議指導原理，並開始新的方針及鬥爭的準備。共有 130 名黨員及 50 名的來賓及其他人參與大會，將黨則第 11 條「本條規定會議採多數決方式進行」刪除，並另外制定議會細則，追加至入黨則第 4 條，將中央委員會的名稱改為中央執行委員會，支部委員會亦改稱為支部執行委員會，將「要求勞動立法」、「要求制定小作立法」追加到政策中，並決定當前的鬥爭方針後散會。[32]

由於第 3 次大會宣言的內容有問題而遭到禁止，其全文內容如下：

臺灣民眾黨第 2 回全島黨員大會宣言草案

世界帝國主義受到歐洲大戰的影響而產生經濟大恐慌。若希望解決此一困難，勢必得加強對於本國無產階級及殖民地弱少民族的搾取。俄國民眾的革命、德國勞工的暴動、英國勞工

---

[30] 前揭、『臺灣總督府警察沿革誌』、448 頁。
[31] 同上、449~450 頁。
[32] 關於民族自決主義請參考本篇論文的第一章。

的總同盟罷工及日本無產政黨的出現等等，皆是無產階級抬頭
的代表。其他如埃及脫離英國控制、土耳其的獨立、印度自治
運動、中國的國民革命盡是弱小民族崛起的象徵。這兩者的解
放運動實為現代的兩大新興勢力，而此兩者皆為處於帝國主義
統治下的被壓迫地位。因此吾等殖民地弱小民族一定要合力彼
此相互支援，必須與全世界帝國主義統治下的無產階級，以及
現今日本國內的無產大眾，組成共同戰線及攻守同盟。吾等為
求得臺灣人的解放，對內需喚起全臺灣人的總動員，對外需與
世界弱小民族及國際無產階級相互聯絡共同奮鬥，如此方能達
成目的。全民運動是臺灣的解放運動中必應經過的過程，而不
只是作為先人的遺教而已，而且是非常合理穩當的途徑。我們
須對各種階級的團體組織和同志做援助，且一定要發揮民眾的
威力。回顧過去的解放運動的失敗，就是在於其中參加者僅侷
限在知識份子而已。所以在今後我們的全民運動要擴大範圍，
讓全部民眾參與。特別是要讓農工階級的民眾做為解放運動的
主力，重點放在注重對農村和工廠的宣傳，並把農工階級做組
織化是最重要的。[33]

1927 年 1 月 2 日臺灣文化協會方向轉換後，蔣渭水、蔡培
火等則退出文化協會，上述經過導致臺灣民眾黨成立，由成立
經過可看出，在民眾黨內之初，包含了蔣渭水、蔡培火所代表
的兩股勢力。要取得能明確表現蔣渭水、蔡培火等人思想傾向
的資料甚為困難，大體上蔡培火一派以民族自決主義[34]為理想

---

[33] 前揭、『臺灣總督府警察沿革誌』、456~457 頁。

[34] 同上、484 頁。

這點是毫無疑問的，以此為基礎並考慮內外情勢的變化，不求由殖民統治之下脫離，專注在訴諸內外輿論，啟發島民，在此背景下置殖民地自治為終極目標，相較於其透過合法的政治運動來漸次達成目標，蔣渭水一派受到中國國民黨革命運動甚大影響，將臺灣人組織化，同時進行民族運動及階級運動，透過世界弱小民族及無產階級的相互提攜對帝國主義國家進行鬥爭，以實現殖民地民族解放。即以臺灣民族獨立為目標這點，由第 2、第 3 次黨員大會宣言中不難想像。[35]

蔣渭水、蔡培火這兩人以臺灣民族獨立為目標，是以其政治思想有臺灣獨立思想。

五、第 2 次大會後的主要活動

1929 年 10 月 17 日民眾黨第 3 次黨員大會在新竹市公會堂召開，並於大會中進行第 3 次全島黨員大會宣言。

臺灣民眾黨第 3 次全島黨員大會宣言

我們考察島內的情勢之後，知道民眾的趨向是深切信賴本黨的。吾人必須要感到有越來越重大的責任，在內部根據本黨的綱領政策和第 2 次大會宣言，要將全島都做為鬥爭的一份子並使其向本黨集中，整頓接受本黨指導的陣營，並將戰線統一、更加擴大鬥爭的力量，以一致的步調來告知臺灣民眾來順從領導，並將此道路正確化，期許達到作為大眾政黨的目的。對外則聯絡全世界的無產階級和殖民地的民眾，並參加國際的解放戰線，且期許和世界解放的潮流匯合，將努力來規畫貫徹本大會所訂的政治決議的實行，而且將其地方自治制度的完成、臺

---

[35] 同上、486 頁。

灣現存諸惡法的廢止和擁護人權的諸法律之實現來做努力，今
後應全力來進行以達成以上的目的。亦即本黨應該要在最短期
間來實現本黨的綱領政策，達到人類解放的目的，並為此需要
追求多數同胞的參與。因此不得不對臺灣同胞作警告，希望必
須切實明白地認識到在今日的臺灣，只有本黨盡力在謀求民族
利益，只有本黨盡力在為民眾利益奮鬥，而且要督促激勵本黨，
擁護、了解本黨是代表臺灣民眾利益的大眾政黨，這就是本黨
唯一的希望。

1929 年 10 月 17 日臺灣民眾黨[36]

六、第 3 次黨員大會後的諸情勢

　　進入 1930 年，臺灣民眾黨的左傾被排斥，形成右派在民眾
黨中央幹部及其他立場主張應採合法政治運動前進者中獲得支
持的機運，在當時最具有可能性的本島統治之一大議題上提出
地方自治改革問題，楊肇嘉、蔡式穀、蔡培火、林獻堂組織了
臺灣地方自治聯盟，並計畫自治制度改革促進運動。而臺灣地
方自治聯盟事實上，也顯示出臺灣民眾黨分裂的危險。蔣渭水
雖知道臺灣地方自治聯盟此右傾政黨之存在，但忙於指揮黨及
工友總聯盟致力於反對運動的進行；另一方面則透過牽制策
略，於 1930 年 3 月 21 日，在中央常務委員會決議進行大規模
自治促進運動，並展開全國巡迴演講，取得萬餘名民眾的署名
並進行建議。臺灣自治聯盟組織仍然持續進行組織，在民眾黨

36　為了這個結論的結果，使得臺灣民眾黨與臺灣地方自治聯盟的對立成為事
　　實。

被排斥的蔡培火派黨員也持續具有奔向自治聯盟的傾向,然而
臺灣民眾黨在政策或勞工運動的指導上,並不能如預期般達到
效果,特別是在勞工運動上的失敗過多,限制了黨的前途,運
動也處於停滯的狀態。[37]

　　自治聯盟更進一步穩定其地位,1930 年 8 月 17 日建黨後,
民眾黨員不斷跟進離開。蔣渭水等人見此狀態陷入苦思,數次
向常務委員諮詢對策,雖於 9 月 4 日於高雄召開的中央執行委
員會達到附議,但卻不知如何平息四起的各種雜音。結論也趨
近於「黨員不應該具有其他政治結社之黨籍,對投奔自治聯盟
之黨員給予 2 週猶疑期間並要求反省,不反省者應除名」,另一
方面也希望針對如蔡培火般將一生奉獻於本島解放運動的有功
者不應予以除名處置,蔡派也支持,但蔣派人士則強硬主張將
蔡除名,[38]但採決結果決定後案,所以蔡培火等人也只有接受這
項決定。爾後尚不斷有人奔向自聯,7 月 30 日蔡式穀即已脫黨,
9 月 28 日連邱德金也脫黨了。黨中央於此放任狀態下已無法壓
制反對聲浪,於 1930 年 12 月 5 日決議除林獻堂外,將蔡培火、
陳逢源、洪元煌等 16 名自治聯盟幹部悉數除名,林獻堂憤慨於
黨的態度遂通告脫黨。[39]

七、第 4 次黨員大會與禁止結社

　　隨著地方自治聯盟展開積極的活動,中產階級以上的有力

---

[37] 前揭、『臺灣總督府警察沿革誌』、487 頁。

[38] 同上、507 頁。

[39] 同上、509 頁。

份子幾乎都已投奔到自治聯盟的旗幟之下，只有單純進行自治
改革或在持續總督政治批判範圍內活動的民眾黨，很明顯地已
不具有與自治聯盟對抗的地盤與勢力。因此，民眾黨的存在若
只是靠現狀來維持，無異是自取滅亡，於是蔣渭水、陳其昌、
謝春木等人私底下開始思考民眾黨的方向與對策，並秘密進行
政策及綱領的修正案。1930 年 12 月 28 日，召開中央常務委員
會進行審議，決定附上該案說明資料分送各支部，使其能於各
支部黨員大會得到附議的方針，且於常任委員會結束後郵寄至
各支部。此常務委員會中僅召集以蔣渭水一派為中心的委員，
而偏向蔡培火一派的委員如黃旺成可以說是連接到召集通知都
沒有。[40]

綱領

1.取勞動者、農民、無財產市民及一切被壓迫的民眾的政治自由。

2.護勞動者、農民、無財產市民及一切被壓迫的民眾的日常利益。

3.力擴大勞動者、農民、無財產市民及一切被壓迫的民眾的組
織。[41]

　　1931 年 2 月 8 日於民眾黨本部召開中央執行委員會。以下
是黃旺成與蔣渭水的談話內容。黃旺成說：「本次修正案沿襲日
本無產黨之綱領，正可謂全民運動，若依蔣渭水的說明則又加
進民族運動，在運動分兩頭進行下，民眾是否真應信賴本黨，
這對民眾甚至是一種欺瞞。」蔣渭水道：「今日之時代不應是依
賴資本家之時代，階級鬥爭的必要性更無須贅言。然在臺灣現
狀之下，如不採行過度方針並於階級運動中加入民族運動，則

---

[40]　同上、512~513 頁。

[41]　同上、513 頁。

見不到運動有成功之可能。」[42]其言詞指出進行全民運動的必要性，所謂全民運動不單以林獻堂、蔡培火等提出的以地主資本家階級與中產階級為中心之民族運動，更包含了連溫卿、王敏川、謝雪紅等提出的以工人與農民為中心之無產階級運動。

1931 年 1 月 18 日臺灣新民報社股東大會於蓬萊閣召開，席中林獻堂提出「我承認擔任民眾黨的顧問將阻礙黨勢力之伸張，故於此際將之辭去」做為辭任民眾黨顧問的聲明。有關辭去顧問，據說林獻堂所述理由為：「與蔣渭水就民眾黨新綱領交換，新綱領頗為偏激，變成無產階級本位，對此我等終究無法容忍，我做為一顧問已無法再與黨維持關係，故斷然辭去顧問。過去我等也屢遭民眾黨幹部攻擊，同具顧問地位之蔡培火、蔡式穀既已遭黨除名，我雖正考慮是否離去，但黨之旗幟如此鮮明，則已無留下之理由。」[43]

1931 年 2 月 18 日，中央執行委員會會後，以蔣渭水為領導者的民眾黨左翼一派，抑制一切反對論，集中力量積極籌備舉開黨員大會。同月 18 日在民眾黨本部，得黨員代表 172 人出席，第 4 次全島黨員大會由李友三司會而開幕。[44]

蔣渭水闡述綱領修訂理由之要旨，幾乎無視於黃旺成等反對意見進行表決，黃旺成等亦未加入表決，僅列反對者 5 人即通過修訂，接著蔣渭水說明綱領案幾乎全數贊成，進行至政策審議，也經過稍微修正後即通過。至此無法承認臺灣民眾黨完

---

[42]　前揭，《日據下臺灣政治社會運動史》，頁 514。

[43]　前揭，『臺灣總督府警察沿革誌』，514 頁。

[44]　同上、515 頁。

全合法的存在。綱領、政策通過後，北警察署長隨即親臨現場，將禁止結社命令交付主要幹部陳其昌並要求簽署，且對與會群眾宣布臺灣民眾黨基於禁止結社命令之集會解散命令，為防止解散後的不當活動，檢舉蔣渭水等 16 人。[45]

臺灣民眾黨遭禁理由如下：

禁止臺灣民眾黨的理由

仔細檢討此次修訂綱領、政策，可謂本黨之指導精神串起民族運動與階級鬥爭。於其政策中明白列出反對總督府政治，要求立即撤除壓迫殖民地民眾之惡法，及臺灣人專屬之職業介紹所、免費住宿處、診斷所、診療所等設施，假設前述民族運動之文字遭到抹殺，這幾點仍可斷定為民族運動之表現，又於綱領中更提出爭取被壓迫民眾之政治面自由，並暗中強調殖民地獨立。他們使用「被壓迫民眾」一詞，與大眾黨、勞農黨之民眾一詞在主觀即相異，這意味著殖民地大眾不可輕視。容認此等階級鬥爭、民族運動為目的之結社，即違反臺灣統治之根本方針，妨礙日本臺灣內部融合，並明顯的嚴重影響本島統治之維持。根據以上理由也只有祭出嚴厲的法規處分，這便是臺灣民眾黨遭禁之緣由。[46]

八、小結

1927 年 1 月文化協會在臺中市公會堂舉行臨時大會，左右派正式決裂，左派連溫卿掌權成功，致使原本文化協會的重要

---

[45]　同上、523~524 頁。
[46]　同上、524 頁。

幹部如林獻堂、蔡培火、蔣渭水等人,宣布辭去中央委員職位,舊幹部紛紛退出,另起爐灶組織政黨,同年 7 月 10 日成立「臺灣民眾黨」。該黨前後歷經 3 年 7 個月,至 1931 年 2 月 18 日,因為主張「民族自決」,並採取「反母國」的尖銳態度,遭到總督府強制解散。民眾黨雖然成立,但內部亦有分裂,在政治路線上有溫和的林獻堂、蔡培火等及激進的蔣渭水派,前者主張採取體制內改革,後者則要求進行體制改革。民眾黨被解散後不久,中心人士蔣渭水也過世了。

臺灣民眾黨的政治思想如下述。臺灣民眾黨的指導原理案中主張民本政治之確立,根據立憲政治的精神,反對總督專制政治,並使司法、立法、行政三權完全獨立,進而讓臺灣人擁有參政權。此舉與臺灣議會設置請願運動之主張(請願運動要求於日本帝國議會之外另行設置臺灣議會)相同,等於意味著臺灣獨立。

臺灣民眾黨於第 3 次大會中更進行了下述宣言:「俄國民眾革命、德國勞工暴動、英國勞工總同盟罷工及日本無產政黨出現等,皆代表無產階級抬頭。而埃及脫離英國控制、土耳其獨立、印度自治運動、中國國民革命等則象徵弱小民族崛起。並於帝國主義壓迫下解放為現代兩大新興勢力。故殖民地弱少民族應彼此支援,並與世界帝國主義下之無產階級及日本無產大眾組成共同戰線及攻守同盟。為求得臺灣人的解放,對內喚起全臺灣人總動員,對外與世界弱小民族及國際無產階級相互聯絡共同奮鬥,方能達成目的」。「臺灣人的解放」一詞意味臺灣獨立,故臺灣民眾黨內已包含臺灣獨立思想。

臺灣總督府禁止臺灣民眾黨之理由敘述如下:「該黨之指導精神串連民族運動與階級鬥爭。其政策明顯反對總督府政治,

要求立即撤除壓迫殖民地民眾之惡法，假設不提民族運動之文字，這幾點仍可斷定為民族運動之表現，綱領中更提出爭取被壓迫民眾之政治面自由，並暗中強調殖民地獨立。」由『臺灣總督府警察沿革誌』的敘述中可得知，臺灣民眾黨已具有臺灣獨立思想。

第三節　臺灣地方自治聯盟的政治思想

臺灣地方自治聯盟的目的是推行地方自治與參與選舉，是由臺灣民眾黨的溫和派林獻堂、蔡培火等人脫黨後所組成，其要求可視為主張臺灣議會設置請願運動的延續。以下敘述關於臺灣地方自治聯盟之研究史、成立、活動、其後自治聯盟的改組運動、展開地方制度改革促進運動與本島地方制度修正等。

一、關於臺灣地方自治聯盟之研究史

在本節將討論臺灣地方自治聯盟的政治思想。臺灣地方自治聯盟的政治思想為何？為什麼臺灣地方自治聯盟擁有某個政治思想？此種政治思想是如何形成？以下將針對這些方面一一加以說明。

目前為止對臺灣地方自治聯盟的研究，有陳俐甫《日治時期臺灣政治運動之研究》。這個論文是以臺灣地方自治聯盟之資金問題為中心，其中雖有錢人會員眾多，但是繳納會費的卻少，以致財力拮据，事事不能迎刃而解，同時書中並沒有說明臺灣地方自治聯盟的政治思想。還有許淑貞《日據時期臺灣地方選舉與政治參與——以兩次市、州會議員選舉為例（1935 年～1940年）》僅羅列了運動與事件的資料，欠缺足夠的分析。還有這個

論文雖論及臺灣地方自治聯盟的運動，但是幾乎沒有寫到臺灣地方自治聯盟的政治思想。所以在本節中將以臺灣地方自治聯盟的政治思想為中心加以論述。

蔣渭水所領導的民眾黨，事事遷就左派份子，一路向階級鬥爭傾斜。因此知識份子裹足不前，一般民眾之響應亦不似從前的踴躍。林獻堂、蔡培火等民族主義者，對此情勢深為憂慮，遂有臺灣地方自治聯盟的創立。創立的原因除觀照上述一般情勢的變遷外，亦有其現實的必要。第一是臺灣議會運動，多年沒有直接的效果（其實間接的效果甚大，但一般民眾無法體會到），人心漸見厭倦。且時代進步亦不容僅以泛泛的啟蒙運動為號召，必須開發新的運動方式來維繫民眾的熱情，透過實際政治的營運來教育民眾。但因民眾黨已走階級路線，知識份子頗覺難與之合作，自然對於一般民眾而言缺少吸引力。第二，地方自治制度乃民主政治的基礎，臺灣議會將來能夠實現，地方自治制度也是非確立不可的工作。既然是遲早要爭取的制度，何不先予以確立使民眾獲得地方政治訓練的機會，對於將來的政治運動也不無裨益。第三，總督府當局本來亦有改革地方自治制度之計畫，但因內部不能一致，開明的一派主張改革，頑固的一派卻不以為然。是故臺灣的民眾如果表現熱烈的改革運動，不但似是而非的現行制度可以改革，一面又可支援總督府內部開明的一派，開明官吏得勢，不但當面的地方自治制度可期提早實施，對於臺灣的一般政治制度亦必無壞處。這或許是懷抱極大希望的觀察，但確實不失為一石二鳥的妙策。為配合這些特殊事情，臺灣地方自治聯盟終於 1930 年 8 月 17 日以前所未有的特別性格組織成立。所謂特別性格有二，其一是單一目標，自治聯盟雖然是政治結社但目的限定在「促進地方自治

制度的實施」。這一則是直接避免與臺灣民眾黨發生摩擦，另一個理由是為了網羅地方有力知識份子與勸誘在臺日本人參加便利上設定的特殊條件。其二是容納在臺日本人參加，這是針對總督府內部空氣而採取的特別措施。在臺灣因為日人與臺人立場不同、利害對立，過去臺灣人的政治運動，在臺日人幾乎清一色採取否定的態度，唯有自治聯盟始見在臺日人參加，可以說是特殊的現象。

二、臺灣地方自治聯盟的成立

隨著臺灣民眾黨的實權轉移到蔣渭水派，黨的行動除了明顯的總督政治反抗與民族主義鬥爭外尚重視階級鬥爭，逐漸將活動的重點轉移至其指導下的工友總聯盟，於黨第 2 次及第 3 次大會中，均以農工為中心，宣言應進行聯合全民的民族革命鬥爭之旨意等，偏激化與日俱增。黨顧問林獻堂、蔡式穀、蔡培火等人則認為，黨如此的前進方向違背立黨精神，並兩次對蔣渭水等幹部發出警告，然兩派的思想傾向、關於四周環境情況的認識以及對運動方針之見解等諸多相異，使得兩派日漸產生隔閡，兩者的分裂成為必然的態勢。然而共產主義運動陣營所發起的猛烈排擠運動、基於分裂的力量分散以及雙方面子等環境上的關係，以致兩者皆謹慎行事。蔣渭水派伴隨著蔡培火等人對黨態度的消極化反而恣意活動，蔡培火派遂對黨無法抱持任何期待及希望。[47]

47　葉榮鐘，《日據下臺灣政治社會運動史》，臺中：晨星出版有限公司，2000年，頁 508~509。

　　此時蔡培火、蔡式穀、楊肇嘉等人，關於多年來持續至今的臺灣議會設置請願運動之中央氣氛日益惡化，以致對於將來不抱希望，認為要發起可能實現的運動，則必須要推行排除民族主義要素、健全的地方制度改革運動方得當。蔡式穀與當時位於臺北的知識階級社交團體如水社的幹部林履信、林伯壽、周盤石等互有協議，且皆獲得贊同，並與在東京的蔡培火、楊肇嘉聯絡協調，求取臺灣議會請願運動的關係者如中央政界的政客、學者、評論家等人的意見，決議不以民眾黨，而是以地方自治促進會之名，來推行臺灣地方制度改革運動。1930 年 2 月 19 日蔡培火、楊肇嘉返臺，與蔡式穀協議後，探問島內同志的意向，然在民眾黨幹部得知後，打亂了黨的統治而猛烈反對，以致一時積極的活動變得躊躇不前。[48]

　　臺灣地方自治聯盟於 1930 年 7 月 28 日提出政治結社之報備完成法定手續。8 月 17 日在臺中市醉月樓酒家舉開創立大會，是日上午 9 時半起先在該處召開全島發起人大會，下午 2 時起再開創立大會。大會出席者有林獻堂以外 227 名，由蔡式穀司會推選林獻堂為議長，進行議事。自治聯盟以單一目標，專門為促進臺灣地方自治制度之實施而創立，地方自治制度之實施愈早愈好，希望能夠在 1 年以內實施，則自治聯盟自是功德圓滿無須再予存立的必要。當日選出聯盟幹部名單如次：

顧問　林獻堂　土屋達太郎

常務理事　楊肇嘉　蔡式穀[49]

臺灣地方自治聯盟「以臺灣地方自治確立做為單一目標，

　前揭、『臺灣總督府警察沿革誌』、530 頁。

　同上、540 頁。

標榜的是站在民主主義的立場改革臺灣地方制度，中心目標為依民選選出州、市、街、庄議員，組織州、市、街、庄會並賦予議決權，且圖謀附帶於此的輿論指導、訓練與民眾的組織化。成立大會宣言書決議及規約決定發表如下。

宣言書

綜觀現今世界文明諸國之地方自治制度的實際情況，縱使其型式多少有差異，一為依人民公投選出之代表構成意思機關（市、町、村會），而其議決之公共事務，又依人民選出之理事機關（市、町、村長）來執行，則為實情。然而殖民地臺灣的地方自治制度如何，不僅意思機關變成無意義的諮詢機關，其成員之協議會員亦盡為官方選出，此實則令人啞然。

決議文

現行地方自治制度不適合臺灣之民情，並與時代思潮倒行逆施，本聯盟認為不可不加以改革，並要求實施即時且完全的地方自治。

黨之綱領、政策

目的 臺灣地方自治之確立

自治聯盟成立後，於 1930 年 8 月 24 日的理事會中，在中央設立組織、宣傳、財政、編輯四部門，並任葉榮鐘為專任書記長。設置黨勢擴張委員會圖謀組織的擴大，並迅速指定委員構成地方制度改革成案起草委員會，進行成案的起草以及當前對策並做為目前的活動方針。對於農民組織、文化協會的反對運動完全採取旁觀者態度，不強行抗爭。[50]

自治聯盟成立之後不久即呼籲全島民眾，並喚起地方自治

---

[50] 同上、548~549 頁。

292

制度改革的輿論，同時為了圖謀民眾支持聯盟與組織擴大，自
1930 年 8 月 17 日起於全島 24 處舉行巡迴政壇演說會。參與演
說者有楊肇嘉、鄭松筠、葉榮鐘等。[51]

　　1931 年 8 月 16 日聯盟決定舉行第 1 次大會，當天上午於
臺中市醉月樓為此準備，舉行第 2 次評議員會議。大會於臺中
市公會堂召開，與會者有本部之幹部支部代表等 107 名，尚有
其他旁聽者。由於有內地人之聯盟員參會，故會議概以國語進
行。「朝鮮於去年 4 月 1 日見到了比較進步的新制度之實施。當
然朝鮮的新制度尚內藏許多缺陷，無法立即贊同，然對此之評
論暫時不談，惟朝鮮當局亦不得逆行於時代潮流來進行改革，
這點則在此指出。反觀臺灣現狀，儘管經濟、教育之其他能力
遠比朝鮮進步發達，然人民對政治的參與權則全然遭壓抑。不
僅如此，可謂參政權初步之地方自治制度甚至亦無法步朝鮮後
塵，世上豈有如此之矛盾事態。本聯盟事先對當局建議之改革
案，不外乎將在過去 10 年間不完備的自治制度下隱忍至今的臺
灣民眾之合理要求具體化。然不論朝鮮的新制度如何，臺灣制
度改革的內容為：第一、應賦予依照普通選舉辦理之公民權。
第二、應確立州市街庄的自主權。第三、應將官任諮詢機關改
為民選議決機關，並釐清其職務權限。第四、應改革機關之組
織，並釐清其職務權限。第五、確立州市街庄的財政管理權。
此等若不具備，臺灣民眾則斷然不臣服。」[52]

　　1931 年 8 月 16 日聯盟決定舉行臺灣地方自治聯盟第 1 次

---

[51]　同上、564 頁。
[52]　同上，葉榮鐘直接參與抗日運動，並加入臺灣地方自治聯盟，且留下《日
　　據下臺灣政治社會運動史》及《葉榮鐘日記》，此為當事者所撰寫的第一
　　手資料，具有極高的參考價值。

聯盟大會。

四、自治聯盟改組運動

1932 年 8 月 21 日，於臺中市公會堂舉行第 2 次全島大會。
自治聯盟第 2 次全島大會宣言

臺灣地方自治制度的完全實施，是通往島民政治自由的第一階梯，有鑒於內外情勢，如今沒有理由再延緩其斷然實行，政府當局對於上頭一視同仁的聖旨，若有顧及帝國百年大計之誠意，則不得不基於本聯盟之改革案，立即加以斷然實行。[53]

1932 年 8 月 21 日，臺灣地方自治聯盟舉行第 2 次全島大會。第 2 次大會的自治聯盟成員如下：

第 2 次大會當時的自治聯盟成員

顧　　問　林獻堂　土屋達太郎
主　　幹　洪元煌
常務理事　楊肇嘉　蔡式穀
書 記 長　葉榮鐘[54]

五、地方制度改革促進運動再度展開

因政府改革案距離自治聯盟所公表的改革案甚遠，政府案一旦發表，自治聯盟應採如何態度對付的問題，慎重協議的結果決定採擇葉清耀的提案。根據理事會的決議，決定舉開全島住民大會。臺中市全島住民中部大會，於 7 月 23 日在臺中市樂

---

[53]　前揭、『臺灣總督府警察沿革誌』、579 頁。
[54]　同上、581 頁。

舞戲院舉開。

決議文案

1. 吾人在不牴觸日本憲法的範圍內,要求即時斷行臺灣州市街庄以民選議員組織的決議機關。

2. 吾人之要求流布邪說、牽制政府當局之改革者認為無視國憲之非國民,應予大張韃伐,同時進言政府當局勿做逆行時勢之措施。

六、本島地方制度修正與自治聯盟

1935 年 8 月 17 日於臺中公會堂召開第 3 次聯盟大會,有代表 91 名、來賓與旁聽者 90 名、新聞記者 21 名列席。

宣言

本聯盟處於帝國在國際上的非常時期,有鑒於我們的責任與任務日益重大,為了增進國家利益與民眾福祉,更應該鞏固凝聚力,切實訓練與指導島民,圖謀新制度的公正運用,同時朝向地方自治制度的完全確立邁進。

1935 年 8 月 17 日　臺灣地方自治聯盟[55]

改正地方制度施行第 1 次市會、街庄協議會員選舉決定於1935 年 11 月 22 日舉行,選舉告示後以自聯員身分參選者各地皆有相當多數,本部不從事統制各支部並援助參選人資金上的補助等行為,僅有楊肇嘉等少數幹部從事助選演說或撰寫推薦

---

[55] 黃昭堂,《臺灣總督府》,臺北:前衛出版社,1994 年,頁 155~157。

函等。[56]

　　1935 年實施市制、街庄制的改革，市設置議決機構「市會」，街、庄和以往一樣，保留諮詢的機構「協議會」。同年實施選舉，在市議會員與街、庄協議會員之中，各半數是由州知事遴選之，半數由民選選出。它是以限制選舉方式實施選舉，選舉權與被選舉權的資格相同，必須符合下列要件：(a)身為日本帝國臣民者、(b)年滿 25 歲以上、(c)男性、(d)營獨立之生計者、(e)在該市、街、庄住滿 6 個月以上之住民、(f) 市、街、庄稅，年額納付 5 日圓以上者。同年 11 月 22 日，全島一起實施的選舉，乃是臺灣史上最初之政治參與的選舉。由於是限制選舉，有選舉權者的數目少，所以投票率達到 95.9%。當選者的比例，在市會中，日本人占了 51%，臺灣人占了 49%，街、庄協議會由於日本人居住者較少，所以只占 8%，臺灣人則占了 92%。州制也於1935 年改正，並設立「州會」，然要成為州會議員，必須要是市會議員或街、庄協議會員。州議會員的半數是由臺灣總督任命，其餘的半數由市議會員及街、庄協議會員以間接選舉的方式選出。如此，雖勉勉強強卻也於 1935 年開始施行「地方自治」，然還是受到了種種限制。街、庄協議會還是一如往昔，是個諮詢機構，未曾改變。州會和市會雖然都是議決機構，然除此之外，還設置了可說是第二個議決機構的「州參事會」及「市參事會」。州參事會及市參事會的會員，是由州會或市會的議員中，各互選出 6 名「名譽會員」。而州參事會，則再加入州知事和州內務部長為「會員」；市參事會，則再加入市尹及助役（副

---

[56] 陳君愷《臺灣「民主文化」發展史研究》臺北：記憶工程股份有限公司，2003 年，頁 21~23。

手,類似副市長)為「會員」。此第二議決機構由少數人所組成,
代替州會及市會。州知事兼任州長及州參事會的議長,市長兼
任市會及市參事會的議長,街、庄長各兼任街、庄協議會的議
長。換句話說,行政機關首長兼任「議會」的議長。各級「議
會」對所對應的行政機關首長不能罷免,也不能做不信任的決
議,相反的,臺灣總督可以命令各級的「議會」即刻解散。總
督可以訂個日期命令州會停會,州知事也可以訂個日期命令市
會停會,廳長、郡守也可以訂個日期命令街、庄協議會停會。
不僅如此,州知事可以請求總督的指揮,直接取消州會及州參
事會的決議案,甚至也可以請總督取消其選舉。市長可以請求
州知事的指揮,對市會及市參事會採取同樣的措施。在臺灣設
置了州會、市會之事乃是值得評價的。可是將其視為「地方自
治」的話,是沒有什麼實質意義的。關於參與日本本國國政一
事,從來殖民地的人民都被置之度外,但在 1932 年時,朝鮮的
朴泳孝敕選為貴族院議員,成為殖民地人擔任議員的開端後,
1934 年又敕選臺灣的辜顯榮為貴族院議員(辜於 1937 年歿)。
辜顯榮生前把日本軍引入臺北城之後,又為總督府效犬馬之
勞,所以日本政府敘他勳三等。這是一個很特異的例子,而且
也只限於他一人被任命而已,所以在文官總督時代,臺灣人參
與國政之道仍舊遭到重重限制。[57]

　　事實上,殖民統治者對「官選」這種開誠布公的做法,並
不始自 1935 年 4 月實施地方自治制度之時。雖說前述的地方自
治被臺人輿論批評為「畸形的自治制」、「假自治制」、「似是而
非的自治制」,而許多官選議員,則被批評為是憑藉「灣製人望」

---

[57]　前揭、『臺灣總督府警察沿革誌』、310 頁。

而獲選者。以上批評固然確是事實，但是吾人若以嘉義市市制
施行（1930 年 1 月 20 日）後官選的市協議會議員成員來觀察，
可以發現其中先後至少包括有陳宗惠（臺灣民眾黨嘉義支部常
委）、王甘棠（臺灣民眾黨嘉義支部主幹）、梅獅（臺灣地方自
治聯盟理事）、黃文陶（原臺灣文化協會理事）等「反對派人士」。
這些「反對派人士」進入議會，吾人固然可視之為點綴的「花
瓶」，但顯見日人至少還有接受反對者的雅量。而其實這些「反
對派人士」也未必甘做點綴的「花瓶」。例如 1930 年 1 月 27 日
臺中市協議會開議後，協議會員陳朔方（原臺灣文化協會評議
員）就當場放炮，直指該協議會是「假自治」，應「根本的改革」。
我們在配合吳新榮對佳里街官選議員「素質優秀」的評語，或
是彰化市議會官選議員隨民選議員退席抗議的事例觀之，可知
許多議員雖說是「官選」，但統治當局並不見得完全是以其與統
治者之間的關係或配合度為考量，而確實會注重其人品與聲
望。而官選議員亦非全然是「日人的走狗」，仍然有其一定的「自
主性」在。因此，如果用戰後國民黨政權特別注重黨派之私、「黨
外無黨，黨內無派」的做法，或是拿 1997 年香港「回歸」後，
由中共「官選」部分立法會議員，並以之為「傳聲筒」的表現
來觀察，相較之下，同樣做為「統治者」，顯然日本人還比中國
人具備民主的素養與民主的誠意。更重要的是，在日人統治下，
臺灣的民主制度有法治基礎為後盾。從 1935 年以後的地方自治
選舉，經辦選舉者的遵守法令行事與候選人的自律，可見「法
治基礎」對維繫「民主制度」的重要性。而且，另一個不容忽
視的面向是，隨著 1920 年代後期政治社會運動的左傾，臺灣人
對民主的思索也更為深刻。例如臺灣民眾黨在 1930 年底至 1931
年初，修改該黨的綱領與政策，而提出許多深具前瞻性的主張。

298

其中包括 18 歲以上男女皆應有選舉權與被選舉權、言論出版集會結社的絕對自由、實施陪審制度、冤獄及不當逮捕應予國家賠償、對遺產稅所得稅與地租課徵高額累進稅、廢止由無產者負擔的各種苛捐雜稅、合作社之民眾化與自由化、制定 8 小時勞動制及最低工資法、制定失業津貼法與失業保險法、制定女工與幼年工之保護法、制定確立耕作權之租佃法……等等。雖然民眾黨旋及遭禁止解散，但這樣的政策主張，確已成為日治時期臺灣民主運動，留給後世最重要的遺產。也因此，1946 年王添燈宣稱之「世界上絕對沒有那沒有法治的民主政治」的說法，以及由他所提出之「保障言論出版集會結社之自由」、「制定適合民主精神之普通選舉辦法」、「推進各種合作社之發達」、「確立耕作權制度」、「實施 8 小時勞動制」、「制定保護少年工女工之法規」、「實施高度累進稅」……等等政見，甚至是他所謂「至少上面幾點（政見）能夠實現，政治才能民主化，而民生也才有保障的可能。同時唯有民生問題有保障，政治始不至為少數上層階級所操縱，而成為形式上民主實際上非民主的階級政治」的深刻見解，不僅有其歷史脈絡可尋，更充分反映出日治時期臺灣民主所曾達到的「高度」。因此，關於日治時期臺灣的民主，我們可以總結的說，雖然終日治之世，臺灣的「形式民主」並不完整，但在這有限的「形式民主」範圍內，「實質民主」卻獲得了相當良性的進展，從而塑造了一定程度、頗具水準的優良「民主文化」。[58]

---

[58] 前揭、『臺灣總督府警察沿革誌』、310 頁。

七、小結

　　臺灣地方自治聯盟是臺灣人的政治團體，以實現自治及參與選舉為目的，由民眾黨的溫和派退黨而成立，1930 年林獻堂、蔡培火等人鑑於臺灣民眾黨日漸左傾，為路線不同的蔣渭水所掌握，因此醞釀另組團體。同年，楊肇嘉應蔡培火等人的邀請，回臺籌組臺灣地方自治聯盟，楊肇嘉、蔡式穀等為常理，林獻堂為顧問。他們被文協、農組、工友總聯盟等急進派指斥為「灰色紳士」，只會向統治者叩頭請願，又甘受被指派為協議員。臺灣地方自治聯盟要求州市街庄協議員改為民選，協議會改為議決機關等。臺灣地方自治聯盟成立後，不少民眾黨黨員跨黨加盟，民眾黨中央遂決議禁止黨員跨黨，臺灣地方自治聯盟因而與民眾黨正式決裂。臺灣地方自治聯盟網羅多位臺灣議會設置請願運動健將，但對於臺灣議會設置請願運動並不積極。1935年臺灣第 1 次地方選舉，臺灣地方自治聯盟推出的有 11 人當選。1937 年，臺灣地方自治聯盟便自動解散了。

　　『臺灣總督府警察沿革誌』中敘述如下：「政治運動是指殖民地被統治民族的意識下，站在民族主義的立場而行動之本島人合法政治運動。本土的政治運動，一切的政治要求為民族自決，或稱民族自治，換言之則以『臺灣必須為臺灣人的臺灣』這樣的願望為基礎而立足。欲檢討構成本島政治運動勃興之動機要素，第一可舉中國革命發展的影響。與中國人民有共通的言語風俗習慣，勃興於隔著一衣帶水的臺灣海峽而橫貫的中國革命運動，給予本島知識階層的影響極大。特別是本島民族運動的先驅且身為領導者的林獻堂與蔡惠如等，每有機會便與孫文以下的革命領袖會見並交換意見，這項事實值得注目。第二

可舉歐洲戰後之民族自決主義的抬頭與伴其而來之各國殖民地民族運動勃興的刺激，其概況如序說所述。第三則為內地之民主主義與自由主義思想的影響。本島政治運動有內地自由主義者、民主主義者之學者與政治家等給予善意的援助，凡運動的方式、手段等完全在其指導下進行，此言並不為過。」59以上述內容可看到「政治運動」的實例，臺灣地方自治聯盟之要求可視為臺灣獨立所代表之臺灣議會設置請願運動的結尾，故臺灣地方自治聯盟之政治思想即意著臺灣獨立思想。

第四節　臺灣共產黨的政治思想

　　臺灣共產黨的政治大綱中規定以臺灣民族之獨立與建立臺灣共和國為目標，認為革命主導權在於無產階級，以顛覆日本帝國主義、達成臺灣獨立的民族革命為目的。以下將對關於臺灣共產黨之研究史、組織、上海臺灣讀書會事件、松山會議、臺灣情勢報告書、謝雪紅下台、臺灣共產黨之瓦解等分別敘述。

一、關於臺灣共產黨之研究史

　　臺灣的共產主義思想於 1921 年之後，經由在日本留學的臺灣留學生和在中國留學的臺灣留學生這兩個途徑開始流入。然後，臺灣人林木順於上海大學留學時，加入了中國共產黨，受

59　若林正丈說第三國際並沒有給林木順與謝雪紅很大的權限（若林正丈、『台抗日運動史研究』、東京‧研文出版、1983 年、307 頁）。但是，筆者認為並不是這樣。因為林木順與謝雪紅是莫斯科的孫逸仙大學畢業，從第三國際接受政治綱領及組織綱領，之後設立了臺灣共產黨。所以筆者認為第三國際給予林木順與謝雪紅很大的權限。

其推薦，進入位於莫斯科（Moscow）的孫逸仙大學(也稱為中山
大學，是以國共合作與培養革命幹部為目的之大學)，以及東方
勤勞者共產主義大學(也稱為庫德培 KUTV，是以共產黨為目的
之大學)就讀。相同地，謝雪紅(謝阿女)也在上海大學留學時，
受到中國共產黨的推薦，進入東方勤勞者共產主義大學中就
讀。之後，在 1927 年，林和謝都從第三國際（Comintern）60那
邊受到日本共產黨的指導，接受要實踐臺灣共產主義運動之宗
旨的指令而回到上海。當時在上海有身為日本共產黨上海駐派
員的鍋山貞親。另外，臺灣人之共產主義者翁澤生加入了中國
共產黨，組織了上海臺灣學生聯合會，招集了左翼學生們組成
上海臺灣讀書會，不斷地打下臺灣共產主義運動之基礎。因此，
林與謝決定透過鍋山，除了與日本共產黨聯絡之外，並且接近
翁，以了解上海與臺灣之情況，為臺灣共產主義運動來出力。[61]

　　1927 年 12 月，林木順與謝雪紅被日本共產黨中央召集，前
往東京。其間，翁澤生依據與林和謝的協議，與臺灣文化協會
會員中的臺灣人蔡孝乾、以及居住於廈門的臺灣人共產主義者
潘欽信聯絡，令他們來上海。林和謝在東京出席了日本共產黨
中央委員會，依照該委員會之決議，接受了「臺灣共產黨應暫
時當做日本共產黨臺灣民族支部來結黨」、「日本共產黨目前因
選舉鬥爭而忙碌，關於臺灣共產黨結黨，應接受中國共產黨之
援助及指導」等指令。[62]林與謝便領受日本共產黨中央委員會所
決議的「組織大綱」及「政治大綱」(此等是根據謝所提出之資

60　前揭、『臺灣總督府警察沿革誌』、583~589 頁。
61　同上、589 頁。
62　山辺健太郎編、『現代史資料 20 社会主義運動 7』、東京・みすず書房、
　　1971 年、235~236 頁。

302

料，佐野學與渡邊政之輔所寫），接受與臺灣共產黨有關之諸方
針的指示。[63]之後 1928 年 1 月，林與謝與東京臺灣青年會社會
科學研究部的臺灣人陳來旺結伴回到上海。又同年 2 月，翁、
林、謝 3 人集合，開辦臺灣共產黨之結黨準備會。又同年 4 月，
根據中國共產黨代表彭榮之提議，為了結黨準備之總結算，開
辦了臺灣共產主義者積極份子大會。出席者有彭、翁、林、謝、
陳，再加上謝玉葉、林日高、潘欽信、張茂良、劉守鴻、楊金
泉，共 11 名。[64]

　　1928 年 4 月 15 日，臺灣共產黨結黨大會在上海的法國租
界舉行。出席者有中國共產黨代表彭榮65、朝鮮共產主義者代表
呂運亨，再加上，林木順、翁澤生、林日高、潘欽信、陳來旺、
張茂良、謝雪紅等 9 名。會議中進行「政治大綱」以及「組織
大綱」的審議與採用，並進行會員的選舉。林木順、林日高、
莊春火(缺席)、洪朝宗(缺席)、蔡孝乾(缺席)等 5 位被選為中央
委員。翁及謝則被選為中央委員候選人。此外同年 4 月 18 日，
召開第 1 次中央委員會，林木順、林日高、翁與謝 4 人出席，
並舉行中央常任委員的選舉與中央委員的配置。林木順、林日
高與蔡(缺席)為中央常任委員。中央委員的席次部分，書記長兼
組織部為林木順、婦女部為林日高、農民運動部為洪(缺席)、青

63　前揭、『臺灣總督府警察沿革誌』、589~590 頁。
64　許世楷說這個人物並不是彭榮，而是彭湃（許世楷、『日本統治下の台湾』、
　　東京・東大出版会、1972 年、328 頁）。但是衛藤瀋吉認為彭榮就是彭湃
　　的說法並沒有根據。（衛藤瀋吉、『東アジア政治史研究』、東京・東大出
　　版会、1968 年、143 頁）。
65　前揭、『臺灣總督府警察沿革誌』、590~658 頁。

年運動部為莊(缺席)、宣傳煽動部為蔡(缺席)。預計潛入島內者
名單中，則為林木順、林日高、謝以及潘(缺席)。而東京特別分
部以及日本共產黨連絡員部分為謝及陳來旺，上海派駐員兼中
國共產黨連絡員則為翁。此外同年 4 月 20 日，林木順、林日高、
翁等與謝等 4 人會合，進行臺灣共產黨結黨宣言書的審查工作，
並起草對於中國共產黨援助以及指導的感謝辭令。[66]

二、臺灣共產黨之組織

　　關於「組織大綱」以及「政治大綱」，『臺灣總督府警察沿革
誌』書中有以下的描述：「臺灣共產黨的組織是以日本共產黨中
央委員會的決定案為基礎，依照結黨大會裡所決議『組織大綱』
的規定，其要旨為：做為暫時性第三國際一份子的日本共產黨
的民族支部，必須有遵守日本共產黨執行委員會指令的義務。
透過日本共產黨而得到其國際上的提攜扶持，以列寧主義的理
論武裝組織，以第三世界命令為基礎架構而成為一個行動派的
革命政黨。不過其組織體制以民主主義的中央集權制為原則，
以工場細胞為黨之基礎。在此基礎之上部署地方委員會及中央
委員會。黨之綱領亦由日本共產黨中央委員會所給予的計畫來
進行，並透過結黨大會決議。『政治大綱』當中並記載『臺灣為
日本帝國主義之殖民地，本身尚有許多封建的遺留產物。而因
革命之主動力為無產階級（proletariat）農民，臺灣革命之社會
內容對於社會革命有著豐富的展望，規定民主主義革命，同時
為日本帝國主義顛覆臺灣獨立之民族革命』，做為暫時之政綱，
規定了 1.總督專制政治的打倒——日本帝國主義之打倒、2.臺灣

---

[66] 同上、595~613 頁。

民族之獨立、3.臺灣共和國之建設、4.工農壓制之不良法撤廢、
5.7 小時勞動——不勞動者不得吃飯、6.罷工、集會、結社、言
論、出版之自由、7.土地歸還農民、8.封建殘餘勢力之打倒、9.
失業保險法之制定、10.反對日本與朝鮮對於無產階級來打壓之
不良法、11.蘇聯之擁護、12.中國革命之擁護、13.列舉反對新帝
國主義戰爭之 13 項。『工農政府之樹立』、『無產階級獨裁』的
口號依情勢提出。以上兩大大綱之外，關於勞動運動、農民運
動、青年運動、婦女運動、赤色救援會及國際問題，有林木順、
謝氏阿女、翁澤生等於結黨準備會中協議，在中國共產黨員彭
榮的援助下所制定決議草案的各個決議書，列舉其要旨有：1.
勞動運動——勞動運動對策提綱、臺灣左翼勞動組合在文化協
會之指揮下，受了福本主義之影響，陷入宗派主義之錯誤，右
翼工會在民眾黨幹部的改良主義之錯誤下，發生問題。因此規
定黨應在勞動運動前線派遣黨員，克服左翼工會之錯誤，揭露
右翼工會指導者之錯誤，使工會大眾左翼化，布置左右兩翼戰
線，促進臺灣總工會之組織，將其當做產業別地方別之組織，
設立別動隊（fraction）置於黨的影響下，透過日常鬥爭來獲得
工人的優秀份子入黨，開始將所有鬥爭移向無產階級獨裁之方
向，加盟普羅分特倫（profintern）並完成無產階級之國際任務。
2.農民問題——認知農民問題之重要性，農民問題對無產階級之
政權獲得上，探求共同盟軍的意義是極重要之問題，規定黨應
該領導農民大眾，在無產階級指導下實行反帝國主義之土地搶
奪、打倒封建地主與掃除封建遺毒、農村革命，在臺灣有全島
的農民組合之組織，雖賦予黨之農民運動好的條件，但臺灣農
民組合將農民與無產階級混同、農民組合與政黨混同，受到福
本主義的影響，不斷犯下忽視農民切實的日常要求、走向政治

鬥爭、否定民族革命等錯誤。因此規定黨應該派遣黨員至其前
線,透過日常鬥爭來克服工具之錯誤,使工會進入正確的路線,
透過別動隊來擴大黨之影響,以土地歸還人民之口號來盡力達
成無產階級指導下其同盟軍之使命。」[67]

三、上海臺灣讀書會事件

1928 年 3 月,在上海的法國租界所舉行,由朝鮮人主辦的
三一運動祝賀會上,數名臺灣人所說的「中國、臺灣、朝鮮共
同致力被壓迫民族解放運動,貫徹臺灣、朝鮮之獨立」為日本
警察所知。其結果分別在同年 3 月 12 日、3 月 21 日、4 月 25
日 3 次,謝雪紅等 9 名嫌疑犯遭日本警察逮捕(上海臺灣讀書會
事件)。[68]結果謝等 3 名雖因罪證不足而被釋放,其餘 6 名以「否
認在臺灣之日本帝國統治權、使臺灣獨立、變革日本國體、否
認私有財產制度、以實現共產主義社會為目的而組織、加入上
海臺灣讀書會」違反治安維持法的犯罪事實,被處以 1 年到 3
年之徒刑。因上海臺灣讀書會事件,臺灣共產黨受到很大的打
擊,謝被日本警察強制送還臺灣,翁澤生、蔡孝乾、洪朝宗、
潘欽信逃亡至中國。又同年 4 月,林木順與謝使陳來旺成為臺
灣共產黨東京特別支部的負責人。結果在 9 月 23 日,林、陳、
林兌、林添進 4 人聚集在東京,設置臺灣共產黨東京特別支部,
並以陳為負責人。之後由於陳的努力,臺灣共產黨與日本共產
黨又恢復了聯絡。同年 10 月,林木順計畫離開東京潛入臺灣,

---

[67] 山辺健太郎編、『現代史資料 22 臺灣 2』、東京・みすず書房、1971 年、
283 頁。

[68] 前揭、『臺灣總督府警察沿革誌』、662~664 頁。

因感到危險又回到上海。[69]因此由林木順擔任書記長的臺灣共產黨組織遂告終，故在臺灣的謝便迫切感到有必要獨力再建臺灣共產黨。[70]

日本共產黨書記長的渡邊政之輔，在上海從第三國際東方局的負責人處接受活動資金，並與林木順接觸，與臺灣共產黨取得聯繫，在 1928 年 10 月 7 日抵達基隆。於基隆渡邊由於行動可疑被帶往派出所，便射殺了 1 名日本警官，隨後自殺。[71]也因此日本共產黨與臺灣共產黨的聯繫，再次斷絕。其後中國共產黨的勢力便趁虛介入。同年 10 月 18 日，中國共產黨在臺北成立了中國共產黨臺灣支部。中共的這一步，是對第三國際一國一黨的指令所做的違反。依照這個指令，從組織系統方面來看，臺灣共產黨必須屬於日本共產黨的臺灣支部。而中國共產黨若欲支持臺灣共產黨，則不應在臺灣設置中國共產黨臺灣支部，介入臺灣共產黨的組織系統，而應貫徹日本共產黨與臺灣共產黨之間橋樑的角色。中共的指導與干涉，招致臺灣共產黨內產生分裂的結果。當時加入中國共產黨的臺灣人，有王萬得、吳拱照、劉守鴻、翁澤生、潘欽信等，分別在臺北與臺中結成兩個團體。此中國共產黨臺灣支部的出現，成為了欲再建臺灣共產黨的謝雪紅之障礙。[72]

---

[69] 陳芳明，《謝雪紅評傳》，臺北；前衛出版社，1991 年，頁 114。

[70] 『臺灣總督府警察沿革誌』說渡邊政之輔擁有日幣 150 元、美金 800 元（前揭、『臺灣總督府警察沿革誌』、669 頁）。

[71] 前揭，《謝雪紅評傳》，頁 117~118。黃師樵敘述關於加入中國共產黨的臺灣人。（黃師樵，《臺灣共產黨秘史》，臺北：海峽學術出版社，1999 年）。

[72] 前揭，『臺灣總督府警察沿革誌』、668~669 頁。

四、松山會議

　　1928 年 11 月，接受了東京的日本共產黨之指令的謝雪紅，
在臺北會見了臺灣共產黨中央委員的林日高與莊春火，並決定
了以下 4 點：1.基於日本共產黨的中央指令，任謝為中央委員。
2.指遭逢上海臺灣讀書會事件，因懼怕逮捕，故放棄黨務逃亡至
中國的蔡孝乾、洪朝宗、潘欽信、謝玉葉 4 人違反黨規，以機
會主義者之身分加以除名。3.任楊克培、楊春松為黨員。4.任林
為書記長兼組織部長，任莊為勞動部長兼宣傳煽動部長。不屬
於以上 2 人的事務由謝擔任。而謝不得不處理的黨務，在農民
運動與勞工運動兩方面，臺灣共產黨確立了主導權。同年 12 月，
謝於暗中指揮，在臺中召開了臺灣農民組合第 2 次全島大會。
此大會是為了協助臺灣共產黨的發展而召開的。隨後簡吉等 16
名被選為中央委員，其中有許多共產黨員。而日本警方為了追
究臺灣共產黨與臺灣農民組合的關係，依據違反出版法，於 1929
年 2 月 12 日逮捕了簡等 13 名，處以 10 個月的懲役(二一二事
件)。臺灣的共產主義運動因此受到打擊。更在 1929 年 4 月 16
日，發生了日本警方逮捕日本共產黨大部分幹部之四一六事
件，因之臺灣共產黨東京特別支部也遭破壞，臺灣共產黨遂陷
於孤立狀態。[73]

　　於是在中國的王萬得與吳拱照，在日本的莊守與蘇新紛紛
回到臺灣。[74]之後在 1929 年 10 月，謝雪紅、林日高、莊春火 3
位中央委員，在臺北的國際書局(為謝所經營，並在此設置臺灣

---

[73]　前揭，《謝雪紅評傳》，頁 158。
[74]　前揭、『臺灣總督府警察沿革誌』、670~672 頁。

共產黨本部)召開了中央委員會。首先在中央委員的事務分擔方面，宣傳煽動部由謝負責，勞工運動部由莊負責，組織部則由林負責。並使王擔任臺北地區負責人，蘇擔任基隆地區負責人。而在臺灣共產黨統制下，決定將吳與莊送進臺灣文化協會，將楊春松與趙港送進臺灣農民組合。此時臺灣共產黨，雖欲恢復與日本共產黨中斷一時的聯繫，然卻無望。因此同年 11 月，臺灣共產黨中央委員會聯繫在上海的臺灣共產黨中央委員候補翁澤生，圖謀中國共產黨或第三國際東方局的聯絡，接受其指令為了重新編制其陣容，故決定派遣擔任中央委員的林至上海。然林將出發延期，在 1930 年 5 月才離開臺灣抵達上海。林與翁會面，翁令林撰寫要向第三國際東方局提出之臺灣報告書。此時由於翁冷淡對待林，林便於同年 7 月回到臺灣向謝報告待在上海期間的狀況，並提出了脫黨聲明。繼之莊也聲明脫黨。如此一來由於林與莊的脫黨，故中央委員僅剩謝 1 人。[75]

當時臺灣共產黨的狀況如下：「新加盟黨員憑空想像的，秘密閉鎖的臺灣共產黨組織，實則僅存中央委員 2、3 名與黨員未滿 20 人，漸漸認知到其不過是微弱且無力的存在。因此在受到第三國際東方局的正式指示為止的期間，應協議出暫定的方針，由謝阿女(雪紅)延請王萬得協議其方針。」[76]於是王便奉謝之命選定地點，於 1930 年 10 月 27 日至 29 日於臺灣松山召開了松山會議(擴大中央委員會)。參加者為謝、王、楊克煌、吳拱照、趙港、莊守、蘇新 7 人。而謝任議長，王任書記。謝認為以往臺灣共產黨未能蓬勃發展的原因為官憲的彈壓、黨員的不

---

[75] 同上、672 頁。

[76] 同上、673 頁。

活潑、中央機關的怠慢等，且說明近期內第三國際東方局會有
派遣員來臺，於其來臺後召開黨正式大會，並決定新方針與諸
機關，但由於 3 位中央委員裡，林日高與莊春火兩人已脫黨，
故為了決定在召開大會之前的暫定方針，因而召集本會議。[77]

　　松山會議召開的主因為臺灣共產黨的少壯派黨員不滿謝雪
紅的指導。例如赤色組合組織運動的蘇新、蕭來福，臺灣農民
組織的趙港、陳德興，臺灣文化協會的吳拱照、王萬得等人在
各自運動陣營內則構築了地盤。而左派民族解放運動則站在勞
工與農民的立場，並集結了被壓迫的各階層。可是謝與蘇的對
立卻在這個會議中搬上檯面。謝主張聯合戰線的策略，認為臺
灣為殖民地，各階層均受到壓迫，不論是民族資本家、中產階
級、封建地主階級，均已產生反抗意識，若結成聯合戰線，便
能解放臺灣全體民族。但是蘇卻主張激進路線。蘇認為左派團
體應先團結並集結勞工、農民的堅強反抗勢力，而在這個革命
陣營中，不可加入資產與封建地主階級，因為資產與封建地主
階級的妥協性更勝於革命性。[78]

五、臺灣情勢報告書

　　1930 年 5 月，代表臺灣農民組合的臺灣共產黨員陳德興，
正計畫參加在烏拉吉歐斯托克（Vladivostok）召開的第 5 次普
羅分特倫會議。可是當 7 月陳到達上海時，會議早已經結束，
因此陳便留在上海與翁澤生會面。而上海臺灣讀書會之際逃亡

---

[77] 前揭，《謝雪紅評傳》，頁 172~173。
[78] 前揭、『臺灣總督府警察沿革誌』、671~674 頁。

至廈門的潘欽信也恢復了中國共產黨籍，並根據中國共產黨第
三國際東方局的召喚命令，於同年 10 月前蘇前往上海與翁會
面。之後翁步上潘的後塵，以他為中心向第三國際東方局提出
臺灣情勢報告書，並交給第三國際的連絡員。報告書的內容提
到「臺灣共產黨並未發展成組織，細胞（cell）與別動隊的區別
也不明顯，黨中央指導力量薄弱，工會相關運動也沒有進展」[79]。
隨後瞿秋白將翁所寫的報告書轉交到第三國際東方局。經過檢
討翁代替第三國際東方局，起草了「第三國際東方局致臺灣共
產主義者書」。此事顯示了翁利用中國共產黨與第三國際東方局
的名義，影響了臺灣共產黨的政策決定。也就是翁想隱藏中國
共產黨員的身分來解決個人恩怨。該報告書於 1931 年 3 月轉送
到臺灣，臺灣共產黨內部的少壯派氣勢更加提高，並利用此事
來策畫臨時大會。[80]

　　該報告書的標語為「顛覆帝國主義統治、沒收日本帝國主
義企業、臺灣政經完全獨立、所有土地無償沒收交還鄉村農民、
消滅一切榨取階級與封建殘餘、顛覆帝國主義地主及資本家政
權、建立農工蘇維埃」。[81]臺灣共產黨新中央的主張仍然包含了
臺灣獨立。這是第三國際對殖民地革命的規定，也與臺灣共產
黨舊中央的主張一致。可是後續的標語卻帶著極左的傾向，而
不具有聯合戰線所追求的柔軟政策。例如沒收地主的土地卻沒
有補償，對資本家及地主一律冠上帝國主義陣營。像這樣激烈
的主張便與謝雪紅的策略相異，謝不同意這樣極左的政策，也

---

[79]　前揭，《謝雪紅評傳》，頁 196~197。

[80]　前揭，『臺灣總督府警察沿革誌』，698 頁。

[81]　前揭，《謝雪紅評傳》，頁 204~305。

不同意改革同盟所策畫召集的臨時大會。[82]

六、謝雪紅下台

1930 年 12 月，中國共產黨中央委員兼第三國際執行委員的瞿秋白，對潘與翁做了如下敘述：「最近依東方國際局的說法，臺灣共產黨陷入了機會主義的繆誤，黨的活動也停滯不前，基於中國共產黨的友誼立場，建議臺灣共產黨進行改革，而第三國際東方局也同意這項建議。」數天後第三國際東方局的負責人與潘、翁會面，並提出了與瞿幾乎相同的意見，做了以下敘述[83]「這幾天第三國際東方局將會向臺灣提出正式的指示，在此之前你們先回臺灣，將第三國際東方局的意見傳達給一般黨員，並克服過去的繆誤回到布爾什維克（Bol'sheviki）的正道，在第三國際東方局的指令到達後召開臨時大會，確立政治方針強化指導幹部。」

陳德興依照翁澤生及潘欽信之指示，於 1930 年 12 月回臺灣，傳達第三國際東方局之指示給謝雪紅，但謝雪紅以「不了解臺灣情況之言論，第三國際東方局之指示礙難接受，恐怕是翁等人之派系主義的陰謀」為由，拒絕接受。但王萬得一接到這個指示，便召集陳、蘇新、蕭來福舉行密談。之後決定依第三國際東方局之指示來組織改革同盟。後來於 1931 年 1 月 27 日，在謝缺席之下，王、蘇、蕭、陳、趙港、莊守、吳拱照 7 人聚集，以王為議長、蘇為書記，成立了改革同盟。王舉出了以下 6 點來批評謝：「1.犯了閉鎖主義之錯誤。2.犯了不動主義

---

[82] 前揭、『臺灣總督府警察沿革誌』、674~675 頁。

[83] 同上、676~680 頁。

之錯誤。3.未確立黨之機關與細胞。4.沒讓黨員了解到『政治大綱』。5.沒有黨的各級機關與各支部之分界。6.上級機關未能充分指導下部機關。」之後舉辦選舉,王、蘇、趙 3 人成為中央常任委員。[84]

1931 年 4 月,潘欽信回到了臺灣,帶有個人報復的意味,因為潘因謝雪紅而被剝奪了黨籍。[85]同年 4 月 20 日,潘、王萬得、蘇新、蕭來福舉辦臨時大會準備會。潘以第三國際代表之身分,出席此會議。決定在此會議中提出除名謝氏一派為大會議題。其後於同年 5 月 31 日到 6 月 2 日,在臺北的觀音山舉辦了臺灣共產黨第 2 次臨時大會。出席者為潘、蕭、蘇、王、顏石吉、簡娥、劉守鴻、莊守 8 人,此會議未通知謝而舉辦。王為議長、莊為書記、潘成為第三國際東方局代表。潘述說「臺灣共產黨陷入機會主義之困境,因此不得不清算身為機會主義根源的中產階級(petit-bourgeois)的基礎,激發勞動者與農民的日常鬥爭以強化無產階級的基礎,謀求黨的布爾什維克化」。此大會的討論在第三國際東方局之指示下進行。首先,為了克服見風轉舵主義之困境,國際書局派的謝、楊克培、楊克煌被除名。又因已在同大會中進行黨之改組,所以便解散改革同盟。再舉辦選舉,潘、蘇、顏、劉、王當選中央委員,蕭、簡當選中央委員候選人。大會結束後,於同一地點舉辦了第 1 次中央常任委員會,出席者為潘、蘇、顏、劉、王,其中王為議長、蘇為書記。其後舉辦選舉,潘、蘇、王成為常任委員。同年 6 月 4 日,在臺北舉辦了第 1 次中央常任委員會,王被選為書記

[84]　前揭,《謝雪紅評傳》,頁 208。

[85]　前揭、『臺灣總督府警察沿革誌』、712~715 頁。

長、潘為組織部、蘇為宣傳煽動部。又勞動運動負責人為蕭、
農民運動為顏、北部地方為中央常任委員會直轄、中部地方為
詹以昌、南部地方為劉、東部地方為盧新發。了臺灣共產黨第2
次臨時大會。出席者為潘、蕭、蘇、王、顏石吉、簡娥、劉守
鴻、莊守8人，此會議未通知謝而舉辦。王為議長、莊為書記、
潘成為第三國際東方局代表。潘述說「臺灣共產黨陷入機會主
義之困境，因此不得不清算身為機會主義根源的中產階級
（petit-bourgeois）的基礎，激發勞動者與農民的日常鬥爭以強
化無產階級的基礎，謀求黨的布爾什維克化」。此大會的討論在
第三國際東方局之指示下進行。首先，為了克服見風轉舵主義
之困境，國際書局派的謝、楊克培、楊克煌被除名。又因已在
同大會中進行黨之改組，所以便解散改革同盟。再舉辦選舉，
潘、蘇、顏、劉、王當選中央委員，蕭、簡當選中央委員候選
人。大會結束後，於同一地點舉辦了第 1 次中央常任委員會，
出席者為潘、蘇、顏、劉、王，其中王為議長、蘇為書記。其
後舉辦選舉，潘、蘇、王成為常任委員。同年 6 月 4 日，在臺
北舉辦了第 1 次中央常任委員會，王被選為書記長、潘為組織
部、蘇為宣傳煽動部。又勞動運動負責人為蕭、農民運動為顏、
北部地方為中央常任委員會直轄、中部地方為詹以昌、南部地
方為劉、東部地方為盧新發。[86]

　　然後決定了以下的「政治大綱」：「中國共產黨的政策影響
了臺灣共產黨第 2 次臨時大會採用的新『政治大綱』，跟以前的
『上海大綱』比較起來，變得更加激進。換句話說，臺灣革命
的資本家階級是一樣的，但其戰略目的做了以下的改變：1.打倒

---

[86]　同上、718~719 頁。

314

帝國主義的統治，使臺灣獨立。2.土地革命的實行，封建殘餘勢力的破除。3.工農民主獨裁的蘇維埃政權建立，工場農村的武裝暴動為其戰術。而現在的政綱如下：1.打倒帝國主義的統治，使臺灣獨立。2.沒收帝國主義所有的企業及銀行。3.沒收地主的土地，分給貧農與中農。4.實行 8 小時的勞動制和社會保險。5.廢除全部的苛稅以及雜役，實施統一累進稅。6.革命的集會、結社、言論、出版、罷工的絕對自由。7.建立工農民主獨裁的蘇維埃政權。8.國內民主的一切平等。9.跟日本、中國、印度、韓國的工農連絡。10.跟蘇維埃聯邦及世界無產階級聯絡。列舉以上10 點，說明了革命勢力排斥民族資產階級，因為革命勢力認為民族資產階級在日本金融資本的羽翼之下。」[87]

改革同盟成立後，急進的少壯黨員立刻積極地完成黨務，進行了臺灣礦山勞工工會、運輸業勞工工會、印刷勞工工會等成立的準備工作。他們在鐵路部的高雄工廠設立黨支部，重新組織北部地區的礦工業勞工，指導勞工的爭議事件，以此來擴大黨的影響力。這樣的發展情況在臺灣共產黨建黨以來是前所未有的。這個時代稱做黃金時代。[88]一方面日本警方在上海臺灣讀書會事件以來，對臺灣共產黨進行了內部偵查，但因為是地下活動，故無法把握其實體。但 1931 年 3 月，逮捕了臺灣農民組合的幹部趙港，並收押了臺灣共產黨相關的文件。之後臺灣共產黨員陸續遭檢舉，同年 3 月至 6 月被逮捕人數多達 107 名。如此一來臺灣共產黨便完全潰散了。臺灣共產黨成員全部依違

---

[87] 盧修一，《日據時代臺灣共產黨史》，臺北：前衛出版社，1989 年。
[88] 前揭、『臺灣總督府警察沿革誌』、735~739 頁。同上，766~799 頁。

反治安維持法，宣判潘欽信懲役 15 年，謝雪紅懲役 13 年，蘇新、王萬得、趙港懲役 12 年，其餘則是懲役 2 至 10 年不等。[89]

七、臺灣共產黨之瓦解

赤色救援會以非社會主義國家的共產主義運動之後援團體的名義，為了救濟共產主義運動下的犧牲者與家庭，臺灣共產黨於成立大會時通過了成立的決議，但由於上海臺灣讀書會事件之故，實際上則未成立。但在 1931 年 6 月以後，隨著臺灣共產黨員陸續遭逮捕，變得迫切感到組織赤色救援會的必要性。因此同年 5 月，在臺中農民組合本部，臺灣文化協會的詹以昌、陳崑崙（身兼臺灣農民組合會員），臺灣農民組合會員的簡吉、顏錦華、張玉蘭、湯接枝等 6 名聚集，決定組織在臺灣文化協會與臺灣農民組合的勢力下活動的臺灣赤色救援會。而同年 8 月，臺灣文化協會會員的詹以昌、張茂良、郭榮昌，臺灣農民組合會員的陳結、顏錦華、陳崑崙等 6 名群集，選出張茂良為議長，陳崑崙為書記。在正式成立前，暫定臺灣文化協會與臺灣農民組合的地方負責人為臺灣赤色救援會的組織者，設置準備委員會做為中央的代理機關，下部組織以臺灣文化協會與臺灣農民組合的成員為中心，每 10 人 1 班，每 5 班 1 隊加以組織，班與隊設置負責人統轄之。並決定擴大規模發展成全島性組織。更以宣傳與訓練為目的決議發行非合法機關誌，有雜誌「真理」、小冊子「二字集」、「三字集」等。而後伴隨著臺灣共產黨的檢舉，自同年 8 月起臺灣文化協會與臺灣農民組合採非合法活動進行救援活動一事，為日本警方所掌控。之後同年 9 月，

---

[89] 同上、766~799 頁。

以遺留在水果商店頭的「三字集」為線索，於同年11月檢舉了林水福。而至同年12月止遭檢舉者高達320名。其大部分為臺灣文化協會或臺灣農民組合的成員。隨後吳丁炎被宣判懲役7年，湯接枝與張行懲役6年，陳崑崙與黃石順懲役5年，王敏川等10名懲役4年，其餘則是懲役2到3年不等。[90]

臺灣共產黨在1931年的第2次臨時大會中採用了新「政治大綱」，其戰術中明示了採用勞工、農民的武裝起義，即所謂暴動戰術。黨內指滿洲事變為「日本帝國主義的滿蒙侵略」加以大肆宣傳，並向其指導下的團體與民眾下達「藉由此帝國主義戰爭的機會臺灣革命保證成功」與實行暴動政策之指令。這些指令在以臺灣文化協會與臺灣農民組合之名所發出的指令中已有明示。如此一來臺灣赤色救援會組織運動被推動，陳結的嘉義竹崎地區，吳丁炎的北港地區之組織運動，以訓練武裝暴動為中心而發展，然不久即遭檢舉受到挫折。但臺灣農民組合的大湖支部與竹南（永和山）支部方面，則於苗栗的臺灣文化協會幹部郭常的指導下擴大了地下組織，適逢1932年1月的上海事變爆發，基於其刺激與重建之臺灣共產黨的指令，武裝暴動的準備變得具體化，進行部署的決定、襲擊地點與手段的選定、參加者的訓練等，成為指令一下達立即可蜂起的情勢。臺灣農民組合大湖支部委員長劉雙鼎，決定支持臺灣共產黨與準備群起武裝，並選出臺灣農民組合會員53名加以訓練。之後劉潛入永和山，從事組織活動，成立了臺灣農民組合永和山假支部之地下組織，並任委員長，集結了40人鞏固組織。然同年3月，他向大湖派出所巡查陳卓乾之妻勸說：「日軍在上海大敗，近期

---

[90] 同上、799~813頁。

中國軍將攻至臺灣，臺灣農民組合會員預定將殺官吏起暴動，所以快逃。」因此日本警方陸續檢舉了臺灣農民組合會員，於同年 3 月至 9 月間，被逮捕人數多達 92 人。而後劉遭逮捕後死亡，其餘的臺灣人則被處以懲役 2 年至 8 年不等的刑罰。[91]臺灣的共產主義運動遂因而告終。

八、小結

　　1927 年，林木順與謝雪紅被日本共產黨中央召集，前往東京。林和謝在東京出席了日本共產黨中央委員會，依照該委員會之決議，接受了「臺灣共產黨應暫時當做日本共產黨臺灣民族支部來結黨」、「日本共產黨目前因選舉鬥爭而忙碌，關於臺灣共產黨結黨，應接受中國共產黨之援助及指導」等指令。林與謝便領受日本共產黨中央委員會所決議的「組織大綱」及「政治大綱」(此等是根據謝所提出之資料，佐野學與渡邊政之輔所寫)，接受與臺灣共產黨有關之諸方針的指示。1928 年，臺灣共產黨結黨大會在上海的法國租界舉行。林木順為書記長。關於「組織大綱」以及「政治大綱」，『臺灣總督府警察沿革誌』書中有以下的描述。「『政治大綱』當中有詳述記載其蘊含『臺灣為日本帝國主義之殖民地，本身尚有許多封建的遺留產物。而因革命之主動力為無產階級農民，臺灣革命之社會內容對於社會革命有著豐富的展望，規定民主主義革命，同時為日本帝國主義顛覆臺灣獨立之民族革命』，做為暫時之政綱，規定了 1.總督專制政治的打倒——日本帝國主義之打倒、2.臺灣民族之獨立、3.臺灣共和國之建設。」臺灣共產黨在 1931 年的第 2 次臨

---

[91]　同上、799~813 頁。

時大會中採用了新「政治大綱」，其戰術中明示了採用勞工、農民的武裝蜂起，即所謂暴動戰術。黨內指滿洲事變為「日本帝國主義的滿蒙侵略」加以大肆宣傳，並向其指導下的團體與民眾下達「藉由此帝國主義戰爭的機會臺灣革命保證成功」與實行暴動政策之指令。臺灣農民組合大湖支部委員長劉雙鼎，決定支持臺灣共產黨與準備武裝蜂起，並選出臺灣農民組合會員53名加以訓練。日本警方陸續檢舉了臺灣農民組合會員，於1932年，被逮捕人數多達92人。臺灣的共產主義運動遂因而告終。

總結：臺灣抗日團體的政治思想

　　關於臺灣抗日團體的政治思想，分別敘述如下：臺灣文化協會政治思想的中心涵，為臺灣獨立思想；臺灣民眾黨的政治思想為臺灣獨立思想；臺灣地方自治聯盟的政治思想是臺灣獨立思想；臺灣共產黨的政治思想主張臺灣獨立。臺灣文化協會成為左翼團體之後，右翼的成員退出成立臺灣民眾黨。其後民眾黨亦轉向左派，因而又分裂出臺灣地方自治聯盟。

第 五 章
臺灣抗日思想與抗日運動之關聯

關於臺灣抗日思想與抗日運動之關聯，分別敘述如下。六三法是給予臺灣總督行政、立法、司法三權，形成總督獨裁的局面。臺灣抗日運動者因而發起以撤廢六三法為目的的運動。臺灣議會設置請願運動要求法律制定權與預算議決權，與日本帝國議會擁有相同權限的立法權。提倡設置強調臺灣特殊性的特別議會。因此請願運動可視為是臺灣獨立要求運動。

第一節　臺灣抗日思想與六三法撤廢運動

六三法是給予臺灣總督行政、立法、司法三權，形成總督獨裁的局面。臺灣抗日運動者因而發起以撤廢六三法為目的的運動。林呈祿以為六三法撤廢運動是否認臺灣的特殊性，提倡設置強調臺灣特殊性的特別議會。本節將討論關於六三法撤廢運動之研究史與六三法撤廢運動。

一、關於六三法撤廢運動之研究史

六三法本是臺灣特殊性以及臺灣總督府專制政治的法源，撤廢六三法而施行日本本土法律，事實上是完全符合同化會運

動內地延長路線的精神，也是當時臺灣領導階級的共識。這場論爭，是 1918 年到 1920 年間發生在旅居東京的台灣菁英之間的「六三法撤廢運動」論爭。然而到了 1918 年，正當原敬的政友會取得政權，殖民地統治方針開始由特別統治主義轉向「漸進的內地延長主義」之際，臺灣人菁英對同化主義的共識卻已經瓦解了。針對新的政治局勢，部分前同化會的領導者提議以撤廢六三法作為今後臺灣人政治運動主軸，然而這個提議卻遭到了許多年輕一輩留日學生的反對。他們反對「六三法撤廢運動」的同化主義，主張保存臺灣的特殊性，並依此特殊性為基礎，推動臺灣的殖民地自治運動。由於史料佚失，我們無從得知這場論爭的實際內容，然而可以確定的是，自治主義派最終成功地說服了同化主義派。當臺人首度的政治運動同化會在 1915 年遭遇挫折之際，第一次世界大戰也在進行當中。這場從 1914 年到 1918 年的慘烈大戰，從根本動搖了西方列強對殖民地的統治權威。誠如 Eric Hobsbawm 所言，第一次世界大戰終結之日即 19 世紀民族原則勝利之時。兩種弱小民族自決理論，威爾遜主義和稍後的列寧主義，在相互競爭之中傳遍了各殖民地，鼓舞了各殖民地人民的騷動。三一運動的衝擊使殖民地統治問題迅速浮上檯面，引發了日本政壇與輿論界內地延長主義與殖民地自治主義兩派立場的辯論。很明顯地，在六三法撤廢運動中臺灣菁英試圖解決這個困境，而自治主義派的勝利意味著臺灣菁英覺悟到或許他們如今只剩下一條道路可走：既然做不了中國人和日本人，那讓我們做臺灣人吧！1

1　林佳龍、鄭永年編，《民族主義與兩岸關係》，臺北：新自然主義股份有限公司，2001 年，頁 54~56。

　　六三法撤廢運動究竟蘊含什麼樣的政治思想?在本節中,將解明這一點。臺灣抗日運動者的《臺灣青年》雜誌、葉榮鐘的《日據下臺灣政治社會運動史》以及臺灣總督府出版的『臺灣總督府警察沿革誌』這三本書,足夠成為評論六三法撤廢運動政治思想的客觀條件。到目前為止,幾乎都沒有關於六三法撤廢運動的學術論文。因此在這一節中,將針對六三法撤廢運動的政治思想進行說明。這是本節主要的課題。首先概觀六三法撤廢運動,再者論述其政治思想,而後分析檢討其內容,最後再對其政治思想史上的意義加以論述。

二、六三法撤廢運動

　　臺灣近代民族運動與領導者林獻堂有密切的關係,林獻堂一生的思想與行動,除他的天性與學養外,受梁啟超的影響最多也最深,是故為追本溯源起見,先由梁任公與林獻堂的關係寫起。任公遊臺一幕,在種種意義上影響甚大,不獨林獻堂本人暨櫟社諸遺老所受直接的啟發深且鉅,即一般社會間接的受其影響非淺。當時的臺灣社會確曾泛起一股民族感情的熱潮,臺人尤其是遺老們悶在心頭的情緒經由他的激發而凝成一股熱潮風靡全臺,僅這一點也有加以闡述的必要。

　　適逢 1907 年,林獻堂到日本內地觀光之際,在奈良市與中國亡命政客梁啟超邂逅,聽其說而有所啟發。林獻堂云:「我們處異族統治下,政治受差別,經濟受搾取,法律又不平等,最可痛者,尤無過於愚民教育,處境如斯,不知如何而可?」梁啟超答稱:「30 年內,中國絕無能力可以救援你們,最好效愛爾蘭人之抗英,在初期愛爾蘭人如暴動,小則以警察,大則以軍

隊，終被虐殺無一倖免，後乃變計，勾結英朝野，漸得放鬆壓力，繼而獲得參政權，也就得與英人分庭抗禮了。」乃舉例說：「英國漫畫家繪兩位愛爾蘭人，以一條繩索各執一端，將英國首相絞殺，這意味著愛爾蘭人議員在英國議會席雖不多，但處在兩大黨之間，舉足輕重，勢固得以左右英內閣之運命，你們何不效之？」[2]

　　林獻堂受梁啟超啟發最深、影響最大的一點是關於臺灣民族運動的方法問題。就是叫他效法愛爾蘭人之抗英，厚結日本中央顯要以牽制總督府對臺人之苛政。林獻堂當時正在年壯氣銳的時候，對於總督府之壓迫虐待臺人，懷著滿腔悲憤慷慨的熱情，但是不知道如何解救是好。過去的武力行動，正如任公所說，愛爾蘭人在初期如發生抗英暴動，小則以警察，大則以軍隊，終被虐殺無一倖免，此路不通臺人知之甚詳。何況林氏的性格也不是硬繃繃的革命家，他的資產、地位、聲望，也會使他的行動受到一定的限制。他的思想形態，充其量也不能超過「改良主義」，這在今日雖然平淡無奇，或者已入落伍之列，但在風氣未開的當時，不能不說是難能可貴。我們若再進一步去檢討他當時所處的環境，他的同輩、他的同族大部分的公子哥兒都是過著醉生夢死的生活，而他竟能獨立獨行飄然不群，也可以看出他的偉大處。他經任公這一指點，真有豁然貫通的感覺，莫怪甘得中說：「我們聞之，真是妙不可言，自是銘心印腦。」這確是心坎裡發出來的實感。梁任公在〈林太恭人壽序〉

2　葉榮鐘，《日據下臺灣政治社會運動史（上）》，臺北：晨星出版有限公司，2000 年，頁 25。

說：「獻堂溫而重，氣靜穆而志毅果。」這幾句話說得很對。林獻堂確是具有溫和厚重的氣質，所以對任公所指示的方法，他覺得這是唯一可行的路徑，他第一著手和板垣退助提倡同化會，可能也是根據任公所指示而進行的牛刀初試。[3]

在辛亥革命前，臺灣的知識階級可以說是除四書五經以外無書可讀，因為任公的影響，至少使他們知道，四書五經以外仍有學問，這是使他們真有「石破天驚」的感覺的。據甘得中生前告訴葉榮鐘，任公來臺以後年輕一輩的知識份子，什麼「主義、思想、目的、計畫」等向來所未有的新名詞大為流行，這當然是受任公的影響的。一面也刺激青年的求知欲，對於新思想、新學問發生熱烈的追求。上面所舉任公的影響對於後來的民族運動大有幫助自不待言，這可能也是任公始料所未及的。[4]

經由寺師平一的引進，林獻堂乃得與板垣退助會面（由在東京留學之彰化甘得中當翻譯），林獻堂把臺灣的情形以及臺人的痛苦告訴板垣退助，板垣退助深表同情並加以慰勉，同時對臺灣政治發生興趣，遂導致板垣退助來臺考察。

臺灣同化會設立趣旨書

同化主義乃臺灣本島殖民地一般官民之輿論也。蓋欲使土著之島民與官吏及內地人民互忘其仇怨而舉渾然同化之實，必須先有交流之機關。此即本會設立之由來，實以促島民與內地官民交流之親密，並廣其範圍，深厚其利害關係，暢養其理想與友愛之觀念為眼目者也。蓋本會之事業在於致力精神教育、

---

[3] 同上，頁 31~32。

[4] 同上，頁 36。

324

圖謀慈善事業之普及、期望競爭之圓滿、平等利用交通運輸、
獎勵農工商諸業,企圖組合事業之發展,或遵照會之決議而實
行,或由個人少數之範圍努力為之。凡為達成此等目的,不但
定期舉開講演會,在常時為使會員私事得自由會合起見,應將
會堂開放以供利用。如是而舉同化融合之實,撤去彼我之心防
而至於互相提攜,則何憂皇澤之難罩被炎境哉。進而何患不能
發揚東洋平和之光輝,而成為與對岸支那人交歡之基礎之理
乎。因將本會設立之趣旨宣明於大方云耳。

　　1914 年 7 月　臺灣同化會首倡者　板垣退助[5]

　　1914 年 12 月 20 日在鐵路飯店舉開創立大會,參加者達五
百數十人,臺灣同化會的會員一共有 3,178 人,其中日人只有
44 人,98%是臺人。據甘得中告訴葉榮鐘,當同化會創立伊始,
有一天醫專(總督府立醫學專門學校)的學生十數人在蔣渭水、
杜聰明領導下來勢洶洶擁至大稻埕(現在延平北路)的旅館去
求見林獻堂。林氏當即命甘氏去接見他們,見面時這一夥年輕
人個個劍拔弩張,出口便有責難的意味。但經甘氏一番解釋說:
「假使因為這個團體的運動能夠鬆解一點壓力,使同胞的生活
好過一點,不也是一種好事嗎?」他們心領神會、化險為夷,
不但一場風波消於無形,翌日便有醫專學生 170 人加入同化會
的消息傳出來,使該會的聲勢大振。由這一事實來推測,可以
知道他們的看法,是一種解懸拯溺的運動,同化不同化還在其
次。他們對於「同化」兩字,內心不是沒有抵抗,但是他們信

5　臺灣總督府警務局編、『臺灣總督府警察沿革誌』第二編中卷、社會運動
　　史、臺北、1939 年、16 頁。

賴板垣的人格和熱忱,說坦白一點不免有饑不擇食的意味,名目上的問題自然就不得不屈就了[6]。1915 年 2 月 26 日正式命令該會解散。

　　日本於割臺之翌年(1896 年)撤銷軍政,實施民政,同時提出所謂「委任立法」法案於帝國議會。同年以法律第六十三號公布「關於施行於臺灣之法律」,這就是世間所稱的六三法案。六三法在政治的意義是承認臺灣特殊化的制度,也就是總督專制政治之所本。在法律的意義是由日本帝國議會與臺灣總督在臺灣發布與法律有同等效力的「律令」之所謂委任立法制度。該法不但釀成「在臺日本官民的割據意識」的根源,同時也是臺灣一切惡法的所由來。六三法案自 1896 年實施至 1921 年改為法律第三號為止,前後四分之一世紀,成為臺灣總督專制政治的法律根據。六三法改變後總督專制政治雖然未見改善,但因時代進步,日本帝國不得不改變臺灣統治方針的結果,使總督專制政治失去有力的憑藉卻是事實。臺灣民族解放運動發起人對它加以排擠乃是根據實際上的需要而來的對症下藥。六三法案撤銷運動是臺人自主的,根據近代政治理念所發動的有意識的、有條理的政治運動。它也是臺灣父老開始和東京臺灣留學生結合的機緣,運動本身因為臺人政治思想的進步而失去了發展的必要性,被臺灣議會設置運動所取代,但它的歷史的意義非常重大,值得我們特別注意。[7]

　　1896 年臺灣總督府提出於日本帝國議會的「有關施行於臺

---

[6]　前揭,《日據下臺灣政治社會運動史(上)》,頁 43。

[7]　同上,頁 73。

灣之法令之法律案」內容如下：

　　第 1 條　臺灣總督得在其管轄區域內發布有法律效力之命
　　　　　　令。
　　第 2 條　前條之命令臺灣總督應取得評議會之決議，經由
　　　　　　拓務大臣呈請敕裁。臺灣總督府評議會之組織以敕令
　　　　　　另定之。
　　第 3 條　臨時緊急之場合，臺灣總督得不經前條第 1 項之
　　　　　　手續立即發布第 1 條之命令。
　　第 4 條　依前條所發之命令，發布後應立即呈請敕裁，並
　　　　　　向臺灣總督府評議會報告。不得奉敕裁時，總督應立
　　　　　　即公布該命令不再發生效力。
　　第 5 條　現行之法律或將來發布之法律，其全部或其一
　　　　　　部，要實施於臺灣者，以敕令定之。

　　提案理由

　　臺灣歸屬帝國版圖為日尚淺，不但凡百草創伊始，動輒不
無土匪蜂起之事實。然而同島距離首都東京甚遠，且兩地間交
通之便尚未全開。又同島與本國人情風俗迥異，未便律以與本
國同一之法令，是故提出本案。該案提出後議會掀起一場憲法
論戰，就是關於憲法是否實施在臺灣的問題，甲論乙駁頗多議
論，結局追加第 6 條「此法律自實施之日起滿 3 年後失其效力」
而通過上下兩院。該法於 1896 年 3 月 30 日發布，依第 6 條的
規定，應在 1899 年 3 月 31 日滿期。兒玉源太郎（陸軍中將男
爵）於 1898 年 2 月 26 日繼乃木大將之後任臺灣總督。總督府
於同年提出第 1 次延長案於第 13 帝國議會，案由如次。1896
年法律第六十三號中改正如下：第 6 條此法律迄 1902 年 3 月 31

日有其效力。[8]

　　結局照政府原案通過貴族院，眾議院仍以多數通過政府案，遂以法律第 10 號依照總督府提出之草案公布。1902 年政府再度提出六三法延長有效期間 3 年之提案於國會。原案於 1902 年 3 月 10 日以法律第二十號發布延長六三法之效力迄 1905 年 3 月 31 日為止，以上是該法第 2 次延長有效期間的經過。1905 年 3 度延長有效期間。該案提出後，眾議院雖有種種論難攻訐，然仍得多數議員之贊同而通過，貴族院則連 1 人之反對者亦沒有。於是 1905 年 3 月以法律第四十二號公布如下：1896 年法律第六十三號於同法第 6 條之期限屆滿後延至平和克服之翌年末日仍有其效力。[9]

　　1906 年政府再提出六三法展期之議案，但因換湯不換藥，備受貴眾兩院之非難攻擊，不得已一度將原案撤回。3 月 26 日重新提出如下之改正案，貴族院將有效期限改為 5 年而予以通過，其後眾議院亦予通過。於是六三法之名稱消滅，代以法律第三十一號公布如下（新法條文中削除評議會規定值得注意）：

關於施行臺灣之法律

　第 1 條　於臺灣需要法律之事項，得以臺灣總督之命令規定之。

　第 2 條　前條命令需經主務大臣呈請敕裁。

　第 3 條　臨時緊急之場合，臺灣總督得直接發布第 1 條之命令。

---

[8]　同上，頁 74~75。

[9]　同上，頁 75~76。

前項命令發布後應立即呈請敕裁，倘未奉准敕裁時，臺灣總督應立即公布該命令不再發生效力。

第 4 條　法律之全部或一部分要施行於臺灣者以敕裁定之。

第 5 條　第 1 條之命令不得違背依照第 4 條施行於臺灣之法律及特為施行於臺灣之目的而制定之法律及敕命。

第 6 條　臺灣總督既往所發布之律令仍有其效力。

附則

本法自 1907 年 1 月 1 日起施行之，迄 1911 年 12 月 31 日有其效力。

1911 年法律第三十一號延長有效期間 5 年。政府在本案有效期間消滅之前，即 1911 年 3 月提出延長有效期間 5 年之議案於眾議院。結局以多數通過，貴族院未見有議論於平凡裡可決。緣此 1911 年 3 月 29 日以法律第五十號公布修改附則如次：本法（法律第三十一號）迄 1916 年 12 月 31 日有其效力。1916 年法律第三十一號再度延期，兩院均照原案通過。1916 年 3 月以法律第二十八號公布附則如下：本法迄 1921 年 12 月 31 日有其效力。[10]

政府當局鑒於委任立法問題對議會已負有言責，不得不謀求妥善辦法來解決這多年的懸案。恰逢 1919 年任命田健治郎為臺灣總督，他對臺灣統治的根本方針，夙抱同化主義，在內地延長主義的施政方針下，推行各項的措施，遂即提出本案於帝國議會。眾議院遂以多數通過該案。於是 1921 年 3 月發布法律

---

[10]　同上，頁 76~78。

第三號如下：

有關施行於臺灣之法令之事項

第 1 條　法律之全部或一部要施行於臺灣者應以敕令定
之。

前項之場合關於官廳或公署之職權，法律上之期限暨
其他事項，依照臺灣特殊之事情，需要設特例者，得
以敕令另予規定之。

第 2 條　於臺灣需要法律之事項而未有施行之法律者，或
不能適用前條之規定者，臺灣總督得以命令規定之。

第 3 條　前條之命令應經主務大臣呈請敕裁。

第 4 條　臨時緊急之場合，臺灣總督得不依前條規定，立
即發布第 2 條之命令。

依前項規定所發布之命令，於公布後應立即呈請敕
裁，未能獲得敕裁時，臺灣總督應立即公布該項命令
不再發生效力。

第 5 條　依據本法，臺灣總督所發布之命令，不得違反施
行於臺灣之法律及敕令。

附則

本法自 1922 年 1 月 1 日起施行之。依據 1896 年法律第六
十三號或 1906 年法律第卅一號臺灣總督所發之命令，於本法施
行之際，其現在尚有效力者，暫時仍依從前之例。[11]

六三法於 1906 年變成法律第三十一號時，關於評議會並無

---

[11]　同上，頁 78~79。

明文規定上文已經提及，但因律令之制定審議，需要慎重之程序，故於 1907 年 10 月 1 日，以訓令第一號重新制定律令審議會章程，該章程第一條規定設置律令審議會，以應總督之諮詢，以審議依據 1906 年法律第三十一號之命令案。而該章程於 1916 年 11 月以訓令第一一八號及 1919 年以訓令第一四七號，予以修正後，1921 年 6 月 1 日以敕令第二四二號，公布臺灣總督府評議會官制，以恢復評議會制度，同時以敕令第九九號廢止從來之律令審議會。總督府評議會最初定員為 25 人，其中 7 人為官吏，18 人為民間，日臺人各 9 人。但是該會章程第 1 條明定「屬於臺灣總督之監督，應其諮詢，開陳意見。」後人員增至 40 人，並規定評議會員有建議權，但本質上並無重大差異。綜觀該法自 1896 年制定以來，首先規定有效期間為 3 年，1906 年改為法律第三十一號時規定有效期間為 5 年。及至 1921 年改為法律第三號則不附期限變成永久性之法律。計前後在日本帝國議會經過 7 次之折衝討論，但大都在憲法問題兜圈子，對於臺人由該法所受之影響幾乎無人顧及，殖民地人的運命原來就是如此，可以知道臺人的撤銷運動並不是偶然的。[12]

　　新民會第一著手之實際運動——六三法撤廢運動——正在進行之際，對此尚有二三的反對論，明治大學畢業後留在東京繼續研究之林呈祿，以為六三法撤廢運動是否認臺灣的特殊性，無異肯定所謂內地延長主義，因而提倡停止六三法撤廢運動，提倡設置強調臺灣特殊性的臺灣特別議會。林呈祿的議論予新民會員的影響甚深，於是「六三法撤廢運動」一轉而成為

---

[12]　同上，頁 79~87。

「臺灣議會設置請願運動」。[13]

　　林呈祿以一篇論文〈六三法問題的歸著點〉（1920 年 12 月 15 日發刊《臺灣青年》第 5 號）來支持他們上述的見解。「總督的委任立法權早晚應予撤廢，施行臺灣的法律，將來應歸著於由帝國議會制定之結論。到達相當的時期，眾議院選舉法當然亦非施行臺灣不可，亦即行將由臺灣住民中公選代表者參加帝國議會，這只是時間的問題而已。如此的見解是以憲法必然施行於臺灣，而且施行於臺灣的法律可與內地一律立法為前提，純理上所可能導致的結論。」

　　然而上述理論上的歸結，是否即為現在日本帝國統治臺灣的根本方針，假定這是可予肯定的，那麼這一方針果係得殖民地統治的要締與否，似須做一個新進殖民國，將來將大有作為的賢明人士所不能不加以考慮者。當今帝國的統治方針如何吾人可以付之不問，但由實際上考察之，吾人亦同情於政府向來所引以為疑懼者，即有悠久之歷史，具特殊之民情、風俗、習慣，保持固有之思想、文化的現在 340 萬漢民族，果能使夠其與內地大和民族，站在純然同一制度下而加以統治否不能無疑問。從來舉凡臺灣之特別事情主張不能與內地一律立法且高調近世勃興的立憲思想、民本政治的政治家、學者，甚少言及此民意代表之點誠屬遺憾。與其理論毋寧是更尊重實際的特別統治，殊有設置使臺灣住民參與特別立法之制度。何以見，處在鎮壓時代或未開地域可做別論，苟抱文治精神以統治具有歷史之民眾，而不立腳於立憲法治制之方式之議論，終是無法得到

---

[13]　前揭、『臺灣總督府警察沿革誌』、312 頁。

透徹之理。

如上說來，六三法問題的歸著點，由純理上則將來撤廢臺灣的特別統治，而在帝國議會予以同一之立法，乃是必然之理。但由實際上考慮，不若百尺竿頭更進一步，使臺灣的特別代議機關特別立法之為愈也。[14]

綜觀林呈祿這一篇的論旨，在於強調臺灣的特殊性，而主張用特別代議機關來做適合於臺灣特別事情的特別立法，其設置臺灣議會的含意已甚明顯。事實上該文發表的時候，臺灣議會設置請願運動已經成熟，其翌年 1 月 30 日已經正式提出請願書於第 44 帝國議會，距該文發表其日僅 1 個月半而已。

六三法撤廢問題首先由日人提起是事實，因為六三法的委任立法權，日本有識者對於臺灣總督這種特權看不順眼正大有人在。屢次在議會提案展期時，都有一番憲法論的爭辯，其原因在此。議會乃是立法之府，臺灣施行不經議會協贊的法律，顯係侵害議會的權力。稍有法律常識的人誰都會不以為然，不過臺灣是日本帝國最初的殖民地，特殊事情儼然存在，對此要如何應付，議會自身也無把握。其次上下兩院大多數議員都是未曾涉足臺灣，對於臺灣的事情一竅不通，所以每次審查等於紙上談兵，容易受總督府蒙蔽。伊藤政重在臺灣是相當有名氣的律師，和政黨頗有淵源，曾經當選代議士。久我懋正主辦一種《拓殖新聞》的月刊雜誌，頻頻來往於日臺間。[15]

他與林獻堂的接觸，可能在 1916、1917 年之間，因為 1918

---

[14] 前揭，《日據下臺灣政治社會運動史（上）》，頁 86。
[15] 同上，頁 86。

年夏林獻堂曾在東京神保町中華第一樓宴請臺灣留學生的主要
人物 20 人。席上林氏提出「對臺灣當如何努力」的問題,徵求
大家的意見。有人提倡自治論,有人提倡祖國論,真有議論百
出、莫衷一是的情況。在這不著邊際的討論當中,林氏秘書施
家本提出一個當面的實際問題。他說:「六三法是臺灣人的枷
鎖,我們該快快把它撤廢,我們要決行一種運動。」這一控訴,
使空泛的討論走向了實際的行動,立即獲得與會人員一致的贊
同,即席擁護林氏為會長,由會長指派幹部,成立「六三法撤
廢期成同盟」。施家本自臺中公立中學設置工作[16]結束(1915 年)
後,即受林獻堂聘為秘書,久我與林氏接觸,當然是由施家本
當翻譯,因此施氏與久我也就成為朋友,葉榮鐘與久我見面也
是由施氏介紹的。中華第一樓之會是否林獻堂事先授意施家本
提議,現在無法知道,不過他對於六三法之厲害有深刻的認識
則是事實。1919 年 10 月日本內閣發表田健治郎任臺灣總督,當
時林獻堂正在東京,葉榮鐘一天去別邸晉謁林氏,正碰到他和
幾位留學生的先輩議論對田總督要求撤廢六三法的問題,可見
他對於六三法關心之程度是如何之深了。[17]

　　六三法為臺灣總督專制政治暨各種惡法的根源,識者痛心
疾首,林獻堂甚至有「如得廢六三法,縱使需要任何犧牲,於
本人亦所不辭」之語。因何對該法之撤廢竟未採取實踐運動呢?
此間原因值得我們詳加探討。六三法的撤廢對於整個臺灣民族

---

[16] 若林正丈、『台湾抗日運動史研究』、東京・研文出版、2001 年、337~377
　　頁。

[17] 前揭,《日據下臺灣政治社會運動史(上)》,頁 87。

解放運動來講，只是一個救急的治標運動，在民本主義高唱入雲的當時，當然不能使在東京的臺灣留學生滿足。進一步要求政治的權利乃是必然之勢，同時也是在他們腦裡醞釀著的潛在意識。不過在六三法撤廢運動開始的當時，尚未具體化，六三法撤廢運動後要如何來善後，這一點大家可能尚未顧到。後來受新思潮的激盪，留學生的思想漸次發展為臺灣完全自治的主張，而且成為留學生思想的主流，「完全自治」在當時確是最響亮的主張。不過當時的政治環境是否行得通卻是另外一個問題。尤其是 1919 年，田總督赴任後，高唱內地延長主義，「完全自治」的主張勢必與它正面衝突。所以少數注重實際、思慮較深的人就不敢苟同，這一派的主要人物是蔡培火、蔡式穀、鄭松筠等。他們主張設置臺灣議會來承擔臺灣總督根據六三法所獲得的委任立法權，也就是把日本帝國議會委任臺灣總督的律令制定權改為委任臺灣議會去立法，這在理論上不但可以避免和內地延長主義正面衝突，實際上又可以剝奪總督的特別立法權。[18]

這裡還有一個問題應該交代清楚，那就是六三法撤廢與臺灣議會的理論。六三法是根據臺灣的特殊事情而來的，所以六三法撤廢運動在理論上的歸結是否定臺灣的特殊事情。臺灣議會設置運動是主張臺灣的特殊事情，理論上是承認六三法的根據的，由純理論的立場來講，六三法撤廢與臺灣議會運動前後不無矛盾。但是實際上卻毫無矛盾，因為六三法撤廢目的在剝奪總督的專制特權，臺灣議會是要將剝奪下來的委任立法權抓

---

[18]　同上，頁 89。

來在議會公開審議,由臺灣人的立場來講是獲得臺灣的特別立
法權。所以由臺灣民族解放運動的步驟來講乃是順理成章,毫
無可議之處。[19]

　　自 1901 年就有臺灣人到東京去留學,以後逐年增加,至
1908 年,在東京府管轄內就有 60 人的臺灣留學生。這些初期的
留學生大都是富戶的子弟,而且年齡均甚幼少,談不上覺醒,
當然也沒有民族意識的問題。臺灣留學生的民族的覺醒可能是
由辛亥革命以後的事。但是臺灣總督府對於臺灣的留學生一向
不能放心,早於 1907 年即已聘石田新太郎兼任指導東京府管內
臺灣留學生。翌年即專任田中敬一為留學生監督。1912 年總督
府在東京小石川區茗荷谷創設高砂寮,專門收容臺灣的留學
生,目的當然是為著便於監督起見。自是以來留學東京為風氣,
人數年年增加,1915 年已有 300 人,1922 年達到 2,400 人,其
後最多曾超過 3,000 人。除初期的留學生不說,民國成立以後赴
日留學的大都是因為臺灣沒有專門以上的學校可以升學,不得
不遠離故鄉,負笈於海天萬里之東京,所以這一時期的留學生
可以說是個個都是頭腦優秀的份子。但是物極則反,後來江河
日下、品類不齊,漸次變成因為島內的學校考不上才赴日本去
鍍金。1918 年第一次世界大戰結束,殖民地民族自決思想抬頭,
日本的民本主義思想勃興,1919 年朝鮮發生獨立運動。這些客
觀事實,影響留學生的思想意識非常深刻,促使他們思想進步、
民族意識發酵,對於自己民族所處的環境與運命發生抗爭的衝
動,進而對於民族的解放運動發生熱烈的意欲。他們和故鄉的

---

[19]　同上,頁 91。

父老取得聯繫以後，便邁進於有組織的實際行動，1921 年，臺灣島內的民族運動發軔，他們便成為對外界的一個窗口，不斷吸收新思想新文化，而成為臺灣民族運動的指導團體。[20]

　　東京臺灣留學生的民族的自覺既然成熟，自然而然地感覺有結成團體以便進入實踐運動之必要，於是「聲應會」、「啟發會」、「新民會」等團體便先後成立。1919 年，在日本東京的中國基督教青年會主事馬伯援、吳有容等與數名在東京臺灣人時常過往，正所謂血濃於水，彼此自覺特別親愛，乃取同聲相應之義組織了「聲應會」，會員不多而流動性亦大，組織未久便不知不覺消聲息影。

　　「啟發會」成立於 1919 年末，創立未久即因「發展的解消」而變成「新民會」。「新民會」係成立於 1920 年 1 月 11 日，場所是東京澀谷區蔡惠如的寓所，當日參加的人數及姓名現在無法稽考，大概人數有 20 人。席上公推蔡惠如任會長，但如蔡培火所說，蔡惠如極力謙讓，並列舉數點強調會長非林獻堂莫屬。於是乃由蔡氏負責敦請林獻堂充任會長，在林獻堂未接受會長之間由蔡氏權任會長的條件解決會長問題。當天議決 3 項實踐目標，即如蔡培火上文所說，其中第 2 項——發刊機關雜誌——蔡惠如並曾獨自一人承擔，無論如何必使其實現。

```
新 民 會    會長    林獻堂    副會長    蔡惠如
            幹事    黃呈聰    蔡式穀
普通會員    林呈祿、羅萬車、彭華英、黃旺成、鄭松筠、
            王敏川、黃  周、吳三連、陳炘、蔡培火、
            謝春木、洪元煌、石煥長
```

---

[20] 同上，頁 97~98。

在這時期「新民會」最大的努力是籌備發刊機關雜誌《臺灣青年》，勸募資金、拉攏稿件、編輯校對等都是他們這一群毫無經驗的白面書生不得不從事的工作。為著拉稿件，他們就得去和東京的學界政界的人士接觸，同時他們利用接觸日本有識之士的機會，呼籲臺灣總督府的苛酷與黑暗，由此鍛鍊出一副政治運動家的手腕乃是意料中事。「新民會」在東京公開的實踐運動似乎只有 1920 年 11 月 28 日在富士見町基督教會舉開政談演說會而已，以後對外公開活動都是用「臺灣青年會」的名義。「新民會」自 1920 年創立迄 1930 年歸於自然消滅止恰滿 10 年的歲月，在這悠悠 10 年間，臺灣的民族運動由發軔而興盛，由盛極而分裂，因分裂而導致式微，風強雨急、波瀾重疊。「新民會」在這中間不但屹立不動，且不斷吸收新的份子，輸入新的血液，因得人才輩出，源源供給於臺灣民族解放運動的戰線，「新民會」確已盡其歷史的使命了。[21]「東京臺灣青年會」創立於 1912 年，初時尚沒有固定的會址，迨 1920 年《臺灣青年》雜誌社成立始將招牌掛在神田區神保町該社的玄關實行同居。

1920 年臺灣的民族運動發軔以來，不但東京的臺灣留學生思想意識有重大的改變，在臺灣，尤其是臺北的各中學學生思想也有相當的變化。向來臺北各校——學生間不但沒有聯繫，甚至形成對立的意識。這種不自然的對立關係，卻因 1920 年 11 月臺灣第一個飛行士謝文達的鄉土訪問飛行而改善，進而促成大同團結的契機。先是由醫專及臺北師範的學生以老大哥的身分斡旋於上舉各校的學生之間，鼓勵他們出來聲援謝文達的壯

---

[21] 同上，頁 111。

舉，各校的臺籍學生欣然風從。經過這一次的合作以後，各校學生的思想有急激的變化，民族意識大為提高，同時尖銳化，於是對日籍學生的優越感，學校當局的歧視發生反彈的風氣，一向風平浪靜的教育界竟然波瀾疊起，罷學、罷課或騷擾的風潮也就漸次發生了。茲將重要的學潮摘錄如下：

1. 臺中商業同盟罷學（1920 年 11 月）
2. 臺北師範騷擾事件（1922 年 2 月 5 日）
3. 臺北師範爭議事件（1924 年 11 月 19 日）
4. 臺南師範同盟罷課（1925 年 4 月）
5. 臺北商工學校同盟罷課（1926 年 10 月 25 日）
6. 臺中一中同盟罷課（1927 年 5 月 16 日）
7. 臺南第二高女謝恩會事件（1928 年 3 月 19 日）[22]

　　1927 年臺灣文化協會鬧左右分裂，東京的臺灣青年會也在同年 3 月 28 日春季例會席上成立社會科學研究部，種下分裂的禍根。1927 年 10 月 30 日為商討青年會社會科學研究部的分離問題，假神田明治會館召開臨時大會，投票結果贊成分離的佔少數，結局為舊幹部連袂脫退。東京臺灣青年會亦陷臺灣文化協會的覆轍，被左翼分子所霸占。從此江河日下，當年聲威已不堪再問了。[23]

22　請參考藍博洲，《日據時期臺灣學生運動 1913~1945 年》，臺北：時報文化出版，1993 年。
23　前揭，《日據下臺灣政治社會運動史（上）》，頁 121。

三、小結

　　六三法為臺灣總督專制政治暨各種惡法的根源，林獻堂甚至有「如得廢六三法，縱使需要任何犧牲，於本人亦所不辭」之語。六三法的撤廢對於整個臺灣民族解放運動來講，只是一個救急的治標運動，在民本主義高唱的當時，當然不能使在東京的臺灣留學生滿足。進一步要求政治的權利乃是必然之勢，同時也是在他們腦裡醞釀著的潛在意識。不過在六三法撤廢運動開始的當時尚未具體化，六三法撤廢運動後要如何來善後，這一點可能尚未顧到。後來受新思潮的激盪，留學生的思想漸次發展為臺灣完全自治的主張，而且成為其思想的主流，「完全自治」在當時確是最響亮的主張，不過當時的政治環境是否行得通卻是另外一個問題。尤其是 1919 年田總督赴任後，高唱內地延長主義，「完全自治」的主張勢必與它正面衝突。所以少數注重實際的人就不敢苟同，主要是蔡培火、蔡式穀、鄭松筠等。他們主張設置臺灣議會來承擔臺灣總督根據六三法所獲得的委任立法權，也就是把日本帝國議會委任臺灣總督的律令制定權改為委任臺灣議會去立法，這在理論上不但可以避免和內地延長主義正面衝突，實際上又可以剝奪總督的特別立法權。

　　這裡還有一個問題應該交代清楚，那就是六三法撤廢與臺灣議會的理論。六三法是根據臺灣的特殊事情而來的，所以六三法撤廢運動在理論上的歸結是否定臺灣的特殊事情。臺灣議會設置運動是主張臺灣的特殊事情，理論上是承認六三法的根據的，由純理論的立場來講，六三法撤廢與臺灣議會運動前後不無矛盾，但實際上卻沒有，因為六三法撤廢目的在剝奪總督

的專制特權，臺灣議會是要將剝奪下來的委任立法權抓來在議會公開審議，由臺灣人的立場來講是獲得臺灣的特別立法權。所以由臺灣民族解放運動的步驟來講乃是順理成章。

新民會第一著手之實際運動——六三法撤廢運動——正在進行之際，對此尚有二三的反對論，明治大學畢業後留在東京繼續研究之林呈祿，以為六三法撤廢運動是否認臺灣的特殊性，無異肯定所謂內地延長主義，因而提倡停止六三法撤廢運動，提倡設置強調臺灣特殊性的臺灣特別議會。林呈祿的議論對於新民會員的影響甚深，於是「六三法撤廢運動」轉而成為「臺灣議會設置請願運動」。

第二節　臺灣抗日思想與臺灣議會設置請願運動

臺灣議會設置請願運動要求法律制定權與預算議決權，與日本帝國議會擁有相同權限的立法權。本節主要敘述關於臺灣議會設置請願運動之研究史、請願運動者的思想、《臺灣議會設置請願書》、「同化」和「異化」、「自治」與「獨立」、請願運動的盛行、要求制定臺灣憲法、「殖民地自治」和「地方自治」等主題。

一、關於臺灣議會設置請願運動之研究史

1921 年，178 名漢族系臺灣人與為首的林獻堂——臺灣中部名家望族，向第 44 帝國議會提出請願書，要求在臺灣議會設置臺灣總督的法律制定權和預算議決權。議會設置請願運動，自此之後到 1934 年的第 65 帝國議會為止，14 年間一共舉行了

15 次請願運動。代表著日本殖民時代漢族系臺灣人的政治運動
如火如荼地進行著，和之前的抗日運動性質不一樣。從 1914 年
開始到 1915 年之臺灣同化會和六三法的撤廢運動中，臺灣和日
本帝國同樣法制下，使臺灣人改變成日本人，臺灣人被給予和
日本人同樣的權利和義務。同化的結果，臺灣人的獨立性被去
除，完全變成日本人。但是請願運動，規定臺灣人屬於日本帝
國臣民，將使臺灣人保持獨立性。

　　請願運動以臺灣土著漢族地主資產階級為中心，由有政治
運動經驗且受過日本教育的知識分子推動。在請願運動舉行期
間，和近代日本政治體制的民主化也就是說大正民主的後半期
一樣，確立政黨制的解體過程，並與確立時期的政黨內閣修正
殖民地統治體制、內地延長主義期間的時期相符。例如請願運
動，根據日本政治史上真正的政黨內閣——由原敬內閣的殖民
地統治體制的第一位文官總督田健治郎開始，到最後的文官總
督中川健藏被迫中止。這個持續努力的請願運動，在和大正民
主所產生的內地延長主義體制的對立中被打敗了。但是，請願
運動在臺灣抗日運動史上，具有很大的意義。臺灣議會設置請
願運動的意義是什麼？筆者將在本節中說明這個問題。關於這
個運動的意義，有以下的三種說法。第一種說法是若林正丈的
『臺灣抗日運動史研究』，他認為請願運動是臺灣自治要求運
動。[24] 第二種說法是黃昭堂的『台湾民主国の研究』，他認為請
願運動是臺灣獨立要求運動。[25]第三種說法是周婉窈《日據時代

---

[24]　前揭、『台湾抗日運動史研究』、20 頁。
[25]　黃昭堂、『台湾民主国の研究』、東京・東大出版会、1970 年、242〜243 頁。

的臺灣議會設置請願運動》，她認為請願運動是臺灣自治要求運
動還是臺灣獨立要求運動尚不能夠論斷。[26] 第一種說法與第三
種說法是請願運動的表面理解，此兩種說法不能說明請願運動
的本質。筆者贊成第二種說法，亦即請願運動是臺灣獨立要求
運動。筆者認為請願運動並非臺灣自治要求運動而是臺灣獨立
要求運動。經過以下論述，將會明瞭。本節闡明臺灣議會設置
請願運動是否潛在臺灣獨立之意向。

二、請願運動者的思想

　　日本殖民地時代漢民族臺灣人的近代政治運動開始於 1914
年林獻堂組織的臺灣同化會，但是兩個月後臺灣同化會被臺灣
總督府解散。1918 年，林獻堂組織啟發會，不久因資金問題而
解散。1920 年，林獻堂又設立新民會，創辦《臺灣青年》雜誌。
以上 3 個團體都是以撤廢賦予臺灣總督立法權的六三法為目
標。當新民會推動六三法撤廢運動時，也有反對撤廢的論者出
現。明治大學畢業後，繼續在東京從事研究的林呈祿，認為六
三法撤廢運動否認臺灣的特殊性，肯定內地延長主義，所以主
張設置終止六三法撤廢運動和強調臺灣特殊性的臺灣議會。林
呈祿的這項主張，給新民會會員很大的影響，林獻堂於是決定
終止六三法撤廢運動，進行臺灣議會設置請願運動。

　　推動臺灣議會設置請願運動的幹部具有什麼樣的特殊思想
呢？『臺灣總督府警察沿革誌』敘述如下：

26　周婉窈，《日據時代的臺灣議會設置請願運動》，臺北：自立晚報系文化出
　　版部，1989 年，頁 164～170。

　　「從事本運動的人中，和其他運動的幹部相比而顯得穩健，而沒有臺灣獨立與回歸中國想法的人，但至少在殖民地自治的要求上是一樣的。觀察幹部的思想言行的話，大概可分為兩部分。一部分是臺灣一定得歸還中國的想法，而另一部分的想法則是，臺灣人獨立生存較為重要。前者的代表是蔣渭水、蔡惠如、王敏川等，而後者則以蔡培火、林呈祿為主，而林獻堂及林幼春以下的幹部，雖未明確，但多傾向後者的臺灣獨立。而幹部以外的人，不論是臺灣獨立或回歸中國上，都有各式各樣不同的想法。有以臺灣自治為目標的人，有以為日本統治較好的人。但是在實質上一定要脫離日本羈絆的思想則是一致的。而一般臺灣人的思想在民族自決的思潮下，有人希望臺灣自治，有人希望回歸中國，然而在改造社會的要求卻是和這些運動者是相同的。（贊成本運動的一般島民大部分）擁有民族自決思想，至少希望本島自治，進一步要求獨立，期待回歸中國，要求社會改革，同樣地，運動者亦是如此。」[27]

　　依以上的說明，請願運動的幹部即使沒有馬上把臺灣獨立付諸實行，將來也會構想臺灣獨立之道，或者至少達成殖民地自治。而請願運動幹部的思想雖然大致可分為臺灣獨立派和中國統一派，但是把臺灣脫離日本的支配上，兩派論點是一致的。請願運動漢族系臺灣人中，沒有一個人贊成日本統治臺灣。

　　『臺灣總督府警察沿革誌』是日本警察的史料，正確調查漢族系臺灣人的思想，可信度很高。

---

[27]　前揭、『臺灣總督府警察沿革誌』、318～319頁。

三、《臺灣議會設置請願書》

第一次請願於 1921 年在第 44 帝國議會中提出,《臺灣議會
設置請願書》的內容如下:

「以臺灣固有的文化制度及特殊的民情風俗做參考,進行
特別的立法。但是因對臺灣統治的時間很短,因此立憲政治並
不需要。之在帝國議會中,明治 29 年,法律第六十三號發布,
臺灣總督擁有法律變更權。除此,行政及立法權也給予各機關
掌握。此後 28 年間,經過明治 39 年法律三十一號及大正 10 年
法律三號的 2 次變更,制度轉變成了行政及立法混在一起了。
在第一次大戰後,民族主義興起,社會更持續改變。以世界思
潮來說,民心的趨向是民族平等、立憲主義,因此以臺灣住民
為主選出的議員,組成臺灣議會,而後在臺灣實行的特別法律
及臺灣預算權應該給予臺灣。」[28]

這裡的主張如下:臺灣的文化、制度、民情、風俗和日本
不同,加上日本政府依法律第六號,給與臺灣總督法律制定權。
這第六十三號法律後來變更為第三十一號,再變更為第三號,
但是臺灣總督依然具有立法和行政兩權。第一次世界大戰後,
民族自決主義和民主主義勃興,產生實現制定憲法的必要。所
以要求設置臺灣議會,由臺灣住民選舉的議員組成,給與議會
法律制定權和預算議決權。附帶要說明的,《臺灣議會設置請願
書》中,使用「協贊權」這個詞語,它和議決權的意思相同。
當時,臺灣總督具有立法、行政、司法三權的全部,臺灣人民

---

[28] 《第一回臺灣議會設置請願書》,1921 年,頁 1~4。

只要求其中的立法權給予臺灣議會。臺灣議會要求有法律制定權和預算議決權的立法權。由此具有立法權的臺灣議會和具有立法權的帝國議會有同等的權限。這和不具立法權、只具條例制定權的府縣會明顯不同。臺灣議會設置請願運動要求有法律制定權和預算議決權的立法權，所以請願運動不是臺灣自治要求運動，而是臺灣獨立要求運動。換句話說，臺灣人表面上說請願運動是臺灣自治要求運動，但是「自治」這個詞語隱含有「獨立」的意思。本來「自治」是具有多種涵義的話，日本方面認為「自治」是「地方自治」的意思，不是愛爾蘭那種要求獨立方式的「臺灣自治」。臺灣方面表面上使用「自治」，和府縣會「地方自治」的意思相同，但是內心所想的是愛爾蘭方式的「臺灣獨立」。即使臺灣方面也不認為臺灣議會等同於府縣會。假如臺灣人要求的是和府縣會相同意義的臺灣議會，那麼可以說他們發起的不是臺灣議會設置請願運動，而是臺灣地方自治要求運動（實際上，推動的是要求和府縣會等同的臺灣地方自治聯盟運動）。從以上來看，要求有法律制定權和預算議決權等立法權的臺灣議會設置運動，不是臺灣自治要求運動而是臺灣獨立要求運動。

同年 2 月 28 日，第 1 次請願上呈貴族院請願委員會，臺灣總督田健治郎做以下的表示：

「日本帝國對臺灣統治的方針，並沒有像英國一樣給予殖民地獨立議會的設置、法律的制定、或預算的編列等。所謂殖民地自治的權利，在帝國憲法的實行地區也和日本國內一樣的情況，漸漸把文化的進展也和日本國內相同的方針，那可說是延長日本內地主義的形式。因此，在大正 9 年的時候，就實施

像日本國內一樣的府縣制、市町村制及州制中的市街庄制。但是，請願運動則希望實施特別法律及臺灣預算編列權的法制制定。但是這和日本統治臺灣的大方針相違，而和英國統治加拿大的方式是一樣的，這和日本對臺灣視為新領土統治的方針相反，而這亦是不被准許的。」[29]

結果，貴族院請願委員會不採納此建議，眾議院請願委員會也做了同樣的聲明。在議會中，正如田健治郎總督所明白指出的一般，臺灣議會與英國殖民地獨立議會的地位相同。同時，日本方面統治臺灣的方針在於漸進的內地延長主義。因此，日本可以承認在臺灣設置類似日本府縣制或是市町村制的州制、街制，但是卻不能承認對於臺灣議會所主張的法律制定權與預算議決權，或是類似澳洲及加拿大等獨立自治體的組織。

四、「同化」和「異化」

從民族來分析，漢族系臺灣人與日本民族不同，約在 1895 年之前，前者由其他國家（清朝）統治，而且漢族系臺灣人所領導的抗日運動在請願運動之前已持續了 20 年。與日本在民族上及歷史上有差異的漢族系臺灣人，儘管必須對於日本軍事的武力侵略表示沉默，但是內心真的服從嗎？從歷史的經驗而言，正如前述的「一、請願運動者的思想」，漢族系臺灣人究竟是應該和中華民國統一或是建立不受日本統治的臺灣國。例如，《臺灣人的臺灣議會設置運動和其思想》表示「請願運動者引用德國的『阿爾薩斯、洛雷』二州民的失敗經驗，維持漢民

---

[29] 前揭、『臺灣總督府警察沿革誌』、342 頁。

族的精神，臺灣人不希望同化成日本人，漢民族也不希望同化
成大和民族。」[30]因此，請願運動者擁有漢族系的臺灣人意識，
不想被同化成日本人。

　　漢族系臺灣人對於自身民族的歷史與文化感到自豪，不想
臣服在異民族日本人支配下的想法，從林獻堂的言論中可以得
知：「即使將來在憲法法律為前提所實施的同化主義或是內地延
長主義徹底的實行，日本的同化主義也很難成功。原因在於臺
灣的人民不同於琉球或是愛奴人民，是自身擁有四千年的文
化，以及以三百六十五萬為主體的漢民族。」[31]

　　林獻堂的言論中顯示日本即使在臺灣強制實行同化主義或
是內地延長主義也不會成功。原因在於日本民族、漢族系臺灣
人在民族、歷史、文化 3 方面迥異之故。做為抵抗日本方面所
主張同化主義、內地延長主義中所謂臺灣人與日本人相同的「同
質性」的看法是林獻堂的「異質性」觀。不論是日本方面或是
臺灣方面，在觀察臺灣的現狀之後，都會認識到「異質」社會
的事實。有鑒於臺灣將來方向性的差異，日本方面以同化主義，
希望將臺灣「同化」，臺灣方面則以設置臺灣議會的手法，導向
「異化」的方向。也就是說日本方面以「同化」為目標，而臺
灣方面則以「異化」為主。並非以「同化」而以「異化」為目
標的請願運動者「自治」能滿足他們的要求嗎？應該說唯有超
越「自治」的「獨立」才能滿足他們。對於任何的民族而言，

30　『臺灣人ノ臺灣議會設置運動卜其思想』後編、1922 年、17 頁。

31　〈臺灣的民選議會運動〉,《臺灣青年》第 2 卷第 4 號 (1921 年 5 月 15 日)，
　　頁 58～59。

與其服從於異民族之下的「自治」，不如以「獨立」的方式，朝
向自主的方向邁進。基於以上的事實，臺灣議會設置請願運動
並非臺灣自治要求運動，而是臺灣獨立運動。

五、「自治」與「獨立」

　　1922 年，眾議院請願委員會與貴族院請願委員會不通過第
2 次請願運動。第 2 次請願所提出的《臺灣議會設置請願理由》，
如下所述：

　　「1801 年，愛爾蘭與英國合併，愛爾蘭選出的議員組織愛
爾蘭自治黨，以不從英國分離，向英國議會要求等同於加拿大
的完全自治的制度。1919 年，愛爾蘭自治法案在英國上、下議
院通過。而且，多年來主張愛爾蘭獨立的新芬黨對於自治法案
也感到滿意。英國政府與新芬黨的領袖代表會談，最後終於達
成以愛爾蘭自由國的身分達成完全殖民地自治的協定。以這種
容易失敗、不徹底的同化主義，來反對設置臺灣議會的論調是
不符合大日本帝國的利益的。」[32]

　　正如上述分析可知，請願運動者提及愛爾蘭的自治問題，
也就是請願運動者以愛爾蘭模式為例。愛爾蘭在第 1 階段首先
獲得「自治」，在第 2 階段獲得「獨立」。因此，臺灣應該也能
在第 1 階段獲得「自治」，進而在第 2 階段獲得「獨立」。但是
以當時的情形而言，臺灣想一次就達成獨立是十分困難的，所
以必須先自治。也就是說，對於請願運動者而言，自治是過程，
而獨立才是最後的目標。例如，從林獻堂的言論中即可表明無

---

[32]　臺灣議會期成同盟會，《臺灣議會設置請願書》，1923 年，頁 18～19。

遺：「林獻堂曾說『請看看世界，波蘭、愛爾蘭、印度等問題。即使是世界弱小的民族，也主張自由並發出獨立的呼聲。擁有四千年輝煌歷史，四億漢民族背景的臺灣人，以溫和的手段爭取合法的請願途徑，是可能的。』」[33]也就是說，林獻堂對於連愛爾蘭等人弱小民族都允許獨立的經驗中認為，擁有悠久歷史的漢族系臺灣人以「自治」的方式來請願應該會被認同。這也是請願運動者始終主張自治，卻從未提出獨立的主張。因此也存在請願運動並非獨立運動而是自治運動的論調。但是，以當時言論不自由的歷史背景而言，必須分析請願運動者真正的主張。例如當時請願運動者的黃旺成即做了以下的表示：「林獻堂們真正的目的在於喚醒民族意識，開創民族自決的風氣，脫離日本的統治。」[34]從以上的事實得知，臺灣議會設置請願運動並非臺灣自治要求運動，而是臺灣獨立運動。

六、請願運動的盛行

第 2 次請願主要是由擔任街長、庄長等公職的臺灣地主資產家所署名發起。這是意味地主資產家參與反對運動，並與知識份子連結。所以臺灣總督向領導請願運動的林獻堂施壓，將追討融資的借款，林獻堂也因此停止請願運動。然而，蔡培火、蔣渭水等知識份子持續推動請願運動，他們為了推動請願運動，更於 1923 年成立臺灣議會期成同盟會。之後，臺灣總督府

---

[33] 前揭、『臺灣人ノ臺灣議會設置運動卜其思想』、18～19 頁。
[34] 黃旺成，〈黃旺成先生訪問紀錄〉，黃富三、陳俐甫，《近現代臺灣口述歷史》，臺北：南天書局有限公司，1991 年，頁 88。

350

對於該會以治安警察法禁止集會結社，在東京提出成立同盟會的要求，而成立該會。

而且同年的第 3 次請願中，眾議院請願委員會與貴族院請願委員會不通過設置臺灣議會的要求。同年，臺灣總督府以禁止集會結社的活動為由，全面禁止請願運動，並逮捕 99 名的臺灣人，這也就是所謂的「治警事件」。判決中，判定蔡培火等 7 人有罪，但卻不能中止請願運動。判刑確定的蔡培火在入獄與出獄之際，受到盛大歡迎會的簇擁。隨著《臺灣民報》發行量的上漲，鎮壓運動反而呈現反效果。因此，治警事件讓日本方面認為臺灣的請願運動不是自治運動而是臺灣獨立運動。

1924 年的第 4 次請願運動在向兩院提出的次日，在眾議院解散的情形下，無法提出。第 5 次請願在眾議院的請願委員會中，介紹議員神田正雄表示「臺灣議會與府縣會是同樣的性質」，[35]並向請願委員會說明，臺灣的議會設置運動並非強調殖民地自治的正當性，而是內地延長主義的延伸，以駁斥「臺灣議會是帝國議會的分局」[36]的論點。同年，此議案再度被討論，但在松田三德委員會主張「本請願是以臺灣獨立出發為目的，企圖脫離帝國的統治」。[37]此議案以不通過、延期、審議未了結束，也無法在貴族院請願委員會中討論。因此，日本方面以臺灣議會設置請願運動是以臺灣獨立為目的，而決定不給予承

---

[35] 『第 49 帝國議會眾議院請願委員會會議錄第 3 回』大正 13 年 7 月 14 日、4 頁。

[36] 『第 46 帝國議會眾議院請願委員會會議第 9 回』、大正 12 年 3 月 19 日、2 頁。

[37] 前揭、『第 49 帝國議會眾議院請願委員會會議錄第 3 回』、5～6 頁。

認。1925 年,第 6 次請願時,請願者在「請願的要旨」中將「協
贊權」改成「議決權」。因此,第 5 次請願,議院以旨趣不明顯
為由而不進行審議。為了迴避憲法上帝國議會中立法協贊權重
複的情形,而避免「臺灣議會是帝國議會」分局的批判。結果
未交貴族院請願委員會審議,而眾議院請願委員會也以審議未
了而終結。第 7 次請願在 1926 年,向眾議院請願委員會提出,
委員會則以「此請願能是希望與內地的府縣會相同,或是設置
帝國議會主張不明確」的理由,而不通過此請願。同年,眾議
院預算委員會若槻禮次郎首相表示「遲早會逐漸讓臺灣自治」,
[38]日本政府立即發出禁止出版《臺灣民報》的處分。而且同委員
會若槻首相做了以下的表示:「我所謂的自治,與日本國內的自
治是相同的意思,首先實行最基礎的自治團體,再參加自治的
行政方式是最好的方式。之後,再以臺灣的代表身分參與日本
的帝國議會。或是誤解自治的意義,臺灣是所謂獨立的臺灣人
的臺灣。」[39]若槻的言論再度證明了原、田所主張的漸進性內地
延長主義。臺灣議會設置運動的盛行在普通選舉體制的大正民
主的議會,首相的答辯中做了最高形式的否定。此拒絕的理由
在於也是大正民主產物的內地延長主義的一環而已。[40]

七、要求制定臺灣憲法

　　根據 1927 年《臺灣民報》的社論內容如下:

---

[38]　前揭、『臺灣總督府警察沿革誌』、378 頁。

[39]　同上、379 頁。

[40]　若林正丈、「台湾議会設置請願運動」、『近代日本と植民地』第 6 卷、東
　　京・岩波書店、1993 年、22～23 頁。

「我們要求要設置臺灣議會,而不是走向自治的第一步,而臺灣憲法的制定則是自治的完成。因此,臺灣憲法制定的聲音,及要求制定臺灣議會的聲音,在程序上有差別,目的卻是一樣的,而名稱或許不同,實質上是一樣的。」[41]

從以上敘述的內容來說,請願運動的人認為臺灣議會的設立是臺灣邁向自治的第一步,而臺灣憲法的制定,則是臺灣自治完成的結果。雖然臺灣議會的設置和臺灣憲法的制定有程度上的差別,然而目的卻是一致的。《臺灣民報》雜誌可說是臺灣人唯一的團體,[42]這社論的主筆者和請願運動執行的幹部是重複的,社論可說是這些幹部的心聲。根據這個社論的描述來看,請願運動是以臺灣憲法的制定為構想,而本來憲法的制度是國家設立的事情,而地方自治則不需要。地方自治有條例的制定權,而無憲法制定權,如果有可以制定憲法的團體的話,那就不是地方自治體了,就可說是國家了。因此,臺灣憲法的制定及臺灣議會則可說是跳脫日本出來的臺灣獨立議會了。而請願運動者在建立前要先建立臺灣人的國家臺灣議會,而沒想到一旦臺灣議會制定後,就可說是臺灣獨立了。獨立國家才有的憲法制定,而臺灣議會也有制定憲法,臺灣議會設置的運動則可說是臺灣自治要求的運動,也可說是臺灣獨立要求的運動。因此,臺灣議會設置的請願運動可說是臺灣自治要求的運動,也

[41] 社論,〈臺灣議會與臺灣憲法〉,《臺灣民報》,第 142 號,(1927 年 1 月 30 日),頁 1。

[42] 蔡培火、陳逢源、林柏壽、吳三連、葉榮鐘,《臺灣民族運動史》,臺北;自立晚報社,1971 年,頁 543。

可說是臺灣獨立要求的運動。

在第 7 次的請願運動中，臺灣議會請願運動及臺灣抗日運動發生了衝突，因為從日本將來的社會主義思想及中國國民革命的影響。抗日的民族運動產生分裂了，1927 年在臺灣文化協會中，左派（連溫卿）握有指導權，而中間派（蔣渭水）及右派（蔡培火）則一同退會，另外組成了臺灣民眾黨，但是請願運動則是以臺灣民眾黨做為基礎而持續。而同年的第 8 次請願運動，1928 年第 9 次請願運動，1929 年第 10 次請願運動，以及 1930 年第 11 次請願運動，貴族院請願委員會及眾議院請願委員會則以審議未完成而未以採用而結束，地方自治為單一目標的運動就此展開。楊肇嘉的主張，以林獻堂為主的知識份子，在 1930 年，組成了臺灣地方自治連盟，而和臺灣民眾黨分開了，而請願運動則就完全形骸化地持續。[43]

八、「殖民地自治」和「地方自治」

日本方面認為請願運動並非臺灣自治要求運動，而是臺灣獨立要求運動，不承認臺灣議會的設置。然而，臺灣地方自治聯盟運動即使是官選的「地方自治」，也由於性質屬於自治要求運動，而獲得承認。由於日本方面支配臺灣的邏輯在於同化主義、內地延長主義，有必要階段性的將臺灣內地化（例如在臺灣設置與日本同樣的府縣會的地方自治體）。也就是說，將來日本方面的同化主義、內地延長主義包含必須承認「自治」論理的必然性。「自治」可以分成兩種意義，包括日本方面所認為由

---

[43] 前揭、『台湾抗日運動史研究』、153 頁。

官方選出的「地方自治」，與臺灣方面所主張民選的「殖民地自治」。然而，日本假使依同化主義、內地延長主義的原則，將臺灣視同於日本治理時，日本也必須在臺灣施行民選的「殖民地自治」。日本方面在 1935 年在臺灣實行官選的「地方自治」的同時，也開始構想民選的「殖民地自治」。日本方面認為在臺灣實行民選的「殖民地自治」運動，只是時間早晚的問題。[44] 日本方面假使階段性的給予臺灣「自治」的話，並不會造成臺灣「獨立」的危險性。但是，設置臺灣議會，就有可能造成臺灣獨立的情勢發生。如果日本方面認為請願運動是臺灣自治要求運動（不論是官選的「地方自治」或是民選的「殖民地自治」），將會承認設置臺灣議會。即使是在日本給予臺灣「自治」的情形下，臺灣也會持續推動殖民地自治運動。可是，日本方面認為臺灣議會設置請願運動並非臺灣自治要求運動而是臺灣獨立要求運動。

　　1931 年的第 12 次請願、1932 年的第 13 次請願、1933 年的第 14 次請願在貴族院請願委員會與眾議院請願委員會中，以審議未結束為由，而不採納此請願。但是，眾議院請願委員會中設置小委員會，持續審議。同年 3 月 7 日，楠基道委員做以下表示：「請願原本的目的只是幌子，不論請願的陳述理由為何，其本質包含民族自決主義。假使採納此請願，必將使臺灣成為第二個愛爾蘭。」[45]在此所做的陳述中，請願運動的本質是

---

[44]　『第 51 帝國議會眾議院議事速記錄第 10 號』、大正 15 年 2 月 1 日、241
　　～242 頁。

[45]　前揭、『臺灣總督府警察沿革誌』、399 頁。

民族自決主義。而且,請願運動的目標是以臺灣獨立、邁向第二個愛爾蘭為主。

　　清家吉次郎委員進一步在小委員會中指出:「本請願的目的包含民族獨立主義的因素,明顯地希望逐漸成為第二個愛爾蘭的企圖。請願者根據法律第三號,總督擁有律令制定權的參加權為由,無疑地希望成立獨立國的立法機關。他們所要求潛藏在以臺灣民族自決演變成臺灣獨立的請願企圖,是研究臺灣事務的人們都知道的。介紹議員的說明更是明白的指出,參與委任立法,同時在臺灣議會以國稅與地方稅的區別為媒介,獲得立法權。他們的要求無異是希望臺灣獨立,請願書只是表面的形式,藉以瞞騙日本政府。」[46]在此所指的請願運動,具有民族獨立主義的因素。此外,請願者希望設置臺灣議會,並漸進的成立獨立國的立法機關的主張是明顯的。以民族自決主義所形成的臺灣獨立的思想是請願的基礎。

　　1934 年的第 15 次請願雖然上呈貴族院請願委員會,卻以不通過終了。眾議院請願委員會也是同樣的結果。同年,林獻堂等 30 名請願運動幹部集會,接受中川總督認為請願運動是與統治方針相違背的建議,協議的結果,中止了請願運動。林獻堂以起草委員長的身分,透過報紙發表了停止請願運動的聲明。[47]

九、小結

　　筆者認為請願運動是臺灣獨立要求運動。這個說法有以下

---

[46]　同上、399～400 頁。

[47]　前揭,《臺灣民族運動史》,頁 158～159。

的五個理由：

　　第一、臺灣議會設置請願運動在立法權上要求法律制定權和預算議決權。所以臺灣議會和日本帝國議會有相同權限的立法權。但臺灣議會和地方的府縣會不同，地方的府縣會沒有立法權，只有條例制定權。因為請願運動要求立法權，所以請願運動不是臺灣自治要求運動而是臺灣獨立要求運動。

　　第二、從民族來說，漢族系的臺灣人和日本民族不一樣。20、30 年前，他們受不同的國家（清朝）統治。日本在同化主義下把臺灣人日本化，臺灣議會設置請願運動者則把臺灣人和日本人差別化。這兩者互相對抗，這樣目的不是「同化」而是「異化」的請願運動者不能滿足於臺灣自治的要求。從這件事情上看，臺灣議會設置請願運動超過臺灣自治要求運動，構想臺灣獨立要求運動。

　　第三、請願運動是模仿愛爾蘭的方式：第 1 階段獲得自治，第 2 階段獲得獨立。就當時的愛爾蘭的狀況，馬上達成「獨立」是困難的，所以先試探達成「自治」。總之，「自治」對請願運動者來說，不是目的而是過程，「獨立」才是其目的。臺灣議會設置請願運動不是臺灣自治要求運動而是臺灣獨立要求運動。

　　第四、請願運動者構想制定臺灣憲法。憲法本來是國家所制定的，不是地方自治團體能夠制定的。如果某個團體想要制定憲法，這個團體不會是地方自治團體，一定是國家機構。臺灣議會運動者構想臺灣議會能夠制定只有獨立國家可以制定的憲法。所以，臺灣議會設置請願運動不只是臺灣自治要求而意味著臺灣獨立要求運動。

　　第五、如果日本方面認為請願運動是臺灣自治運動（不管

是官選的「地方自治」，還是民選的「殖民地自治」)，日本應該
會許可臺灣議會的設置。即使日本讓臺灣「自治」，臺灣仍然持
續在日本的支配之下。可是，日本不承認臺灣議會的設置，因
為日本認為請願運動不是自治要求運動，而是獨立要求運動。
從這件事來看，可以知道臺灣議會設置請願運動不是自治要求
運動，而是獨立要求運動。

總結：臺灣抗日思想與抗日運動之關聯
　　關於臺灣抗日思想與抗日運動之關聯，分別敘述如下。六
三法是給予臺灣總督行政、立法、司法三權，形成總督獨裁的
局面。臺灣抗日運動者因而發起以撤廢六三法為目的的運動。
臺灣議會設置請願運動要求法律制定權與預算議決權，與日本
帝國議會擁有相同權限的立法權。提倡設置強調臺灣特殊性的
特別議會。因此請願運動可視為是臺灣獨立要求運動。

第 六 章

日治時代後期臺灣政治思想中
產生抗日思想之原因

關於日治時代後期臺灣政治思想中產生抗日思想之原因，分別敘述如下。日本侵略中國及臺灣，而造成臺灣民族的形成。領導成立臺灣民主國以及其後領導武裝抗日運動的臺灣人士，主張臺灣民族主義，希望建立屬於臺灣人的獨立國家。因而形成臺灣獨立思想。孫中山創建中國國民黨，以中華民族主義主張中國統一。苗栗事件等是以臺灣與中國統一為目標。臺灣人於中國各地成立的抗日團體多抱持中國統一思想。

第一節　產生主張臺灣獨立論的抗日思想之原因

1.日本侵略中國及臺灣，而造成「臺灣民族」意識的形成。

2.領導成立臺灣民主國以及其後領導武裝抗日運動的臺灣人士，以臺灣民族主義的主張，希望建立屬於臺灣人的獨立國家。

3.臺灣文化協會，臺灣民眾黨、臺灣地方自治聯盟、臺灣共產黨等團體均包含臺灣獨立思想。

一、關於臺灣獨立思想之研究史

　　本節的目的在於闡明臺灣獨立思想（臺灣民族主義）產生之原因。臺灣獨立思想產生的原因在於臺灣民主國的成立。1895年馬關條約規定大清帝國割讓臺灣給日本帝國，由於漢族以為日本人不過是野蠻的「倭寇」而看不起日本人，反對日本占領臺灣之聲大起。以臺灣為基礎的臺灣人意識，在士紳階級之中誕生。他們主張「臺灣是臺民的臺灣」。他們與清朝官僚共議建立臺灣民主國（臺灣共和國）。臺灣民主國雖然不是透過臺灣住民共同意思創立的，其存在期間不及五個月，而且建國之時，國際法上主權已屬於日本，而未能受到國際的承認，但是總算是亞洲第一個共和國，比中華民國還早 16 年。1928 年成立的臺灣共產黨以此為臺灣人自傲。這證明臺灣民主國並不是毫無歷史意義。臺灣民主國的意義在於以臺灣為基礎建立一個獨立國，並不能因為失敗而否認其意義。因此，臺灣民主國建立之時，就是臺灣獨立思想發生的時候。之後，臺灣人持續抵抗日本軍隊，發起了許多以建立屬於臺灣人的獨立國家為目的的抗日活動。例如：土庫事件、關帝廟事件、苗栗事件、六甲事件及西來庵事件等等，均是意圖建立臺灣人的獨立國家的行動。1915 年的西來庵事件之後，臺灣人的抗日運動由武裝抗日運動轉向為合法抗日運動。臺灣人發起了六三法撤廢運動、臺灣議會設置請願運動以抵抗日本人的統治。1920 年代，林獻堂、蔣渭水、蔡培火、謝雪紅、連溫卿、王敏川等人組成臺灣文化協會，繼續發起抗日活動。其後，臺灣人又陸續組成臺灣民眾黨、臺灣地方自治聯盟、臺灣共產黨，延續臺灣文化協會的抗日運

動。這些抗日團體的思想可以說就是以臺灣獨立思想為中心。
在中國留學的臺灣學生一面求學、一面也響應臺灣獨立思想，
組成許多團體。例如：臺灣自治協會、臺韓同志會、臺灣尚志
社、廈門中國臺灣同志會、閩南臺灣學生聯合會、中臺同志會、
臺灣民主黨等。臺灣人的抗日團體在1930年代後半由於日本政
府的鎮壓而被迫解散，然而臺灣獨立思想仍然延續下去，由彭
明敏、李登輝、民進黨、建國黨等承繼，將獨立思想的影響力
持續擴散出去。與此主題相關的論文有施敏輝編《臺灣意識論
戰選集》、[1] 施正鋒編《臺灣民族主義》、[2] 黃國昌《「中國意識」
與「臺灣意識」》、[3] 黃昭堂《臺灣那想那利斯文》、[4] 施正鋒《臺
灣政治建構》、[5] 林佳龍、鄭永年編《民族主義與兩岸關係》、[6]史
明《臺灣民族主義與臺灣獨立革命》、[7]莊萬壽編《臺灣獨立的理
論與歷史》[8] 等等。本章首先概觀臺灣獨立思想與臺灣抗日思
想，再者論述其思想，而後分析檢討其內容，最後再對其政治
思想上的意義加以論述。

---

[1]　施敏輝編，《臺灣意識論戰選集》，臺北：前衛出版社，1988年。
[2]　施正鋒編，《臺灣民族主義》，臺北：前衛出版社，1994年。
[3]　黃國昌，《「中國意識」與「臺灣意識」》，臺北：五南圖書出版公司，1995
　　年。
[4]　黃昭堂，《臺灣那想那利斯文》，臺北：前衛出版社，1998年。
[5]　施正鋒，《臺灣政治建構》，臺北：前衛出版社，1999年。
[6]　林佳龍、鄭永年編，《民族主義與兩岸關係》，臺北：新自然主義股份有限
　　公司，2001年。
[7]　史明，《臺灣民族主義與臺灣獨立革命》，臺北：前衛出版社，2001年。
[8]　莊萬壽編，《臺灣獨立的理論與歷史》，臺北：前衛出版社，2002年。

二、臺灣民族主義論

　　「臺灣意識」（Taiwanese consciousness）這個名詞表面上是不說自明，其實是含混籠統、卻又從未經過嚴謹地定義。簡單來說，臺灣意識就是「感覺到自己是臺灣人的意識」（the consciousness of being Taiwanese），也就是「臺灣認同」或是「臺灣人認同」（Taiwanese identity）。譬如有人視之為族群意識；也有人矮化為地方意識、鄉土認同，因此是從屬於中國意識的，或至少不會水火不容；而更多的識者則尊崇臺灣意識為民族意識，與中國意識互相排斥。在日治時代，生活在異族鐵蹄下的臺灣人對於從未曾謀面的唐山懷有無限的「祖國意識」，那股濃得化不開的鄉愁，除了表達對故國眷戀的浪漫情懷，還熱切期待臺灣回歸祖國的懷抱，因此這些華人墾植者的後裔，大致可以視為「離散的華人」。對於當時的臺灣人來說，遙遠的祖國似乎是一個永遠可以提供心靈寄託的地方。他們寄望祖國趕快強大，思慕祖國有朝一日前來解救同胞；二二八事件爆發後，少數左翼份子，成功流亡中國逃過國民黨的圍捕。戰前的臺灣人只有漢人意識，尚未有臺灣意識。在臺灣人的意識裡，祖國代表的是「血濃於水的感情」，也就是原生的血緣關係帶來的認同感。父母可以說是血緣與認同形成的中介變數，是提供歷史與共同記憶的直接來源，這些都是在子女未出生之前就已產生，是子女必須做調適的情境，以建立自己的認同。然而，長輩所留下來的記憶，並沒有區分位於唐山的漢人種族、華人文化、或政治中國，無助臺灣漢人釐清自我的認同。臺灣意識有一個面貌是以臺灣要獨立建國的型態呈現，也就是「臺獨意識」。臺

獨意識發軔於日治時代的「留學生運動」，他們接受西方「民族自決」（self-determination）理念的薰陶，也受到愛爾蘭及韓國獨立運動成功的刺激，主張「臺灣是臺灣人的臺灣」。但前者多止於自治的訴求，只要求臺灣能與日本內地平等已足。雖然臺灣共產黨在戰前（1928 年）早已揭櫫「臺灣民族」、「臺灣獨立」的概念、以及「建立臺灣共和國」的主張，不過在國民黨統治時期，獨立建國意識才開始由海外臺獨運動者積極推動。他們主張臺灣人 400 年來一直為外來政權統治，應該有權利決定自己的命運、建立一個屬於自己的國家，他們尤其強烈主張不應再與中國有任何糾葛。[9]

三、臺灣民族主義的形成

1895 年在臺灣宣布獨立的「臺灣民主國」（The Republic of Formosa），和從前的建國運動有三點不同：第一，在獨立宣言中主張：「所有的國務都由公民公選出來的官吏來推動。」關於這一點，不管是出於歐美人士的建議，或是為了得到外國承認而採取一種手段，用「公民」（People）這個詞彙來宣揚臺灣住民的意志有其特別的意義；第二，臺灣民主國第一個明確地表達了以臺灣作為領土建國運動；第三，不論實際的情形如何，它是首先嘗試亞洲任何其他國家所未曾經歷過的共和體制。觀察這個時期的臺灣，在臺灣民眾之間做為「臺灣人」的共同意識已經孕育；但是在部分的有識之士中，以臺灣為範疇的臺灣人意識已經萌芽了。例如臺灣民主國的副總統邱逢甲就曾高

---

[9] 前揭，《臺灣政治建構》，頁 1～27。

呼：「臺灣是我們臺人的，絕對不容他人私相授受，清廷雖然拋棄了我們，但我們再怎麼樣也不能自暴自棄。」轉戰各地的抗日運動領袖徐驤也大聲疾呼：「我們臺灣孤懸於海上，清國朝廷不在乎臺灣的有無，臺灣是被遺棄的土地。守護臺灣的只有我們臺民，我們願意將我們的鮮血為臺灣而流盡，我們願意將我們的頭顱為臺灣而粉碎。」這兩人所使用的「臺人」、「臺民」的稱呼，貫穿著強烈的「我群意識」（We-consciousness），也就是臺灣人意識。也許是因為入侵的日本人很明顯是異族，所以兩相對照之下，做為一個「臺灣人」的形象很容易就湧現出來。[10]

臺灣民主國的幹部很多人不戰而逃，但是呼應臺灣民主國而成立的臺灣民軍轉戰臺灣各地，透過抗戰，加強臺灣人命運共同體的意識。可以說清末，也即清日之交，在臺灣已有臺灣人意識的雛形。日本帝國統治臺灣，一開始就受到臺灣人民激烈的武力抵抗，日本的治臺機關——臺灣總督府也以激烈的鎮壓手段加以壓制。臺灣民主國的存在期間，也即臺灣攻防戰的期間，臺灣這一方被殺的達 14,000 人。1896 年至 1897 年的部分不算，根據後藤新平的記述，他任職臺灣總督府總務長官 8 年，由 1898 年至 1902 年，這最初的 5 年間，由於抗日而被殺的臺灣住民達 11,950 人。至此年，即 1902 年日本的治臺才安定化。不過，臺灣住民的武力抵抗繼續到 1915 年才結束。[11]

在一連串的武裝抗日運動裡，也有獨立建國運動伴隨其中。

簡義、柯鐵的獨立運動　自稱千歲、鐵國山總統

---

[10]　黃昭堂，《臺灣淪陷論文集》，臺北：稻鄉出版社，1996 年，頁 87。

[11]　前揭，《臺灣那想那利斯文》，頁 9。

黃國鎮的獨立運動　奉黃國鎮為帝，年號「大靖」

林圯埔事件　驅逐日本人，自己稱帝

土庫事件　意圖建立臺灣王國

關帝廟事件　受神告，建立自由的臺灣國

苗栗事件　意圖臺灣獨立，建立共和國政府

六甲事件　意圖建立臺灣王國

西來庵事件　意圖建立「大明慈悲國」，余清芳自稱元帥[12]

　　這些建國運動之中，關帝廟事件意圖建立自由的臺灣國，思想比較新鮮，但是反映 1913 年當時臺灣前近代社會，為糾合同志，竟然利用神告。苗栗事件的羅福星受臺灣民主國與辛亥命的影響而比較有新時代的氣息。羅福星是中國人，不過他主張「這是一場對臺灣總督府的戰爭，我們要將日本人驅逐出去」，而得到貧民的同感，其組織迅速發展，頗有臺灣 nationalism 的信息。[13]

　　1913 年的關帝廟事件是以建立「自由的臺灣國」為目的；同年的苗栗事件可說是因為受辛亥革命影響的大陸中國人介入而引發的，它的目標是建立以「共和制為基礎的臺灣國」；1915 年的西來庵事件是以「大明慈悲國」為國號，其目標是建立一個以佛道為基礎的國家，事件首謀者曾飛檄各地，企圖喚起所有臺灣人起義。它的同志遍布全島各地，後來因此案被檢舉者達 2,000 人之多。由以上的事件可以顯示，臺灣人意識在這個時期已經變得比較明確了。如果把民族主義界定為一群人想在同

---

[12] 同上，頁 9～10。

[13] 同上，頁 10。

366

一國家下生活的願望和運動的話，那麼從臺灣民主國到西來庵事件的這 20 年，可以看作是臺灣民族主義形成的胎動期吧！在這個時期意識上的特徵是，雖然有「臺灣人」的共同意識，但是和其他民族有所區別並進一步鞏固意識的民族意識，亦即所謂的「臺灣民族意識」，則尚未形成。至於「民族」的概念傳入臺灣，還是在辛亥革命發生以後的事情。[14]

　　血的仇恨，加強臺灣住民的一體感，加強臺灣人意識。另一方面，日本初期的治臺政策採取「異民族政策」，即視臺灣人是異民族，同時尊重臺灣的文化，這也助於滋長臺灣人意識。又有一個要素，雖然不是日本殖民地統治當局所意圖的，卻在結果上促進臺灣人的共同意識。那就是臺灣總督府在臺的各種設施：1. 本來臺灣各族群之間，語言不通。日本當局對臺灣人加以強制，教育日本話，結果使日本話變成臺灣各族群的共同語言，而成為族群間溝通的工具。2. 道路、車道、鐵路的擴充，通信工具的普及，使臺灣住民間的往來方便化，提供住民間聯絡感情的機會。3. 經濟建設使臺灣住民的生活多樣化，使住民間增加互相接觸的機會，促進各族群間的理解。再者，第一次世界大戰講和之際，美國總統威爾遜所提倡的民族自決的口號也鼓勵了臺灣人，促進臺灣人的自己認同。其實這是出於臺灣人對威爾遜的口號一廂情願的誤解。威爾遜的口號僅限於東歐諸民族，他並沒有考慮到亞洲、非洲、拉丁美洲諸民族的自決。此外 1919 年在朝鮮發生的三一獨立運動，爾後，經過 100 年的鬥爭，終於獲得獨立的愛爾蘭也給予了臺灣人非常大的刺激。

[14]　前揭，《臺灣淪陷論文集》，頁 91。

凡此種種，都促進了臺灣人意識的進展。尤其是上面所提起的國際情勢也竟然有助於促進「臺灣民族」意識的誕生。[15]

在此應該回憶一下以漢文表示的「民族主義」這個名詞。當時，漢字文化圈對「民族」兩字的理解，帶有濃厚的血統意義。誕生於西歐的那想那利斯文（nationalism）的潮流，在 19世紀傳播到東歐與拉丁美洲。19 世紀後半傳到東北亞，20 世紀才流傳到亞洲其他地區與非洲。漢字文化圈將 nationalism 翻譯做「民族主義」。漢字文化圈的國家看到 nationalism 的潮流流到亞洲，日本再也不敢承認愛奴民族、琉球民族的存在，而將之包括在大和民族之內。孫中山明明是漢民族主義者，他主張漢、滿、蒙、回、藏五族共和以後，也深懼五族有朝一日，各自主張自己是一個獨立的民族、各自建立獨立國。孫中山立即創造一個新名詞「中華民族」，將各族加以牢牢套住。1915 年以後，臺灣人的抵抗運動轉變為政治運動，這個運動到處宣揚臺灣文化、臺灣人意識。這種轉變的原因是臺灣人開始認識到無法以武力推翻日本統治，又因受日本近代教育的知識份子增加，政治運動比較適合他們之故。日本的治臺政策轉向同化主義的時期，也就是臺灣的政治運動取向臺灣民族主義的時期，這種政策變化的互動不是偶然的：日本當局認為以軟性的日化教育，教育臺灣人已有成果，其成果足以期待將臺灣人同化為日本人。而他方面，臺灣政治運動者卻認為臺灣人必須維持臺灣人的固有性格。[16]

---

[15]　前揭，《臺灣那想那利斯文》，頁 10～11。

[16]　同上，頁 12～13。

　　〈臺灣議會設置請願理由書〉用語曲折婉轉，通篇未見「民族主義」與「民族自決」字眼，然而它所提出的「特別參政權」，正是一個隱含民族自決權概念的主張。主張同化之不可能與不可欲，意味臺灣人有保持自身文化認同的權利（亦即這篇文件結尾所說的「臺灣新附同胞之言語風習及其正當之權利」）。換言之，臺灣人的文化認同權應該受到承認與保護。然而作為日本國民的一份子，一般形式的日本國民參政權並不足以保護臺灣人的文化認同，只有特殊式的參政權（也就是以臺灣人全體為單位的自治權）才能有效保護臺灣人的特殊的文化認同。這個以文化來界定的政治權利非常明顯的是一種民族自決權的概念。臺灣議會請願運動所提出的臺灣人「特別參政權」，儘管只是日本帝國體制內的自治主義，和新芬黨或朝鮮三一運動的獨立訴求相較之下顯得十分保守，但是這個溫和保守的自治主義和新芬黨或朝鮮三一運動的急進獨立路線在「民族自決」的精神上是一致的：他們都主張擁有保護文化認同與「民族的公共空間」的政治權力。從這個初期臺灣議會請願運動的臺灣自決論述中，我們已經看到了一個非中國的漢族臺灣民族主義的雛形。當然，這個剛萌芽的漢族臺灣民族主義主要還是「命運共同體」的政治論述，獨特的臺灣民族文化的論述，要到 1930 年代初期才會出現。整體而言，這個新生的臺灣民族自決論乃是第一次世界大戰後威爾遜的自由主義的民族自決思想以及日本大正民主思潮所共同催生的產物。作為一個國際法學者，泉哲的殖民理論深受威爾遜主義的影響，有明顯的民族自決色彩。他依據國際聯盟第 22 條的精神所發展出來的「殖民地本位」理念可以說直接影地響了臺灣人的自我認識。在為《臺灣青年》

創刊號所寫的論文「臺灣島民に告ぐ」(〈告臺灣島民〉)中,泉哲以如此簡潔有力的一句話總結了他的「殖民地本位」理念:「需自覺到臺灣不是總督府的臺灣,而是臺灣島民的臺灣。」雖然有待更進一步研究佐證,但泉哲這句話可能直接引發了蔡培火的靈感,而使他在〈我島與我等〉一文當中寫下「臺灣乃帝國之臺灣,同時亦為我等臺灣人之臺灣」這句名言。我們會發現會發現泉哲和蔡培火的這兩句異曲同工的名言,迅速被轉化為更簡短有力的「臺灣非是臺灣人的臺灣不可」(「臺灣は臺灣人の臺灣たらざるべからず」),成為往後十餘年臺灣抗日運動中唯一能連結各派的共同立場,也決定性地塑造了臺灣人對臺灣的「民族的想像」。[17]

　　關於這個時代的臺灣那想那利斯文,在中國大陸的臺灣人活動份子與在臺的活動份子雖然有微妙的差異,他們所主張的「臺灣民族」,對「中華民族」而言,幾乎毫無距離。現在介紹前者的若干言論:「吾臺灣、朝鮮民族都是漢民族的血統。日本人對這種血統都同樣地敵視。」(彭華英,1924 年);「中國的同胞啊,我們臺灣人也是漢族。臺灣人不是日本人。你們可以排斥日本人,但是絕對不可以排斥臺灣人。臺灣人是中國人。」(林茂鋒,1925 年);「我認為將來中國與臺灣的關係會如此:中國不會採用帝國主義,也不會把臺灣當做殖民地。臺灣解放成功以後,臺灣會獨立。萬一由於種種原因,兩地人民認為成立中臺聯邦或者認為可以進行合併之時,那必須由臺灣全體人民的自由意志來決定。在臺灣解放的過程裡,中國由於其地位,應

[17]　同上,《民族主義與兩岸關係》,頁 63～67。

給臺灣以充分的協助。」（吳麗水，1926 年）；他們雖然主張臺灣獨立，且根據其臺灣民族觀，對於臺灣民族與日本民族之劃分境界是很明確的，然對於中華民族與臺灣民族之劃分界線卻是混淆不清的。臺灣島內的活動家的民族觀也有類似的情況。「殖民地的自決是必要的。吾日本帝國由朝鮮、臺灣、日本這三個民族構成。一個民族有一個國家是當然的。」（林九龍，1925 年）；「臺灣議會設置運動是臺灣自治運動，我們殖民地的土著人民，應該實行民族自決或者民族自治運動。」（蘇惟梁，1925 年）；「臺灣人是中華民族，也是日本國民，而臺灣人可以做為日華親善的橋樑。臺灣人與日本人是在同一時代繼承了支那（China）血統，而吸收了同樣的文化。因此之故，臺灣人與日本人有同等的能力。」（蔣渭水，1927 年）。1928 年臺灣共產黨成立，黨綱除了主張無產階級革命之外，還主張臺灣民族的獨立與臺灣共和國的建設。[18]

　　六三法為臺灣總督專制政治暨各種惡法的根源，林獻堂甚至有「如得廢六三法，縱使需要任何犧牲，於本人亦所不辭」之語。六三法的撤廢對於整個臺灣民族解放運動來講，只是一個救急的治標運動，在民本主義高唱的當時，當然不能使在東京的臺灣留學生滿足。進一步要求政治的權利乃是必然之勢，同時也是在他們腦裡醞釀著的潛在意識。不過在六三法撤廢運動開始的當時尚未具體化，六三法撤廢運動後要如何來善後，這一點可能尚未顧到。後來受新思潮的激盪，留學生的思想漸次發展為臺灣完全自治的主張，而且成為其思想的主流，「完全

---

[18]　前揭，《臺灣那想那利斯文》，頁 13～14。

自治」在當時確是最響亮的主張,不過當時的政治環境是否行得通卻是另外一個問題。尤其是 1919 年田總督赴任後,高唱內地延長主義,「完全自治」的主張勢必與它正面衝突。所以少數注重實際的人就不敢苟同,主要是蔡培火、蔡式穀、鄭松筠等。他們主張設置臺灣議會來承擔臺灣總督根據六三法所獲得的委任立法權,也就是把日本帝國議會委任臺灣總督的律令制定權改為委任臺灣議會去立法,這在理論上不但可以避免和內地延長主義正面衝突,實際上又可以剝奪總督的特別立法權。

這裡還有一個問題應該交代清楚,那就是六三法撤廢與臺灣議會的理論。六三法是根據臺灣的特殊事情而來的,所以六三法撤廢運動在理論上的歸結是否定臺灣的特殊事情。臺灣議會設置運動是主張臺灣的特殊事情,理論上是承認六三法的根據的,由純理論的立場來講,六三法撤廢與臺灣議會運動前後不無矛盾,但實際上卻沒有,因為六三法撤廢目的在剝奪總督的專制特權,臺灣議會是要將剝奪下來的委任立法權抓來在議會公開審議,由臺灣人的立場來講是獲得臺灣的特別立法權。所以由臺灣民族解放運動的步驟來講乃是順理成章。

新民會第一著手之實際運動——六三法撤廢運動——正在進行之際,對此尚有二三的反對論,明治大學畢業後留在東京繼續研究之林呈祿,以為六三法撤廢運動是否認臺灣的特殊性,無異肯定所謂內地延長主義,因而提倡停止六三法撤廢運動,提倡設置強調臺灣特殊性的臺灣特別議會。林呈祿的議論對於新民會員的影響甚深,於是「六三法撤廢運動」轉而成為「臺灣議會設置請願運動」。

筆者認為請願運動是臺灣獨立要求運動。這個說法有以下

的五個理由：

　　第一、臺灣議會設置請願運動在立法權上要求法律制定權和預算議決權。所以臺灣議會和日本帝國議會有相同權限的立法權。但臺灣議會和地方的府縣會不同，地方的府縣會沒有立法權，只有條例制定權。因為請願運動要求立法權，所以請願運動不是臺灣自治要求運動而是臺灣獨立要求運動。第二、從民族來說，漢族系的臺灣人和日本民族不一樣。20、30 年前，他們受不同的國家（清朝）統治。日本在同化主義下把臺灣人日本化，臺灣議會設置請願運動者則把臺灣人和日本人差別化。這兩者互相對抗，這樣目的不是「同化」而是「異化」的請願運動者不能滿足於臺灣自治的要求。從這件事情上看，臺灣議會設置請願運動超過臺灣自治要求運動，構想臺灣獨立要求運動。第三、請願運動是模仿愛爾蘭的方式：第 1 階段獲得自治，第 2 階段獲得獨立。就當時的愛爾蘭的狀況，馬上達成「獨立」是困難的，所以先試探達成「自治」。總之，「自治」對請願運動者來說，不是目的而是過程，「獨立」才是其目的。臺灣議會設置請願運動不是臺灣自治要求運動而是臺灣獨立要求運動。第四、請願運動者構想制定臺灣憲法。憲法本來是國家所制定的，不是地方自治團體能夠制定的。如果某個團體想要制定憲法，這個團體不會是地方自治團體，一定是國家機構。臺灣議會運動者構想臺灣議會能夠制定只有獨立國家可以制定的憲法。所以，臺灣議會設置請願運動不只是臺灣自治要求而意味著臺灣獨立要求運動。第五、如果日本方面認為請願運動是臺灣自治運動（不管是官選的「地方自治」，還是民選的「殖民地自治」），日本應該會許可臺灣議會的設置。即使日本讓臺

灣「自治」，臺灣仍然持續在日本的支配之下。可是，日本不承認臺灣議會的設置，因為日本認為請願運動不是自治要求運動，而是獨立要求運動。從這件事來看，可以知道臺灣議會設置請願運動不是自治要求運動，而是獨立要求運動。

臺灣文化協會的政治思想如下：臺灣文化協會成立於 1921 年，於 1931 年解散，主要的成員有林獻堂、蔡培火、蔣渭水、黃旺成、謝南光、連溫卿、王敏川、謝雪紅，其一貫的政治思想即為臺灣獨立思想。諸如臺灣文化協會曾提出支持臺灣議會設置請願運動（請願運動為要求立法權的臺灣獨立運動）的決議以及由臺灣共產黨支部指導下的臺灣文化協會，與臺灣共產黨（臺灣共產黨主張臺灣獨立）具有相同的政治主張等皆為其獨立思想的具體表現。然而，黃旺成與謝南光時之後經常前往中國，受到中國統一思想的影響而轉變其立場。臺灣文化協會隨著領導階層的改變，其政治思想也有三次的轉變。第 1 時期（1921 年~1927 年）為民族主義思想時期，領導階層為林獻堂、蔡培火、蔣渭水，他們以地主資本家階級與中產階級為中心，主張民族自覺與臺灣人民解放；第 2 時期（1927 年～1929 年）為社會民主主義思想時期，領導階層為連溫卿等人，他們以農民、工人、小商人與小資產階級為中心，欲提昇臺灣人的地位；第 3 時期（1929 年～1931 年）為共產主義思想時期，領導階層為王敏川等人，他們使臺灣文化協會成為臺灣共產黨的外圍組織，主張打倒日本帝國主義。

臺灣文化協會於 1927 年之前為一個幾乎參加所有抗日運動的團體，以民族自決主義思想為基礎，來達到解放臺灣的目標。然而在 1927 年左右，連溫卿與王敏川等很多有社會主義思

想傾向的青年加入了臺灣文化協會。抱持自由主義思想與民主主義思想的林獻堂、蔡培火與蔣渭水等人反對社會主義思想，而退出了臺灣文化協會。1927 年至 1929 年，臺灣文化協會成為帶有社會主義思想傾向的抗日團體。1929 年左右，受到臺灣共產黨的影響，抱持共產主義思想的人增加。持著共產主義思想的王敏川，將帶有社會民主主義思想的連溫卿逐出臺灣文化協會。之後於 1931 年，隨著日本警察逮捕臺灣共產黨員與臺灣文化協會會員，臺灣文化協會因而解散。臺灣文化協會提昇了大多數臺灣人民的民族意識，使臺灣人民產生了臺灣獨立思想。由此可知臺灣文化協會的主要核心幹部也必然擁有臺灣獨立思想。所以可以說，臺灣文化協會政治思想的中心意涵，即為臺灣獨立思想。1927 年 1 月文化協會在臺中市公會堂舉行臨時大會，左右派正式決裂，左派連溫卿掌權成功，致使原本文化協會的重要幹部如林獻堂、蔡培火、蔣渭水等人，宣布辭去中央委員職位，舊幹部紛紛退出，另起爐灶組織政黨，同年 7 月 10 日成立「臺灣民眾黨」。該黨前後歷經 3 年 7 個月，至 1931 年 2 月 18 日，因為主張「民族自覺」，並採取「反母國」的尖銳態度，遭到總督府強制解散。民眾黨雖然成立，但內部亦有分裂，在政治路線上有溫和的林獻堂、蔡培火等及激進的蔣渭水派，前者採取體制內改革，後者則主張改革體制。民眾黨被解散後不久，中心人士蔣渭水也過世了。

　　臺灣民眾黨的政治思想如下述。臺灣民眾黨的指導原理案中主張民本政治之確立，根據立憲政治的精神，反對總督專制政治，並使司法、立法、行政三權完全獨立，進而讓臺灣人擁有參政權。此舉與臺灣議會設置請願運動之主張（請願運動要

求於日本帝國議會之外另行設置臺灣議會）相同，等於意味著
臺灣獨立。臺灣民眾黨於第 3 次大會中更進行了下述宣言：「俄
國民眾革命、德國勞工暴動、英國勞工總同盟罷工及日本無產
政黨出現等，皆代表無產階級抬頭。而埃及脫離英國控制、土
耳其獨立、印度自治運動、中國國民革命等則象徵弱小民族崛
起。並於帝國主義壓迫下解放為現代兩大新興勢力。故殖民地
弱小民族應彼此支援，並與世界帝國主義下之無產階級及日本
無產大眾組成共同戰線及攻守同盟。為求得臺灣人的解放，對
內喚起全臺灣人總動員，對外與世界弱小民族及國際無產階級
相互聯絡共同奮鬥，方能達成目的。」「臺灣人的解放」一詞意
味臺灣獨立，故臺灣民眾黨內已包含臺灣獨立思想。臺灣總督
府禁止臺灣民眾黨之理由敘述如下：「該黨之指導精神串連民族
運動與階級鬥爭。其政策明顯反對總督府政治，要求立即撤除
壓迫殖民地民眾之惡法，假設不提民族運動之文字，這幾點仍
可斷定為民族運動之表現，綱領中更提出爭取被壓迫民眾之政
治面自由，並暗中強調殖民地獨立。」由『臺灣總督府警察沿
革誌』的敘述中可得知，臺灣民眾黨已具有臺灣獨立思想。

　　臺灣地方自治聯盟是臺灣人的政治團體，以實現自治及參
與選舉為目的，由民眾黨的溫和派退黨而成立，1930 年蔡培火、
林獻堂等人鑑於臺灣民眾黨日漸左傾，為路線不同的蔣渭水所
掌握，因此醞釀另組團體。同年，楊肇嘉應蔡培火等人的邀請，
回臺籌組臺灣地方自治聯盟，楊肇嘉、蔡式穀等為常理，林獻
堂為顧問。他們被文協、農組、工友總聯盟等急進派指斥為「灰
色紳士」，只會向統治者叩頭請願，又甘受被指派為協議員。臺
灣地方自治聯盟要求州市街庄協議員改為民選，協議會改為議

決機關等。臺灣地方自治聯盟成立後，不少民眾黨黨員跨黨加盟，促使原已派別分明的民眾黨內鬨加劇，民眾黨中央遂決議禁止黨員跨黨，臺灣地方自治聯盟因而與民眾黨正式決裂。臺灣地方自治聯盟網羅多位臺灣議會設置請願運動健將，但對於臺灣議會設置請願運動並不積極。1935 年臺灣第 1 次地方選舉，臺灣地方自治聯盟推出的有 11 人當選（只有新竹州落選）。1937 年 7 月中日戰爭爆發後 1 週，臺灣地方自治聯盟便自動解散了。『臺灣總督府警察沿革誌』中敘述如下：「政治運動是指殖民地被統治民族的意識下，站在民族主義的立場而行動之本島人合法政治運動。本土的政治運動，一切的政治要求為民族自決，或稱民族自治，換言之則以『臺灣必須為臺灣人的臺灣』這樣的願望為基礎而立足。欲檢討構成本島政治運動勃興之動機要素，第一可舉中國革命發展的影響。與中國人民有共通的言語風俗習慣，勃興於隔著一衣帶水的臺灣海峽而橫貫的中國革命運動，給予本島知識階層的影響極大。特別是本島民族運動的先驅且身為領導者的林獻堂與蔡惠如等，每有機會便與孫文以下的革命領袖會見並交換意見，這項事實值得注目。第二可舉歐洲戰後之民族自決主義的抬頭與伴其而來之各國殖民地民族運動勃興的刺激，其概況如序說所述。第三則為內地之民主主義與自由主義思想的影響。本島政治運動有內地自由主義者、民主主義者之學者與政治家等給予善意的援助，凡運動的方式、手段等完全在其指導下進行，此言並不為過。」[19] 以上

---

[19] 臺灣總督府警務局編、『臺灣總督府警察沿革誌』第二編中卷、社會運動史、臺北、1939 年、310 頁。

述內容可看到「政治運動」的實例，臺灣地方自治聯盟之要求可視為臺灣獨立所代表之臺灣議會設置請願運動的後繼者，故臺灣地方自治聯盟之政治思想即意著臺灣獨立思想。

　　臺灣共產黨的政治思想是臺灣民族形成論。臺灣的原住民為馬來・波里尼西亞系人。明朝及清朝的時候，要橫渡臺灣海峽是很危險的，因此從中國大陸移民來臺的大多數為男性。因此漢民族的男性及原住民的女性結婚，也就形成了現今的臺灣民族。和原本中國民族不同的，是與馬來・波里尼西亞系人混血的臺灣民族。而謝雪紅的政治思想也就和中國民族不同而是臺灣民族形成的臺灣民族論。臺灣共產黨的政治思想是臺灣革命論。第一個特色是，殖民地解放戰略並非是中國革命及日本革命的一部分，而是以臺灣革命為構想。第二特色是無產階級要進行階級鬥爭，強化勞動階級及農民階級的力量，打倒資本主義，建立工農民主獨裁政權的臺灣革命論。臺灣共產黨的政治思想是臺灣獨立運動論。1895 年成立臺灣民主國的臺灣抗日運動、1907 年的北埔事件、1912 年的土庫事件、1915 年的西來庵事件，這些事件均已說明。這些事件的本質是臺灣抗日運動，也可說是臺灣獨立運動。以連續性來說，可說是和中國民族不同的臺灣民族的臺灣獨立運動及從中華民國獨立出來的臺灣共和國建立此二概念之推行。臺灣民主國的共和制是臺灣共和國的模範。謝雪紅的政治思想是臺灣民主國的建立的抗日活動，以連續性來說也就是和中國民族不同的臺灣民族的臺灣獨立運動。臺灣共產黨的政治思想是臺灣共和國建立論。謝雪紅主張臺灣民族獨立及建立臺灣共和國。當時，臺灣所存的抗日團體中，臺共是第一個主張臺灣民族獨立及建立臺灣共和國的團

體。臺共從日本共產黨及中國共產黨接受援助,特別是要扶植
臺灣民族獨立及建立臺灣共和國。特別是與中國民族對立概念
的臺灣民族的形成,及主張中華民國對立概念的臺灣共和國的
成立。謝雪紅的政治思想是和中國民族不同的臺灣民族的形
成,及建立和中華民國不同的臺灣共和國的思想。

　　現在列舉具有臺灣那想那利斯文傾向的團體於下,這些團
體林立,百花繚亂,但是其實各團體互相重疊,人數不多,都
是設立在沒有被檢舉危險性的中國。也因為如此,「臺灣民族」、
「臺灣獨立」的理念無法滲透臺灣各地,其影響力不大。

(一)臺灣自治協會

　　上海臺灣青年會中,多數幹部與身處上海的臺灣人,於 1924
年 5 月,另組織一團體,名曰臺灣自治協會。臺灣自治協會,
根據民族自決主義,將運動臺灣獨立。與青年會表裡相助,自
非對立團體。會址置於青年會館內。5 月 31 日,發表宣言如右:
「我等臺灣民族,畢竟等於牧場之牧草,一任供為牛馬飼料。
悲慘如蟲豸一樣過日之我等臺灣人,倘有參加世界弱少民族解
放運動,獲得自由,解放束縛,建設自由平等天國之希望,則
我等臺灣遺民,必不惜拋多數生命,濺多量鮮血,進隨不願為
亡國奴隸之菲律賓,及印度諸同志之後以前進。我等尚有不少
要奉告者,其奈異族之走狗之密偵,常蝟集在我等周圍,刺探
消息以邀賞。而帝國主義者,即用以為壓迫我等之資料。願我
臺灣人堅持根本的民族自覺,願我親愛之中國同胞,幫助我等
之自治運動。」1924 年 12 月 1 日,臺灣青年會與臺灣自治協會,
聯合於務本英文專門學校開茶會。自治協會在現場頒播宣言傳

單，強調在祖國臺灣人應該及早團結，祖國人士應該關心臺灣問題，使臺灣人在祖國援助下，革命事業得以發展，臺灣獨立得以實施。於同年 3 月間，早已有「平社」之新組織。1925 年12 月，有上海臺灣學生聯合會與讀書會兩團體之成立。兩者間之主張與見解，各執己見，殊難一致。上海臺灣青年會，與上海臺灣自治協會，難以留下勇敢光輝之活動歷史，以後竟不再聞有任何奮鬥消息。[20]

（二）臺韓同志會

先是在 1924 年 6 月 29 日，上海戈登路南方大學，有「臺韓同志會」之新組織。

臺韓同志會規約

本會以完成臺韓獨立、建設自由聯邦，為唯一目的。凡加入本會者，須絕對誓守下記規約：本會採用臺韓互助主義，期實現民族解放。不贊同無意義之自治運動。排擊屈服軟化於威力，把持犧牲的精神以行動。不以成敗利鈍為意，不論如何手段，凡能達成我等目的者，排萬難強行之。[21]

（三）臺灣尚志社

臺灣尚志社，是就讀廈門大學的嘉義人李思禎於 1923 年 6月 20 日所創設，以喚醒民族思想、實行民族自決主義、脫離日本統治為目的。像北京與上海的臺灣志士們一樣，對於臺灣日

---

[20]　黃旺成，《臺灣省通志稿》革命志抗日篇，臺北：臺灣省文獻委員會，1954年，頁 225～228。
[21]　同上，頁 228～229。

本當局之檢舉臺灣議會期成同盟會會員，持激烈的反對態度。
尚志社曾於 1924 年 1 月 30 日，召開了一次廈門臺灣學生大會，
作成了「反對臺灣總督府歷代之壓迫政策」及「反對臺灣總督
府對議會請願者之不法拘束」兩項決議，連同「宣言書」1 份，
分寄東京、臺灣及國內各地的革命志士，要求採取一致的反日
行動。但當時的廈門係在日本人的勢力控制之下，這一決議與
宣言發表後，便立即遭受到了日本駐廈門領事館的嚴厲取締。
然而，日本的高壓政策是無法消滅臺灣學生的民族思想的。[22]

（四）廈門中國臺灣同志會

　　其後以林茂鏘、郭丙辛為中心，招募中國與臺灣之學生，
共同組織「廈門中國臺灣同志會」。然而 1925 年 4 月 18 日，廈
門市內各處，貼有同會第一次宣言。同月 24 日，又發現第二次
宣言。同年 6 月間，在廈門創刊之《中國臺灣青年社》，似可推
定為同會之機關紙。茲將該會第二次宣言目錄如下：

中國臺灣同志會在廈第一次宣言

　　5 月 9 日已迫近了，大逆非人道之二十一箇條，尚未撤廢；
旅大滿期後，也已經兩年了。中國的同胞們！我們臺灣人也是
漢民族。我們的祖先，是福建、漳州、泉州、廣東、潮州的出
身者。為脫離滿清虐政，圖謀發展漢民族，而移住臺灣。清日
戰役之結果，清朝把臺灣割讓與日本，使東洋第一寶庫，竟歸
於倭人之手。在廈臺灣人同胞啊！我們臺灣人並不是日本人。
日本人是我們的仇敵，應該排斥，不該親近。我們臺灣人是漢

22　前揭，《國民革命與臺灣光復的歷史淵源》，頁 58。

民族，是中國人的同胞。應該相提攜，不該相殘害。在廈臺灣人同胞啊！我們要明白自己的地位。我們無時無所，莫不備受日本人的壓迫。所以要臥薪嘗膽，準備報仇雪恥。在廈須求正業，豈可徒受日本人惡用。廈門的中國同胞啊！我們該牢記國恥，永勿忘國恥日。要團結、要奮發、回收國土、撤廢不平等條約；脫離外國羈絆，建設獨立自主的民治國。[23]

（五）閩南臺灣學生聯合會

在廈門學生中，嘉義李思禎（廈門大學）、北門郡郭丙辛（中華中學）、彰化王慶勳（廈門大學）、臺北翁澤生、洪朝宗（集美中學）、基隆許植亭（同文書院）、臺南江萬里（中華中學教員）等，經過數次集會，決定組織閩南臺灣學生聯合會。1924年4月25日，舉成立大會於廈門柳真甫長壽學校。到會者400名。同日及翌26日，在同校裝設舞台，試演新劇。概以臺灣時事為劇本，如「八卦山」與「無冤受屈」等，皆描寫臺灣人之悲慘情狀，以諷刺日本人之暴虐。先是同年5月，該學生聯合會，計畫發刊宣傳機關紙，取名為閩南臺灣學生聯合會共鳴社。舉嘉義莊泗川、張棟2人為主幹，向各方勸募投稿。創刊號載有左揭題目數篇：

　　△臺灣同胞們覺醒！覺醒！

　　△以諸君血淚換諸君自由！

　　△中華同胞們覺醒！覺醒！[24]

---

[23]　前揭，《臺灣省通志稿》革命志抗日篇，頁232～233。

[24]　同上，頁235～236。

382

閩南臺灣學生聯合會至 1925 年，與上海臺灣學生聯合會互
相聯絡。思想上，同樣發生分化作用，不能渾然統合於同一組
織之中。所謂道不同不相為謀，會員漸次離散。聯合會有名無
實，終於消滅。[25]

（六）中臺同志會

思慕祖國之羅東街熱情青年吳麗水，於 1923 年，秘密渡
滬。1925 年 9 月，邂逅故鄉出身青年李振芳。談及心事，互許
為志合道同之同志。總合一同見解，為解放臺灣民族，除起革
命，謀獨立而外，別無良策，於是著手組織革命團體。得中山
中學堂教員文化震之協力，邀集同校教員陳君起、趙作霖等參
加組織。並作成趣意書，論及要排除日本帝國主義之侵略，臺
灣人、中國人必須提攜，對帝國主義者進攻。倘臺灣能得獨立，
中國亦可免受日本欺侮，中臺兩地，利害相同，同志必須努力
合作。由以上諸人之奔走，共得住南京臺灣人及中國人學生，
約 40 名參加入會。[26]

1926 年 3 月 21 日，在南京新街中山中學堂，舉中臺同志
會結成典禮，訂定規約，發表宣言：

中臺同志會宣言書

今中臺同志會成立，一方面表示兩地民眾之要求，一方面
為反帝國主義戰線實際聯合之前驅。本會既以代表兩地民眾之
要求為使命，應以兩地民眾之戰線聯合為職司。故本會工作之

[25] 同上，頁 227。
[26] 同上，頁 238。

第一步，即在喚醒兩地民眾實際要求事項意識，使對本會抱有
將來之希望。首先使中臺兩地民眾，完全脫離日本帝國主義之
羈絆，然後希望使中臺兩地民眾，再發生緊密的政治關係。對
臺灣本地民族，以一律平等之原則，樹立相互間友好關係。謹
此宣言。[27]

　　中臺同志會，雖然為中國及臺灣兩地有志者所組織，其實
原動力係出於熱情之吳麗水、林振芳兩人之奔走。兩人被日本
政府判罪坐獄以後，同志會失去中心人物。各地分會既未組織，
南京總會亦無所施為，旋即消滅於無聲無息之中。徒負吳、林
兩君之滿腔熱誠，竟成一場春夢。[28]

（七）臺灣民主黨

　　臺灣民主黨的原始發動人為劉邦漢，而其精神指導者則為
丘琮（念台）。1927 年 3 月，有臺灣青年林雲連、余文興、黃會
元、鄭阿源、林煥樵等，因不滿日本對臺灣的暴虐統治，相率
偷渡至廈門，繼轉至香港、廣東，與劉邦漢相交，彼此許為同
志，遂隱然成為廣東地區臺灣革命勢力的核心小組。九一八事
變爆發後繼之以一二八事變，劉邦漢認為組黨革命的時機已
至，乃於 1922 年 3 月 7 日，邀請林雲連及中山大學中國籍學生
劉福榮至其寓所，共商進行。他們決議要組織一個臺灣民主黨，
從事反日的革命鬥爭。依據劉邦漢起草的臺灣民主黨的組織大
綱，這個革命組織的宗旨是：「本黨根據民族自主精神，推翻異
民族日本帝國主義者統治，以建設臺灣民族之民主國為目的。

---

[27]　同上，頁 240。
[28]　同上，頁 242。

本黨以臺灣 400 萬漢民族同胞為基礎，連合內外被壓迫民族，實行民族鬥爭之革命手段，以達成前項目的。」[29]

四、小結

　　以上敘述探討日治時代臺灣抗日思想中產生臺灣獨立思想的原因是：日本侵略中國及臺灣，而導致臺灣民主國的成立。領導成立臺灣民主國以及其後領導武裝抗日運動的臺灣人士，以「臺灣民族主義」的主張，希望建立屬於臺灣人的獨立國家。陸續發起了許多以建立獨立國家為目的的抗日活動。例如：土庫事件、關帝廟事件、苗栗事件、六甲事件及西來庵事件等等。1915 年的西來庵事件之後，臺灣人的抗日運動由武裝抗日運動轉向為合法抗日運動。臺灣人發起了六三法撤廢運動、臺灣議會設置請願運動抵抗日本人的統治。1920 年代，林獻堂、蔣渭水、蔡培火、謝雪紅、連溫卿、王敏川等人組成臺灣文化協會，繼續發起抗日活動。其後，臺灣人又陸續組成臺灣民眾黨、臺灣地方自治聯盟、臺灣共產黨，延續臺灣文化協會的抗日運動。這些抗日團體的思想可以說就是以臺灣獨立思想為中心。在中國留學的臺灣學生一面求學、一面也響應臺灣獨立思想，組成許多團體。例如：臺灣自治協會、臺韓同志會、臺灣尚志社、廈門中國臺灣同志會、閩南臺灣學生聯合會、中臺同志會、臺灣民主黨等。臺灣人的抗日團體在 1930 年代後半由於日本政府的鎮壓而被迫解散，然而臺灣獨立思想仍然延續下去，由彭明敏、李登輝、民進黨、建國黨等承繼，將獨立思想的影響力持

---

[29] 前揭，《國民革命與臺灣光復的歷史淵源》，頁 64～65。

續擴散出去。故日治時代臺灣抗日思想中，大多數的臺灣人抗日運動的原因皆與臺灣獨立思想有關。

第二節　產生中國統一思想之原因

1.孫中山創建中國國民黨，以中華民族主義的主張，來創立中華民國，並主張中國統一。

2.北埔事件、土庫事件、苗栗事件、南投事件、大湖事件是以臺灣與中國統一為目標。

3.1920 年代中國大陸上的臺灣人於各地成立許多抗日團體，這些團體皆抱持中國統一思想。

一、關於中國統一思想之研究史

本節想闡明的地方包括孫中山的中國統一思想與臺灣抗日思想的關聯。孫中山於 1894 年創立興中會，之後立志要創建以「中華民族」組成的國家。孫中山在 1911 年的辛亥革命推翻滿清的統治，創立了中華民國。當時全國各地的軍閥擁兵自重，不受中央管轄。孫中山致力於全國統一，但因廣東政府只在廣東地區統治，不受北京政府管轄，在他逝世之後，蔣介石繼而北伐。所謂國民革命，意即中國國民黨為了實現三民主義所發起的革命。臺灣的國民黨至今仍期許國民革命的實現，然一般是指自 1924 年的國民黨改組至 1928 年的北伐完成之間的軍事行動。國民革命的目標，在於打倒封建軍閥以及藉由撤廢不平等條約獲得國家的完全獨立與自由。1926 年開始直至 1928 年，蔣介石東征西討才大致統一全國，然而當時的中國共產黨勢力也隨之抬頭。之後於 1932 年，日本在東北扶植「偽滿洲國」，

又於 1937 年侵略中國，中國處於這些內憂外患之下，無法統一全國。1945 年第二次世界大戰結束，日本軍從中國撤退，偽滿洲國也隨之消滅。中國大陸飽受戰爭的摧殘，卻還得經歷一場「國共內戰」。1949 年蔣介石的國民黨政府撤退至臺灣，仍主張「統一中國」，到現在為止，國民黨與中國大陸仍堅持統一中國的主張。國民革命時代的孫中山，其最初的統一中國主張與願望現今仍無法實現，因中國與臺灣無法統一。與此主題有相關探討的論文如黃旺成《臺灣省通志稿》革命志抗日篇、[30] 蔣永敬《國民革命與中國統一運動》、[31] 李雲漢《國民革命與臺灣光復的歷史淵源》、[32] 謝東閔《國民革命運動與臺灣》、[33] 陳三井《國民革命與臺灣》、[34] 蔣子駿《國民革命與臺灣之關係》、[35] 林國章《民族主義與臺灣抗日運動》[36] 等，均在本節中有節錄。

所謂「中國民族主義」，簡單扼要地界定之，就是一種以「統一的中國」為理想的社會的政治意識形態；而「臺灣民族主義」則是一種以「獨立的臺灣」為理想的社會的政治意識形態。

「中華民族」由孫中山提供原型，再由蔣介石潤飾而成。

---

[30] 黃旺成，《臺灣省通志稿》革命志抗日篇，臺北：臺灣省文獻委員會，1954年。

[31] 蔣永敬，《國民革命與中國統一運動》，臺北：正中書局，1977年。

[32] 李雲漢，《國民革命與臺灣光復的歷史淵源》，臺北：臺灣史蹟源流研究會，1978年。

[33] 謝東閔，《國民革命運動與臺灣》，臺北：中央文物供應社，1980年。

[34] 陳三井，《國民革命與臺灣》，臺北：近代中國出版社，1980年。

[35] 蔣子駿，《國民革命與臺灣之關係》，臺北：文史哲出版社，1994年。

[36] 林國章，《民族主義與臺灣抗日運動》，臺北：海峽學術出版社，2004年。

孫中山在革命時號召「驅除韃虜，恢復中華」，但中華民國建立以後，即改從時尚的五族共和說。清末江蘇都督程德全設計五色旗（後來成為中華民國國旗，沿用到 1927 年國民黨取得中國政權為止）便是五族共和論的產物。第一次世界大戰後，「民族自決論」風行世界，五族各自積極向外尋求支援，孫中山借用美國的「熔爐理論」提出了「中華民族」。他認為應該要把中國境內各民族「融化成」一個中華民族，就如同美國融入歐洲各族移民成就一個美利堅民族。在這裡「中華民族」的「族」是單數型，它的存在性質也只是未來完成式的時態而已。蔣介石則把「中華民族」界定為「是」一個民族，而這個民族由五個種族（漢、滿、蒙、回、藏）組成。建立在這樣認識之上的民族政策便是要求多種族去異求同的同化政策。這個理論寫在由他署名出版的《中國之命運》裡，爾後渡海移植灌注在臺灣各級的學校課本裡，影響深遠莫之能禦。這是大家所熟悉認定的「中華民族」之定義。[37]

　　首先概觀中國統一思想與臺灣抗日思想，再者論述其思想，而後分析檢討其內容，最後再對其政治思想上的意義加以論述。

二、中華民族主義論

　　咸信漢民族意識或中華民族主義的思想與精神，才是支撐臺灣人民前仆後繼，從事抗日運動的主要原因。王曉波論述我們

---

[37]　前揭，《臺灣民族主義》，頁 49～52。

如從整部中國近代史來看,「七七抗戰」之前有「九一八事變」,
「九一八事變」之前有「濟南慘案」,「濟南慘案」之前有巴黎
和會引起的「五四運動」,「五四運動」之前有「二十一條」,「二
十一條」之前還有「甲午戰爭」和馬關割臺。所以,近代中國
民族主義「原點」的「原點」其實是在臺灣。而近代中國民族
主義的「原點」正是抗日精神。[38]事實上確實從日本侵華引爆的
甲午戰爭與馬關割臺,觸發近代中國民族主義覺醒,從而挑起
了一波波涵蓋政治、社會、文化等方面的改造運動。其中最顯
著者包括孫中山的革命救國運動以及康、梁的戊戌變法與立憲
運動。也正是這一股革故鼎新,救亡圖存以及協力圖強,共禦
外侮的民族主義與抗日精神,維繫臺灣民眾拒斥日本化而保存
漢文化的精神,支持了臺灣的抗日民族運動,並為臺灣的光復
運動鋪下坦途。[39]王詩琅對臺灣民族運動所下的結論:「那就是
臺灣的反日民族解放運動,一如臺灣居民和祖國同胞的任何關
係一樣,日本統治者費盡心機,要把它拉開的努力顯然都已歸
於失敗,臺灣的反日民族解放運動不但和祖國永不能分離,而
且一直在祖國的影響之下,發芽、茁壯成長的。」[40]可見殖民統
治底下,絕大多數臺灣人民的心目中,根深蒂固的認同指標還
是普遍抱持著漢民族意識。亦就是說中華民族主義的信念確實
是抗日精神的核心,殆為不爭之事實。在近代中國歷史上,國
民革命運動與臺灣的關係,至為深遠密切,其間之相激相盪,

---

[38]　王曉波,《臺灣史與近代中國民族運動》,臺北:帕米爾書店,1986 年,
　　　頁 40。

[39]　尹章義,《臺灣近代史論》,臺北:自立晚報,1986 年,頁 42。

[40]　王詩琅,《日本殖民地體制下的臺灣》,臺北:臺灣風物雜誌社,1978 年,
　　　頁 73。

桴鼓相應，可以說始終如一，未曾間斷，充分顯露出血肉相連、休戚與共的永恆民族情感。

國民革命運動發韌於 1894 年興中會創立之後，即中日戰爭已決定勝負的一年。孫中山是此一運動的倡導人暨締造者，而蔣介石則為此一運動的繼志承烈者。馬關條約的簽訂與臺灣的淪陷，激起了國民革命運動的怒潮；而 1945 年對日抗戰的勝利，臺灣的重回祖國懷抱，不但達成了國民革命所奮鬥的目標，又使臺灣成為匡復中華、重建民國的復興基地。[41]

民國元年元旦，中華民國大總統孫中山就職宣言中宣布中華民國統一之意義有云：「國家之本，在於人民，合漢、滿、蒙、回、藏諸地為一國，即合漢、滿、蒙、回、藏諸族為一人，是曰民族之統一。武漢首義，十數行省先後獨立，所謂獨立，對於清廷為脫離，對於各省為聯合，蒙古、西藏意亦同此；行動既一，決無歧趨，樞機成於中央，斯經緯周於四至，是曰領土之統一。血鐘一鳴，義旗四起，擁甲帶戈之士，遍於十餘行省，雖編制或不一，號令或不齊，而目的所在，則無不同；由共同之目的，以為共同之行動，整齊畫一，夫豈其難是曰軍政之統一。國家幅員遼闊，各省自有其風氣所宜，前此清廷強以中央集權之法行之，遂其偽立憲之術；今者各省聯合，互謀自治，此後行政期於中央政府與各省之關係調劑得宜。大綱既挈，條目自舉，是曰內治之統一。滿清時代藉立憲之名，行斂財之實，雜捐苛細，民不聊生；此後國家經費，取給於民，必期合於理財學理，而尤在改良社會經濟組織，使人民知有生之樂，是曰

---

[41]　前揭，《民族主義與臺灣抗日運動》，頁 20。

財政之統一。」[42]

　　總計國民革命軍自廣州出師以來，前後不過兩年，中間雖有共黨之破壞，仍能完成全國之統一。此一偉大成就，實由總司令蔣介石之領導所使然。董顯光在其所著《蔣總統傳》曰：「北伐既已結束，全國遂於南北攜手之下而統一。中國自有史以來，自兩粵率兵出發，卒奏統一全國之功者，此實為第一次。固然，太平天國起自廣西，師行遠達河北省之南部，然即此中止，不復能前進，且以軍紀不良，領導不得其人，結果終仍失敗。蔣總統則自全國極南之城市，統率國民革命軍到達北方之故都，此一功業，實屬空前的偉大。」[43]

三、血濃於水──臺灣與大陸的一體關係

　　歷史的功用之一，在透過斑斑可考的文獻，讓年輕的一代與悠久光輝的過去發生親密的認同感，而不至於數典忘祖。如果我們略加翻閱歷史，將臺灣過去稍加回顧，即可深切瞭解臺灣與中國大陸的源遠流長關係。一部臺灣史，可以說就是一部漢民族在臺灣的開拓、經營和移民史。為了政治、經濟和文化的種種原因，先民們「渡大海，入荒陬」，「篳路藍縷，以啟山林」，加上後繼者胼手胝足，瀝血流汗，「以拓殖斯土」，歷經數世紀的慘澹經營，終於締造出一個現代化的社會，建設成一個美麗而富庶的寶島。「血濃於水」──這是臺灣與大陸一體關係的最佳寫照，茲分成：（一）歷史淵源，（二）地緣關係，（三）

---

[42] 孫文，《國父全集》，臺北：中央黨史史料編纂委員會，1973 年，頁 781。

[43] 董顯光，《蔣總統傳》，臺北：中華大典，1967 年，頁 131。

血緣關係,(四)文化關係四方面,分別說明如次。[44]

(一) 歷史淵源

　　臺灣歷史之成為中國歷史的一部分,由來已久。《尚書禹貢篇》將當時的中國區分為九州,揚州居其中之一,其領域北至淮河,東南至海。康熙 36 年的《臺灣府志》曾說,臺灣屬於禹貢的揚州,這多半是一句「想當然耳」的話。固然夏代的行政力量未必遠及於此,但其時之大陸文化(龍山文化)已傳被本島,則已為不爭之事實。元初對海外經略,非常積極,但兩次經營臺灣均無所成。迨元代中葉,正式於澎湖設巡檢司,以轄島嶼,隸屬於泉州同安,在臺灣經營史上,自是一件大事。到了明代,臺灣的地位逐漸明朗化。由於今之琉球群島被冊封為藩屬(時稱之為大琉球),另稱臺灣為琉球,至萬曆年間,始改稱臺灣。明初,由於北方的蒙古威脅仍在,所以明太祖對於海外經略多採消極政策,不僅無意經營臺灣,甚至連已入中國版圖的澎湖亦予放棄。故明朝在臺灣之經營,多以私人為主體,其中以顏思齊、鄭芝龍、林道乾、林鳳等人為最著。明亡之後,鄭成功起義師,謀復故國,曾以舟師直搗南京,最後則攻取臺灣做為反清復明的根據地,鄭氏為了長期抗清,採「寓兵於農」的政策,分別在臺灣各地屯兵開墾,滋長了部屬定居臺灣的意志,這也是漢族在臺灣拓展成功的主要基礎。回顧我先人在臺灣的開發經營,民族英雄鄭成功的勳業,特別值得後人的懷念和推崇。鄭氏傳三世,歷 23 年,對於臺灣南部一帶的開發經營,

---

[44]　前揭,《國民革命與臺灣》,頁 1～2。

功不可沒。臺灣自康熙年間歸入清朝版圖後,清廷所推行的政策,一言以蔽之,在使臺灣內地化,成為中國本部各省的一部份。期間歷經沈葆楨、丁日昌、劉銘傳前後三任最高行政長官的開山撫番,設官分治,推行各項新建設,為臺灣近代化奠下良好的基礎。回顧臺灣歷史,臺灣曾經兩度淪陷於異族,計荷蘭人占據臺灣 38 年,日本人統治臺灣 50 年。但荷蘭人遭鄭成功逐退,是為臺灣第 1 次光復;日本人則窮兵黷武,肆行侵略,終於戰敗投降,自食其果。從此淪陷 50 年之臺灣,再度重歸祖國懷抱。[45]

(二)地緣關係

談臺灣與大陸的地緣關係,在時間上應該追溯到距今約 3 億年前的「古生代」末期,而在空間上應該包括臺灣本島、臺灣海峽、福建、江西,甚至兩廣等廣大的區域。遠在 2 億多年前,臺灣就因造山運動的作用,由海底褶曲隆起而成為一個海島。在這 2 億多年來,臺灣仍不停地在變化,有時成為海島,像我們現在的情形一樣,和大陸是分開的;有時卻是與大陸相連著,那就是說整個臺灣海峽的海水都退出去了,或者是臺灣海峽都上升露出水面了。那時還沒有人類,不然的話,用不著涉水渡海,人們就可以直接由臺灣跑到大陸去了。科學的進步一日千里,近年來有人研究,以為臺灣和大陸分離的時間,雖在 10,000 年間,即第 4 冰期結束而進入「後冰期」之時,如果第 5 冰期來臨,極地冰原擴大,海水量減少,那麼臺灣和大陸

---

[45] 同上,頁 2~4。

又會完全地重新連在一起了。另外更有人說，澎湖與臺灣的陸地連接，一直維持到距今 6,200 年前，而澎湖群島南部與福建之間，直到 5,400 年前當有一條經過臺灣礁的陸地聯繫著。如此看來，臺灣與大陸在地緣上確是有其不可分性的。[46]

（三）血緣關係

連橫（雅堂）的《臺灣通史》風俗志有云：「臺灣之人，中國之人也，而又閩粵之族也。」這說明了臺灣與大陸在血緣上的親密關係。中華民族發祥於中原，數千年來向東、向西、向南擴張，接著又向北、向東發展，最後再轉向西南和東南開拓，遂使中國版圖內的諸多族群，欣然同化融合一體，並構成博大的中華民族。中華民族在臺灣的拓展，雖比中國大陸其他地區為遲，但由於最屬晚近，其拓展奮鬥過程，大都有文獻可徵，最足以說明中華文化涵化力量的恢宏。漢族對臺灣的經略，雖為時甚早，但大規模的移民則遲至明末清初。移民臺灣的籍貫範圍包含很廣，屬福建籍的有泉州、漳州、汀州、龍岩州、福州、興化、永春等地，其中以泉州籍遷來最早，而且也最多；屬廣東籍的有嘉應州、惠州、潮州等，其中以嘉、惠 2 州遷來較早，而且也較多；浙江等其他省分來臺者則為數甚少。大約在荷、西兩國分別佔據臺灣南北部以前，漢人早在臺灣或從事漁業，或做番產交易，相當活躍。據 1638 年荷蘭東印度總督的報告，當時臺灣的漢族人口約為 11,000 人；至荷據末年，漢人之人口，除婦孺外，已增至 25,000 壯丁。由於漢族人口逐漸增多，經濟力量大有發展，乃形成漢人社會，於是擴展了中華民

---

[46] 同上，頁 4～5。

族的生存領域,奠下世代相傳,繁衍不息的血緣關係。[47]

(四)文化關係

　　一個民族的成長,不只是靠血緣的繁衍,文化的因素可能更為重要。舉例來說,在中國歷史的發展過程中,有很多異族的成分融入於以漢族為主體的中華民族之中,不管他們是夷、狄、戎、蠻,或是臺灣土著的後裔,只要他們在風俗習慣與語言思想上與大多數的中國人沒有不同,他們也就是中華民族的一份子。

　　臺灣,是中國幅員的一隅,是漢族移居的地方,更是中原文化敷施之所在。因此,舉凡臺灣居民之衣、食、住、行、風俗習慣、宗教信仰、語言文字、家族制度、社會組織,莫不承襲大陸而來,充分顯示出文化上的淵源有自、和諧一體的關係了。從精神層面上看臺灣同胞也繼承了中原文化的若干特質,並加以發揚光大。中原文化的特質之一是王道精神,講公理,愛好和平,不侵略他人。翻開臺灣歷史,多有盡我、愛人、和平是尚的史事。重土報本是中原文化另一項極富人情味的特質,這從禮讓為懷和春秋享報的習俗上可以充分體會,臺灣的若干民俗也極能表現此一特質。總之,臺灣的歷史發展,從古至今,除少部分曾受外人如荷、日等國若干影響外,整個進化歷程,可說完全是中原文化波瀾推衍。臺灣不愧是個寶島,它不但有島國精煉的特性,亦具北土博化的功能。因此中原文化在此地區有其最佳的發揚,所以文物興盛、人文蔚起。今日的臺灣,不但代表了整個中華民族,也代表了中華文化的道統;不僅是現階段保存中原文物的精神堡壘,更是將來承先啟後、

---

[47] 同上,頁5~6。

復興中華文化的根據地。[48]

四、國民革命與臺灣的密切關係

　　孫中山於 1885 年立志革命傾覆清廷之後，在 1894 年 11 月 24 日創立第一個革命團體——興中會於檀香山。興中會的第一個分會在第 2 年（1895 年）成立於橫濱，第 2 個分會就在臺北成立，時間大約在 1897 年。興中會臺灣分會是陳少白成立的。陳少白，廣東新會人，是孫中山早年在香港西醫書院就讀時的同學，也是最早鼓吹革命的同志，他與孫中山和尤列、楊鶴齡時稱「四大寇」。陳少白到臺灣的目的本是「要把那裡的中國人聯絡起來的」。1898 年，陳少白由日本再到臺灣，這次停留將近半年的時間。孫中山係於 1900 年 9 月 25 日，自神戶搭「臺南丸」經馬關前來臺灣，於 28 日抵達基隆，旋即進駐臺北。孫中山曾與臺灣總督兒玉源太郎及民政長官後藤新平會晤，兩人均允諾於革命軍起義後予以援助。

　　一切接洽妥當，孫中山遂命鄭士良於 10 月 8 日在惠州起義。不料正在此時，日本的內閣突然改組，伊藤博文繼任首相，一改前閣政策，不許兒玉予中國革命軍以接濟。軍械接濟既無法獲得，惠州起義的計畫即無法進行。孫中山這次在臺共停留了 42 天，主要工作是策畫惠州的起義。[49]

　　1905 年 8 月，中國革命同盟會成立於東京。1910 年，一位年輕的中國革命同盟會員王兆培來到臺北。這位祖籍福建漳州的革命青年，是一位虔誠的基督教徒，同時也是一位堅毅的革

命鬥士。他在同班同學中找到了志同道合的知己——臺南籍的翁俊明。在王的影響與同盟會革命宗旨的感召下，翁遂毅然於同年 5 月 1 日，宣誓加入同盟會，成為中國同盟會的第一位臺籍會員。同年 9 月間，中國同盟會設在漳州的機關部委任翁樵（翁俊明化名）為交通委員，負責發展臺灣的會務，也同時宣告了臺灣同盟會，亦即中國同盟會臺灣分會的成立。孫中山第 2 次到臺灣，是在 1913 年二次革命失敗之後。孫中山只得搭乘日輪「信濃丸」秘密到臺灣，然後再轉赴日本。孫中山這次到臺已是 8 月，由臺灣總督派員接待，行館為臺北御成町梅屋敷（即今中山北路國父史蹟紀念館），由於日人警衛森嚴，知者不多，除在臺黨員翁俊明曾親謁請示外，似乎沒有什麼活動。孫中山這次在臺灣逗留的時間很短，同月中旬仍乘「信濃丸」離臺去到日本神戶。[50]

孫中山第 3 次到臺灣，是在 1918 年 6 月辭護法軍政府大元帥職以後，由廣州赴汕頭，由汕頭經臺北東渡日本。孫中山這次所以要經由臺北到日本，除了順道而外，而是有其重要的計畫和意義的。這個重要的計畫與意義，誠如戴季陶於 1927 年在廣州中山大學對臺灣革命青年團的一篇講演所說，是「想和臺灣同胞見面，發表他的意見，宣傳他的主義，喚起民族意識，鼓舞愛國精神」。但統治臺灣的日本當局不允許孫中山做較長時間停留，用盡種種辦法阻止孫中山登陸和臺灣人見面，因為他們害怕由於國民革命思想在臺灣生根，以及臺灣人民族意識的覺醒，會導致他們對臺灣的殖民統治的反彈。在戴季陶的這篇

---

[50] 同上，頁 10～12。

講詞中，同時提到孫中山逝世以前對臺灣問題的意見，他這樣說：「總理逝世前，我在北京侍疾，總理談及了日本有關的二、三重要事項，總理說：『我們對日本應該主張的問題，最少限度有三項，一是廢除日本和中國所締造的一切不平等條約，二是使臺灣和高麗最低限度獲得自治。』這是中山先生逝世前對臺灣的遺言，他是臨死不曾或忘被壓迫統治的臺灣同胞的。」不幸的是，這位偉大的革命導師竟於 1925 年 3 月 12 日與世長辭了。當噩耗傳來，分散在祖國各地以及淪陷在日人統治下的臺灣人，同時掀起了一股悲哀傷痛的浪潮。在北京，一群就讀北京大學的臺籍愛國學生以北大臺灣同學會名義，致送了下面一幅輓聯：「三百萬臺灣剛醒同胞，唯先生何人領導？四十年祖國未竟事業，舍我輩其誰分擔？」日本人可以有形地禁止臺灣人對孫中山的悼念，卻永遠無法阻止臺灣人對孫中山的景慕與崇拜，也永遠無法切斷臺胞與漢民族的血肉相連關係。[51]

五、中國革命對臺灣抗日運動的激勵

　　辛亥革命（1911 年）的成功與中華民國的建立，對於原本休戚與共、認同一致的臺灣人民而言，民族主義的心理受到無比的激盪。

（一）1907 年北埔蔡清琳起事，稱將有中國兵登陸收復臺灣。

（二）1912 年嘉義黃朝領導的土庫事件，效法中國革命，並稱將有中國援兵而起事稱王。

---

[51] 同上，頁 12～14。

（三）1913 年苗栗羅福星等人圖謀將臺灣收歸中華民國。

（四）1914 年南投沈阿榮起事，以臺灣歸復中國為目的。

（五）1914 年大湖張火爐起事，企圖收復臺灣歸復中國。

尤其羅福星不但投身參與辛亥三二九起義，其號召臺灣志士大舉抗日的義舉，雖然事洩被捕，株連眾多，但是大愛無畏、捨身禦侮的民族情操，不但悲壯千秋，即令日本當局也為之膽顫心驚。他在自白書中憤訴日本侵臺十餘暴政，稱：「故為我中華民族臺灣人，一旦聞我輩有此舉動，亦皆贊成……而呼快哉者乎！」也在自白詩後表明：「余志至此，則惟願被處死刑，欲留名於臺灣耳」，還附歌〈絕命詞〉、〈寄愛卿詩〉3 首，抒發對家國之愛的英烈情懷。謹摘述〈絕命詞〉片斷如下：

大好頭顱誰取去，何須馬革裹屍回。

勇士飛揚唱大風，黔首皆厭我獨雄。

三百萬民齊憤力，投鞭短吐氣如虹。

……

男兒開口從軍樂，且唱臺疆報我仇。

……

〈祝我民國詞〉寄喻「中華民國孫逸仙救」的內容如下：

中土如斯更富強，華封共祝著邊疆。

民情四海皆兄弟，國本苞桑氣運昌。

孫真國手著光唐，逸樂丰神久既章。

仙客早貶靈妙藥，救人於病身相當。[52]

52　前揭，《民族主義與臺灣抗日運動》，頁 179～181。

　　蔣渭水是個深受孫中山思想影響的醫生，自考入臺北醫學
校後，即是一個洋溢著民族情操的社會運動者。因「治警事件」
入獄後，蔣氏在獄中思念不已的「太陽君」，實即「青天白日旗」，
在「治警事件」的答辯中，他說過一句名言：「以中華民族做日
本國民的臺灣人。」1927 年臺灣民眾黨成立後，蔣氏一度擬以
「上青下紅中央白日」製定黨旗，在蔣氏影響下的民眾黨主張
之中，包括了恢復漢文教育、撤廢渡華旅券、反對日本再度對
華出兵以及派代表參加孫中山的奉安大典等項。中國人到臺灣
時，蔣氏必與之聯絡，也與在臺的中華會館保持聯繫，臺灣的
雙十節與孫中山紀念活動，蔣氏均熱心參加。在居家生活方面，
蔣氏在家裡常以中國話和家人交談，也延請中國人到家裡教中
國話；在各種場合，包括開會與照相，蔣氏多著中國式長袍。
凡此，均可說明蔣渭水公私兩俱，對「祖國眷念」的民族情懷。
林獻堂的祖國意識亦非常強烈，終生不讀日文、不說日語、不
著和服、不穿木屐，與日人交談，必自帶翻譯。臺灣人雖是被
異族統治的孤島遺民，但無時不心嚮祖國。尤其是北伐成功、
全國統一、訓政開始後的治績，傳到臺灣的時候，更抑壓不住
臺胞亟欲一睹故國文物的渴望。1936 年，臺灣新民報社組織「華
南考察團」，由林獻堂率領前往廈門、福州、汕頭、香港、廣州、
上海等地遊歷考察。在上海接受華僑團體的歡迎會上，林獻堂
於席上致辭曾說：「我回到祖國，非常愉快。」事為日本間諜獲
悉轉報臺灣軍部，「臺灣日日新報」首先揭發其事，對林氏的「祖
國」一句用語，大張撻伐，臺灣軍部參謀長荻洲且唆使流氓在
臺中公園毆辱林獻堂，這就是著名的「祖國事件」，也即「林獻
堂舌禍事件」。「祖國事件」雖只是臺灣抗日運動中的一個小插

曲，但其意義十分重大，因為它明白表示，臺灣抗日運動的終
極目標，就是要「回歸祖國」。[53]

六、臺籍志士在祖國的奮鬥

（一）北京臺灣青年會

　　日本限制臺灣人回到大陸，規定要有「渡華旅券」，但經由
日本本土前往中國大陸者，則不需要此種證件。這種法令上的
不平等，卻也給臺灣青年留了一條經由日本回到祖國的道路，
到 1922 年左右，經由日本回到北京及潛渡回國的臺籍學生，已
經有 30 人。他們多半在北京大學就讀，因此北大也就成為臺籍
青年的連絡中心。1919 年五四運動後民族主義思想的澎湃，東
京臺灣青年會的號召，林獻堂發起的要求設置臺灣議會設置請
願運動的進行，開啟民族主義啟蒙運動的臺灣文化協會的組成
等事件，均曾給予北京臺灣青年以強烈的鼓舞與啟示——組織
起來爭取自由的時機到了。就在 1922 年的 1 月，32 名臺灣青年
正式有密切的關係，會章規定其宗旨有「疏通會員意志」一語，
這裡的「會員意志」，實即隱含抗日革命的意義。基於這一認識，
該會與北方的國民黨人保持密切的連絡，國民黨人也曾給以有
力的贊助。前段所舉的 6 位名譽會員中，有 3 位（蔡元培、李
石曾、王法勤）是國民黨北方黨務的主持人，其中王法勤對臺
灣青年尤其具有特殊的關係。儘管北京臺灣青年會具有上述組
織上的兩種特質，但在當時的國際政治情勢下，他們對於臺灣
本島的工作，仍只限於臺灣文化協會的臺灣議會設置請願運動

[53]　陳三井，《臺灣近代史事與人物》，臺北：臺灣商務印書館，1988 年，頁
203～205。

相呼應，利用時機，以文字激發臺灣人的民族思想與抗日情緒。
當 1923 年 12 月，臺灣日本當局對臺灣議會期成同盟會進行大
檢舉時，北京臺灣青年會立即召開華北臺灣人大會，發表沉痛
的宣言，痛斥日本人對臺灣人的無理壓迫，並號召臺灣青年「一
致起來奮鬥」。[54]

（二）韓臺革命同志會

　　與臺灣青年會的同時，北京尚有一個韓臺革命同志會的組
織。根據曾經參與這個同志會的洪炎秋教授的回憶，這個韓臺
革命同志會係由就讀北京世界語專門學校的臺灣宜蘭人張鐘鈴
和韓國留華學生吳基星所發起，參加的人數不過 10 名左右，屬
於臺籍的除張鐘鈴、洪炎秋外，尚有就讀朝陽大學的李金鐘、
呂茂宗及楊克培等數人。他們雖曾開過幾次會，也制定過會章，
並提出過行動綱領草案，但由於臺灣同志與韓國同志的出身背
景，革命旨趣及對行動綱領的主張不相同，這個聯合的組織便
無法長久存在下去。最後是臺灣同志有意地延遲不召集會議，
使它無疾而終。此後韓國志士乃集中於上海從事暗殺、暴動等
激烈反日行動，臺灣同志則多半參加了中國國民黨，為整個中
華民族的解放而奮鬥。1924 年，就讀北大的宋文瑞（後改名宋
斐如）為響應東京臺灣留學生出刊的《臺灣青年》，發起出版一
份叫做《少年臺灣》的月刊，由宋擔任主編，洪炎秋、張我軍
為基本執筆人，從事於民族思想與反日情緒的鼓吹，雖僅出刊
89 期，對於臺灣青年思想上的影響卻極深刻。[55]

---

[54]　前揭，《國民革命與臺灣光復的歷史淵源》，頁 51～52。

[55]　同上，頁 54～55。

（三）上海臺灣青年會

民族主義者蔡惠如，意圖臺灣復歸祖國，常奔走於臺灣、東京及祖國南北各地，糾合同志，組織團體。自北京臺灣青年會成立後，蔡惠如即注重在住上海臺灣人之組織。1923 年 10 月 12 日，召集在上海臺灣學生 10 名，開會於上海南方大學，組織上海臺灣青年會。其目的在於籌謀臺灣革命，打倒日本帝國主義。但表面上，是以敦睦學生間感情，從事研究東西文化為看板。參加者有謝廉清、施文杞、許乃昌、許水、游金水、李孝順、林鵬飛等。1924 年 5 月 9 日，中國國民對日外交大會，開國恥紀念大會時，上海臺灣青年會幹部，參加示威運動，並散播許多如右錄傳單：我臺灣乃被強奪於虎狼日本帝國主義者，260 萬同胞，備受掠奪與壓迫。然而臺灣人今已覺醒，願與祖國諸君握手團結；打倒共同之敵日本帝國主義。請諸君速為自由與獨立，幫助我等臺灣人。[56]

（四）廣東臺灣革命青年團

《臺灣先鋒》之口號甚多，總合起來，可視為筆槍墨彈對日本帝國主義之總攻擊。錄之如下：

　　△ 臺灣是臺灣人的臺灣

　　△ 臺灣民眾團結起來

　　△ 中國民族聯合起來

　　△ 打倒日本帝國主義[57]

---

[56] 前揭，《臺灣省通志稿》革命志抗日篇，頁 222～224。

[57] 同上，頁 244～245。

　　戴天仇（戴季陶）演講〈孫中山與臺灣〉之筆記內容如下：
「今天有好機會，得與臺灣同胞青年見面，發生二種感情。一
是歡喜的感情。臺灣民族是我們中國民族，臺灣領土是我們中
國的領土。日本用武力與強權，奪我土地，奴隸我臺灣同胞，
對此是要發生悲痛的感情。但本日有緣得與臺灣同胞見面，即
發生一種說不出的親愛感情。又看見諸君熱烈的精神，與勇敢
的誠意，所以發生歡喜的感情。臺灣民眾是我中國的民眾，臺
灣民眾的團結，就是我中國民眾的力量。」[58]

　　1927 年 7 月 24 日，張月澄被逮捕於上海總領事館，隨即
移送臺灣。同時有與張月澄取得聯絡之簡錦銘，亦在草屯被逮
捕。同年 8 月 6 日，在臺灣各地開始檢舉。名單所列，要逮捕
者共 64 名。[59]

（五）眾友會

　　眾友會係把持反日革命思想之民間秘密組織，創立人為臺
中清水人曾宗，而組織、設計並與大陸連絡者則為中國國民黨
的黨員蔡淑悔。蔡亦清水人，於 1922 年潛回上海，就讀清心中
學，翌年升入北京大學預科。在校曾精研三民主義的理論，並
加入中國國民黨，願為革命救國而奮鬥。1925 年曾南下廣東投
考黃埔軍官學校，因體格不合，未蒙錄取，於是仍回北大就讀。
1927 年復南下參加革命，受任為中國國民黨福建省黨部幹事，
因得與閩籍黨人丁超五、宋淵源、張貞等接近，並不時建言援
助臺灣的革命光復運動。蔡於 1929 年 10 月回到臺灣，立即與

---

[58]　同上，頁 246～247。
[59]　同上，頁 250。

404

曾宗連絡，並參與了眾友會的秘密革命活動，擔任與大陸的連絡與求援工作。1931 年九一八事變爆發，中日間的關係突現緊張。眾友會的會員們認為是發動革命的絕好時機，乃決定集資購械，準備起事。除派高雄區負責人黃溫赴廈門洽購武器外，並曾計畫在國姓村秘密自製械彈。但由於赴廈購械的情形不夠順利，試製火藥的結果又不如理想，致延遲至 1934 年尚未能發動。不意眾友會的起事行動已引起日警的懷疑，對於曾宗、蔡淑悔的行動已開始秘密監視，乃當蔡淑悔行將離臺返回大陸前，即為日警所拘捕。其他眾友會會員亦均遭檢舉，總計被捕者達 427 人之多。眾友會的首領曾宗，在廈負責購械的呂清池等人均因遭受酷刑而慘死獄中，蔡淑悔等 25 名則均被判刑，前後受起訴處分者達 300 人，為 1930 年霧社事件以來之最大抗日案件。[60]

（六）臺灣革命同盟會

1927 年 7 月 7 月蘆溝橋事變的爆發，揭開了中國對日抗戰的序幕。這是一場維護民族生存與國家獨立的聖戰，是中日兩國自甲午以來歷史血債的總清算，也是中華民族湔雪國恥、收復失土的最好機會。抗戰初期，在華南地區活動的臺灣抗日革命團體有 6 個：(1)臺灣民族革命總同盟、(2)臺灣革命黨、(3)臺灣青年革命黨、(4)臺灣獨立革命黨、(5)臺灣國民黨、(6)臺灣光復團。這 6 個革命組織，雖均以參加祖國對日抗戰、爭取臺灣光復為目的，但由於缺乏統一的領導，致力量不能集中，行動亦難一致。中國國民黨中央組織部有鑑於此，乃著手於臺灣

[60] 同上，頁 67～68。

抗日革命力量的統一。經部長朱家驊的斡旋，各團體的負責人
咸同意在中央組織的領導下合組為臺灣革命同盟會，以共同努
力於抗日光復的事業。1941 年 2 月 10 日，臺灣革命同盟會遂正
式在重慶成立。制定會章，確定其組織宗旨為：「本會在中國國
民黨領導之下，以集中一切臺灣革命力量，打倒日本帝國主義，
光復臺灣，與祖國協力建設三民主義新中國為宗旨。」臺灣革
命同盟會成立之初，其領導機構係採主席團制。臺灣革命同盟
會，儘管在組織形態上類似政黨，但在基本性質上係一民眾團
體，依中央組織部的訓令，該會應受翁俊明主持之直屬臺灣黨
部的指導。該會本著「宣傳先於組織」的認識，首於 1943 年 4
月 15 日，創刊了一份機關報《新臺灣》，由林嘯鯤擔任主編，
其發刊詞對於新臺灣建設的方向曾有概括的說明。臺灣革命同
盟會遂以臺灣人民代表之地位，於 1943 年 4 月 17 日馬關條約
48 年紀念之日，發表宣言，嚴正駁斥國際間共管臺灣的謬說。
宣言中聲明：「臺灣土地原為中國領土，且係鄭成功篳路藍縷所
開闢者，臺灣人民 95%為中國人，若以土地人民而論，臺灣之
歸還中國，應無疑義。」1943 年 11 月 21 日至 28 日，臺灣革命
同盟會在重慶召開第 3 屆代表大會，會後發表宣言，亦鄭重宣
告：「依據各民族有選擇賴以生存的政府的原則，我們代表臺灣
人向全世界宣言：我們決定歸回中華民國，要求臺灣歸回其祖
國。」[61]

（七）臺灣義勇隊

　　當抗戰的烽火燒到大江以南時，居留在京滬浙閩諸省的臺
灣青年們遂結合為一支武裝力量，參加了戰鬥的行列。這支小

---

[61]　同上，頁 71～80。

型的武裝力量係由幾位畢業於黃埔軍校的臺籍學生所領導。
1942年，復奉令由浙江向福建轉進，最後在龍巖設立了指揮部。
此後即以閩南為基地，進行組訓臺灣人武裝抗日的工作。臺灣
義勇隊總人數為 184 名。抗日是全民族的責任，臺灣義勇隊是
抗日戰鬥序列中唯一由臺灣人組織而以臺灣為號召的武裝力
量，因此可以被視為是臺灣人參加祖國抗日的代表，也是臺灣
人擁護並支持祖國抗戰的象徵。臺灣義勇隊還附設了一個臺灣
少年團，目的在對於臺籍志士們的幼年子女，給以照顧與教育，
並培植其愛國愛鄉的觀念。少年團的團長是王正南，隊員共有
116 名，年齡最大的為 16 歲，最小的則只有 8 歲。這群娃娃兵，
為祖國歌唱、舞蹈，終於迎來了光明與勝利。1938 年 7 月 9 日，
三民主義青年團正式成立。在兼團長蔣介石的號召下，各省區
很快建立了團的組織，開始了青年的組訓與宣傳。1943 年，臺
灣義勇隊分團舉行了一次團員大會，在會後發表的宣言中，呼
籲臺籍青年在一個主義、一個信仰、一個領袖的領導下，為「保
衛祖國，收復臺灣」的艱鉅任務英勇奮鬥。在宣傳方面，臺灣
義勇隊分團部除配合軍事行動實施戰地宣傳外，並於 1943 年的
元旦，創刊了《臺灣青年》。這是一種報紙型的期刊，由李祝三
擔任主編。其創刊辭係臺灣義勇隊所遺留的少數文獻之一，其
全文如下：

《臺灣青年》創刊辭

今天，是普天同慶的元旦日，同時是祖國在艱難困苦中滋
榮成長了 32 週歲的可紀念的日子！全國同胞正在這大地回春良
辰美景的日子裡，慶祝著戰後第 6 度新年的祖國已一天比一天、
一年比一年長得更茁壯強健，慶祝著偉大的中華民族已經一天
比一天、一年比一年更接近於獨立、自由和平等的領域！今天，

大眾撫慰於昔日辛苦之所得，與奮於勝利之在前。[62]

（八）臺灣黨部的成立

　　自孫中山組黨革命以來，臺籍革命志士即一直在為了國民革命的目的實現而從事多方面的奮鬥。但由於國際條約的拘束與國際情勢的不利，國民黨的組織是秘密的，國民黨員的身份亦是掩蔽的，直至 1937 年抗戰軍興以後，臺籍的國民黨員方在大陸上公開活動，中央也才予以公開的支持。1940 年，中央組織部正式核准了中國國民黨直屬臺灣黨部籌備處的成立，是臺灣有公開統一的黨務領導機構之始。臺灣黨部的主任委員為前同盟會的會員翁俊明，委員則多為在祖國從事抗日之各革命團體的主持人。臺灣黨部的組織任務，以策動留居大陸各地及海外之富有民族意識之臺灣人奮起抗日，建立並發展臺灣島內的黨務組織，啟發被迫在日軍中服役之臺籍青年的民族覺悟，期其起義來歸為目的。據臺灣黨部的報告，其在內地的黨員人數為 689 人，在臺灣島內則曾建立了 25 個據點小組，並組織了思宗會及北京語研究會等外圍社團。宣傳工作方面，臺灣黨部曾有計畫的編刊「臺灣問題參考資料」，供政府機關、研究機構及個人研究臺灣的參考。係月刊性質，其第 1 輯於 1943 年 6 月 30 日出版，撰稿人有林海濤、謝東閔、劉啟光、黃朝琴、翁俊明等，均青年愛國革命志士。臺灣黨部論及紀念六一七應有的努力時，曾做如下的指示：「收復臺灣，非但是我國抗戰所具的目的，且經過國際上之正式承認。」8 月 14 日，日本正式宣布向聯合國無條件投降，臺灣收復的工作隨之展開。為適應這一新形勢的要求，中央執行委員會決定將直屬臺灣黨部改組為臺灣

---

[62]　同上，頁 80～83。

408

省黨部，並將原來的丙級編制改為甲級省黨部的編制；原主任委員王泉笙、委員郭天乙、丘念台、謝東閔、張兆煥、委員兼書記長蕭宜增均予免職，另派李翼中為主任委員，丘念台、謝東閔、郭天乙、張兆煥為委員，指定張兆煥兼書記長，即行進駐臺灣，展開協助接收及宣慰救濟工作。[63]

七、小結

　　以上敘述探討日治時代臺灣抗日思想中產生中國統一思想的原因是：日本對臺灣與中國的侵略，以及孫中山創建興中會，以「中華民族主義」的主張，來創立中華民國。中國與臺灣的關係，具有明朝以來歷史上深厚的關係。除此之外，兩地間在距今 6,200 年前曾有陸地相連，也有地緣上的關係。而血緣上，中國人和臺灣人同屬漢民族，同受儒家思想的文化影響。國民革命與臺灣的密切關係為，孫中山在 1894 年創立興中會後，在 1895 年協助臺灣成立臺灣分會，並曾在 1900 年、1913 年、1918 年 3 度來臺，因此與臺灣有著深厚的關係。1911 年的辛亥革命，中華民國於焉成立，影響了臺灣人的抗日思想，因此才會發生 1907 年的北埔事件、1912 年的土庫事件、1913 年的苗栗事件、1914 年的南投事件與大湖事件，這些全是以臺灣和中國統一為目標。1920 年代到 1930 年代間，中國大陸上的臺灣人於各地成立許多抗日團體，例如：北京臺灣青年會、韓臺革命同志會、上海臺灣青年會、臺灣自治協會、臺韓同志會、臺灣尚志社、廈門中國臺韓同志會、閩南臺灣學生聯合會、中臺同志會、廣東臺灣革命青年團、臺灣民主黨、眾友會、臺灣革命同盟會、

---

[63] 同上，頁 86～90。

臺灣義勇隊、臺灣黨部。1945 年，第二次世界大戰結束，臺灣成為中國的一部分，亦即「回歸祖國」，然而 1949 年，國民黨政權卻從中國撤退來臺。故日治時代臺灣抗日思想中，大多數的臺灣人抗日運動的原因皆與中國統一思想有關。

總結：日治時代後期臺灣政治思想中產生抗日思想之原因

　　關於日治時代後期臺灣政治思想中產生抗日思想之原因，分別敘述如下。日本侵略中國及臺灣，而造成「臺灣民族」意識的形成。領導成立臺灣民主國以及其後領導武裝抗日運動的臺灣人士，主張臺灣民族主義，希望建立屬於臺灣人的獨立國家。因而形成臺灣獨立思想。孫中山創建中國國民黨，以中華民族主義主張中國統一。苗栗事件等是以臺灣與中國統一為目標。臺灣人於中國各地成立的抗日團體多抱持中國統一思想。

結　論

壹、研究過程與結果

一、日治時代後期臺灣政治思想產生之原因

日治時代後期臺灣政治思想產生之原因為第一次世界大戰後民族自決主義義、日本內地民主主義與自由主義、愛爾蘭獨立運動、韓國三一運動、中國五四運動與馬克思主義（中國共產黨與日本共產黨）等的影響。這些運動的影響使臺灣抗日運動者產生臺灣獨立思想、臺灣議會思想、自由主義思想、民族主義思想、共產主義思想及勞動工會思想。

1.歐戰後民族自決主義的影響

第一次世界大戰之後，美國總統威爾遜公布 14 條原則。此 14 條原則包含民族自決思想，因此促成歐洲許多民族國家的獨立。在日本統治下的臺灣抗日運動者，亦期望民族自決思想的實現。明治大學教授泉哲也主張臺灣的民族自決，其民族自決思想影響臺灣抗日運動者，因此臺灣抗日運動者也有民族自決思想。

2.日本內地民主主義、自由主義的影響

大正民主主義是指在大正時期中高漲的自由主義與民主主

義趨勢。東京大學教授吉野作造主張民本主義(國家的主權，在法律上屬於人民)。因此吉野作造的政治思想影響到臺灣抗日運動者的政治思想。吉野作造的自由主義思想與民主主義思想影響到臺灣獨立思想、臺灣議會思想、自由主義思想與民主主義思想。

3.辛亥革命與五四運動的影響

愛爾蘭的獨立戰爭之後，其以自由國的名義成為英國的自治領地。第一次世界大戰之後，朝鮮推動三一運動，朝鮮人主張朝鮮獨立。1919 年，中國人推動五四運動，五四運動開始中國建國的起點。愛爾蘭的獨立運動、韓國的三一運動及中國的五四運動等運動的影響，是臺灣抗日運動者展開民族自決運動的要因。

4.馬克思主義（中國共產黨與日本共產黨）的影響

1919 年，在莫斯科成立的第三國際，推展國外的民族解放運動。第三國際協助中國共產黨與日本共產黨的成立。中國共產黨與日本共產黨影響了臺灣共產黨。中國共產黨、日本共產黨及臺灣共產黨的共同目標，是打倒日本帝國主義，使臺灣脫離殖民統治，建立獨立國家。

二、臺灣右派抗日運動者的政治思想

關於臺灣右派抗日運動者的政治思想，分別敘述如下。林獻堂的政治思想為臺灣獨立思想、臺灣議會思想、自由主義思想與地方自治思想。蔡培火的政治思想為臺灣獨立思想、臺灣

議會思想、自由主義思想與地方自治思想。蔣渭水的政治思想為臺灣獨立思想、臺灣議會思想、自由主義思想與地方自治思想。謝南光的政治思想為中國統一思想、臺灣議會思想、民主主義思想、民族主義思想與地方自治思想。

1.臺灣獨立論者林獻堂的政治思想

林獻堂建立臺灣文化協會，臺灣民眾黨與臺灣地方自治聯盟。林獻堂的政治思想是臺灣獨立思想、臺灣議會思想、自由主義思想與地方自治思想。林獻堂為日治時代後期臺灣抗日團體的發起及領導者，是臺灣抗日運動的代表人物。關於林獻堂的臺灣獨立思想，可以 1945 年 8 月 15 日的臺灣獨立事件做為有力的證明。

2.臺灣獨立論者蔡培火的政治思想

蔡培火協助林獻堂成立臺灣文化協會、臺灣民眾黨與臺灣地方自治聯盟。蔡培火的政治思想，有臺灣獨立思想、臺灣議會思想、自由主義思想與地方自治思想。蔡培火曾受泉哲的民族自決與臺灣獨立思想的影響（臺灣非是臺灣人的臺灣不可），因而產生民族自決與臺灣獨立思想，活躍於臺灣抗日運動。

3.臺灣獨立論者蔣渭水的政治思想

蔣渭水協助林獻堂成立臺灣文化協會與臺灣民眾黨。但是，臺灣文化協會為社會民主主義的連溫卿派所掌控，林獻堂、蔡培火、蔣渭水因而退出文化協會，另組成臺灣民眾黨。其後，蔣渭水主導的臺灣民眾黨逐漸傾向左翼思想，林獻堂及蔡培火

因此退出，而組成地方自治聯盟。蔣渭水的政治思想，有臺灣獨立思想、臺灣議會思想、自由主義思想與地方自治思想。

4.中國統一論者謝南光的政治思想

謝南光的政治思想有中國統一思想、臺灣議會思想、民主主義思想、民族主義思想與地方自治思想。謝南光曾參加臺灣議會期成同盟會、東京臺灣青年會與臺灣民眾黨，協助林獻堂的《臺灣民報》，但其後至中國成為臺灣革命同盟會的執行常務委員，協助中國國民黨。

三、臺灣左派抗日運動者的政治思想

關於臺灣左派抗日運動者的政治思想，分別敘述如下。謝雪紅的政治思想為臺灣獨立思想、民族主義思想、共產主義思想及勞動工會思想。王敏川的政治思想為臺灣獨立思想、民族主義思想、共產主義思想、勞動工會思想。連溫卿的政治思想為臺灣獨立思想、民族主義思想、山川主義思想、勞動工會思想及社會民主思想。蔡孝乾的政治思想為中國統一思想、民族主義思想、共產主義思想及毛澤東思想。

1.臺灣獨立論者謝雪紅的政治思想

謝雪紅成立臺灣共產黨，主張臺灣獨立與建立臺灣共和國。謝雪紅的政治思想有臺灣獨立思想、民族主義思想、共產主義思想及勞動工會思想。臺灣共產黨成功地將臺灣文化協會與臺灣農民組合轉變為左翼團體，然而無法將影響擴大至一般臺灣群眾，而最終以失敗收場。

2.臺灣獨立論者王敏川的政治思想

　　王敏川是共產主義者，其後將臺灣文化協會轉變成共產主義的團體，將社會民主主義連溫卿派的勢力排除出文化協會，而後成為臺灣文化協會最後的委員長。王敏川的政治思想有臺灣獨立思想、民族主義思想、共產主義思想、勞動工會思想。

3.臺灣獨立論者連溫卿的政治思想

　　連溫卿是社會民主主義者，其後被王敏川所主導的臺灣文化協會所排擠。連溫卿的政治思想有臺灣獨立思想、民族主義思想、山川主義思想、勞動工會思想與社會民主思想。連溫卿屬於勞農派，也就是山川主義的信奉者。所謂山川主義為伯恩斯坦主張的修正主義思想，是以和平手段奪取政權為目的的政治思想。

4.中國統一論者蔡孝乾的政治思想

　　蔡孝乾起初參與臺灣抗日運動，而後前往中國大陸加入中國共產黨，政治思想有中國統一思想、民族主義思想、共產主義思想與毛澤東思想。蔡孝乾奉行階級鬥爭，以打倒資本家階級、使勞工階級掌握主導權、解放中國各民族、實現共產主義第一階段的社會主義為目標。

四、臺灣抗日團體的政治思想

　　關於臺灣抗日團體的政治思想，分別敘述如下：臺灣文化協會政治思想的中心意涵，為臺灣獨立思想；臺灣民眾黨的政

治思想為臺灣獨立思想；臺灣地方自治聯盟的政治思想是臺灣
獨立思想；臺灣共產黨的政治思想主張臺灣獨立。臺灣文化協
會成為左翼團體之後，右翼的成員退出成立臺灣民眾黨。其後
民眾黨亦轉向左派，因而又分裂出臺灣地方自治聯盟。

1.臺灣文化協會的政治思想

林獻堂、蔡培火、蔣渭水等人組成臺灣文化協會。臺灣文
化協會提昇了大多數臺灣人民的民族意識，使臺灣人民產生了
臺灣獨立思想。因此可知臺灣文化協會的主要核心幹部也必然
擁有臺灣獨立思想。由此可證，臺灣文化協會政治思想的中心
意涵，即為臺灣獨立思想。

2.臺灣民眾黨的政治思想

蔣渭水、謝南光等人成立臺灣民眾黨。臺灣民眾黨主張民
本政治，反對總督專制政治，並使司法、立法、行政三權完全
獨立，進而讓臺灣人擁有參政權。此舉等於意味著臺灣獨立。
臺灣民眾黨曾宣布「要求解放臺灣人」，由此可知，臺灣民眾黨
的政治思想為臺灣獨立思想。

3.臺灣地方自治聯盟的政治思想

臺灣地方自治聯盟的目的是推行地方自治與參與選舉，是
由臺灣民眾黨的溫和派林獻堂、蔡培火等人脫黨後所組成的團
體。臺灣地方自治聯盟之要求可視為主張臺灣獨立之臺灣議會
設置請願運動的延續，故臺灣地方自治聯盟之政治思想意即臺
灣獨立思想。

4.臺灣共產黨的政治思想

中國共產黨與日本共產黨的共產主義思想影響臺灣共產黨。臺灣共產黨的政治大綱中規定以臺灣民族之獨立與建立臺灣共和國為目標。臺灣共產黨認為革命主導權在於無產階級，以顛覆日本帝國主義、達成臺灣獨立的民族革命為目的。臺灣共產黨主張臺灣獨立。

五、臺灣抗日思想與抗日運動之關聯

關於臺灣抗日思想與抗日運動之關聯，分別敘述如下。六三法是給予臺灣總督行政、立法、司法三權，形成總督獨裁的局面。臺灣抗日運動者因而發起以撤廢六三法為目的的運動。臺灣議會設置請願運動要求法律制定權與預算議決權，與日本帝國議會擁有相同權限的立法權。提倡設置強調臺灣特殊性的特別議會。因此請願運動可視為是臺灣獨立要求運動。

1.臺灣抗日思想與六三法撤廢運動

六三法是給予臺灣總督行政、立法、司法三權，形成總督獨裁的局面。臺灣抗日運動者因而發起以撤廢六三法為目的的運動。林呈祿以為六三法撤廢運動是否認臺灣的特殊性，無異於肯定內地延長主義，因而提倡停止六三法撤廢運動，提倡設置強調臺灣特殊性的特別議會。

2.臺灣抗日思想與臺灣議會設置請願運動

林獻堂、蔡培火、蔣渭水等人推動臺灣議會設置請願運動。

臺灣議會設置請願運動要求法律制定權與預算議決權。所以臺灣議會與日本帝國議會擁有相同權限的立法權。但臺灣議會與地方府議會不同，地方府議會沒有立法權。因此，請願運動可視為是臺灣獨立要求運動。

六、日治時代後期臺灣政治思想中產生抗日思想之原因

關於日治時代後期臺灣政治思想中產生抗日思想之原因，分別敘述如下。日本侵略中國及臺灣，而造成臺灣民族的形成。領導成立臺灣民主國以及其後領導武裝抗日運動的臺灣人士，主張臺灣民族主義，希望建立屬於臺灣人的獨立國家。因而形成臺灣獨立思想。孫中山創建中國國民黨，以中華民族主義主張中國統一。苗栗事件等是以臺灣與中國統一為目標。臺灣人於中國各地成立的抗日團體多抱持中國統一思想。

1.產生臺灣獨立思想之原因

以上探討日治時代臺灣抗日思想中產生臺灣獨立思想的原因是：日本侵略中國及臺灣，而造成臺灣民主國的成立。領導成立臺灣民主國以及其後領導武裝抗日運動的臺灣人士，以「臺灣民族主義」為主張，希望建立屬於臺灣人的獨立國家，陸續發起了許多以建立獨立國家為目的的抗日活動。例如：土庫事件、關帝廟事件、苗栗事件、六甲事件及西來庵事件等等。1915年的西來庵事件之後，臺灣人的抗日運動由武裝抗日運動轉向為合法抗日運動。臺灣人發起了六三法撤廢運動、臺灣議會設置請願運動抵抗日本人的統治。

1920 年代，林獻堂、蔣渭水、蔡培火、謝雪紅、連溫卿、

王敏川等人組成臺灣文化協會，繼續發起抗日活動。其後，臺灣人又陸續組成臺灣民眾黨、臺灣地方自治聯盟、臺灣共產黨，延續臺灣文化協會的抗日運動。這些抗日團體的思想可以說就是以臺灣獨立思想為中心。在中國留學的臺灣學生一面求學、一面也響應臺灣獨立思想，組成許多團體。例如：臺灣自治協會、臺韓同志會、臺灣尚志社、廈門中國臺灣同志會、閩南臺灣學生聯合會、中臺同志會、臺灣民主黨等。臺灣人的抗日團體在 1930 年代後半由於日本政府的鎮壓而被迫解散，然而臺灣獨立思想仍然延續下去，由彭明敏、李登輝、民進黨、建國黨等承繼，將獨立思想的影響力持續擴散出去。故日治時代臺灣抗日思想中，大多數的臺灣人抗日運動的原因皆與臺灣獨立思想有關。

2.產生中國統一思想之原因

以上敘述探討日治時代臺灣抗日思想中產生中國統一思想的原因是：日本對臺灣與中國的侵略，以及孫中山創建興中會，以「中華民族主義」的主張，來創立中華民國。中國與臺灣的關係，具有明朝以來歷史上深厚的關係。除此之外，兩地間在距今 6,200 年前曾有陸地相連，也有地緣上的關係。而血緣上，中國人和臺灣人同屬漢民族，同受儒家思想的文化影響。國民革命與臺灣的密切關係為，孫中山在 1894 年創立興中會後，在 1895 年協助臺灣成立臺灣分會，並曾在 1900 年、1913 年、1918 年三度來臺，因此與臺灣有著深厚的關係。1911 年的辛亥革命，中華民國於焉成立，影響了臺灣人的抗日思想，因此才會發生 1907 年的北埔事件、1912 年的土庫事件、1913 年的苗栗事件、

1914 年的南投事件與大湖事件，這些全是以臺灣和中國統一為
目標。

　　1920 年代到 1930 年代間，中國大陸上的臺灣人於各地成立
許多抗日團體，例如：北京臺灣青年會、韓臺革命同志會、上
海臺灣青年會、臺灣自治協會、臺韓同志會、臺灣尚志社、廈
門中國臺韓同志會、閩南臺灣學生聯合會、中臺同志會、廣東
臺灣革命青年團、臺灣民主黨、眾友會、臺灣革命同盟會、臺
灣義勇隊、臺灣黨部。1945 年，第二次世界大戰結束，臺灣成
為中國的一部分，亦即「回歸祖國」，然而 1949 年，國民黨政
權卻從中國撤退來臺。故日治時代臺灣抗日思想中，大多數的
臺灣人抗日運動的原因皆與中國統一思想有關。

貳、主要研究發現

　　本論文所要探討之問題有三：（1）日治時代後期臺灣抗日
運動者的政治思想之主要成分為抗日思想，其抗日思想的主要
內容為何（what）？（2）其抗日思想是如何形成的（how）？
（3）為何會產生主張臺灣獨立或中國統一的抗日思想（why）？

　　針對上述問題，經過筆者之努力探討，始得出下列三個主
要發現：

　　（1）日治時代後期臺灣抗日運動者的政治思想之主要成分
為抗日思想，其抗日思想的主要內容為臺灣獨立思想與中國統
一思想。

　　臺灣獨立思想的中心概念為臺灣民族形成論。臺灣的原住
民是馬來‧波里尼西亞系的高砂族。明清兩代，臺灣海峽的航

行甚是危險，由中國大陸移民至臺灣的漢藏系的漢族，其中大
部分為男性。這些漢族的男性與高砂族、平埔族的女性通婚，
所形成的便是臺灣民族。即與中華民族相異，有著馬來・波里
尼西亞系的高砂族血統的臺灣民族於焉誕生。與中華民族相異
的臺灣民族漸漸形成，此稱之為臺灣民族論。1895 年臺灣民主
國建立，之後則接連發生了 1907 年的北埔事件、1912 年的土庫
事件、1915 年的西來庵事件，這些事件的本質為臺灣抗日運動，
亦為臺灣獨立運動。其後續行動為相異於中國民族的臺灣民族
之臺灣獨立運動，可視為往後自中華民國與日本獨立出來的臺
灣共和國之思想開端。所謂臺灣獨立思想，為臺灣民主國的成
立與其後的抗日運動，由相異於中華民族的臺灣民族所推動的
臺灣獨立運動則為其後續行動。

　　中國統一思想的中心概念為中華民族論。從歷史上來看，
明清兩代以來臺灣一直被視為中國的一部分，認為臺灣在領土
上是與中國密不可分的，亦認為臺灣民族是不存在的，臺灣人
是中華民族，且是漢族的一部分。這是一種不認同臺灣，卻認
為應該認同中國大陸的意識形態，臺灣人不應該自行建國，而
應該與中國人統一建國，且認為臺灣應該是中國人的臺灣。而
就文化上來看，臺灣人與中國人血統一致，臺灣文化亦為中國
文化的一部分。故兩者理應團結合作，將臺灣視為中國的一部
分加以統一，乃是中國統一思想。

　　（2）關於日治時代後期抗日運動者的抗日思想之形成，主
要大致過程敘述如下。

　　首先說明臺灣獨立思想之抗日思想的形成，主要有三個階
段：

1.日本侵略大清帝國,而造成臺灣民主國的成立。領導成立臺灣民主國以及其後領導武裝抗日運動的臺灣人士,以「臺灣民族主義」為主張,希望建立屬於臺灣人的獨立國家,陸續發起了許多以建立獨立國家為目的的抗日運動。例如:土庫事件、關帝廟事件、苗栗事件、六甲事件及西來庵事件等等。1915 年的西來庵事件之後,臺灣人的抗日運動由武裝抗日運動轉向為合法抗日運動。臺灣人發起了六三法撤廢運動及臺灣議會設置請願運動以抵抗日本人的統治。

2.1920 年代,林獻堂、蔡培火、蔣渭水、謝南光、謝雪紅、王敏川、連溫卿及蔡孝乾等人,發起抗日運動。林獻堂、蔡培火、蔣渭水、謝雪紅、王敏川、連溫卿抱持臺灣獨立思想,謝南光、蔡孝乾則持著中國統一思想。謝南光、蔡孝乾兩人原亦抱持臺灣獨立思想,而於之後轉變改而抱持中國統一思想。

3.上述八人其後組成臺灣文化協會,當中部份成員又陸續組成臺灣民眾黨、臺灣地方自治聯盟、臺灣共產黨,延續臺灣文化協會的抗日運動。這些抗日團體的思想可以說就是以臺灣獨立思想為中心。然而臺灣民眾黨受到中國國民黨的影響,其後則以中國統一思想為主。

在中國留學的臺灣學生一面求學、一面也響應臺灣獨立思想,組成許多團體。例如:臺灣自治協會、臺韓同志會、臺灣尚志社、廈門中國臺灣同志會、閩南臺灣學生聯合會、中臺同志會及臺灣民主黨等。臺灣人的抗日團體在 1930 年代後半由於日本政府的鎮壓而被迫解散,然而臺灣獨立思想仍然延續下去,由彭明敏、李登輝、民進黨、建國黨等承繼,將獨立思想的影響力持續擴散出去。故日治時代臺灣抗日思想中,大多數

的臺灣人抗日運動的原因皆與臺灣獨立思想有關。

　　其次說明關於中國統一思想之抗日思想之形成，亦將其分為三個階段：

　　1.日本對大清帝國的侵略，以及孫中山創建興中會，以「中華民族主義」的主張，來創立中華民國。中國與臺灣的關係，具有明朝以來歷史上深厚的關係。除此之外，兩地間在距今6,200 年前曾有陸地相連，也有地緣上的關係。而血緣上，中國人和臺灣人同屬漢民族，同受儒家思想的文化影響。國民革命與臺灣的密切關係為，孫中山在 1894 年創立興中會後，在 1895 年協助臺灣成立臺灣分會，並曾在 1900 年、1913 年及 1918 年三度來臺，因此與臺灣有著深厚的關係。

　　2.1911 年的辛亥革命，中華民國於焉成立，影響了臺灣人的抗日思想。因此才會發生 1907 年的北埔事件、1912 年的土庫事件、1913 年的苗栗事件、1914 年的南投事件與大湖事件，這些全是以臺灣和中國統一為目標。

　　3.1920 年代到 1930 年代間，中國大陸上的臺灣人於各地成立許多抗日團體，例如：北京臺灣青年會、韓臺革命同志會、上海臺灣青年會、臺灣自治協會、臺韓同志會、臺灣尚志社、廈門中國臺韓同志會、閩南臺灣學生聯合會、中臺同志會、廣東臺灣革命青年團、臺灣民主黨、眾友會、臺灣革命同盟會、臺灣義勇隊及臺灣黨部。1945 年，第二次世界大戰結束，臺灣成為中國的一部分，亦即「回歸祖國」，然而 1949 年，國民黨政權卻從中國撤退來臺。故日治時代臺灣抗日思想中，大多數的臺灣人抗日運動的原因皆與中國統一思想有關。

　　（3）關於主張臺灣獨立思想或中國統一思想之抗日思想的

產生，主要的原因如下所述：

　　日治時代後期臺灣政治思想形成之主要原因，主要是受到以下當代思想與運動的影響：

　　1.第一次世界大戰後的民族自決主義

　　2.日本內地自由主義與民主主義

　　3.辛亥革命與五四運動

　　4.馬克思主義

　　林獻堂、蔡培火、蔣渭水及謝南光受第一次世界大戰後民族自決主義的影響、日本內地自由主義與民主主義的影響、辛亥革命與五四運動的影響，林獻堂、蔡培火、蔣渭水等人因此有了臺灣獨立思想，謝南光則因此有了中國統一思想。然而馬克思主義則影響了連溫卿、謝雪紅、王敏川及蔡孝乾等人，使連溫卿、謝雪紅、王敏川有了臺灣獨立思想，蔡孝乾有了中國統一思想。他們當初團結一致，創立了臺灣文化協會，並發起臺灣議會設置請願運動。

　　到了 1920 年代當馬克思主義傳入臺灣時，有許多臺灣人開始信奉馬克思主義。臺灣文化協會中馬克思主義份子於是增加，對此感到不滿的林獻堂、蔡培火、蔣渭水因而退出，另外成立了臺灣民眾黨。然而隨著蔣渭水的左傾，感到不滿的林獻堂與蔡培火又另組了臺灣地方自治聯盟。在他們所脫離之後的臺灣文化協會，遂成為臺灣抗日運動左派的團體。

　　而後成為左翼團體的文化協會內，社會民主派的連溫卿與急進派的王敏川產生對立，之後王敏川便把連溫卿逐出此協會。謝雪紅在離開臺灣文化協會後，則創立了臺灣共產黨。然這些抗日團體在 1930 年代後半，則全部遭受日本政府打壓消

滅，或是自行解散。但這些臺灣抗日運動者的臺灣政治思想，
給予戰後的臺灣政治諸多影響，成為臺灣民族主義、臺灣獨立
思想、中國統一思想、自由主義思想以及民主主義思想的遠因。

　　筆者的創見有以下三點：
　　（1）日治時代後期臺灣抗日運動者的政治思想之主要成分
為抗日思想，其抗日思想的主要內容為主張臺灣獨立論的抗日
思想與主張中國統一論的抗日思想。臺灣獨立思想的中心概念
為臺灣民族論。中國統一思想的中心概念為中華民族論。
　　（2）關於日治時代後期抗日運動者的抗日思想之形成，主
要大致過程敘述如下。
　　首先說明臺灣獨立思想之抗日思想的形成，主要有三個階
段：
　　1.日本侵略大清帝國，而造成臺灣民主國的成立。領導成立
臺灣民主國以及其後領導武裝抗日運動的臺灣人士，以「臺灣
民族主義」為主張，希望建立屬於臺灣人的獨立國家，陸續發
起了許多以建立獨立國家為目的的抗日運動。
　　2.1920 年代，林獻堂、蔡培火、蔣渭水、謝南光、謝雪紅、
王敏川、連溫卿及蔡孝乾等人，發起抗日運動。林獻堂、蔡培
火、蔣渭水、謝雪紅、王敏川、連溫卿抱持臺灣獨立思想，謝
南光、蔡孝乾則持著中國統一思想。謝南光、蔡孝乾兩人原亦
抱持臺灣獨立思想，而於之後轉變改而抱持中國統一思想。
　　3.上述八人其後組成臺灣文化協會，當中部份成員又陸續組
成臺灣民眾黨、臺灣地方自治聯盟、臺灣共產黨，延續臺灣文
化協會的抗日運動。這些抗日團體的思想可以說就是以臺灣獨

立思想為中心。然而臺灣民眾黨受到中國國民黨的影響，其後則以中國統一思想為主。

其次說明關於中國統一思想之抗日思想之形成，亦將其分為三個階段：

1.日本對大清帝國的侵略，以及孫中山創建興中會，以「中華民族主義」的主張，來創立中華民國。中國與臺灣的關係，具有明朝以來歷史上深厚的關係。

2.1911 年的辛亥革命，中華民國於焉成立，影響了臺灣人的抗日思想。

3.1920 年代到 1930 年代間，中國大陸上的臺灣人於各地成立許多抗日團體。1945 年，臺灣成為中國的一部分。1949 年，國民黨政權卻從中國撤退來臺。故日治時代臺灣抗日思想中，大多數的臺灣人抗日運動的原因皆與中國統一思想有關。

筆者論文的貢獻如下。

研究日治時代抗日運動的學者多以論述政治運動為主，筆者首先針對臺灣日治時代後期，分析抗日運動者的政治思想。筆者的論文主張發起臺灣抗日運動者的政治思想對戰後臺灣政治思想造成了影響，並造就了臺灣民族主義、臺灣獨立思想、中國統一思想、自由主義思想與民主主義思想。筆者的論文設定探討之部分：分析做為日治時代後期臺灣抗日運動者的政治思想之主要成分的抗日思想、日治時代後期臺灣抗日運動者的抗日思想之形成原因、產生主張臺灣獨立或中國統一的抗日思想之緣由，筆者的論文將針對這些部分進行研究。筆者使用內在研究途徑，闡明林獻堂、蔡培火、蔣渭水、謝雪紅、王敏川、

連溫卿抱持臺灣獨立思想，謝南光、蔡孝乾則持著中國統一思想；另使用外在研究途徑，闡明臺灣文化協會、臺灣民眾黨、臺灣地方自治聯盟、臺灣共產黨等四團體皆以臺灣獨立思想為主。因此筆者的論文可說是首次鎖定日治時代後期臺灣抗日運動者的政治思想，特別是針對臺灣獨立思想與中國統一思想而寫的論文，故可說深具重要性與參考價值。

參、研究檢討與限制

藉由本論文，可以得知以下的結論——日治時代的臺灣政治思想要因，有以下四點：歐洲戰後民族自決主義的影響、日本內地自由主義與民主主義的影響、辛亥革命與五四運動的影響、馬克思主義的影響。具體來說，威爾遜的民族自決思想、日本內地的大正民主主義思想、辛亥革命與五四運動，對林獻堂、蔡培火、蔣渭水、謝南光等人造成影響。此外，馬克思主義思想則對謝雪紅、王敏川、連溫卿、蔡孝乾等人造成影響。

臺灣抗日運動者之政治思想可分為兩種，分別為臺灣獨立思想與中國統一思想。抱有臺灣獨立思想的臺灣抗日運動者有林獻堂、蔡培火、蔣渭水、謝雪紅、連溫卿、王敏川等；而抱有中國統一思想的臺灣抗日運動者則有謝南光、蔡孝乾。他們的臺灣民族思想、臺灣獨立思想、中國統一思想、自由主義思想、民主主義思想等政治思想，對戰後的臺灣政治思想造成影響。臺灣抗日運動份子受林獻堂之呼籲，組織了臺灣文化協會，展開臺灣議會設置請願運動。但在 1920 年代後半，馬克思主義思想傳入臺灣，臺灣文化協會分裂為左派與右派。右派的林獻

堂、蔡培火、蔣渭水、謝南光組成了臺灣民眾黨，但左派的王
敏川與連溫卿則將臺灣文化協會改變為左派團體。此外，謝雪
紅亦組織了臺灣共產黨。許多臺灣抗日運動者因抱有臺灣獨立
思想或中國統一思想，以致戰後的臺灣政治思想家也因此產生
具有臺灣獨立思想或中國統一思想的傾向。

　　本論文的主要研究限制有三項：一、資料不足。二、口述
調查之限制。三、研究時期之限制。

　　茲分別說明如下：

　　一、資料不足：本論文主要是針對日治後期臺灣政治思想
之研究，有必要收集、研讀許多第一手及第二手資料。身為統
治者的日本，其當地雖然有很多的文獻資料，然而發起抗日的
臺灣人，如蔣渭水、謝南光、謝雪紅、王敏川、連溫卿、蔡孝
乾等人，其相關文獻資料、紀錄卻很有限。第一手資料如林獻
堂、蔡培火等人的日記資料等雖有出版，然而蔣、謝等其餘各
人的日記卻均未出版。即便他們在諸如《臺灣青年》、《臺灣》、
《臺灣民報》、《臺灣新民報》、《臺灣大眾時報》、《新臺灣大眾
時報》等雜誌裡有許多文章發表，然而在當時沒有言論自由的
環境之下，並不一定能夠代表他們真正的想法，而日記即是可
以表達其真正思想的記錄。在許多代表性抗日份子的日記未被
出版的情形之下，無可避免地在研究方面有其資料不足的限
制。亦即日記等第一手資料之短缺，實乃第一項研究上的限制。

　　二、進行口述歷史之限制：本論文主要在研究探討日治時
代臺灣之政治思想，而現今仍有一部分當時的抗日運動者在
世。在 10 年前開始有對黃旺成進行的口述調查，對於其他主要
的抗日運動者所做的口述調查卻仍未曾進行。對於所謂口述調

查本身來說，不僅會訪談抗日運動者本人，亦會對其子孫或關係人進行口述調查。口述調查耗費時間及人力甚鉅，在實行上極為不易，困難極多。在本研究中，雖有對少數關係者的一些訪談，但卻無法對所有的抗日運動者進行全面的口述調查，乃是第二項研究的限制。

三、難以將臺灣 50 年全部的日治時代的政治思想予以討論：本論文探討 1915 年至 1945 年間日治時代後期臺灣抗日運動者的政治思想，因此，關於 1895 年至 1915 年間臺灣抗日運動者的政治思想則幾未討論。日治時代為 1895 年至 1945 年，論述 50 年間臺灣抗日運動者的政治思想雖然較佳，實際上卻難以完成，這是因為關於日治前期抗日運動者政治思想的資料過少的緣故。日治前期的臺灣抗日運動者多以從事武力的方式抗日，幾乎沒有留下日記等資料。若是要探討日治前期抗日運動者的政治思想，則多只能以日本方面的文獻記述來做討論。因此，本論文只能析論日治後期(1915 年　1945 年)抗日運動者的政治思想。

建議

1895 年臺灣民主國建國以來，至今臺灣獨立思想仍持續存在；而 1912 年中華民國成立以來，中國統一思想亦持續存在。日治時代(1895 年　1945 年)的臺灣獨立思想與中國統一思想並未對立，這是由於在日本殖民統治之下的臺灣與遭日本侵略的中國有共同的敵人──日本人的緣故。但在 1947 年的二二八事件之後，臺灣獨立思想與中國統一思想漸漸對立了起來。這是由於在二二八事件中，國民黨的中國軍人殺害一般的臺灣民眾

(18,000 人至 28,000 人)。1949 年至 2005 年的現在，臺灣獨立思想與中國統一思想持續對立著。筆者在此主張臺灣獨立思想。這是由於對一般臺灣人而言，中國統一思想是外來思想的緣故。「臺灣非是臺灣人的臺灣不可」，臺灣的命運只能由居住在臺灣的臺灣人來決定。此即 1918 年由威爾遜所提出，世界公認的「民族自決思想」。根據現實，中華人民共和國的統治權並不及於臺灣，中華民國臺灣已是獨立的狀態。但是臺灣獨立真實的意義，是要以「臺灣共和國」的國名來取代「中華民國」。筆者希望能以「臺灣共和國」取代「中華民國」，實現臺灣獨立思想。

參 考 文 獻

一、中文書目

（一）原始資料

1.單行本

中央研究院近代史研究所「口述歷史」編輯委員會編,《口述歷史第五期日據時期臺灣人赴大陸經驗》,臺北:中央研究院近代史研究所,1994年。

中央研究院近代史研究所「口述歷史」編輯委員會編,《口述歷史第六期日據時期臺灣人赴大陸經驗》,臺北:中央研究院近代史研究所,1995年。

中國人民政治協商會議全國委員會文史資料研究委員會編,《辛亥革命回憶錄》第4集,北京:中華書局出版,1963年。

王敏川,《王敏川選集》,臺北:臺灣史研究會,1987年。

吳三連,《吳三連回憶錄》,臺北:自立晚報文化出版部,1991年。

吳三連、蔡培火、葉榮鐘、陳逢源、林柏壽,《臺灣民族運動史》,臺北:自立晚報社文化出版部,1971年。

李友邦,《日本在臺灣之殖民政策》,臺北:世界翻譯社,1941年。

李友邦,《臺灣革命運動》,臺北:世界翻譯社,1943年。

林獻堂先生紀念集編纂委員會編,《林獻堂先生紀念集》,臺北:文海出版社有限公司,1974年。

莊嘉農,《憤怒的臺灣》,臺北:前衛出版社,1990年。

章子惠,《臺灣時人誌》第1集,臺北:國光出版社,1947年。

黃旺成,《臺灣省通志稿》革命志抗日篇,臺北:臺灣省文獻委員會,1954年。

黃師樵,《臺灣共產黨秘史》,臺北:海峽學術出版社,1999年。

楊肇嘉,《楊肇嘉回憶錄》全2卷,臺北:三民書局股份有限公司,1968年。

葉榮鐘,《臺灣人物群像》,臺北:時報文化出版企業有限公司,1995年。

葉榮鐘,《日據下臺灣政治社會運動史》(上下冊),臺中:晨星出版有限公司,2000年。

漢人,《臺灣革命史》,上海:泰東圖書局,1926年。

蔣先烈遺集刊行委員會,《蔣渭水遺集》,臺北:文化出版社,1950年。

蔣渭水,《蔣渭水全集》(上下冊),臺北:海峽學術出版社,1998年。

蔡培火,《蔡培火全集》全7冊,臺北:吳三連臺灣史料基金會,2000年。

謝南光,《日本主義的沒落》,重慶:國民圖書出版社,1944 年。

謝南光,《謝南光著作選》(上下冊),臺北:海峽學術出版社,
　　1999 年。

蘇新,《未歸的臺共鬥魂——蘇新自傳與文集》,臺北:時報文
　　化出版企業有限公司,1993 年。

蘇新,《永遠的望鄉——蘇新文集補遺》,臺北:時報文化出版
　　企業有限公司,1994 年。

2. 期刊文章

王敏川,〈書房教育革新論〉,《臺灣青年》,第 4 卷第 1 號,1922
　　年 1 月 20 日。

王敏川,〈婦人的自覺〉,《臺灣民報》,第 2 卷第 11 號,1924 年
　　6 月 21 日。

王敏川,〈臺人重大的使命〉,《臺灣民報》第 2 卷第 14 號,1924
　　年 8 月 1 日。

王敏川,〈論社會教育〉,《臺灣民報》,第 2 卷第 15 號,1924
　　年 8 月 11 日。

王敏川,〈獎勵漢文的普及〉,《臺灣民報》第 2 卷第 25 號,1924
　　年 12 月 1 日。

王敏川,〈希望智識階級婦女的奮起〉,《臺灣民報》,第 3 卷第 8
　　號,1925 年 3 月 11 日。

林呈祿,〈最近五年間的臺灣統治根本問題〉,《臺灣民報》,第
　　67 號(創立五週年紀念號),1925 年 8 月 26 日。

434

林慈舟，〈懷舊譚〉，《臺灣民報》第 67 號（創立五週年紀念號），
　　1925 年 8 月 26 日。

林獻堂、黃呈聰，〈（雜錄）呈總督的建白書希望改革之事項〉，
　　《臺灣民報》，第 2 卷第 4 號（38），1924 年 11 月 21 日。

林獻堂，〈歐洲視察感想談〉，《臺灣民報》，第 236 號，1928 年
　　2 月 25 日。

林獻堂、蔡培火、楊肇嘉、蔣渭水、林呈祿，〈對蔡惠如氏平生
　　的感言〉，《臺灣民報》，第 262 號，1929 年 5 月 26 日。

社論，〈臺灣議會與臺灣憲法〉，《臺灣民報》，第 142 號，1927
　　年 1 月 30 日。

連溫卿，〈臺灣社會運動概觀〉，《臺灣大眾時報》，創刊號，1928
　　年 5 月 7 日。

連溫卿，〈臺灣文化協會的發軔〉，《臺北文物》第 2 卷第 3 期，
　　1953 年 11 月 15 日。

雪谷，〈（專論）文協的新宣言──不談階級鬥爭提倡民族運動〉，
　　《臺灣民報》，第 181 號，1927 年 11 月 6 日。

黃師樵，〈蔣渭水及其政治運動〉，《臺北文物》第 3 卷第 1 期，
　　1954 年 5 月 1 日。

慈舟，〈發刊詞〉，《臺灣民報》，第 1 卷第 1 期（通號 1），1923
　　年 4 月 15 日。

蔣渭水，〈這句話非同小可！〉，《臺灣民報》，第 2 卷第 22 號
　　（36），1924 年 11 月 1 日。

蔣渭水，〈急宜撤廢取締學術講習會的惡法〉，《臺灣民報》，第 2

卷第 24 號（38），1924 年 11 月 21 日。

蔣渭水，〈可惡至極的北署之態度〉，《臺灣民報》，第 2 卷第 25 號（39），1924 年 12 月 1 日。

蔣渭水，〈晨鐘暮鼓〉，《臺灣民報》，第 3 卷第 1 號（41），1925 年 1 月 1 日。

蔣渭水，〈五個年中的我〉，《臺灣民報》，第 67 號（創立五週年紀念號），1925 年 8 月 26 日。

蔣渭水，〈今年之口號：同胞須團結，團結真有力〉，《臺灣民報》，第 138 號，1927 年 1 月 2 日。

蔣渭水，〈（雜錄）對農民組合聲明書的聲明〉，《臺灣民報》，第 161 號，1927 年 6 月 12 日。

蔣渭水，〈我理想中的民眾黨〉，《臺灣民報》，第 189 號，1928 年 1 月 1 日。

蔣渭水，〈臺灣民眾黨的指導原理與工作（上）〉，《臺灣民報》，第 225 號，1928 年 9 月 9 日。

蔣渭水，〈臺灣民眾黨的指導原理與工作（下）〉，《臺灣民報》，第 226 號，1928 年 9 月 16 日。

蔣渭水，〈請大家合力來建設一個堅固有力的黨〉，《臺灣民報》，第 227 號，1928 年 9 月 23 日。

蔣渭水，〈臺灣民眾黨的特質〉，《臺灣民報》，第 231 號，1928 年 10 月 21 日。

蔣渭水，〈臺灣民眾黨今後的重要工作〉，《臺灣新民報》，第 322 號，1930 年 7 月 19 日。

蔣渭水，〈對民眾黨禁止後的短評〉，《臺灣新民報》第 355 號，
　　1931 年 3 月 14 日。

蔣渭水，〈民眾黨禁止後的臺灣社會運動家們依然把守著我們
　　的陣營〉，《臺灣新民報》，第 357 號，1931 年 3 月 28 日。

蔣渭水，〈御都合主義是資本主義代辯人的專賣品（1）〉，《臺灣
　　新民報》，第 359 號，1931 年 4 月 11 日。

蔣渭水，〈御都合主義是資本主義代辯人的專賣品（2）〉，《臺灣
　　新民報》，第 360 號，1931 年 4 月 18 日。

蔣渭水，〈御都合主義是資本主義代辯人的專賣品（3）〉，《臺灣
　　新民報》，第 361 號，1931 年 4 月 25 日。

蔡培火，〈漢族之固有性〉，《臺灣青年》，第 2 卷第 3 號，1921
　　年 3 月 26 日。

蔡培火，〈漢族之固有性〉，《臺灣青年》，第 2 卷第 3 號（訂正
　　版），1921 年 4 月 5 日。

蔡培火，〈我望內臺人反省〉，《臺灣民報》，第 86 號，1926 年 1
　　月 1 日。

蔡培火，〈臺灣社會改造管見（1）〉，《臺灣民報》，第 181 號，
　　1927 年 11 月 6 日。

蔡培火，〈臺灣社會改造管見（2）〉，《臺灣民報》，第 182 號，
　　1927 年 11 月 13 日。

蔡培火，〈臺灣社會改造管見（3）〉，《臺灣民報》，第 183 號，
　　1927 年 11 月 20 日。

蔡培火，〈臺灣社會改造管見（4）〉，《臺灣民報》，第 184 號，

1927 年 11 月 27 日。

論評,〈臺灣文化協會第 4 次全島代表大會宣言〉,《新臺灣大眾時報》,第 2 卷第 1 號,1931 年 3 月 15 日。

謝春木,〈我所解的人格主義(上)〉,《臺灣》,第 4 年第 2 號,1923 年 2 月 1 日。

謝春木,〈我所解的人格主義(中)〉,《臺灣》,第 4 年第 3 號,1923 年 3 月 10 日。

謝春木,〈我所解的人格主義(下)〉,《臺灣》,第 4 年第 4 號,1923 年 4 月 10 日。

(二)專書

中華文化復興運動推行委員會編,《中國近代現代史論集(34)第 29 編近代歷史上的臺灣》,臺北:臺灣商務印書館,1986 年。

尹章義,《臺灣近代史論》,臺北:自立晚報,1986 年。

王曉波,《臺灣史與近代中國民族運動》,臺北:帕米爾書店,1986 年。

王曉波,《被顛倒的臺灣歷史》,臺北:帕米爾書店,1986 年。

王曉波,《走出臺灣歷史的陰影》,臺北:帕米爾書店,1986 年。

王曉波,《臺灣史與臺灣人》,臺北:東大圖書股份有限公司,1988 年。

王曉波,《臺灣抗日五十年》,臺北:正中書局,1997 年。

丘秀芷,《民族正氣——蔣渭水傳》,臺北:近代中國出版社,

1985 年。

白慈飄,《啟門人──蔡惠如傳》,臺北:近代中國出版社,1977
年。

吳文星,《日據時期臺灣社會領導階層之研究》,臺北:正中書
局,1992 年。

吳相湘,《孫逸仙先生傳》,臺北:遠東圖書公司,1982 年。

吳密察,《臺灣近代史研究》,臺北:稻鄉出版社,1990 年。

汪榮祖,《五四研究論文集》,臺北:聯經出版事業公司,1979
年。

周婉窈,《日據時代的臺灣議會設置請願運動》,臺北:自立報
系文化出版部,1989 年。

林佳龍、鄭永年編,《民族主義與兩岸關係》,臺北:新自然主
義股份有限公司,2001 年。

林柏維,《臺灣文化協會滄桑》,臺北:臺原出版社,1993 年。

林國章,《民族主義與臺灣抗日運動》,臺北:海峽學術出版社,
2004 年。

林衡道,《臺灣史》,臺中:臺灣省文獻委員會,1977 年。

南方朔,《帝國主義與臺灣獨立運動》,臺北:四季出版事業有
限公司,1980 年。

香港大學校外課程部,《近代臺灣的社會發展與民族意識》,香
港:香港中華書局,1987 年。

秦孝儀,《臺籍志士在祖國的復臺努力》,臺北:中國國民黨中
央委員會黨史委員會,1990 年。

張正昌，《林獻堂與臺灣民族運動》，臺北：著者出版，1981 年。

張炎憲編，《臺灣近百年史論文集》，臺北：吳三連臺灣史料基金會，1996 年。

連溫卿，《臺灣政治運動史》，臺北：稻鄉出版社，1988 年。

連戰編，《臺灣近代史》政治篇，南投：臺灣省文獻委員會，1995 年。

曹永和，《臺灣早期歷史研究》，臺北：聯經出版事業公司，1991 年。

陳三井，《臺灣近代史事與人物》，臺北：臺灣商務印書館，1988 年。

陳少廷，《臺灣新文學運動簡史》，臺北：聯經出版事業公司，1977 年。

陳芳明，《謝雪紅評傳》，臺北：前衛出版社，1991 年。

陳芳明，《殖民地臺灣——左翼政治運動史論》，臺北：麥田出版股份有限公司，1998 年。

陳俐甫，《日治時期臺灣政治運動之研究》，臺北：稻鄉出版社，1996 年。

陳春生，《臺灣社會與國家政策》，臺北：翰蘆出版社，1999 年。

葉振輝，《臺灣開發史》，臺北：臺原出版社，1999 年。

黃秀政，《『臺灣民報』與近代臺灣民族運動（1920～1932）》，彰化：現代潮出版社，1987 年。

黃秀政，《臺灣史研究》，臺北：臺灣學生書局，1992 年。

黃富三、陳俐甫編，《近現代臺灣口述歷史》，臺北：林本源中

華文化教育基金會，1991 年。

黃富三、陳俐甫編，《霧峰林家之調查與研究》，臺北：林本源
中華文化教育基金會，1991 年。

黃富三、古偉瀛、蔡采秀編，《臺灣史研究一百年：回顧與研究》，
臺北：中央研究院臺灣史研究所籌備處，1997 年。

黃煌雄，《蔣渭水評傳》，臺北：前衛出版社，1992 年。

楊碧川，《日據時代臺灣人反抗史》，臺北：稻鄉出版社，1988
年。

臺灣史研究會編，《臺灣史學術研討會論文集》第 1 集，臺北：
臺灣史研究會出版，1988 年。

蔣子駿，《辛亥革命與臺灣早期抗日運動》，臺北：文史哲出版
社，1990 年。

蔣子駿，《國民革命與臺灣之關係》，臺北：文史哲出版社，1994
年。

盧修一，《日據時代臺灣共產黨史（1928~1932）》，臺北：自由
時代，1989 年。

賴西安，《臺灣民族運動倡導者──林獻堂傳》，臺北：近代中
國出版社，1991 年。

謝東閔，《國民革命運動與臺灣》，臺北：中央文物供應社，1980
年。

簡炯仁，《臺灣民眾黨》，臺北：稻鄉出版社，1991 年。

簡炯仁，《臺灣共產主義運動史》，臺北：前衛出版社，1997 年。

藍博洲，《日據時期臺灣學生運動 1913~1945 年》，臺北：時報

文化出版，1993 年。

蘇進強，《風骨嶙峋的長者——蔡培火傳》，臺北：近代中國出版社，1990 年。

（三）期刊文章

王世慶，〈介紹日據時期臺灣總督府檔案〉，《臺灣文獻》，第 17 卷第 4 期，1966 年 3 月 27 日。

伊藤幹彥，〈臺灣社會主義思想之研究——連溫卿與謝雪紅——〉，《思與言》，第 42 卷第 2 期，2004 年 6 月。

吳文星，〈日據時期臺灣總督府推廣日語運動初探（上）〉，《臺灣風物》，第 37 卷第 1 期，1976 年 3 月。

吳文星，〈日據時期臺灣總督府推廣日語運動初探（下）〉，《臺灣風物》，第 37 卷第 4 期，1976 年 12 月。

林瑞明，〈賴和與臺灣文化協會 1921~1931（上）〉，《臺灣風物》，第 38 卷第 4 期，1977 年 12 月。

林瑞明，〈賴和與臺灣文化協會 1921~1931（下）〉，《臺灣風物》，第 39 卷第 1 期，1978 年 3 月。

高日文，〈臺灣議會設置請願運動始末〉，《臺灣文獻》，第 15 卷第 2 期，1955 年 6 月 27 日。

高日文，〈臺灣議會設置請願運動的時代背景〉，《臺灣文獻》，第 16 卷第 2 期，1964 年 6 月 27 日。

高日文，〈治安警察違反事件之法庭辯論經過（上）〉，《臺灣文獻》，第 17 卷第 1 期，1966 年 3 月 27 日。

高日文,〈治安警察違反事件之法庭辯論經過（下）〉,《臺灣文
　　獻》,第18卷第1期,1967年3月27日。

張炎憲,〈日治時代臺灣社會運動——分期和路線的探討〉,
　　《臺灣風物》,第40卷第2期,1979年6月。

張炎憲,〈1920年代的蔣渭水〉,《臺灣風物》,第41卷第4期,
　　1980年12月。

陳三井,〈臺灣志士與辛亥革命〉,《臺灣文獻》第33卷第1期,
　　1982年3月31日。

黃秀政,〈「臺灣青年」與近代臺灣民族運動（1920~1922年）〉
　　《臺灣文獻》,第36卷第3、4期,1985年12月31日。

黃得時,〈梁任公遊臺考〉,《臺灣文獻》,第16卷第3期,1965
　　年9月27日。

溫振華,〈日本殖民統治下臺北社會文化的變遷〉,《臺灣風物》,
　　第37卷第4期,1976年12月。

劉振魯,〈對日據時期滅種政策的剖析〉,《臺灣文獻》,第33卷
　　第1期,1982年3月31日。

編纂組,〈林獻堂的事蹟與臺灣抗日運動對談會紀錄〉,《臺灣
　　文獻》,第23卷第4期,1972年12月27日。

（四）學位論文

吳春成,〈日據下臺灣知識份子反殖民之意識研究——臺灣民
　　報（1920~1927）個案研究〉,高雄:國立中山大學中山學
　　術研究所碩士論文,1987年。

張炎憲,〈1920 年代臺灣的抗日民族運動〉,東京・東京大學東洋史研究所博士論文,1983 年。

陳三郎,〈日據時期臺灣的留日學生〉(上下冊),臺中:東海大學歷史研究所碩士論文,1981 年。

陳翠蓮,〈日據時期臺灣文化協會之研究──抗日陣營的結成與瓦解〉,臺北:國立臺灣大學政治學研究所碩士論文,1987 年。

黃樹仁,〈日據時期臺灣知識份子的意識形態與角色之研究:1920~1927〉,臺北:國立政治大學政治學研究所碩士論文,1980 年。

二、日文書目

(一)原始資料

1. 單行本

安藤盛、『臺灣文化運動の現況』、東京・拓植通信社、1925 年。

泉哲、『植民地統治論』、東京・有斐閣、1921 年。

泉貴美子、『泉靖一と共に』、東京・芙蓉書房、1972 年。

泉風浪、『臺灣の民族運動』、臺中・臺灣図書印刷合資会社、1928 年。

蔡培火、『日本本國民に与ふ』、東京・臺灣問題研究会、1928 年。

444

蔡培火、『臺灣議會の設置運動』、東京、1930 年。

蔡培火、『東亞の子かく想ふ』、東京・岩波書店、1937 年。

謝春木、『臺灣人は斯く觀る』、臺北・臺灣民報社、1929 年。

謝春木、『臺灣人の要求』、臺北・臺灣新民報社、1931 年。

蕭友山、『台湾解放運動の回顧』、臺北・三民書局、1946 年。

臺灣總督府、『臺灣人ノ臺灣議會設置運動ト其思想』、1922 年。

臺灣總督府、『上山臺灣總督ト臺灣文化協會幹部トノ會見ニ
　　　關スル記錄』、東大近代史研究センター所藏、1926 年。

臺灣總督府警務局編、『臺灣總督府警察沿革誌　領臺以後の
　　　治安狀況（中卷）　臺灣社會運動史』、臺北・臺灣總督府
　　　警務局、1939 年。

臺灣新民報社調查部、『臺灣人士鑑』、臺灣新民報社、1934 年。

田川大吉郎、『臺灣訪問の記』、東京・白揚社、1925 年。

春山明哲編、『臺灣島內情報・本島人の動向』、東京・不二出
　　　版、1990 年。

宮川次郎、『臺灣の農民運動』、臺北・臺灣實業界社、1927 年。

宮川次郎、『臺灣の社會運動』、臺北・臺灣實業界社、1929 年。

宮川次郎、『臺灣の政治運動』、臺北・臺灣實業界社、1931 年。

山川均、『山川均全集』第 7 卷、東京・勁草書房、1966 年。

山邊健太郎編、『現代史資料（21）台湾』、東京・みすず書房、
　　　1971 年。

山邊健太郎編、『現代史資料（22）台湾』、東京・みすず書房、

1971 年。

山本美越乃、『植民政策研究』、京都・弘文堂書房、1920 年。

林呈祿、『臺灣議會の設置運動』、東京・臺灣議會期成同盟會、
1929 年。

林呈祿、『臺灣議會設置請願理由書』、東京・臺灣議會期成同
盟會、1923 年。

鷲巢敦哉、『臺灣警察四十年史話』、臺北・松浦屋印刷部、1938
年。

鷲巢敦哉、『臺灣統治回顧談 (臺灣の領有と民心の變化)』、東
京・臺灣警察協會、1943 年。

2. 期刊文章

泉哲、「臺灣島民に告ぐ」、『臺灣青年』創刊号、1920 年 7 月
16 日。

泉哲、「臺灣自治制を評す」、『臺灣青年』第 1 卷第 3 号、1920
年 9 月 15 日。

泉哲、「民族自決の真意」、『臺灣青年』第 2 卷第 4 号、1921
年 5 月 15 日。

泉哲、「少數民族の保護と民族自決」、『臺灣』第 3 年第 9 号、
1922 年 12 月 1 日。

泉哲、「植民地に於ける立法機關に就て」、『臺灣』第 4 年第 4
号、1923 年 4 月 10 日。

泉哲、「臺灣の將來」、『臺灣』第 5 年第 1 号、1924 年 4 月 10

日。

泉哲、「自治權の獲得」、『臺灣民報』第 192 号、1928 年 1 月
　　22 日。

隈本繁吉、「臺灣教育令制定由來前編　同後篇」（1922 年)」、
　　『月刊アジアの友』、學生文化協會、第 141 号、1976 年 5
　　月。

蔡培火、「吾人の同化觀」、『臺灣青年』第 1 巻第 2 号、1920
　　年 8 月 15 日。

蔡培火、「我島と我等」、『臺灣青年』第 1 巻第 4 号、1920 年
　　10 月 15 日。

蔡培火、「二ケ年ぶりの帰臺」、『臺灣青年』第 3 巻第 1 号、1921
　　年 7 月 15 日。

蔡培火、「中日親善の要諦」、『臺灣青年』第 3 巻第 2 号、1921
　　年 8 月 15 日。

蔡培火、「臺灣教育に關する根本主張」、『臺灣青年』第 3 巻第
　　3 号、1921 年 9 月 15 日。

蔡培火、「新臺灣の建設と羅馬字」、『臺灣』第 3 年第 6 号、1922
　　年 9 月 8 日。

蔡培火、「新臺灣の建設と羅馬字 (1)」、『臺灣民報』第 1 巻 13
　　期、1923 年 12 月 11 日。

蔡培火、「新臺灣の建設と羅馬字 (2)」、『臺灣民報』第 1 巻 14
　　期、1923 年 12 月 21 日。

蔡培火、「臺灣白話字普及運動」、『臺灣新民報』第 377 号、1931

年 8 月 15 日。

謝雪紅、「組織の力で自由を奪還する」、『臺灣新民報』第 323 号、1930 年 7 月 26 日。

蒋渭水、「十年後の解放運動——希望と展望」、『臺灣新民報』第 322 号、1930 年 7 月 19 日。

田川大吉郎、「歐米の思潮と羅馬字」、『臺灣青年』第 1 巻第 3 号、1920 年 9 月 15 日。

田川大吉郎、「臺灣の議論に關する回想」、『臺灣青年』第 2 巻第 2 号、1921 年 3 月 26 日。

田川大吉郎、「臺灣の議論に關する回想」、『臺灣青年』第 2 巻第 3 号（訂正版）、1921 年 4 月 15 日。

田川大吉郎、「臺灣青年諸君に寄す」、『臺灣』第 4 年第 2 号、1923 年 2 月 1 日。

田川大吉郎、「民報の更生の一期として」、『臺灣民報』第 167 号、1927 年 8 月 1 日。

田川大吉郎、「徐かに急げ」、『臺灣民報』第 217 号、1928 年 7 月 15 日。

林獻堂、「臺灣議會設置請願に關する管見」、『臺灣青年』第 2 巻第 3 号（訂正版）、1921 年 4 月 15 日。

林慈舟、「日本の議會政治」、「臺灣」第 3 年第 1 号、1922 年 4 月 10 日。

林呈祿、「新時代に處する臺灣青年の覚悟」、『臺灣青年』創刊号、1920 年 7 月 16 日。

林呈祿、「地方自治を述べて臺灣自治に及ぶ（上）」、『臺灣青年』第 1 巻第 2 号、1920 年 8 月 15 日。

林呈祿、「地方自治を述べて臺灣自治に及ぶ（中）」、『臺灣青年』第 1 巻第 3 号、1920 年 9 月 15 日。

林呈祿、「六三問題の帰着点」、『臺灣青年』第 1 巻第 5 号、1921 年 1 月 15 日。

林呈祿、「近世植民地統治の華人政策」、『臺灣青年』第 2 巻第 1 号、1921 年 1 月 15 日。

林呈祿、「改正臺灣統治基本法と植民地統治方針」、『臺灣青年』第 2 巻第 5 号、1921 年 7 月 15 日。

林呈祿、「訴願に就て」、『臺灣』第 3 年第 3 号、1922 年 6 月 12 日。

連温卿、戴國煇校註、「台湾に於る日本植民政策の実態」、『史苑（立教大学）』第 35 巻第 2 号、1975 年 3 月。

（二）論著

1. 單行本

浅田喬二、『日本植民地研究史論』、東京・未来社、1990 年。

伊藤潔、『台湾』、東京・中央公論社、1993 年。

栄沢幸二、『大正デモクラシー期の政治思想』、東京・研文出版、1981 年。

王育徳、『台湾』、東京・弘文堂、1970 年。

王育德、『台湾海峡』、東京・日中出版、1983 年。

王育德、宗像隆幸、『新しい台湾――独立への歴史と未來図』、東京・弘文堂、1990 年。

金原左門編、『大正デモクラシー』、東京・吉川弘文館、1994 年。

許世楷、『日本統治下の台湾』、東京・東京大学出版会、1972 年。

黄昭堂、『台湾民主国の研究』、東京・東京大学出版会、1970 年。

黄昭堂、『台湾総督府』、東京・教育社、1981 年。

史明、『台湾人四百年史』、東京・新泉社、1974 年。

戴國煇、『台湾』、東京・岩波書店、1988 年。

野澤豐、『孫文と中国革命』、東京・岩波書店、1966 年。

野澤豐、『辛亥革命』、東京・岩波書店、1972 年。

藤井昇三、『孫文の研究』、東京・勁草書房、1966 年。

松尾尊兊、『大正デモクラシー』、東京・岩波書店、1974 年。

丸山松幸、『五四運動』、東京・紀伊国屋書店、1969 年。

三谷太一郎、『吉野作造』、東京・中央公論社、1984 年。

三谷太一郎、『大正デモクラシー論』、東京・東京大学出版会、1995 年。

向山寛夫、『日本統治下における台湾民族運動史』、東京・中央経済研究所、1987 年。

450

横山宏章、『孫中山の革命の政治指導』、東京・研文出版、1983
　年。

若林正丈、『日本植民地主義の政治的展開 1895~1934 年』、東
　京・アジア政経学会、1980 年。

若林正丈、『台湾抗日運動史研究』、東京・研文出版、1983 年。

若林正丈、『台湾——変容し躊躇するアイデンティティ』、東
　京・筑摩書房、2001 年。

2. 期刊文章

浅田喬二、「1920 年代台湾における抗日民族運動の展開過
　程——台湾文化協会の活動を中心として」、『歴史学研
　究』第 414 号、1974 年 11 月。

伊東昭雄、「蔡培火と台湾議会設置運動——植民地臺灣にお
　ける抗日民族運動 (1)」、『横浜市立大学論叢人文科学系
　列』第 27 巻第 3 号、1976 年 3 月。

伊東昭雄、「田川大吉郎と台湾」、『横浜市立大学論叢人文科
　学系列』第 28 巻第 2 号第 3 号合併号、1977 年 3 月。

伊東昭雄、「蒋渭水と台湾抗日民族運動——台湾文化協会の
　分裂まで」、『成蹊論叢』第 30 巻第 2 号第 3 号合併号、1979
　年 3 月。

伊東昭雄、「蒋渭水と台湾民衆党——「全民運動」の「階級運
　動」、『一橋論叢』、第 83 巻第 3 号、1980 年 3 月。

伊東昭雄、「台湾文化協会と台湾民衆党——対立の意味につ

いて」、『横浜市立大学論叢人文科学系列』、第 31 巻第 2
号第 3 号合併号、1980 年 3 月。

伊藤幹彦、「台湾抗日運動史の研究——林献堂の政治思想を
中心に——」、『アジア文化研究』創刊号、1994 年 6 月 8
日。

伊藤幹彦、「蔡培火の抗日思想——蔡培火の改良主義の意
味——」、『アジア文化研究』第 2 号、1995 年 6 月 8 日。

伊藤幹彦、「日本植民地時代の台湾教育——同化教育・皇民化
教育を中心に——」、『アジア文化研究』第 3 号、1996 年
6 月 8 日。

伊藤幹彦、「皇民化運動と戦時動員体制——日本人意識と台
湾人意識——」、『アジア文化研究』第 4 号、1997 年 6 月
8 日。

伊藤幹彦、「台湾と国際関係——台湾民主国と政治変動
論——」、『アジア文化研究』第 5 号、1998 年 6 月 8 日。

伊藤幹彦、「台湾議会設置請願運動の意義——台湾自治論と
台湾独立論——」、『昭和大学教養部紀要』第 29 号、1998
年 12 月 25 日。

伊藤幹彦、「廖文毅の政治思想——台湾民本主義を中心
に——」、『昭和大学教養部紀要』第 30 号、1999 年 12 月
25 日。

伊藤幹彦、「王育徳の政治思想——台湾民族論を中心に——」、
『昭和医療短期大学紀要』創刊号、2000 年 9 月 20 日。

452

伊藤幹彦、「日本植民地時代の皇民化運動――台湾の思想状況を中心に――」、『アジア文化』第 23 号、2000 年 9 月 30 日。

伊藤幹彦、「台湾抗日思想の一考察――台湾独立派の抗日思想――」、『南島史学』第 55 号、2000 年 12 月 10 日。

伊藤幹彦、「日本植民地時代の政治思想――蒋渭水の政治思想を中心に――」、『昭和大学教養部紀要』第 31 号、2000 年 12 月 25 日。

伊藤幹彦、「日本統治時代の政治思想――謝雪紅の政治思想を中心に――」、『アジア文化研究』第 9 号、2002 年 6 月 1 日。

伊藤幹彦、「一九二〇年代の台湾政治思想――王敏川の政治思想――」、『アジア文化研究』第 10 号、2003 年 6 月 1 日。

上沼八郎、「日本統治下における台湾――留学生同化政策と留学生問題の展望」、『紀要「国立教育研究所」』第 94 号、1978 年 3 月。

王育德、「文学革命の台湾に及ぼせる影響」、『日本中国学会報』第 11 号、1959 年 10 月。

黄昭堂、「台湾独立運動史 (1)」、『台湾』第 3 巻第 1 号、1969 年 1 月。

黄昭堂、「台湾独立運動史 (2)」、『台湾』第 3 巻第 2 号、1969 年 2 月。

黄昭堂、「台湾独立運動史 (3)」、『台湾』第 3 巻第 3 号、1969
　年 3 月。

黄昭堂、「台湾独立運動史 (4)」、『台湾』第 3 巻第 4 号、1969
　年 4 月。

黄昭堂、「台湾の民族と国家」、『国際政治』第 84 号、1987 年
　2 月。

小林文男、「日本統治下台湾におけるナショナルな思考(1)」、
　『アジア経済』第 11 巻第 9 号、1970 年 9 月。

小林文男、「日本統治下台湾におけるナショナルな思考(2)」、
　『アジア経済』第 12 巻第 2 号、1971 年 2 月。

近藤純子、「蔡培火のローマ字運動――台湾日本語教育史の
　一研究」、『アジアの友』第 239 号、1986 年 1 月。

戴國煇、「台湾抗日左派指導者連溫卿とその稿本」、「史苑」
　（立教大学）』第 35 巻第 2 号、1975 年 3 月。

寺広映雄、「台湾民族運動と中国――辛亥革命の影響を中心
　として」、寺広映雄『中国革命の史的展開』、東京・汲古
　書院、1979 年。

春山明哲、「近代日本の植民地統治と原敬」、春山明哲、若林
　正丈『日本植民主義の政治的展開』東京・1980 年。

森山昭郎、「台湾共産党覚書」、『国際基督教大學社會科学ジ
　ャーナル』第 13 巻、1975 年 3 月。

森山昭郎、「『台湾革命』とコミンテルン――台　　共　産結
　成と再組織をめぐって」、『思想』第 610 号、1975 年 4 月。

若林正丈、「台湾の抗日民族運動」、『講座中国近現代史』第 6
巻、東京・東京大学出版会、1978 年。

若林正丈、「大正デモクラシーと台湾議会設置請願運動」、春
山明哲、若林正丈、『日本植民地主義の政治的展開』、東
京・アジア政経学会、1980 年。

若林正丈、「總督政治と台湾土著地主資産階級——公立臺中
中学校設立問題：1912~1915 年」、『アジア研究』第 29 巻
第 4 号、1983 年 1 月。

若林正丈、「台湾治警事件に関する資料——内田嘉吉文庫藏
台湾議会設置関係書類」、『外国語科研究紀要（東京大学
教養学部外国語科)』第 31 巻第 4 号、1983 年。

若林正丈、「台湾抗日ナショナリズムの問題狀況・再考」、『教
養学科紀要(東京大学教養学部教養学科)』、第 17 巻、1984
年。

三、英文書目

Beasley, W. G. *Japanese Imperialism, 1894-1945*. New York:
Oxford University Press Inc., 1987.

Chen, Ching-chi. "Impact of Japanese Colonaial Rule on Taiwanese
Elites". Volume 22 No.1, *Journal of Asian History*, Volume 22
No.1, 1988.

Chen, I-te. Japanese Colonialism in Korea and Formosa: A
Comparison of its Effects

upon the Development of Nationalism. Ann Arbor: University of

Pennsylvania, University Microfilms, Inc, 1968.

Chen, J. Bruce Jacobs. "Taiwanese and the Chinese Nationalists, 1937-1945: The Origins of Taiwan's Half-Mountain People". Modern China, Volume 16 Number 1 January, 1990.

Chow, Tse-tsung. The May Fourth Movement Intellectual Revolution in Modern China. Cambridge: Harvard University Press, 1960.

Hsiao, S. T. Frank and Lawrence R. Sullivan. "The Chinese Communist Party and the Status of Taiwan, 1928-1943". Pacific Affairs, Vol. 52. No.3 Fall, 1979.

Hughes, Christopher. Taiwan and Chinese National Identity and Status in International Society. 1997.

Hyman, Kublin. "The Evolution of Japanese Colonialism, Comparative Studies in Society and History". An International Quarterly, Volume II November January, 1960.

Ka, Chih-ming. Japanese Colonialism in Taiwan Land Tenure, Development and Dependency, 1895-1945. Boulder: Westview Press, 1995.

Kerr, George H. Formosa Licensed Revolution and the Home Rule Movement, 1895-1945. Honolulu: The University Press of Hawaii, 1974.

Mendel, Douglas. The Politics of Formosan Nationalism. Berkeley and Los Angeles: University of California Press, 1970.

Meskill, Johanna Menzel. A Chinese Pioneer Family The Lins of Wu-feng, Taiwan, 1729-1895. Princeton: Princeton University Press, 1979.

Myers, Ramon H. and Peattie, Mark R. The Japanese Colonial Empire, 1895-1945. Princeton: Princeton University Press, 1984.

Sharman, Lyon. Sun Yat-Sen his Life and its Meaning. Stanford: Stanford University Press, 1934.

Tsurumi, Patricia E. "Mental Captivity and Resistance, Lessons from Taiwanese-Anti-Colonialism". The Bulletin of Concerned Asian Scholars, Vol.12, No.2 April-June, 1980.

著者略歷

伊藤 幹彦（ITO MIKIHIKO）1959 年生　日本人

1982 年 4 月　早稻田大學教育學部社會科地理歷史專修入學
1986 年 3 月　　　同　　　　　畢業（文學士取得）
1992 年 4 月　早稻田大學大學院政治學研究所政治學專攻入學
1994 年 3 月　　　同　　　　　畢業（政治學修士取得）
2001 年 9 月國立臺灣大學國家發展研究所入學
2005 年 1 月　　　同　　　　　修了（法學博士取得）

1997 年 4 月　昭和大學醫療短期大學講師（國際關係論授課）就任
1998 年 4 月　昭和大學講師（政治學授課）就任
2001 年 8 月　昭和大學醫療短期大學講師（國際關係論授課）辭職
2001 年 8 月　昭和大學講師（政治學授課）辭職

　　本書是筆者的博士論文，中文版與日文版都是臺灣台北市的鴻儒堂出版的。
　　筆者於 2005 年 1 月，取得國立臺灣大學國家發展研究所法學博士學位（日本第一位）。筆者學習了 20 年中文，學習了 1 年臺語。筆者於 2004 年 6 月，以中文於學術雜誌《思與言》發

表論文（第 42 卷第 2 期），亦於 2004 年 11 月於國立國父紀念館主辦「孫中山與日本殖民時期臺灣政治社會」、國立臺灣師範大學主辦「南島史學國際研討會（日本的學會）」等學術研討會上發表中文論文。於指導教授有事的時候，筆者以中文代理授課 10 次（「臺灣政治史專題研究」、「學術論文專題研究」，一次 2 小時，共 20 小時）。另筆者曾於日本昭和大學教養部（政治學與國際關係）擔任 3 年半的講師，於學術雜誌發表論文 20 篇，並出席學會發表論文 22 次。南島史學會、日本臺灣學會、日本國際政治學會、國際亞洲文化學會、中國文化學會、東方文化學會、亞洲政經學會等學會會員。

如果有感想的話，請寫信給我。

E-mail　zb12sa3@yahoo.com.tw

日本國山梨県甲府市武田 3-6-20　伊藤　幹彥

《日本統治時代後期
臺灣政治思想の研究》

伊藤幹彦 著

定価：600 元

【日本語版】

 《台湾総督府》
日本の台湾統治五〇年を総括

黄昭堂 著

定価：250 元

【日本語版】

《台湾の歴史》
古代から李登輝体制まで

喜安幸夫 著

定価：300 元

【日本語版】

《人物で見る台湾百年史》
日本と中国のはざまで、時代に翻弄された先駆者たち

黄昭堂 著

定価：250 元

【日本語版】

國家圖書館出版品預行編目資料

日治時代後期臺灣政治思想之研究：析論臺灣抗
日運動者的政治思想 / 伊藤幹彥著. --初版.--臺
北市：鴻儒堂，民 94
　　面；公分
　　參考書目：面
　　ISBN　957-8357-66-4(平裝)
　　1. 政治 － 哲學,原理　2. 臺灣 － 歷史 － 日

　　據時代(1895-1945)

570.928　　　　　　　　　　　94001167

日治時代後期
台灣政治思想之研究

定價：400 元

2005 年(民國 94 年) 2 月初版一刷
本出版社經行政院新聞局核准登記
登記證字號:局版臺業字 1292 號

著　　　者：伊藤幹彦
發　行　人：黃成業
發　行　所：鴻儒堂出版社
地　　　址：台北市中正區 100 開封街一段 19 號二樓
電　　　話：(02)2311-3810・(02)2311-3823
傳　　　真：(02)2361-2334
排　　　版：先鋒打字印刷有限公司
郵 政 劃 撥：01553001
E－mail：hjt903@ms25.hinet.net

本書凡有缺頁、倒裝者，請逕向本社調換

鴻儒堂出版社於＜博客來網路書店＞設有網頁。
歡迎多加利用。
網址 http://www.books.com.tw/publisher/001/hjt.htm